中央财经大学
“十四五”本科规划教材

高等学校财政学、税收学专业主要课程教材

政府采购管理

马海涛 姜爱华 主编

中国教育出版传媒集团
高等教育出版社·北京

内容简介

本书为中央财经大学"十四五"本科规划教材建设项目。

本书从政府采购管理的基础理论入手，详细介绍了政府采购的运作流程和规范管理，并对国外的政府采购管理经验进行了总结。本书共包括15章内容，在体系上主要分为四大模块：基本理论、运作流程、规范管理和国际经验。"基本理论"模块主要介绍政府采购的相关概念、特征、国内外发展与演变、四大原则与五大功能、相关范围界定与当事人等；"运作流程"模块按照政府采购的实际运作流程，分别介绍了政府采购预算与计划、政府采购方式（包括招标方式和非招标方式）、政府采购合同及项目的验收与结算；"规范管理"模块主要包括市场进入管理、信息管理、监督机制、质疑投诉机制和绩效评价；"国际经验"模块主要介绍了国际（区域）经济组织和典型国家政府采购制度及其对我国的启示。本书对各章内容进行了精心设计，配有本章小结、思考题和非常具体的课外阅读材料等，并配有二维码可进行在线测试，以帮助读者检验学习效果。

本书适合高等院校经济类、管理类本科生及研究生使用，也可以作为政府管理部门、财政部门和涉及政府采购业务的其他部门的理论和实务工作者的参考用书。

图书在版编目（CIP）数据

政府采购管理 / 马海涛，姜爱华主编．-- 北京：高等教育出版社，2025.1．-- ISBN 978-7-04-064172-1

Ⅰ. F810.2

中国国家版本馆 CIP 数据核字第 20251BS979 号

Zhengfu Caigou Guanli

策划编辑　奚　玮　　责任编辑　奚　玮　　封面设计　马天驰　　版式设计　杜微言
责任绘图　易斯翔　　责任校对　刘娟娟　　责任印制　刘弘远

出版发行　高等教育出版社
社　　址　北京市西城区德外大街4号
邮政编码　100120
印　　刷　北京七色印务有限公司
开　　本　787mm × 1092mm　1/16
印　　张　23.5
字　　数　470千字
购书热线　010-58581118
咨询电话　400-810-0598
网　　址　http://www.hep.edu.cn
　　　　　http://www.hep.com.cn
网上订购　http://www.hepmall.com.cn
　　　　　http://www.hepmall.com
　　　　　http://www.hepmall.cn
版　　次　2025年1月第1版
印　　次　2025年1月第1次印刷
定　　价　55.00元

物 料 号　64172-00

前言

在市场经济条件下，公共财政的主要目的是向社会提供公共物品或服务，从而满足社会公共需要。一方面，这些公共物品或服务不能完全由政府生产，另一方面，在提供公共物品或服务的过程中，政府自身履职也需要一些货物、工程或者服务，也并非能由政府生产，因而需要政府从市场上购买，政府采购应运而生。相应地，为规范政府采购行为的政府采购制度随之建立。历史地看，政府采购的最初目的主要是节约财政支出、提高财政资金的使用效益，但随着政府活动范围不断扩大，政府采购规模也不断增大，政府将一些政策意图寓于庞大的政府采购之中，使政府采购又具有了政策功能，从而政府采购对财政支出乃至经济社会的影响也越来越大。时至今日，建立和完善政府采购制度已经成为市场经济国家强化公共财政支出管理、提升国家治理效能的普遍做法。

我国于1998年开始全面推行政府采购制度改革，2002年出台了《中华人民共和国政府采购法》，2015年出台了《中华人民共和国政府采购法实施条例》。随着政府采购制度改革的不断深入，政府采购法律制度日渐完善，政府采购行为不断规范，政府采购规模和范围持续扩大，政府政策功能日益完备，在改进财政资金绩效、提供高效优质公共服务、促进经济社会发展、提高政府治理能力、推进依法治国等各方面发挥了积极作用。特别是党的十八大以来，政府采购制度改革驶入了快车道。2018年11月，中央全面深化改革委员会颁布《深化政府采购制度改革方案》，提出“加快形成采购主体职责清晰、交易规则科学高效、监管机制健全、政策功能完备、法律制度完善、技术支撑先进的现代政府采购制度”，为政府采购制度改革指明了方向。党的二十大报告擘画了全面建成社会主义现代化强国、以中国式现代化全面推进中华民族伟大复兴的宏伟蓝图，提出了一系列关于财政工作的重要论断，为新时期做好财政工作提供了根本遵循。报告提出“健全现代预算制度”，而构建和完善现代政府采购制度是健全现代预算制度必不可少的重要组成部分。我们通过深刻领悟党的二十大精神，充分认识政府采购制度在推进现代预算制度、现代财政制度、全面预算绩效管理、国家治理体系和治理能力现代化、依法治国、中国式现代化中的重要作用，并将这些认识贯穿于教材编写的始终。

本书基于政府采购法律和制度安排，并在借鉴国外先进经验的基础上，比较全面系统地阐述了政府采购基本理论、基本知识、管理流程、管理方法等，力图将我国政府采购制度改革最新的实践和国外政府采购改革趋势呈现给读者。

本书的主要特色在于：

一是知识框架体系完整且逻辑性强。本书体系凸显模块化、模块内各章内容间凸显逻辑性、章节内容设计凸显完整性。全书按照政府采购知识体系逻辑分为基本理论、运作流程、规范管理、国际经验四大模块；每一模块中的各章内容设计也充分体现了内在逻辑，使得知识体系系统化；每一章体系设置上包括了导语、本章小结、思考题、课外阅读材料、即测即评等内容，有利于读者循序渐进地掌握知识和检验学习效果。

二是内容充实且理论联系实际。本书梳理和整合了政府采购的历史与现实、理论与实践、国内与国外、基础与前沿，引入了最新的、与国际接轨的政府采购管理理念，并用最新的理论和案例充实教学内容，特别是加入了政府采购思想演变、政府采购绩效评价等内容，体现了国内政府采购领域党和国家的最新要求，融合了学术界最新研究成果和实务界最新改革实践，更全面地反映了政府采购的理论和实践发展。

本书由中央财经大学长期从事政府采购教学科研工作的马海涛教授和姜爱华教授担任主编，负责编写大纲、总纂定稿及各章撰写。编写分工如下：第一章，马海涛、姜爱华；第二章和第三章，姜爱华、刘燕；第四章和第五章，姜爱华、王威；第六章至第十三章，姜爱华；第十四章和第十五章，姜爱华、葛岩。袁月、高锦琦、禚德铭、魏冕、常延婕、丁璇、程心雨和呼延烨旭参与了资料收集工作。

本书的编写是在我国政府采购制度改革不断深化、现代政府采购制度不断构建和完善的背景下进行的，我们尽可能地把政府采购管理部门最新的制度安排和政府采购业务部门的最新改革实践纳入其中，并尽可能地参考了最新的研究成果，努力使本书能够较为全面地反映当前政府采购制度改革方向和理论研究前沿。但由于政府采购制度改革是一项复杂的系统工程，现实改革不断推进，理论研究也有新认知，还有很多未解决的问题，加之作者水平有限，因此，本书难免存在诸多不足，恳请读者批评指正。

在本书编写过程中，我们参考和吸收了国内外专家学者的一些研究成果，在此表示诚挚的感谢。本书的出版，得益于高等教育出版社对中国政府采购改革与发展的重视、关心和支持，以及相关编辑为本书的出版付出的辛劳，在此深表感谢！

编　者

2024 年 6 月

目录

第一章　政府采购管理概论 ………… 1
第一节　政府采购的概念 ………… 1
一、采购的含义 ………… 1
二、政府采购的含义 ………… 2
三、政府采购的特征 ………… 5
四、政府采购的模式与方式 ………… 5
第二节　政府采购制度 ………… 10
一、政府采购制度的含义及基本内容 ………… 10
二、现代政府采购制度的确立 ………… 10
三、政府采购制度的特征 ………… 14
第三节　政府采购与财政改革 ………… 15
一、财政是国家治理的基础和重要支柱 ………… 15
二、政府采购在财政改革中的地位 ………… 16
三、建立政府采购制度的意义 ………… 17

第二章　政府采购的发展与演变 ………… 21
第一节　政府采购的思想演变 ………… 21
一、我国古代政府购买思想的萌芽和发展 ………… 21
二、西方政府采购思想的萌芽与发展 ………… 23
第二节　国外政府采购的实践发展 ………… 28
一、政府采购的起源 ………… 28
二、政府采购制度的发展 ………… 29
三、政府采购制度的国际化 ………… 31
第三节　我国政府采购制度的建立与发展 ………… 34

一、我国政府采购制度的建立和发展 …… 35
二、我国政府采购制度改革取得的成效 …… 36

第三章 政府采购的原则与功能 …… 51

第一节 政府采购的原则 …… 51
一、公开透明原则 …… 51
二、公平竞争原则 …… 53
三、公正原则 …… 55
四、诚实信用原则 …… 56
第二节 政府采购的功能 …… 56
一、节约财政支出 …… 56
二、强化宏观调控 …… 58
三、活跃市场经济 …… 60
四、推进反腐倡廉 …… 62
五、保护民族产业 …… 65
六、政府采购五大功能之间的关系 …… 66

第四章 政府采购的范围与当事人 …… 71

第一节 政府采购的范围 …… 71
一、政府采购的主体范围 …… 71
二、政府采购的资金范围 …… 73
三、政府采购的对象范围 …… 73
四、政府采购的集中程度范围 …… 74
五、政府采购的财政支出范围 …… 75
六、政府采购的空间范围 …… 76
七、例外范围规定 …… 76
第二节 政府采购的当事人 …… 77
一、政府采购当事人的含义 …… 77
二、采购人及其权利、义务与责任 …… 77
三、政府采购供应商及其权利、义务和责任 …… 81
四、政府采购代理机构及其权利、义务和责任 …… 86
五、政府采购主管机构 …… 89
六、其他政府采购当事人 …… 91

第五章 政府采购预算与采购需求管理 …… 97
第一节 政府采购预算 …… 97
一、政府采购预算的内涵 …… 97
二、政府采购预算的编制 …… 97
三、政府采购预算的配套改革 …… 101
第二节 政府采购计划 …… 104
一、政府采购计划的含义 …… 104
二、政府采购计划编制的意义 …… 104
三、政府采购计划的编制程序和内容 …… 105
四、政府采购计划的审查和批准 …… 106
五、政府采购计划的执行 …… 107
第三节 政府采购需求管理 …… 108
一、政府采购需求的含义 …… 108
二、政府采购需求的确定 …… 109
三、政府采购需求管理的责任主体 …… 109
四、政府采购实施计划 …… 110
第四节 政府采购意向公开 …… 112
一、政府采购意向的含义 …… 112
二、政府采购意向公开的主体 …… 112
三、政府采购意向公开的内容 …… 113
四、政府采购意向公开的渠道 …… 114
五、政府采购意向公开的依据和时间 …… 114
附录1 政府采购预算表示例 …… 114
附录2 某省省级2022年政府集中采购目录及标准 …… 116

第六章 政府采购招标采购方式 …… 126
第一节 公开招标 …… 126
一、公开招标的概念 …… 126
二、公开招标采购的特点 …… 127
三、公开招标采购的优点和缺点 …… 129
四、公开招标采购的适用范围 …… 130
五、公开招标采购的程序 …… 131

六、公开招标采购中应注意的问题——高价围标和低价抢标 ······ 151
第二节 邀请招标 ······ 154
一、邀请招标的概念及特点 ······ 154
二、邀请招标采购的适用范围 ······ 154
三、邀请招标采购的程序 ······ 155
四、邀请招标采购执行中应注意的问题 ······ 155

第七章 政府采购非招标采购方式 ······ 158

第一节 竞争性谈判 ······ 158
一、竞争性谈判的概念及特点 ······ 158
二、竞争性谈判的适用条件 ······ 159
三、竞争性谈判的程序 ······ 160
第二节 单一来源采购 ······ 162
一、单一来源采购的概念及特点 ······ 162
二、单一来源采购的适用条件 ······ 162
三、单一来源采购的程序 ······ 163
第三节 询价 ······ 165
一、询价的概念及特点 ······ 165
二、询价的适用条件 ······ 165
三、询价的采购程序 ······ 165
第四节 竞争性磋商 ······ 167
一、竞争性磋商的概念及特点 ······ 167
二、竞争性磋商的适用条件 ······ 167
三、竞争性磋商的程序 ······ 167
第五节 框架协议采购 ······ 170
一、框架协议采购的概念及特点 ······ 170
二、框架协议采购的适用条件 ······ 170
三、框架协议采购的程序 ······ 171
第六节 合作创新采购 ······ 172
一、合作创新采购的概念及特点 ······ 172
二、合作创新采购的适用条件 ······ 172
三、合作创新采购的程序 ······ 173

第八章 政府采购合同管理……180
第一节 政府采购合同概述……180
一、政府采购合同的概念……180
二、政府采购合同条款的确定……181
第二节 政府采购合同的订立及履行……186
一、政府采购合同的订立……186
二、政府采购合同的履行……188
三、政府采购合同的变更……189
四、政府采购合同的中止与终止……190
第三节 政府采购项目验收……192
一、政府采购项目验收的概念……192
二、政府采购项目验收的依据……192
三、政府采购项目验收工作……192
四、政府采购项目验收应遵循的基本程序……193
五、政府采购项目验收应注意的几个问题……194
六、政府采购项目验收方案及验收报告……195
第四节 政府采购项目结算……196
一、政府采购项目结算的概念……196
二、政府采购项目结算应当遵循的基本程序……196
三、加强政府采购结算工作的基本要求……196
第九章 政府采购市场进入管理……200
第一节 政府采购中介机构市场进入管理……200
一、政府采购中介机构概述……200
二、中介机构代理的政府采购事务……204
三、政府采购代理机构资格管理……205
四、社会中介机构的工作程序（以招标代理机构为例）……208
第二节 政府采购供应商市场进入管理……209
一、供应商是政府采购的重要力量……209
二、建立供应商资格审查与管理制度……213
三、供应商资格审查的程序……216

第十章 政府采购信息管理 …… 220
第一节 政府采购信息管理概述 …… 220
一、政府采购信息的含义 …… 220
二、政府采购信息管理的相关要求 …… 220
三、政府采购信息发布的意义 …… 221
第二节 政府采购信息收集 …… 222
一、政府采购信息收集的内容 …… 222
二、政府采购信息收集的方式 …… 224
第三节 政府采购信息公开发布 …… 225
一、政府采购信息公开发布的概念 …… 225
二、政府采购信息发布的内容 …… 225
三、政府采购信息发布方式与媒介 …… 228
第四节 政府采购信息的记录与保存 …… 229
一、信息记录与保存的内容 …… 230
二、信息存储与查阅 …… 230

第十一章 政府采购监督机制 …… 233
第一节 政府采购监督概述 …… 233
一、政府采购监督的含义 …… 233
二、建立政府采购监督约束机制的必要性 …… 233
三、建立政府采购监督机制的基本原则 …… 234
第二节 政府采购监督机制的主要内容、环节及方式 …… 235
一、政府采购监督机制的主要内容 …… 235
二、政府采购监督的主要环节 …… 238
三、政府采购监督的主要方式 …… 239
第三节 政府采购的监督机构及监督对象 …… 240
一、政府采购监督管理机构 …… 240
二、政府采购的监督对象 …… 240
第四节 对政府采购过程的监督 …… 242
一、对采购方式的监督 …… 242
二、对招标的监督 …… 243
三、对投标的监督 …… 244

四、对开标、评标、定标的监督 ……245
五、对政府采购合同履行的监督 ……246

第十二章 政府采购质疑投诉机制 ……249

第一节 政府采购质疑投诉机制概述 ……249
一、政府采购质疑投诉机制的概念 ……249
二、政府采购质疑投诉中的质疑投诉主体 ……249
三、政府采购质疑投诉机制的调整范围 ……250
第二节 我国政府采购质疑投诉机制的内容 ……251
一、政府采购合同授予阶段质疑投诉机制 ……251
二、政府采购合同履行阶段争议解决机制 ……258

第十三章 政府采购绩效评价 ……262

第一节 政府采购绩效评价概述 ……262
一、政府采购绩效评价的含义 ……262
二、政府采购绩效评价主体及评价范围 ……263
三、政府采购绩效评价的原则 ……263
四、政府采购绩效评价的意义 ……265
第二节 政府采购事前绩效评估 ……267
一、政府采购事前绩效评估的含义 ……267
二、政府采购事前绩效评估的内容和指标 ……267
三、政府采购事前绩效评估方式和方法 ……269
四、政府采购事前绩效评估流程 ……270
第三节 政府采购绩效目标管理和事中绩效运行监控 ……272
一、政府采购绩效目标管理 ……272
二、政府采购事中绩效运行监控 ……275
第四节 政府采购事后绩效评价 ……277
一、政府采购事后绩效评价的含义 ……277
二、政府采购事后绩效评价的内容和指标 ……279
三、政府采购事后绩效评价方法 ……283
四、政府采购事后绩效评价流程 ……284

第十四章 国际经济组织政府采购管理介绍 ……290
第一节 世界贸易组织《政府采购协定》……290
一、产生背景和过程……290
二、特点……292
三、主要内容……294
四、对我国的启示……299
第二节 联合国《公共采购示范法》……299
一、产生背景和过程……299
二、特点……301
三、主要内容……302
四、对我国的启示……309
第三节 世界银行《采购规则》……309
一、产生背景和过程……309
二、特点……311
三、主要内容……311
四、对我国的启示……316
第四节 欧盟《公共指令》……317
一、产生背景和过程……317
二、特点……318
三、主要内容……318
四、具体介绍……322
五、对我国的启示……328
第五节 亚太经济合作组织《政府采购非约束性原则》……329
一、产生背景和过程……329
二、特点……330
三、主要内容……330
四、对我国的启示……333
第六节 《全面与进步跨太平洋伙伴关系协定》下的政府采购规则……333
一、产生背景及过程……333
二、特点……334
三、主要内容……335
四、对我国的启示……336

第十五章 外国政府采购制度介绍 …………341
第一节 美国政府采购制度及其借鉴意义 …………341
一、政府采购及监督机构 …………341
二、政府采购类别 …………342
三、政府采购原则 …………342
四、政府采购方法 …………343
五、政府采购程序 …………344
六、美国政府采购制度对我国的借鉴意义 …………345
第二节 新加坡政府采购制度及其借鉴意义 …………346
一、政府采购及监督机构 …………347
二、政府采购目的 …………347
三、政府采购原则 …………347
四、政府采购方法 …………348
五、政府采购程序 …………349
六、优惠政策 …………350
七、申诉与仲裁 …………350
八、新加坡政府采购制度对我国的借鉴意义 …………350
第三节 韩国政府采购制度及其借鉴意义 …………351
一、政府采购及监督机构 …………351
二、政府采购类别 …………352
三、政府采购原则 …………352
四、政府采购方法 …………353
五、政府采购程序 …………354
六、韩国政府采购制度对我国的借鉴意义 …………354
附录 1 中华人民共和国政府采购法 …………358
附录 2 中华人民共和国招标投标法 …………358
附录 3 中华人民共和国政府采购法实施条例 …………358
附录 4 中华人民共和国招标投标法实施条例 …………358
参考文献 …………359

第一章

政府采购管理概论

过去很长一段时间内，我国财政理论界和实践部门往往只重视收入管理，不重视支出管理。然而，财政收入和财政支出就如同财政这个“蓄水池”的“进水阀”和“出水阀”，两者不可偏废。从 1998 年开始我国逐步推行财政支出管理方面的改革，政府采购制度是其中重要的一项。

随着我国经济的发展和财政改革的推进，“政府采购”这个名词受到越来越多的关注。2002 年 6 月 29 日，第九届全国人民代表大会常务委员会第二十八次会议通过了《中华人民共和国政府采购法》(2003 年 1 月 1 日起实施)，使得政府采购有法可依。2015 年 3 月 1 日起实施的《中华人民共和国政府采购法实施条例》更是将我国的政府采购改革进一步推向深入。2018 年 11 月 14 日，中央全面深化改革委员会第五次会议审议通过了《深化政府采购制度改革方案》，明确提出要加快形成“现代政府采购制度”的目标。

掌握政府采购、政府采购制度等基本概念是理解政府采购问题的前提，本章在阐述基本概念的基础上，进一步分析了现代政府采购产生的原因以及政府采购在财政改革中的作用和地位。

第一节　政府采购的概念

一、采购的含义

“采”字在《现代汉语词典》(第 7 版) 中的释义为：① 摘，如采莲、采茶；② 开采，如采煤、采矿；③ 搜集，如采风、采矿样；④ 选取、取，如采购、采取。“购”的释义即买。“采购”的释义就是：① 选择购买（多指为机关或企业），如采购建筑材料；② 担任采购工作的人，如采购员。“政府采购”中的“采购”所指的是释义①，即“选择购买”。

目前，学界对采购的定义有着各种不同的看法，有的学者将采购视为一种购买行为，有的学者将其视为一种过程甚至技能。从不同的认识角度出发，政府采购的含义大致有以下几个层次：① 采购直接表现为一种购买行为，即在现代市场经济商品极大丰富的条件下，对商品的选择性购买。② 采购是现代工商管理中一门专门的学问和功能。③ 从经济效率的角度，采购是一种以最低的总成本在一定的时间、空间条件下获得适当数量与品质的物资技术。④ 从系统管理的角度，采购的概念范围大于交易行为本身，包括采购前的计划、供应和管理的整个过程。⑤ 采购是一个过程。即组织确定采购需求，确认和比较现有的供应商和供应品，同供应商进行谈判或以其他方式同其达成一致的交易条件，签订合同并发出订单，最后接受货物或服务并支付货款。

《中华人民共和国政府采购法》(简称《政府采购法》)对采购的定义是："以合同方式有偿取得货物、工程和服务的行为，包括购买、租赁、委托、雇用等。"可见，这里的采购指的是一种交易行为。

二、政府采购的含义

根据采购主体的不同，采购可以分为私人采购和公共采购。由于政府是最重要和最典型的公共部门，因此公共采购一般又称为政府采购，但是公共部门比政府部门涵盖的范围要广，在理解政府采购的概念时，要认识到二者的区别，理解政府采购不仅是指政府部门的采购。

如何定义政府采购，学界也有不同的观点。《政府采购法》的定义是："政府采购，是指各级国家机关、事业单位和团体组织，使用财政性资金采购依法制定的集中采购目录以内的或者采购限额标准以上的货物、工程和服务的行为。"有的学者认为政府采购等同于政府的购买性支出，认为"政府采购是各级国家机关和实行预算管理的政党组织、社会团体、事业单位，使用财政性资金获取货物、工程或服务的行为"[①]。还有学者将政府采购定义为受政府采购制度约束的政府购买行为，认为"政府采购，也称公共采购，是指各级政府及其所属机构为了开展日常政务活动或为公众提供公共服务的需要，在财政的监督下，以法定的形式、方法和程序，对货物、工程或服务的购买"[②]。

从以上各种定义可以看出，理论界对于政府采购主体的界定是比较一致的，认为政府采购的主体是公共机构，具体包括"各级国家机关、事业单位""社会团体""各级政府及其所属机构"；对政府采购的资金来源也没有太大的分歧，尽管有些定义没有指明，

---

① 边俊杰."政府采购"新论.财政与税务，2001(1).

② 杨灿明，李景友.政府采购问题研究.北京：经济科学出版社，2004：26.

但都认为政府采购资金的来源具有公共性，主要是“财政性资金”；并且，这些观点都认为政府采购是一种行为。

但以上对政府采购的定义也各有侧重，有的将政府采购对象严格限定在“制定的集中采购目录以内的或者采购限额标准以上”，这是一种严格的法律条文规定；有的强调了政府采购的资金来源，认为政府采购是使用财政性资金并以公共部门为主体的购买行为；有的突出了政府采购的制度性特征，强调政府采购活动要依照“法定的形式、方法和程序”。

政府采购到底是什么？我们认为，要理解政府采购的实质不仅要从政府采购的主体、采购对象和采购所遵循的具体程序及规则来考虑，还要从“采购”的定义出发，认清“政府采购”与“政府购买”“政府采购制度”及“政府采购管理”的区别，认识政府采购产生的背景和条件。

（一）政府采购与政府购买

不管是封建专制国家，还是现代民主制国家，政府的存在都必须建立在占有一定物质资料的基础上。它们的区别只在于政府获得物质资料所采取的手段有所不同，主要有以下四种：

一是用暴力方式进行掠夺。在奴隶制社会和封建社会时期，由于私有产权制度缺失，私有财产得不到保护，私有产权服从于皇权。统治者为了满足自身需要，往往利用国家暴力机器，从私人手中无偿获得物质资料或者服务，如中国古代的征用、徭役制度。

二是政府自行生产。中国古代就有很多官营工厂，都是官方出资设立的，其目的就是为统治者供应产品，或者为统治机构提供物质资料。直到今天，还有许多政府出资设立的工厂或企业进行公共生产或者私人生产，但其性质已经与封建社会为了满足统治者需要设立的官营工厂有所不同。

三是政府用自有的物品与私人物品进行交换。例如，白居易《卖炭翁》中的“半匹红纱一丈绫，系向牛头充炭直”就生动地描述了统治者代表用政府所有的产品与私人产品进行交换的场面。这是在统治阶级与民众之间地位不平等的情况下出现的不平等交易。

四是政府运用自身掌握的货币购买物品。这种情况出现在商品和货币制度产生之后，其直接的表现形式是商品和货币的交换，是一种交易行为，这就是政府购买。

采购活动是随着市场经济活动的产生而产生的。由前面关于采购的释义可以看出，采购活动的基础是采购者有了选择的可能，在商品经济不发达、没有形成至少是一国范围内的统一大市场的前提下，就无法针对其所需购买的商品进行充分的比较和选择，就谈不上“采购”。随着商品经济的发展，特别是在形成全国甚至世界统一大市场的情况下，政府就可以根据商品的价值和品质，在市场上选择符合条件的商品。因此，政府采购是和市场经济的发展联系在一起的，市场的建立是其基础性条件。

政府采购与政府购买都是政府获得物质资料或服务的一种方式，政府采购突出了“选择购买”的特点，是在商品经济高度发达、物质产品极大丰富、公平竞争的市场经济体制建立之后形成的，它比政府购买的历史短，是一种特殊的政府购买形式。

（二）政府采购与政府采购制度

政府采购制度是为规范政府采购行为而制定的一系列法律、规章和办法的总称。简单地讲，政府采购制度就是规范和约束政府采购行为的一系列制度安排。

政府采购过程需要相应制度的规范和约束，但并不意味着“有了政府采购制度就有好的政府采购”。政府采购制度只能说是将政府采购纳入一定的规范框架之内，包括采购范围、采购方式、采购程序等多项规定，但是衡量政府采购的好坏、认识政府采购的性质，并不能仅看是否制定了政府采购制度，还要看政府采购制度的内容和实施情况。中国古代官府的“采办”“购置”制度，以及计划经济时期政府的“调配”等都属于政府获得所需物质资料或服务的制度安排，但在该制度下运行的政府获得物质资料或服务的行为却不是理想的政府采购。

综上，我们认为，政府采购的一般定义可表述为：政府采购（Government Procurement）是指各级政府及其所属机构为了开展日常政务活动或为了满足社会公共需要，以法定的方式和程序，利用财政性资金在国内外市场上购买货物、工程或服务的行为。当然，不同国家或地区因为体制、改革路径等方面的不同，在采购主体的设定、方式的确定、财政性资金的界定以及具体购买对象的选择上会有所不同。

（三）政府采购与政府采购管理

政府采购管理是指特定的政府采购管理机构，为规范政府采购行为，依据法律法规，按照一定的政府采购模式，形成的一整套政府采购管理制度和管理行为，是施行政府采购制度的关键。

我们可以从多个角度理解政府采购：从微观经济学的角度，大宗商品的政府采购与分散采购相比，具有更高的规模经济效益；现代制度经济学中的交易理论也认为，规范的政府采购制度能够大大节省交易成本；从公共选择理论的角度看，政府采购的目的是满足公众的利益，政府采购制度可以约束政府的经济行为，在具体采购制度设计上要以是否满足公众利益为衡量标准；社会契约理论认为，政府和公众之间关系的基础是一系列契约，政府采购从实质上来说，是一种委托代理关系，由于激励不相容、信息不对称和契约不完备等问题，政府采购制度的具体设计必须重在约束政府行为。尽管有上述特点，政府采购的直接表象归根到底是一种购买行为，在政府采购模式和机制设计上，必须体现市场经济规律对社会资源配置的决定性作用。

三、政府采购的特征

（一）公共性

政府采购是以政府为代表的公共机构为主体进行的购买活动。政府采购的公共性可以从两个方面具体分析：一是政府采购资金来源的公共性，政府采购资金主要是以税收为主的财政性资金；二是政府采购的目标具有公共性，尽管政府采购中有相当部分的物品是由政府部门或机构直接使用和消费的，政府采购的公共性也因此受到了质疑，但实际上政府使用这些物品是为了履行其职能，间接为公共利益服务。现在越来越多的公共产品采用私人生产、公共提供的方式，今后将有更多的政府采购直接为公众提供公共产品和服务。

（二）经济主体性

政府采购直接表现为一种对商品物资的购买活动。政府在市场上与其他经济主体的地位相同，不存在等级贵贱之分，都要遵循市场经济自愿平等的市场交易规则。从这个意义上来说，政府采购是政府作为经济主体进行市场交易的经济行为。

（三）经济性

政府采购的经济性是指政府采购追求效益最大化目标，这是由政府采购的经济主体性所决定的。政府采购的经济性和经济主体性既有区别又有联系。政府采购的经济主体性是指政府采购主体在采购过程中，不会由于政府属于特殊部门就在采购市场上享受特殊待遇，而是与其他经济主体一样，遵循市场行为规则。

一般的商品采购是为了满足私人需求，政府采购则是为了满足公众的需求，尽管服务的对象不同，但经济性是二者共同追求的目标。这里的经济性指的是收益最大化，私人采购要注重资金使用效益的最大化，政府采购注重的是财政资金使用效益的最大化，追求质优价廉的产品和服务，通俗地讲就是“少花钱，多办事，办好事”。

（四）非营利性

政府采购的非营利性是指政府采购活动本身并不以营利作为目标，这是由政府采购的公共性决定的。政府采购的目的与一般的商业性采购不同，一般的商业性采购是为卖而买，其目的是追求商业利润最大化，商品的购买者并不是商品的最终使用者。虽然有些政府采购活动中，政府不是商品的最终使用者（如政府向灾区人民提供食品和药品），但是由于政府采购资金来源具有公共性，采购本身是为了履行政府职能为公众提供公共品或服务，因此，政府采购本身具有非营利性。

四、政府采购的模式与方式

（一）政府采购模式

政府采购主要有集中采购和分散采购两种模式。

1．集中采购

集中采购是指由政府设立的职能机构统一为其他政府机构提供采购服务的一种采购组织实施形式。在我国，集中采购的范围由省级以上人民政府公布的“集中采购目录”确定。一个部门统一组织本部门、本系统的采购活动，也称为集中采购。实行集中采购有利有弊。其有利之处是：能够集中采购要求，取得规模效益；减少重复采购，降低采购成本；统一策划，统一采购，统一配置标准，便于维修和管理；容易培养一支专业化采购队伍，保证采购质量；方便管理和监督；推动政府采购有关政策取向的贯彻落实。其弊端主要是：不易适应紧急情况采购；使用单位没有采购自主性；难以满足用户多样性的需求；采购程序复杂；采购周期较长，等等。

2．分散采购

分散采购是指由各预算单位自行开展采购活动的一种采购组织实施形式。分散采购不是随意采购，必须按照政府采购程序实施。与集中采购相反，分散采购的有利之处主要是：增强了采购人的自主权，易于沟通，能够满足采购对及时性和多样性的需求，手续简单。不利之处主要是：失去了规模效益，加大了采购成本，不便于监督管理等。

实际上，没有100%的集中采购或分散采购。大多数采购单位都是混合形式的采购，一个组织究竟在多大程度上实现集中采购和分散采购没有标准模式。采购实体的目标、文化、资源和管理需求都会对采购组织的集中化与分散化产生作用。

从采购模式的历史来看，很多国家的采购模式都经历了从集中采购模式到半集中半分散模式的转化过程，如新加坡在1995年以前一直实行集中采购，由财政部中央采购处统一购买政府各部门所需的物品和服务，1995年中央采购处关闭，除了少数物品考虑到经济效益依旧采取集中采购外，其他的则由各部门自行采购。随着电子贸易的普及，政府采购模式可能又将会走向集中，因为所有的采购信息均可借助互联网进行，合同商可按要求将物品直接交付给采购实体。

在我国的政府采购实践中，为进一步发挥集中采购的规模优势，我国于2011年开始推行“批量集中采购”模式，即对一些通用性强、技术规格统一、便于归集的政府采购品目，由采购人按规定标准归集采购需求后交由政府集中采购机构统一组织实施的一种采购模式。批量集中采购使得主流品牌参与的积极性大大提高，供应商之间的竞争更加激烈；投标均价持续走低，中标价格比较优惠。近年来我国政府采购领域不断推进“放管服”改革，强化采购人自主权，提高政府采购效率，列入“集中采购目录”内的采购对象开始呈现减少趋势，从而，集中采购所占的份额也呈现出下降趋势。

（二）政府采购方式

无论是商业采购还是政府采购，其采购的目的都是以经济有效的方式采购到所需物品或服务。但是，由于公共资金的花费需要承担管理责任，所以在政府采购和商业采购实践中形成了截然不同的采购方式或程序。一般来说，一个国家对国内使用的采购方式及适用条件都有明确的规定，但这些规定都是相对而言的，采购项目具体采用何种方式的总原则是：该方式要有助于推动公开、有效竞争和物有所值目标的实现。

1. 按是否具备招标性质，可将采购方式分为招标性采购和非招标性采购

采购金额是确定招标性采购与非招标性采购的重要标准之一。一般来说，达到一定金额的采购项目，采用招标性采购方式；不足一定金额的采购项目，采用非招标性采购方式。

（1）招标性采购。

招标性采购，是指通过招标的方式，邀请所有的或一定范围的潜在供应商参加投标，采购机构通过某种事先确定并公布的标准，从所有投标供应商中评选出中标者，并与之签订合同的一种采购方式。招标性采购方式作为一种公平民主的采购方式，在政府采购中广泛使用，原则上只要是采购人需要的、数额较大的产品或项目都可以通过该方式进行。这种方式按其公开性的程序可分为竞争性招标采购（亦称公开招标采购）和有限招标采购两大类；按招标所经历的阶段，可分为单阶段招标采购和两阶段招标采购。

竞争性招标采购是指通过公开程序，邀请所有有兴趣的供应商参加招标的方式。竞争性招标采购方式具有通过广告进行竞争邀请、投标一次性、按事先规定的选择标准将合同授予最佳投标商及不准同投标商进行谈判等特点，被普遍地认为最能体现现代民主竞争精神，能最有效地促进竞争、节约费用和实现高效率及其他采购目标。因此，各国在采购立法中都将竞争性招标采购方式包括在其政府采购制度中，并将其作为优先采用的采购方式。但是采购环境的非单一性，采购客体的非确定性，技术的复杂性、独特性或标准特性，采购客体价值较小，采购情势急迫等情况都会使竞争性招标采购方式的使用受到限制，从而无法获得最佳的经济效益和实现政府采购的目标。这时就需要针对不同的采购环境和采购物品的性质等来选择使用竞争性招标采购以外的采购方式。这些方式的采用应遵循以下原则：每种方式的采用必须符合其适用的采购环境；每种方式的采用都要经过主管部门的审批；采购机构需做出书面报告，对使用某种采购方式的理由做出详细说明。

在我国的竞争性招标采购实践中，为节约政府采购执行成本、最大化提高政府采购效率，在框架协议采购方式出台之前还探索了协议供货采购、定点采购两种政府采购的实现形式。其中，协议供货采购是指事先通过公开招标采购方式，统一确定中标供应商及其所供产品的品牌、价格、供货期限、服务承诺等内容，用协议的形式加以明确，各采购人在协议范围内进行采购。实行协议采购的项目，一般为规格或标准相对统一，产品品牌较多且市场货源充足的大宗通用类产品。定点采购是指采购机构通过招投标等

方式，综合考虑产品质量、价格和售后服务等因素，择优确定一家或几家定点供应商，同定点供应商签署定点采购协议，由定点供应商根据协议在定点期限内提供有关产品。在通用设备采购和服务采购上，定点采购的方式应用非常广泛。定点采购期限通常为一年。

有限招标采购是指采购机构选定若干家供应商，邀请其前来报价投标，向符合规格且价格最低的提供者授予合同。有限招标采购又包括选择性招标采购和限制性招标采购两种形式。选择性招标采购是指通过公开程序，邀请供应商提供资格文件，只有通过资格审查的供应商才能参加后续招标；或者通过公开程序，确定特定采购项目在一定期限内的候选供应商，作为后续采购活动的邀请对象。采用选择性招标采购来确定有资格的供应商时，应平等对待所有的供应商，并尽可能邀请更多的供应商参加投标。采用选择性招标采购的原因，其一是受到供应商数量不多的客观限制；其二是考虑采购的经济有效性目标，一般将其运用于技术复杂或专门性的货物、工程或服务及采购价值较低的货物、工程或服务。限制性招标采购是指不通过预先刊登公告的程序，而是直接邀请一家或两家以上的供应商参加投标。实行限制性招标采购方式必须具备相应的条件，这些条件包括：竞争性招标或选择性招标后没有供应商参加投标或无合格标；供应商只有一家，无其他替代选择；出现了无法预见的紧急情况；向原供应商采购替换零配件；因扩充原有采购项目需要考虑配套要求；属于研究用的试验品、试验性服务；追加工程，必须由原供应商办理，且金额未超过原合同金额的50%；与原工程类似的后续工程，并在第一次招标文件中已做规定的采购等。

单阶段招标采购就是通过一次性招标，让投标商提交价格标的的采购方式。两阶段招标采购是一种特殊的招标采购方式，即对同一采购项目要进行两次招标。第一次招标是采购机构要求供应商提交不含价格的技术标，目的是征求各家供应商对拟采购项目在技术、质量或其他方面的建议。第二次招标是采购机构根据第一阶段征求的建议修改招标文件，要求供应商按照修改后的招标文件提交最终的技术标和价格标。

两阶段招标采购的特点在于：在第一阶段，给予了采购机构相当大的灵活性，使其可通过谈判与服务提供者达成有关拟采购服务的规范和规格；在第二阶段，采购机构可充分利用招标程序的高度客观性和竞争性选定合适的中标者。两阶段招标很少采用，只适用于大型、复杂或技术升级换代快的货物（如大型计算机和通信系统等），特殊性质的土建工程（因为事先准备好完整、准确的技术规格有困难或不易实现），以及有关研究、实验、调查或开发等的服务采购。

（2）非招标性采购。

非招标性采购，是指除招标采购方式以外的采购方式。达到一定金额的采购项目一般要求采用招标采购方式，但在有些情况下，如需要紧急采购或者采购来源单一等，招标方式并不是最经济的，需要采用招标方式以外的采购方式。另外，在招标限额以下的大量的采购活动也需要明确的采购方式。非招标性采购方式很多，通常采用的主要有：竞争性谈判采购、单一来源采购、询价采购等。

竞争性谈判采购是指采购机构通过与多家供应商进行谈判，最后从中确定中标供应商的一种采购方式。这种方式适用于紧急情况下的采购或涉及高科技应用产品和服务的采购。竞争性谈判采购首先是私营领域主要的采购方式，在公共领域中，竞争性谈判采购在国防和服务采购中是主要的采购方式，但由于谈判方式在竞争性、透明度以及评判程序主观性等方面存在缺陷，常常存在着很高的贿赂和利诱的风险，因此，政府采购规则都对它的采用进行严格管理。

单一来源采购即没有竞争的采购，是指达到了竞争性招标采购的金额标准，但所购商品的来源渠道单一，或属专利、首次制造、合同追加、原有项目的后续扩充等特殊情况，只能由一家供应商供货。单一来源采购也称直接采购，从竞争态势上看，这种采购方式处于不利地位，所以对于这种采购方式的采用，各规则都规定了严格的适用条件，一般而言多为紧急采购时效性的需要或者只能从唯一的供应商或承包商那里取得货物、工程或服务的客观性的需要。有些国际规则中的直接签订合同的采购方式其实就是单一来源采购。

询价采购，也称货比三家，是指采购机构向国内外有关供应商（通常不少于三家）发出询价单，让其报价，然后在报价的基础上进行比较并确定中标供应商的一种采购方式。适用询价采购方式的项目，主要是对现货或标准规格的商品的采购，或投标文件的审查需较长时间才能完成、供应商准备投标文件需要高额的费用，以及供应商的资格审查条件过于复杂的采购。询价采购可分为报价采购、订购、议价采购等。

2．按采购规模，可将采购方式分为小额采购、批量采购和大额采购

（1）小额采购是指对单价不高、数量不大的零散物品的采购。具体的采购方式可以是询价采购，也可以是直接到商店或工厂采购。

（2）批量采购，即小额采购物品的集中采购，其适用条件为：在招标限额以下的单一物品由个别单位购买，而且数量不大，但本级政府各单位经常需要；或单一物品的价格不高，但数量较大。具体的采购方式可以是询价采购、招标采购或谈判采购等。

（3）大额采购是单项采购金额达到招标采购标准的采购。适用的具体采购方式有招标采购、谈判采购等。

3．按运用的手段，可将采购方式分为传统采购和现代化采购，两者只是在形式上依据的媒介不同

（1）传统采购是指依靠人力来完成整个采购过程的一种采购方式，如通过报纸杂志来发布采购信息，采购机构和供应商直接参与采购各个环节的具体活动等。

（2）现代化采购是指主要依靠现代科学技术的成果来完成采购过程的一种采购方式，如采购卡和电子采购。采购卡类似于信用卡，不同之处在于采购卡由财政部门统一发放给采购机构，采购机构的采购人员在完成采购后付款时，只需划卡就行。划卡记录包括付款时间、付款项目、付款单价和总价等信息，这些信息将报送财政部门备案审查。采购卡一般适用于小额采购，由于这种采购方式不需要签订合同，因此对于每年数以万次的小额采购来说，能够节约大量的流程和费用。电子采购是指运用电子技术进行业务交易，包括电子邮件、国际网络技术以及电子信息交换等。通过电子方式来发布采购信息并完成采购交易，解决了传统采购方式下难以克服的时间和空间问题，使采购活动更加方便、快捷，大幅度降低了采购成本，提高了采购效率，成为我国政府采购方式发展的一大趋势。

第二节　政府采购制度

一、政府采购制度的含义及基本内容

政府采购制度是为规范政府采购行为而制定的一系列规则、法律、规章和办法的总称。从政府采购产生起，各国就制定了相应的政府采购制度对它进行规范和约束。随着政府采购实践的发展，政府采购制度的内容变得越来越丰富和全面。一般来说，政府采购制度的基本内容包括：

第一，政府采购法规，主要表现为各国分别制定的适合本国国情的政府采购法。该项法规主要包括总则、招标、决议、异议及申诉、履约管理、验收、处罚等内容。

第二，政府采购政策，即有关政府采购的目的，采购权限的划分，采购调控目标的确立，政府采购的范围、程序、原则、方式方法、信息披露等方面的规定。

第三，政府采购程序，即有关购买商品或服务的政府单位采购计划拟订、审批，采购合同签订，价款确定，履约时间、地点、方式，违约责任等方面的规定。

第四，政府采购管理，即有关政府采购管理的原则、方式、管理机构、审查机构与仲裁机构的设置，争议与纠纷的协调与解决等方面的规定。[①]

二、现代政府采购制度的确立

为了使政府采购工作更合理、高效地开展，世界各国往往制定专门的法律或法规

---

① “我国政府采购制度研究”课题组．我国政府采购制度研究 // 刘尚希．政府采购制度研究文集．北京：经济科学出版社，2000：61–78．

要求政府采购采用一种公开竞争的方式，按照一种特定程序来进行。同时，各国还建立了一系列的审查、管理和监督机制以确保政府采购能够按章实行。由此，形成了现代意义上的政府采购制度。我国2018年出台的《深化政府采购制度改革方案》要求加快形成采购主体职责清晰、交易规则科学高效、监管机制健全、政策功能完备、法律制度完善、技术支撑先进的现代政府采购制度。以下我们重点从现代政府采购制度的运行基础和现代政府采购制度产生的经济学理论基础进行分析。

（一）现代政府采购制度的运行基础

现代政府采购制度得以运行的基础主要有以下四个方面：

1. 以现代民主制度的发展为基础，促成现代政府采购制度的建立

在封建社会，皇权至高无上，国家预算约束软化，政府并没有约束自身采购行为的机制。进入资本主义社会，新的产权制度确立，政府的特权受到约束。在政治形式上，民主选举制度确立，公民与政府达成一系列契约，政府是受公民委托管理社会的机构。为了约束政府行为，加强对其支出的监督，政府采购制度应运而生。在现代民主制度下，公民与政府之间是一种委托代理关系。在委托代理关系下，都会产生激励不相容、信息不对称和契约不完备等问题。从公民的角度看，政府官员都是“经济人”，有自身的利益，在政府采购过程中，为了防止政府在行使代理权时损害公民的利益，就必须有程序上的详细规定，防止政府及其官员为谋求自身利益而随意决定购买的产品、购买的方式和交易的对象，这就促成了政府预算和政府采购制度的建立。从政府的角度看，在民主选举制度下，各党派或团体能否在选举中获胜是由公民投票决定的。为了获得更多选民的信任，获取更多的选票支持，各党派的政治家必须约束自身的行为，从而也存在建立政府采购制度的要求。

2. 以市场为基础，保持政府与企业平等的商业地位，维系政府采购制度的运行

政府采购制度建立在市场经济基础上，其制度规定与市场经济的内在要求和原则相一致。一方面，政府采购制度规定以企业之间的公平竞争为基础，政府在市场上进行采购活动，通过企业之间的公平竞争机制实现货物、工程和服务的最优价格—质量比。另一方面，政府所需的商品和服务通过市场由企业提供，政府（采购实体及其代理机构）与企业（供应商）之间保持对等的商业主体地位和平等的商业关系。政府在采购所需商品和服务的过程中，并没有凌驾于企业之上的特权，企业根据成本状况和自身实力，提出最具竞争力的投标，参与采购竞争；政府根据所需货物、工程和服务的性能、技术等要求，选择中标供应商。如果企业发现采购过程中，采购机构与参与采购的其他企业有欺诈、腐败等不正当行为，可以向采购实体提出异议，也可向财政部门、法院或其他专门机构投诉，申请仲裁。在这种情况下，采购机构与企业（供应商）合谋易于发现、查处，很难合谋成功。以博弈论的观点来看，这时为非合作博弈，即采购机构与供应商各

自为取得最大收益而采取不合作策略，有利于减少和杜绝寻租现象，从而提高财政资金的使用效益。

3. 以政府与纳税人之间的契约关系，规范政府采购制度的运行

在政府采购活动中，税收是基本的收入来源。税收由纳税人缴纳，政府受纳税人之托为社会提供公共产品，运用税款进行各种开支也要对纳税人负责，做到物有所值。因此，为纳税人创造最高价值是各国政府采购制度的共同宗旨。同时，政府采购活动要公开、透明，便于社会公众监督。反过来，纳税人还要求享有平等参与政府采购活动的商业机会。政府采购制度作为政府采购活动的制度规定，体现了政府与纳税人之间的这一重要关系。虽然不能直接把国家和制度理解为契约，但政府和纳税人之间确实应体现这样一种关系：纳税人有纳税的义务，但同时具有监督税款使用的权利；政府具有依法征税的权力，但同时负有合理、有效使用税款的责任；纳税人与政府都是权利和义务的对等统一体。如果政府享有凌驾于纳税人和企业之上的特权，就必然存在大量的寻租现象。

4. 以法律为基础，保障政府采购制度的良性运行

从各国的情况来看，政府采购制度是通过政府采购法来体现的，实行政府采购制度的国家都有一套由政府采购相关法规构成的完整的法律体系。如瑞士的《公共采购法》、新加坡的《政府采购法案》等，我国也有《政府采购法》。通过《政府采购法》及与之相关的法律法规对政府与企业的关系以及政府采购活动进行全面系统的规定，为政府采购制度提供了法律保证，体现了市场经济法治化的重要特征。

（二）现代政府采购制度产生的经济学理论基础

现代政府采购制度是在传统的政府采购制度的基础上逐渐演变而来的。该制度之所以能够逐步建立并完善，主要缘于以下几个方面：

1. 现代政府采购制度是公共财政支出管理追求效率的结果

政府采购制度构建的基本逻辑是：政府使用的是纳税人的钱，必须在纳税人的监督之下以最经济的方式进行，并且该方式所产生的商业机会必须由纳税人在机会均等的条件下进行竞争。这就要求公共支出必须追求有效性和竞争性，也成为政府采购制度得以建立的生命之源。

经济机制的目标是配置经济中的稀缺资源以用于生产实物产品和服务来满足社会全体的需要。而自亚当·斯密时代起，人们就已经认识到竞争性市场体制对经济资源配置的作用。事实上，在自由市场中，个人和厂商被“看不见的手”引导，都通过在竞争性市场进行自愿交易而获益，同时也使社会资源的产出价值达到最大化。关于政府活动应实行竞争机制的观点，斯蒂格利茨在其《政府为什么干预经济》一书中指出，在政府所从事的许多经济活动中，竞争都是可以实现的，而且许多政府所提供的服务可以以更具

竞争性的方式予以提供。[1]在政府活动中贯彻竞争性原则的一个明显结果是可以显著提高政府效率。现代政府采购制度就是以竞争性采购为主，通过招标广告或竞争邀请的方式，吸引众多供应商前来竞标，形成一种有利于政府的买方市场，使政府获得比较价格利益和更优质的产品或服务，从而提高公共财政支出的效率。

2. 现代政府采购制度是市场经济运作的必然产物

建立政府采购制度是市场经济条件下建立公共财政框架体系的基本要求，是加强公共财政支出管理的一项重要手段。市场经济体制对建立现代政府采购制度的推动作用主要表现在：一是自由竞争的市场体系为政府采购活动的招投标这一主要形式提供了大量的竞标者，从而为提高政府采购效率、降低采购成本提供了市场环境；二是自由市场经济条件下对廉洁政府的追求，推动政府通过向市场公开招标来节省开支，提高公共财政支出的效率；三是与市场经济体制相关的法治建设、社会舆论监督以及信息技术的发展等，都有力地促进了现代政府采购制度的产生与完善。

3. 凯恩斯的政府干预理论是现代政府采购制度的主要理论来源之一

现代政府采购制度渊源于政府合同，起源于自由市场，而完善于现代市场经济。政府采购制度最早形成于18世纪末和19世纪初的西方自由资本主义国家。但是，在自由资本主义时期，政府基本上不干预经济，政府采购市场不完善，采购的规模小、范围窄。在现代市场经济条件下，特别是20世纪30年代的大规模经济危机以及随后诞生的凯恩斯经济理论，使各国政府普遍认识到市场不是万能的，市场自身还存在许多缺陷。凯恩斯在1936年出版的巨著《就业、利息和货币通论》中指出，形成资本主义经济萧条的根源是消费需求和投资需求所构成的总需求不足以实现充分就业。为解决有效需求不足的问题，必须发挥政府作用，用财政政策和货币政策来实现充分就业。

因此，各国政府后来都逐渐通过经济手段和法律手段加大了对经济的干预力度，主要表现在政府通过大幅度增加开支来刺激社会总需求，使经济尽快摆脱衰退的状况。除了转移支付外，大部分的政府支出都用在公共工程建设和采购物品上，政府采购规模随之迅速扩大，促进了政府采购的迅速发展。政府采购规模的扩大会对社会经济产生巨大的影响，为了加强对这部分大额资金使用的管理，也就要求建立相应的制度对其进行约束与规范，政府采购制度也就逐步在各国建立起来。而现在所说的政府采购制度即现代政府采购制度，实际上就是指在这一时期建立和完善起来的一项重要制度。

4. 布坎南的寻租理论是现代政府采购制度的重要理论来源之一

在布坎南等人看来，租金是指在支付给生产要素所有者的报酬中，超过要素在任何

---

① 斯蒂格利茨．政府为什么干预经济：政府在市场经济中的角色．郑秉文，译．北京：中国物资出版社，1998：88-89.

可替代用途上所能得到的那一部分收益，也就是超过机会成本的那部分收入；寻租则是指用较低的贿赂成本获取较高的收益或超额利润。寻租活动就是指人类社会中非生产性的追求经济利益的活动，或是指那些为维护既得经济利益或是对既得利益进行再分配的非生产性活动。

寻租理论认为，寻租活动存在的前提条件是政府权力对市场交易活动的介入。租金和寻租的产生是由于政府实行了市场进入限制而造成了有租可寻的稀缺机会。稀缺机会的分配实际上是有弹性的，而若不实行某种平等的分配制度，这种弹性就使人们有可能以低于潜在租金的代价去获得这种稀缺机会。也就是说，租金的产生既在于政府控制而造成的利益差别，也在于政府控制的分配弹性。因此，为消除寻租现象，就应允许全体社会成员和生产单位平等地获得由政府干预市场所造成的稀缺价值的平均份额或机会，并使之制度化。而消除寻租的一个主要途径便是实施现代政府采购制度，由于它具有公开性、透明性、公平性和竞争性等主要特征，它的建立就在政府购买性支出领域中构筑了一个消除寻租的有效机制，能有力地消除财政支出中的各类寻租活动，极大地减少人力、物力、财力等公共资源的浪费，提高公共财政的效益，从而推动各国政府为加强财政支出的管理而纷纷建立起现代政府采购制度。

三、政府采购制度的特征

传统的政府采购制度由采购人（一般是政府部门）自行、分散地向商品和劳务的供应商购买，直接满足政府采购部门对物资的需要。采购过程没有中介，不存在购买过程中的委托代理关系；除了采购主体不同，政府采购与一般的商品采购没有太大的区别；政府采购市场也是一般的商品和服务市场，与私人采购市场没有本质上的区别；政府采购分散进行，资金分散支付。

现代政府采购制度最早产生于英国。英国政府在1782年建立政府采购制度，最早设立了正规的政府采购机构——国家文具公用局，采用公开招标的形式采购政府办公用品，开始对政府采购管理进行立法。目前，政府采购制度日臻完善，由于它所具有的规范性、集中性、计划性和透明性的特征，有利于规范采购行为，节约财政资金，适应现代政府预算的要求，同时方便公众的监督，因此，现代政府采购制度已经被大部分发达国家运用于公共支出管理中。

现代政府采购制度的特征主要体现在以下四个方面：

（1）规范性。现代政府采购制度通过一系列法律、规章和办法规范政府采购行为，有相应的专门管理政府采购工作的部门，在政府采购的主体、代理人、资金供给方等政府采购的当事人之间形成制约关系。

（2）集中性。传统的政府采购大多是分散进行的，现代政府采购则以集中采购为主。集中的政府采购更能体现效益优势，节省交易成本，便于监督。同时，出于采购效益方面的考虑，现代政府采购制度也允许一些适宜分散采购的物资继续进行分散采购。

（3）计划性。政府采购物品的范围和数量受预算制度的约束，一般来讲，政府采购清单要严格按照每年的政府预算开列。

（4）透明性。现代政府采购制度往往对政府采购的透明性做出严格规定。政府采购过程要公开，受相关部门和公众的监督。一些大宗的、关键的政府采购项目，通常要求采用公平竞争的招标方式公开进行，除了政府采购的当事人互相监督之外，公众还可以对政府采购的整个过程进行监督。

不管是传统的政府采购制度，还是现代政府采购制度，只要是对政府采购活动的约束性规定，都属于政府采购制度的范畴。关键的问题不在于是否建立了政府采购制度，而在于建立了何种政府采购制度，以及先进的政府采购制度能否被严格执行。现代政府采购制度的精神就在于使政府采购遵循一定的程序，增强政府采购的透明度，便于政府采购的管理和监督，追求财政资金使用的最大效益。

第三节 政府采购与财政改革

一、财政是国家治理的基础和重要支柱

作为一个世界性的趋势性变化，“治理”已经成为21世纪世界主要国家改革的重要特征。具体到我国，党的十八届三中全会创新性地提出“国家治理体系和治理能力现代化”重大命题，党的十九大、党的二十大均对推进和实现国家治理体系和治理能力现代化做出了部署。有别于传统的“统治”，治理并非单一向度的管理，而是一个上下互动的管理过程，其实质是建立在市场规则、公共利益和广泛认同基础之上的合作。因此，它所涉及的要素、领域空前复杂和宽广，既需要凝聚包括政府、企业、社会组织和居民自治组织等尽可能多的社会主体的意志，又需要协调多元利益主体特别是公共利益与个体利益之间的冲突，还需要覆盖经济、政治、文化、社会、生态文明等多个角度和领域。

在所有国家治理活动所涉及的政府职能中，由于所有政府活动均要以财政资金的及时、足额、到位为前提条件，所以，只有财政职能可以覆盖所有政府职能，并由此影响经济、政治、文化、社会、生态文明等所有领域。由此可见，财政是一项最具综合性的基本政府职能。在所有国家治理体系所涉及的制度安排中，由于国家治理体系格局的任何变化均要伴之以财税体制的同步变化，所以，只有财税体制的触角可以伸展至国家治理体系的方方面面。由此可见，财政是一项最具基础性的基本制度安排。在所有国家治

理事务所涉及的利益关系中，由于所有公共事务最终均要落实到政府与市场、政府与社会、中央与地方等关系的调整上，通过财政收入的缴纳、财政支出的拨付以及财政资金的调动所形成的财政关系实际上构成了这些利益关系的基本方面，所以，只有财政关系可以承载并牵动公共事务线索上的各方面关系。

国家治理体系与治理能力与财政的基础性和支撑性作用是相辅相成、密不可分的。伴随着人类社会向着现代国家治理阶段前行，财政必然要作为国家治理的基础和重要支柱而存在及运转。当前，我国改革发展已经进入以国家治理现代化为目标定位的阶段。站在现代国家治理的高度，无论从哪个方面看，财政都是国家治理体系一个不可或缺的重要组成部分。

二、政府采购在财政改革中的地位

在我国构建国家治理体系和推进国家治理能力现代化的背景下，政府采购制度作为建设现代财政制度的重要内容，是构建国家治理体系的重要支脉，是提升国家治理能力现代化的重要一环。

党的十八届三中全会提出，财政是国家治理的基础和重要支柱，科学的财税体制是优化资源配置、维护市场统一、促进社会公平、实现国家长治久安的制度保障；必须完善立法、明确事权、改革税制、稳定税负、透明预算、提高效率，建立现代财政制度，发挥中央和地方两个积极性；要改进预算管理制度，完善税收制度，建立事权和支出责任相适应的制度。

党的十九大提出，加快建立现代财政制度，建立权责清晰、财力协调、区域均衡的中央和地方财政关系；建立全面规范透明、标准科学、约束有力的预算制度，全面实施绩效管理；深化税收制度改革，健全地方税体系。

党的二十大进一步提出，健全现代预算制度，优化税制结构，完善财政转移支付体系。

党中央关于财政改革的决策部署为政府采购改革提供了方向指引，同时也说明政府采购改革在财政改革中具有重要地位。比如，政府采购遵循公开透明原则，是“透明预算”的重要体现；政府采购遵循公平竞争原则，是“提高效率”的重要途径；政府采购扶持不发达地区和民族地区发展，这有利于构建“区域均衡”的中央地方财政关系；政府采购推进的需求标准化建设有利于推进支出标准改革，有利于构建预算制度“标准科学、约束有力”；政府采购绩效管理是全面实施预算绩效管理的重要推手。

总之，政府采购在财政改革中具有重要地位，是推动财政改革的重要抓手。

三、建立政府采购制度的意义

（一）政府采购制度的建立有利于完善社会主义市场经济体制

公共财政体制是和完善的市场经济体制相配套的，我国社会主义市场经济体制已经初步建立，建立政府采购制度有利于进一步完善社会主义市场经济体制。公平竞争是市场经济的精神和要义，公开、公平、公正是政府采购的原则，两者是统一的。公开原则是指采购行为公开，是对政府采购的所有潜在供应商开放市场，这与市场经济的开放性、竞争性是统一的；公平原则是采购方作为交易主体，与供应商地位平等，遵守市场交易的权利义务规则进行平等交易；公正原则是指采购方作为交易行为的一方，必须对所有的供应商一视同仁，不能根据关系的亲疏进行选择性交易。

目前，各国政府在公共产品供给过程中，出于专业分工和生产效益的考虑，采用私人生产、公共购买的方式提供的公共产品越来越多，这一方面为企业提供了新的发展机遇，另一方面也增强了政府购买对市场的影响力。近年来，我国政府采购的规模不断扩大，2022 年，全国政府采购规模已达到 34 993.1 亿元，占全国财政支出和 GDP 的比重分别为 9.4% 和 2.9%。[①] 如此大规模的政府采购按照市场经济的规则运行，将大大加快我国完善社会主义市场经济体制的步伐。

（二）政府采购制度是现代财政制度的重要组成部分

在公共财政制度框架下，政府的一项重要职能就是提供公共物品和服务。政府提供公共产品的方式主要有两种：一是公共生产，公共提供；二是私人生产，公共提供。由于在市场经济体制下市场在资源配置中起决定性作用，大部分产品都由私人生产，政府通过市场采购为公众提供产品和服务，所以，政府采购是政府提供公共物品和服务的重要手段，是公共财政制度的重要组成部分。

（三）政府采购制度有利于在市场经济体制下强化政府的宏观调控职能

社会主义市场经济的健康运行要求市场在资源配置中起决定性作用，但由于市场经济有不稳定的特点，这就要求政府必须通过宏观调控来稳定经济的运行。政府进行宏观调控运用的主要政策工具是财政政策和货币政策，其中，政府采购制度是财政政策的重要方面。由于政府采购规模大，因此政府采购的数量、时间和频率会对宏观经济运行及开放条件下的国际贸易产生很大的影响，通过制定政府采购政策，政府可以调节经济运行周期，平缓经济波动，达到政府调节经济的目的。

同时，利用政府采购政策还可以促进产业的发展。例如，通过政府采购供应商准入制度，限制国外供应商进入本国政府采购市场，通过带有政策倾向的政府购买支持民族

① 2022 年全国政府采购简要情况. 财政部网站. 2023-12-25.

产业的发展等。

（四）建立政府采购制度是实现公共资源优化配置的关键

公众对公共物品的需求和国家实行宏观经济政策的需要都促使政府支出规模的扩大，政府支出除转移性支出之外，大部分是购买性支出，其中主要以政府采购的方式进行。经验表明，在公共资源的配置过程中，道德自律和互相监督并不能有效杜绝小集团与政府官员之间的合谋，如此大规模的以政府为主体的公共资源配置必须用政府采购制度进行约束。

政府采购的一大特点是竞争择优和透明度高，在这种条件下，如果政府采购供应商、政府部门官员以及政府采购管理机构进行合谋，其被揭发和查处的风险会增大，合谋成本上升。严格遵循政府采购制度，对哪些商品列入政府采购清单、政府采购遵循什么样的程序，有一个合理的约束机制，这事实上是一个多赢的过程。对政府采购单位来说，能够通过竞争择优，获得性价比高的优质物品和服务；对政府采购供应商来说，能够促使其改进技术、提高效益，适应市场需求，提高竞争实力，为政府采购提供优质产品；对政府采购资金管理部门来说，有利于提高资金分配和资金使用的透明度，提高财政性资金的使用效率，强化预算约束；对公众来说，会最终成为最大的受益者。

（五）建立政府采购制度是加强财政支出管理的关键

政府采购制度是政府对公共资源从以预算为主的资金管理到实物管理的延伸，加强财政支出不仅要重视对资金进行分配的预算编制和监督环节，也要重视如何对财政资金进行高效运用、为公众提供最大福利的实践过程。政府采购制度恰恰是对政府采购清单确定、财政性资金进入市场、资金运用合理高效、为政府部门和公众提供最优产品和服务的整个过程进行制度管理，有效控制和约束政府的购买行为，有利于构建提高财政资金分配与使用效率的机制。

本章小结

1. 在《中华人民共和国政府采购法》中，政府采购的定义是："政府采购，是指各级国家机关、事业单位和团体组织，使用财政性资金采购依法制定的集中采购目录以内的或者采购限额标准以上的货物、工程和服务的行为。"

2. 政府采购与政府购买都是政府获得物质资料或服务的一种方式，政府采购突出了"选择购买"的特点，是在商品经济高度发达、物质产品极大丰富、公平竞争的市场经济体制建立之后形成的，要比政府购买的历史短，是一种特殊的政府购买形式。

3. 社会契约理论认为，政府和公众之间关系的基础是一系列契约，政府采购从实质上来说，是一种委托代理关系，由于激励不相容、信息不对称和契约不完备等问题，政府采购制度的具体设计必须重在约束政府行为。

4. 政府采购具有四个特征：政府采购的公共性，政府采购的经济主体性，政府采购的经济性，政府采购的非营利性。

5. 政府采购模式主要有集中采购和分散采购这两种模式。集中采购是指由政府设立的职能机构统一为其他政府机构提供采购服务的一种采购组织实施形式。一个部门统一组织本部门、本系统的采购活动，也称为集中采购。分散采购是指由各预算单位自行开展采购活动的一种采购组织实施形式。

6. 按是否具备招标性质，可将采购方式分为招标性采购和非招标性采购；按采购规模，可将采购方式分为小额采购、批量采购和大额采购；按运用的手段，可将采购方式分为传统采购和现代化采购，两者只是在形式上依据的媒介不同。

7. 政府采购制度是为规范政府采购行为而制定的一系列规则、法律、规章和办法的总称。

8. 现代政府采购制度得以运行的基础主要有四个方面：以现代民主制度的发展为基础，促成现代政府采购制度的建立；以市场为基础，保持政府与企业平等的商业地位，维系政府采购制度的运行；以政府与纳税人之间的契约关系，规范政府采购制度的运行；以法律为基础，保障政府采购制度的良性运行。

9. 现代政府采购制度之所以得以逐步建立与完善，是公共财政支出管理追求效率、市场经济运作、凯恩斯的政府干预理论以及布坎南的寻租理论等综合作用的结果。

10. 现代政府采购制度的特征主要体现在四个方面：规范性、集中性、计划性、透明性。

11. 在我国构建国家治理体系和推进国家治理能力现代化的背景下，政府采购制度作为建设现代财政制度的重要内容，是构建国家治理体系的重要支脉，是提升国家治理能力现代化的重要一环。

12. 政府采购制度的建立有利于完善社会主义市场经济体制；政府采购制度是现代财政制度的重要组成部分；政府采购制度有利于在市场经济体制下强化政府的宏观经济调控职能；建立政府采购制度是实现公共资源优化配置的关键；建立政府采购制度是加强财政支出管理的关键。

思考题

1. 为什么说市场经济条件下政府采购制度是约束和规范政府行为的有效手段？

2. 如何区分政府采购与政府购买？

3. 为什么说政府采购与财政改革是紧密相连的？

课外阅读材料

1. 哈维·S. 罗森. 财政学. 平新乔，校译. 4版. 北京：中国人民大学出版社，2000：65.

2. 詹姆斯·M. 布坎南，理查德·A. 马斯格雷夫. 公共财政与公共选择：两种截然不同的国家观. 类承曜，译. 北京：中国财政经济出版社，2001：80-116.

3. 思拉恩·埃格特森. 经济行为与制度. 吴经邦，等，译. 北京：商务印书馆，2004：16-20.

4. 亚当·斯密. 国富论. 杨敬年，译. 西安：陕西人民出版社，2001：884.

5. 萨伊. 政治经济学概论. 陈福生，陈振骅，译. 北京：商务印书馆，1963：467.

6. 斯蒂格利茨. 政府为什么干预经济：政府在市场经济中的角色. 郑秉文，译. 北京：中国物资出版社，1998：88-89.

7. 边俊杰. "政府采购"新论. 财政与税务，2001（1）.

8. 杨灿明，李景友. 政府采购问题研究. 北京：经济科学出版社，2004：26.

9. "我国政府采购制度研究"课题组. 我国政府采购制度研究 // 刘尚希. 政府采购制度研究文集. 北京：经济科学出版社，2000：61-78.

10. Stuart F. Heinritz，Paul V. Farrell，Clifon L. Smith. Purchasing: Principles and Applications. Prentice Hall，1986（34）：4.

即测即评

扫描二维码，进行本章在线测试。

第二章

政府采购的发展与演变

在封建社会中，政府购买的目的主要是调控经济、稳定物价，同时也带有一定的消费性。和籴和买、均输平准、五均六管、均输市易制度都是封建政府干预或控制商品流通、平抑物价、节省财政资金、增加政府财政收入的措施，这些制度被视为我国政府采购制度的萌芽。西方政府采购思想的发展和成熟经历了一个很长的过程，最初亚当·斯密及其后的萨伊对公共部门经济的分析中包含着政府采购思想的萌芽，认为政府采购公共物品也要遵循市场经济的原则。从20世纪20年代开始，一些财政学家或经济学家纷纷从不同的关注角度出发，提出了自己的政府采购思想，使政府采购理论及其与经济发展之间的关系、政府采购的功能定位和政府采购制度设计等方面得到了发展；凯恩斯主义兴起以后，政府采购作为财政政策的一个重要手段在西方国家得到广泛而成功的运用；紧随其后的公共选择理论又提出通过宪政手段改革政府采购决策机制，提高政府采购效率；20世纪中后期，政府采购实践逐渐摆脱了区域的限制走向国际化，政府采购理论从深度和广度上都得到了前所未有的发展。

第一节　政府采购的思想演变

一、我国古代政府购买思想的萌芽和发展

我国古代社会的政府实物性财政支出需要，主要通过贡纳和赋税来满足，但仍有一部分支出所需的物资，是通过政府在市场上采购来满足的。这可以说是我国政府采购的原始形态，但它还没有形成一个较为完整的体系。

在奴隶社会中，政府购买的主要目的是调控经济，其特征是调控性采购。在西周时期的二百多年间，我国工商业发展已达到一定规模，政府为了稳定经济，在市场上收购一些多余的物资，既可以用于财政支出，又可以用于调节物价。《周礼·地官·廛人》有载："凡珍异之有滞者，敛而入于膳府。""敛"指管理市场的官员大量低价收购积压

的珍禽异兽，集中到膳府，这样既解决了商品积压的问题，又降低了膳食成本。另据《周礼·地官·泉府》载："泉府，掌以市之征布（币）。敛市之不售、货之滞于民用者，以其贾买之，物楬而书之，以待不时而买者，买者各从其抵"，主要意思是，管理市场税收的泉府把市场上滞销的货物买下，以等待有买主时再卖出去。这也是通过政府购买而促进流通的办法。

在封建社会中，政府购买的主要特征是以调控性采购为主，和籴和买、均输平准、五均六管、均输市易制度等消费性采购开始出现。这些制度被视为我国政府采购制度的萌芽。尽管由于当时封建社会生产力的落后以及阶级矛盾的激化，它们未能得到有效执行，但其追求财政资金效用最大化和物有所值的原则，已与现代政府采购的原则十分接近。

（一）和籴和买制度

春秋战国时期，政府购买行为已开始日益影响社会的方方面面。战国初年卫国所实行的和籴和买制度就是很好的体现。和籴是指政府为保证国家粮食需求或粮食储备而平价购买民众粮食的一项征购政策。和籴制度最初建立在买卖双方自愿的基础之上。《太平御览》记载："秦始皇四年七月，立太平仓，丰则籴，欠则粜，以利民也。"[①] 但从中唐开始，价格公平、买卖自愿这一原则被完全破坏，政府常常强行和籴。到了宋朝，和籴仍被广泛采用，名目也不断增多。元朝政府为保证军需或赈济灾荒，也常常"官为和籴"，但这时大多是强制性的。到明清时期，随着商品经济的发展，和籴的强制性逐渐减弱，但官吏克扣、给价不足等弊端仍无法根除。和买（又称和市）则是指对粮食以外其他物资的购买。和买的物资非常广泛，诸如牲畜、丝织品、建筑材料、柴草菜蔬等均列在和买之列。北宋初年的和买主要是预买丝麻制品，到了北宋后期，由于国家财力日益匮乏，和买逐渐成为定额税赋。元代的和买，依然十分普遍，凡是税赋不能满足政府需要的物资，大都通过和买来获取。总体来讲，因多数情况下和籴和买是只买不卖，故其属于政府消费行为，而并非商业行为。

（二）均输平准制度

虽然政府购买行为早在春秋战国时期就已经出现，但真正的政府大量购买则始于汉武帝时期的均输平准制度。均输平准是封建制度下国家政权为增加财政收入、保证中央物资供应而运用行政力量平衡物价、调剂运输的政策手段。在传统贡纳制度中，各地官府纷纷抢购货物，一些富商巨贾趁机囤积居奇，从而导致物价昂贵，各郡国向中央输送的贡物，或物劣质差，或因长途运输导致售价不抵运费。均输平准制度实行以后，各地均输官将本郡国所征租赋贡物加以区别，或上交中央政府，或在高价地区出售贡物，再

---

① 恒宽．盐铁论校注．王利器，校注．上海：古典文学出版社，1958：4.

在低价地区购入，继而运往京城。而运至京城的物资，均由平准官掌握，除存留官府所必需外，其余均根据“贱买贵卖”原则予以处置。

（三）五均六管制度

五均六管制度始于王莽新朝时期。所谓“五均”，是指在都城长安及其他几大城市设立五均官，负责均平物价。五均官根据各类商品质量定出其标准价格，称为“市平”。如果市场价格高于市平，则政府以平价出售库存物资，以利市价回落；相反，如果市场价格低于市平，则任其自由交易。“六管”是指政府对盐、铁、酒实行专卖，对国家铸钱、对山泽产品收税以及对五均赊贷。五均六管实际上是汉武帝时代均输平准政策的延续，但后汉时，均输平准的对象已由粮食扩大到所有货物，购买的时间、对象相当复杂。《后汉书》记载：“开委府于京师，以笼货物，贱则买，贵则卖，是以县官不失实，商贾无所利，故曰平准。”① 为保证五均六管制度的顺利实施，后汉还设立“常平仓”进行实物周转。

（四）均输市易制度

均输市易制度是北宋王安石变法时期广泛推行的两项重要变法内容。均输制度是指政府尽量在距京师较近的低价产区征收、调运物资，而在较远的非产区或高价区，则仅征税款而不征实物。市易制度是指中央政府（汴京）专设“都市易司”，在重要城镇设“市易司（务）”，受理商贩赊购货物，并收购滞销货物。各商贩可以产业为抵押，由五人以上联保向市易司（务）赊购货物，半年或一年后加 10%~20% 的利息向市易司（务）归还贷款。逾期不还，将加收罚息。市易司（务）还平价收购百姓的滞销货物，议价收购外地商人难以脱手的货物，待市场需要时再平价售出。

民国时期，政府购买行为有了新的发展，出现了现代政府采购的萌芽，消费性购买逐步增多，但由于当时经济发展的局限性，政府购买仍局限在大城市。虽然当时购买的商品种类增多，但以军用品为主要采购对象，仍然不是现代意义上的市场经济的政府采购制度。

二、西方政府采购思想的萌芽与发展

（一）古典经济时期的政府采购思想

事实上，对政府部门经济行为研究的历史和经济学发展的历史一样久远，随着政府在经济生活中所扮演的角色不断发生变化，也相应出现不同的理论、按照不同的分析范式对政府行为的变化做出解释。政府采购理论也同样经历了这个过程，1776 年到 20 世纪 20 年代以前是西方经济学的传统时期，也是政府采购理论的萌芽时期。

① 董说．七国考．北京：中华书局，1956：89.

亚当·斯密在《国富论》中主张自由放任，反对国家干预，认为通过“看不见的手”引导人们的行为便能够达到资源配置的最优化。当时的西方国家正处于资产阶级限制封建专制权力和工商业迅速发展的时期，这一思想成为那个时代的主流经济思想。在这一思想的指导下，当时的政府支出规模并不大，对政府经济行为的研究也只是整个经济学研究的一个特殊部分。在古典经济学家的著述中，对政府作为一个消费者参与市场活动也做出了一些讨论，从中可以提炼出经济学家们最初关于政府采购的一些原则与看法。

1776 年，亚当·斯密的《国富论》出版，这不仅标志着经济学作为一门学科的产生，也为研究政府部门的经济行为构建了框架（后来的公共选择理论关于政治“经济人”的讨论就与斯密的经济思想有深刻的渊源）。斯密在他的著作中积极倡导自由竞争的市场经济，他的经济理论和财政理论都是以市场经济的发展为核心的。一方面，政府对经济的态度应该是“不干预”，政府行为应该“最小化”，政府充当“守夜人”，保卫财产安全，更深刻地说，维持司法制度、保护产权的政府就是好政府；另一方面，政府对经济的态度应该是“不影响”，斯密认为，政府活动本身不创造价值，是非生产性的，不仅如此，维持政府活动还必须征税，财政支出扩大必然要增加税负，税负的加重会削弱经济发展的能力，不利于经济的扩大再生产。

可以看出，斯密并不主张大规模的政府支出，大量的政府消费或政府采购在他看来是不合时宜的。同时，他也对有限的政府支出的购买方式进行了讨论，他指出，公共部门的购买行为和私人的购买行为在市场经济条件下是平等的，都需要遵循公平的市场经济原则，由此才能够达到资源配置的“效率”目标。

萨伊将“公共消费”看作政府支出或政府采购的基本形式，并提出“政府是公共财富的托管人”的思想。具体来说，政府采购可以看作现代政府与纳税人之间的一种委托代理关系。在政府采购中，纳税人是委托人，委托政府在管理公共事务中用纳税人缴纳的税收采购所需要的公共物品；政府是受托方，政府在市场中购买货物、工程和服务的行为受到纳税人的委托。正是由于政府采购的主体——政府履行托管人的职能，政府采购就必然要接受纳税人的监督，受到法规、条例、司法或行政决定的约束，以及政策、程序的限制和控制。这种思想为政府采购的制度建设和机构建设提供了理论前提。

萨伊还指出，私人可以供应公共消费品，这就发展了斯密关于公共部门可以参与竞争的思想，萨伊把这些供应公共消费品的私人称为“对公共消费有实际贡献的人”，这一思想为政府向私人采购公共产品提供了理论依据。

萨伊还认为，公共土木工程可以刺激私人生产。他指出：“政府虽然没有可能成为成功的生产者，无论如何他却可通过计划周详、办理妥善和维修得当的公共土木工程，特别是公路、运河、港口等强有力地刺激私人生产力。”[①]

萨伊的这种“公共土木工程”可以刺激私人生产的思想可以说是凯恩斯财政政策的理论根源。

（二）边际革命时期的政府采购思想

边际革命发生后，人们逐渐将追求经济效率的领域从私人部门拓展到公共部门，开始运用经济学的核心原理来分析和说明政府的财政行为。边际效用价值论的引入，使得市场交换原则也适用于政府公共服务的成本和费用分析。这对斯密关于政府活动是低效率的，从而应该倡导政府行为最小化的思想是一种突破。政府采购理论得以进一步体系化、科学化。

（三）凯恩斯主义时期的政府采购思想

19 世纪 30 年代的资本主义国家经济大危机后，凯恩斯主义的国家干预思想为资本主义各国所采纳，各国政府开始广泛运用经济手段和法律手段干预国民经济，以弥补市场的缺陷。重要手段之一就是政府通过财政收入和财政支出兴办公用事业，为经济的发展创造条件。政府采购作为财政支出的重要组成部分，成为宏观调控的重要手段，政府采购制度迅速地发展起来，其影响力不断扩大，各项有关政府采购的法律法规也因此应运而生。

政府通过政府采购来调整经济结构、增加就业、带动企业和国民经济的发展。比如，当经济萧条时，政府应实行赤字预算与适度的通货膨胀政策，通过政府采购与政府投资，来拉动全社会的投资，增加全社会的就业。同时，国际金融组织的产生既为政府采购提供并增加了资金来源，也强化了政府的投资主体作用，使得政府采购在国民经济中的地位逐步上升。

政府采购制度在内涵上体现出凯恩斯主义经济学思想。凯恩斯主义的宏观管理理论自建立之初便将政府对总需求的控制——财政政策放在重要位置。显然，政府采购制度是政府通过“国家购物”的方式，扩大政府支出，直接影响、拉动生产进而拉动经济增长。从这个意义上讲，政府采购制度的大发展是建立在凯恩斯主义的宏观管理理论基础上的。

（四）公共选择学派的政府采购思想

公共选择理论反对国家干预经济，提倡新自由主义。其代表人物布坎南认为，政府公务员不仅是“政治人”，而且也是“经济人”，其行为也遵循私人利益最大化原则，不可避免地会产生大量寻租行为，并导致政府失灵。

根据布坎南的定义，寻租是投票人尤其是其中的利益集团，通过各种合法或非法的

---

① 萨伊. 政治经济学概论：财富的生产、分配和消费. 陈福生，陈振骅，译. 北京：商务印书馆，1997：495.

努力如游说和行贿等，促使政府帮助自己建立垄断地位，以获取高额垄断利润的行为。寻租者得到的利润并非生产的结果，而是对现有生产成果的一种再分配，寻租行为具有非生产性特征。同时，寻租的前提是政府权力对市场交易活动的介入，政府权力的介入导致资源的无效配置和分配格局的扭曲，产生大量的社会成本，这些成本包括：寻租活动中浪费的资源，经济寻租引起政治寻租所浪费的资源，寻租成功后损失的社会效率。

公共选择理论认为，在市场经济条件下，最常见的寻租行为有四种：一是政府定价；二是政府的特许权；三是政府的关税和进口配额；四是政府订货。政府订货行为存在于政府采购之中，也就是说政府采购中存在寻租的可能性。

随着政府采购规模和范围的日益扩大、采购任务越来越繁重，政府单独采购难以保证采购的质量、服务和效率，于是，关于政府采购制度规范的研究也逐渐得到经济学界的重视。在公共选择理论中，偏重研究制宪与修宪理论的，称为宪制经济理论，它主要研究如何实现对政府的财政权力、货币权力与管制权力的约束。

公共选择理论对于政府采购思想的贡献在于：让人们意识到政府采购人员是具有“经济人”特征的比较利益人；政府采购的模式应是委托代理的公私伙伴关系；完善政府采购制度的路径选择要以建立、健全政府采购法律体系为重心；对政府开支项目进行损益分析，杜绝过去政府项目不计成本的做法；引进利润分享机制，允许官僚机构对节约成本所形成的财政节余拥有一定的自主处理权；加强对官僚机构的监督，等等。

公共选择理论认为，政府应转变职能，改革政府的经济管理方式，从一些不必要的经济活动中退出来，把更多的事情交给“看不见的手”——市场来调节。

（五）制度经济学派的政府采购思想

政府采购中的政府作为一个经济实体和政府行为中的“经济人”假设是两个不同的概念。市场经济理论表明，政府在市场中作为产品的购买方，需要遵循市场经济中的公平交易原则。这就决定了政府采购活动中必须坚持公开、公平和公正性原则。公平性原则是指交易双方的权利与责任关系，政府采购的买卖双方必须在自愿平等的原则上进行交易，分别履行买卖双方在商品交易中的义务，不能因为政府掌握公共权力就凌驾于其他市场行为者之上，进行不公平交易；同样，其他市场行为人也不能因为交易对方是公共部门，就可以任意提价或者提供价高质次的产品。

1937年，科斯在他的论文《论企业的性质》中指出：“利用价格机制是有成本的。通过价格机制组织生产的最明显的成本就是所有发现相对价格的工作。……市场上发生的每一笔交易的谈判和签约的费用都要考虑在内。”[①] 科斯还使用交易成本这一工具分析

---

① 罗纳德·哈里·科斯. 论生产的制度结构. 盛洪，陈郁，等，译. 上海：上海三联书店，1994：10.

了企业的性质和规模问题，这里的谈判和签约的费用可以看作总交易成本的一种概括。继科斯在1937年提出“交易成本”之后，他在1960年发表的论文《社会成本问题》中对交易成本的内容做出了进一步的界定，即“为了进行市场交易，有必要发现谁希望进行交易，有必要告诉人们交易的愿望和方式，以及通过讨价还价的谈判缔结契约，督促契约条款的严格履行等”[①]。这也是对交易成本的一个总的概述。

施蒂格勒沿着科斯开创的研究思路，考察了“搜寻成本”，即买卖双方寻找对自己最有利的价格所要耗费的资源。从交易、契约及与交易费用的孪生性出发，达尔曼认为，交易双方欲达成协议，必须相互了解，将可能提供的机会告诉对方，这种信息的获得和传递需要耗费时间及资源；如果交易的一方有多个经济代理人，在决定交易条件时，还会产生某些决策的成本；相互同意的条件确定后，还有执行所签订协议的成本以及控制和监督他方以确定是否按照所签订协议条款履行其责任的成本。威廉姆森将交易费用分成事前和事后两部分，事前费用包括起草、谈判和维护等费用，其中的“维护费用”尤其复杂，它与一般的所有权、可信承诺与诚实、契约争端的法律裁决有关；事后费用包括交易偏离一致性后所产生的不适应成本、双方矫正事后不一致所产生的讨价还价成本、与规制结构有关的设立与运行成本，以及实现可信承诺的保证费用。

科斯认为，市场交易的本质就是价格机制。在市场经济条件下，价格机制在生产要素竞争和促进资源配置效率最大化方面确实发挥着积极的作用，但是由于交易成本的存在，遵循这种价格机制本身也是有成本的，很多情况下通过价格机制进行市场交易，市场上发生的每一笔交易的谈判和签约的费用都要考虑在内。[②]按照科斯的想法，企业正是为了降低越来越高的交易费用才产生的。在企业内部，市场被取消，某一个生产要素的所有者不必与企业内的其他一些合作的生产要素所有者签订一系列契约，这一系列契约为一个内部契约（如企业的组织形式和规章制度）所替代。因此，企业产生的原因是，利用价格机制是有成本的，企业可以节约交易成本，是对价格机制的一种替代。

政府采购的交易成本，是指公共部门作为政府采购的主体，为完成市场交易所发生的搜寻成本、谈判成本、决策成本、缔约成本、实施成本、监督成本、控制成本和矫正成本。

政府所需要的货物、工程和服务的购买方式，是各单位使用预算资金到市场上进行自发的、分散的采购，同一交易过程被各单位反复进行，同一交易成本被反复支出，造

① R. 科斯，A. 阿尔钦，D. 诺斯，等. 财产权利与制度变迁——产权学派与新制度经济学派译文集. 刘守英，等，译. 上海：上海三联书店，上海人民出版社，1994：20.

② Coase R H. The Nature of The Firm. Economica，1937，4（16）：386-405.

成了大量的浪费。为降低采购中不必要的交易成本支出，建立政府采购制度成为一种新的替代方法。在政府采购制度下，通过集中采购，同一交易行为的反复进行可被一次性交易替代，反复签订的同一类契约可被一个契约替代，可以大大降低采购中的交易成本。

科斯在分析企业规模时指出，企业通过减少契约的数量节省了交易成本，但并没有取消契约和企业内的交易。所以，政府采购有利于节省采购中的交易成本，并不意味着政府采购的范围越广、规模越大、集中程度越高就越好。随着企业规模的扩大，企业内部组织追加交易的成本可能会上升，即在组织的交易增加时，或许企业家不能成功地将生产要素用在其价值最大的地方，不能导致生产要素的最佳使用，因此，企业规模受它所节约的外部交易成本和随着规模扩大而增加的内部交易成本的制约，其规模取决于这样一个临界点——在企业内部组织一笔额外交易的成本等于在公开市场上完成这笔交易的成本。

同样，政府采购范围、规模和集中程度的扩大，会增加组织协调的内部成本，使政府采购在交易成本方面变得不经济。最佳的交易成本取决于合适的政府采购范围、规模和集中程度，政府采购实施的范围过窄、规模过小、集中程度过低，就达不到节省外部交易成本的目的，反之，就会增加内部交易成本，其临界点在于——通过政府采购实施的最后一项采购的交易成本等于原分散采购下完成这笔采购的成本。

建立政府采购制度的目标之一是节约采购成本，限制政府采购的范围、规模和集中程度也是为了节约采购成本，有些货物、工程或服务到底是实施政府采购，还是沿用以前的分散采购，一个重要的参考指标就是看哪种采购方式更有利于节省交易成本。

第二节　国外政府采购的实践发展

一、政府采购的起源

政府采购的起源可以从国家和政府的产生以及商品经济的产生这两个不同的历史演变来分析。

国家产生之后，统治者为了履行统治职能和社会管理职能，需要具备一定的物质条件。在商品经济产生之前，这种物质条件的满足只能依靠掠夺和产品交换。统治者的掠夺行为是单向的，即统治者利用暴力无偿地从公众手中获得产品；随着生产力的发展，统治者也可以生产一定的供自己消费的产品；随着商品经济的发展，统治者还可以将自己生产的产品与私人的产品进行交换。这几种方式都可以满足政府对物质条件的需求，但它们仍不是现代意义上的政府采购。

政府采购是一种交易行为，只能在商品和私有制产生之后才可能实现。原始社会末期，随着生产力的发展，整个社会中出现了一些过剩的产品可以用于交换，于是出现了各种形式的采购活动。采购活动的主体包括个人、家庭和部落，有了商品经济的发展，国家作为一个物质需求单位，也参与到采购活动中来。

最早的一张政府采购单可以追溯到公元前 2800 年至公元前 2400 年的叙利亚地区，它写在红色的陶制板上，“用 600 升谷子换取 50 瓶润滑油”。公元前 3 世纪的雅典也有政府采购的记录，人们还发现了恺撒军团的采购订单。政府采购古已有之，只不过当时的政府采购或是为了满足统治者骄奢淫逸的生活，大部分是生活用品；或为了满足统治者向外扩张的野心，也有很多军需用品。即使有一部分是关乎民众、生产生活的政府采购或政府的公共工程，其目的也并非满足民众的需求，而是统治者发展生产、增强国力的需要，或者是用于维持政治统治的抚民措施。

现代意义上的政府采购最早形成于 18 世纪末 19 世纪初的自由资本主义时期。1782 年，英国设立了国家文具公用局，作为采购政府部门所需办公用品的机构，其后发展为物资供应部，专门采购政府各部门所需的物资。值得一提的是，英国的文具公用局在设立之初，就以公开招标投标作为政府采购的主要方式，此举起到了极好的示范作用，成为之后各国政府选择采购方式的标尺，也为政府采购的公开、公平以及公正原则铺垫了坚实的基础，从而为以后各国政府采购制度的发展提供了很好的蓝本。美国是世界上最早对政府采购进行立法的国家，早在 1761 年就颁布了《联邦采购法》，对世界各国政府采购立法产生了深远的影响。此后，西方各国都成立了专门的机构或通过了相关的法律，以确定政府采购管理的重要地位。随着社会经济的发展，政府采购的适用范围逐步扩大，当今西方发达国家政府采购的含义已经同过去大不相同了。

二、政府采购制度的发展

在近代市场经济（自由市场经济）阶段，市场是配置资源的主要方式。市场经济国家信奉“看不见的手”，政府基本上不参与、不干预国民经济活动，政府直接承担的公共工程和物资采购也十分有限。因此，政府采购市场并不发达，也不完善。

到了现代资本主义市场经济时期，特别是在 19 世纪 30 年代的资本主义国家经济大危机后，市场经济国家普遍认识到，市场经济并不是万能的，它也存在着失灵的领域。于是，凯恩斯主义的国家干预思想被广大资本主义国家采纳。为了弥补市场的缺陷，政府开始广泛使用经济手段和法律手段干预国民经济。其中，最重要的手段之一就是政府通过扩大财政支出兴办公用事业，为经济的发展创造条件。由于政府采购是财政支出的重要组成部分，因此政府采购规模随着财政支出规模的扩大而不断扩大，其对社会经济产生的影响也逐渐受到人们的重视。为了兴利除弊，各项有关政府采购的法律法规就应运而生了。

美国的政府采购法律体系涉及面较广，覆盖面较宽，内容较丰富。美国政府采购制度有两级政府采购法律体系：联邦政府采购法律体系和州政府采购法律体系。联邦政府和州政府的采购权力，有着不同的法律渊源。1861 年，美国制定的一项法案要求每一项政府采购至少要有三个投标人。1868 年，美国国会又通过立法确定公共开标和公共授予合同的程序。1947 年，美国国会通过《武装部队采购法》确立了国防采购的方法和程序，并将军事采购的责任赋予国防部的后勤局，在军事国防领域实现了政府集中采购。1949 年，国会又通过了《联邦财产与行政服务法》，该法为联邦服务总署（General Service Administrative，GSA）提供了统一的采购政策和方法，并确立了 GSA 为联邦政府的绝大多数民用部门组织集中采购的权力。由此，美国确立了集中采购的管理体制。直到今天，GSA 仍然保留着为联邦政府的民用部门集中采购的责任。1962 年，美国通过了《合同竞争法案》，特别强调公开竞争对于政府采购制度的重要意义；1974 年颁布《联邦采购局政策法案》，1984 年颁布《联邦采购条例》（Federal Acquisition Regulation），联邦政府的所有行政机构都必须按照法律规定实施采购。州政府的采购权力来自州宪法，并由州立法机关制定的其他法律予以补充。绝大多数州都授予本州的县、市、镇等地方政府设立采购机构的权力。

德国是联邦制国家，各州在立法、财政方面具有较大的自治权。德国政府采购方面的法律，除联邦法律之外，还包括州和地方等不同层次的法律法规。联邦层次的法律法规主要包括《反对限制竞争法》《公共采购条例》《公共合同定价条例》《产品和服务合同条款标准准则》《自由服务合同标准准则》等。1999 年 1 月 1 日生效的《德国政府采购修正法》，标志着德国政府采购制度发展的新阶段。近些年来，德国政府采购规模比较平稳，占国内生产总值（GDP）的 10%~12%，其中还包括国防采购。《德国政府采购修正法》的出发点，是在政府采购中引入市场竞争机制，增加政府采购的公开透明度。在政府采购中实行最大限度的竞争，是《德国政府采购修正法》的核心，也是政府采购制度和观念的最大转变。

1973 年，英国加入欧洲经济共同体（欧洲联盟的前身）以后，逐步形成了一套较为完善的政府采购体系和运作规则。目前英国的政府采购法律，主要有 1991 年实施的《英国公共工程合同规则》、1993 年实施的《英国公共设施供应的公用事业工程合同规则》、1994 年实施的《英国公共服务合约法规》等，主要包括一般合同与商业法律，也有政府采购的专门法律，涵盖了政府采购的各个方面。英国是判例法国家，判例的不断涌现在很大程度上促进了政府采购法律制度的完善。2020 年英国脱离欧洲联盟，但并没有对其国内政府采购法产生实质影响。

韩国为了提高政府采购的效率，在 1949 年 1 月建立了第一个统一采购机构——对外援助临时供应办公室，该办公室同时还负责利用政府外汇基金向外购买政府所需的物品。1955 年 1 月，韩国对政府采购制度进行了一次重大改革，将采购和供应集中到一个机构，即对外供应办公室，采购资金来源包括政府外汇基金、外国援助基金和政府贷款。1966 年，韩国成立了供应办公室，统一负责对外采购和国内采购、重点工程采购、对企业需要的重要原材料贮存采购以及供应事务。后来，随着时间的推移，政府采购管理工作不断拓宽。到 1998 年，仅中央一级政府采购金额就达 11.2 兆韩元，占当年 GDP 的 2.5%，占当年财政支出的 8.8%。1999 年政府采购资金达 15.9 兆韩元，占当年 GDP 的 3.3%，占当年财政支出的 11.2%。

韩国的政府采购法规也经过了多次改革，以前有关政府采购的法规是分散的，主要是在《预算会计法》《公共预算和账户法》等法规中做出相应的规定。1995 年，财政经济院国库局先后制定了《政府合同法》《政府合同法实施准则》《政府合同法实施细则》《政府合同法实施准则特别条例》《关于特定采购的〈政府合同法〉的特殊实施规则》等法规。此后，又制定了一些与政府采购活动有关的法律，如《电子交易基本法》《电子签名法》等。

1994 年，韩国加入世界贸易组织《政府采购协定》，1997 年，该协议在韩国生效。为了与国际接轨，1997 年 1 月，韩国将供应办公室改为采购厅。之后，韩国计划进一步完善政府采购管理体制和运行机制，如建立信息网络等，提高政府采购的透明性、公开性、竞争性，进一步提高政府采购的效率。

日本的政府采购模式以分散采购为主，规范中央采购的法律法规主要有《会计法》《预算、决算及会计令》《国家物品等特定采购程序的特别政令》；规范地方采购的法律法规有《地方自治法》《地方自治法实施令》。1995 年，根据世界贸易组织的《政府采购协定》要求，日本政府确定了适用《政府采购协定》的政府采购实体和范围。此外，为满足世界贸易组织《政府采购协定》对质疑机制的要求，日本内阁于 1995 年 12 月 1 日成立了两个机构：政府采购审查办公室和政府采购审查局。随后，政府采购审查办公室于 1995 年 12 月 14 日公布了质疑审查程序。

有的国家的政府采购法律体系较为单一。例如，阿根廷只有一部《政府采购法》，是其政府采购活动的唯一依据，操作起来也比较简单。

由此可见，现代资本主义市场经济时期，政府采购获得了很大的发展，而且在逐渐走向成熟。因此，尽管政府采购制度起源于资本主义自由经济时期，但真正意义上的政府采购制度却是现代市场经济发展的产物，是与市场经济国家中政府干预政策的产生和发展密切地联系在一起的。

三、政府采购制度的国际化

政府采购制度本身是财政管理制度的一部分，其管理对象是公共支出，由于支出是一种消费行为，于是，就出现了由谁来提供消费品的问题。正是由于支出与消费存在非常密切的关系，政府采购制度在加强支出管理的同时，客观上也需要处理好内外贸易的关系。1947 年各国共同制定关税与贸易总协定（1995 年更名为世界贸易组织）时，规模巨大的政府采购市场被刻意排除在外，主要是考虑避免与当时各缔约国普遍采购国内产品、保护本国产业的政策相冲突。1979 年以前，政府采购与贸易的关系都很好协调，因为各国政府都是购买国内产品，政府采购是封闭的，不对外开放。

随着国际贸易的发展，一方面，一些发达国家期望为本国产品开拓国外市场，还有一部分国家则希望通过打破贸易壁垒来解决本国贸易失衡的问题，国际贸易自由化的呼声越来越高。另一方面，政府采购的规模越来越大，每年政府采购的金额达数千亿美元，占国际贸易总额的 10% 以上，政府采购的巨大市场在国际贸易领域日益受到各国的重视。同时，在政府采购中的歧视性做法也越来越明显，歧视性政府采购已成为国际贸易的一个严重障碍。于是，一些欧美国家纷纷提出应将政府采购纳入国际协议，并在 1976 年利用关税与贸易总协定东京回合谈判的机会，成立了专门小组，讨论国际政府采购问题。1979 年东京回合多边贸易谈判在日内瓦签订了《政府采购协定》（Government Procurement Agreement，GPA），但其性质是非强制性的，由各缔约方在自愿的基础上签署，通过相互谈判确定政府采购的开放程度。当时有美国、加拿大、欧洲经济共同体及其 15 个缔约方、中国香港、以色列、日本、韩国、列支敦士登、荷属阿鲁巴、挪威、新加坡、瑞士等国家或地区签署了该协议。《政府采购协定》的形成，标志着国际政府采购制度的初步形成。

《政府采购协定》于 1981 年开始生效。它仅适用于门槛价在 15 万特别提款权以上的中央政府采购项目，1988 年门槛价降为 13 万特别提款权。尽管如此，《政府采购协定》涵盖的政府采购市场仅是各国政府采购总额的一小部分，其在国际贸易中发挥的作用还是非常有限的。

在关税与贸易总协定乌拉圭回合谈判期间（1986—1994 年），各成员方曾对《政府采购协定》的内容进行了修订。新的《政府采购协定》规定，采购实体不仅包括中央政府，还包括地方政府以及公用事业单位，并相应规定了中央政府、地方政府、公用事业单位货物、工程和服务采购的门槛价。新的《政府采购协定》于 1996 年 1 月 1 日正式生效实施，仅对签字成员方有约束力。许多发达国家先后签署了《政府采购协定》。《政府采购协定》成员方希望有更多的国家加盟，并采取一些强制性措施迫使想加入世界贸易组织的国家签署《政府采购协定》。2006 年 12 月，世界贸易组织采购委员会通过了对世界贸易组织《政府采购协定》的全面修订：一致认为应考虑发展中国家，尤其是最不发达国家的发展、财政及贸易需求；鼓励非缔约方政府接受并加入该协议。2012 年修订的《政府采购协定》提出，应当考虑发展中国家特别是最不发达国家在发展、财政和贸易方面的需要，鼓励更多成员接受并加入该协议。

在关税与贸易总协定开始就政府采购市场的开放问题进行多边谈判的同时，许多区域性组织也将政府采购纳入地区贸易自由化的内容。例如，亚太经济合作组织根据1995年12月的APEC部长级会议和领导级非正式会议通过的《大阪行动议程》，将政府采购列为APEC贸易投资自由化与便利化的15个具体领域之一。

欧洲经济共同体在其区域内建立国际政府采购制度的努力比关税与贸易总协定通过《政府采购协定》要早13年。为了实现在欧洲经济共同体范围内消除贸易壁垒，促进货物、资本和人员的自由流动这一欧洲经济共同体条约目标，欧洲经济共同体早在1966年就在《欧洲经济共同体条约》中对政府采购做出了专门规定。后来欧盟在该条约的指导下，相继颁布了关于公共采购各领域的“委员会指令”，构成了独具特色的公共采购法律体系。在这个体系中，有四部指令是关于政府采购的实体性法律，有两部是程序性法律。前四部分别是1992年颁布的《关于协调授予公共服务合同的程序的指令》、1993年颁布的《关于协调授予公共供应品合同的程序的指令》《关于协调授予公共工程合同的程序的指令》和《关于协调有关水、能源、交通运输和电信部门采购程序的指令》；后两部分别是1989年颁布的《关于协调有关对公共供应品合同和公共工程合同授予及审查程序的法律、规则和行政条款的指令》和1992年颁布的《关于协调有关水、能源、交通运输和电信部门的采购程序执行共同体规则的法律、规则和行政条款的指令》。这六部指令是适用于欧洲经济共同体范围内的公共采购的主要规则，欧洲经济共同体通过这六部指令建立了其范围内的国际政府采购制度。历经多年冗长的立法过程，欧盟对之前的六部指令进行了整合修订。2004年3月，欧洲议会与欧洲理事会公布第2004/18/EC号指令，即公共合同指令，该指令用于规范公共工程合同、货物公共采购和服务公共采购合同，并同时公布了第2004/17/EC号指令，即公用事业指令，规范水资源、能源、运输及邮政服务产业营运机构的采购协调程序。2014年3月，欧盟官方公报（OJEU）公布了三部新版欧盟公共采购指令，包括替代原先两部指令的公共部门指令（2014/24/EU）与公用事业部门指令（2014/25/EU），以及首次引入的有关特许经营的指令（2014/23/EU），我们将这三个指令统称为《公共指令》。《公共指令》于2014年4月17日步入正式实施阶段，欧盟各成员国必须在24个月内将新指令引入国家层面实施。欧盟新指令的诞生，代表了一种进化与演变，无疑会为缔约机构带来更多的灵活性，提供更明确、更顺应政府采购发展的规则指导。

世界银行为了保证其贷款资金的有效利用和监督借款国的政府采购行为，于1964年制定了《国际复兴开发银行贷款和国际开发协会贷款采购指南》（简称《贷款采购指南》），并分别于1985年、1996年、2006年做出多次补充和修改。2011年，世界银行又对《贷款采购指南》进行了大幅修改，将其名称改为《国际复兴开发银行贷款和国际开发协会信用、资助的货物、工程和非咨询服务采购指南》。随后，经过多次探讨协商，2016年6月28日，世界银行正式公布了新版采购规则——《项目新采购框架和规章》（以下简称为《采购规则》），并于当年7月1日起正式生效。世界银行的高度重视，大大促进了政府采购的实践工作，使越来越多的国家逐渐认识到完善的政府采购制度对促进公共资金的有效利用、对一国经济的发展以及对树立廉洁和公正的政府形象具有重要的意义。

联合国国际贸易法委员会自1966年成立以来，一直致力于通过制定国际协定或示范法等基本法律的形式促进国际贸易法律的规范化和统一化。由于采购法律涉及各国的法律规定、文化传统及对外贸易政策，其很难在成员国中达成一致，因此，为了促进各国政府采购立法的统一和帮助正在进行政府采购立法的国家建立一个经济、有效的政府采购法律和运行制度，1994年，联合国国际贸易法委员会在第27届年会上通过了《货物、工程和服务采购示范法》（以下简称联合国1994年《采购示范法》）。2004年，联合国国际贸易法委员会第37届会议提出对1994年《采购示范法》进行修订。2011年，联合国国际贸易法委员会第44届会议审议通过了《公共采购示范法》，与之相配套的颁布指南在2012年联合国国际贸易法委员会第45届会议上审议颁布。

目前，世界贸易组织的《政府采购协定》、欧盟的《公共指令》、世界银行的《采购规则》和联合国的《公共采购示范法》这四部国际政府采购规则基本代表了国际政府采购制度的标准规范。

在经济全球化发展的趋势下，我国已于2001年11月11日正式签署了加入世界贸易组织的协议，并于同年12月11日正式开始行使和承担世界贸易组织的权利和义务。2007年年底，我国向世界贸易组织提交了第一份加入《政府采购协定》出价清单，之后又逐步扩大了出价范围，至2019年10月已经递交了七份出价清单，出价范围与参加方一般出价水平大体相当。尽管我国目前还没有承诺加入《政府采购协定》，但从国际政府采购制度的发展趋势看，随着我国经济实力的不断提高，我国在未来必然会加入《政府采购协定》。也就是说，我国政府采购市场的适当开放是大势所趋。事实上，尽管我国没有声明对外开放政府采购市场，但在某些领域已对外开放了。比如，当我国接受世界银行的某些贷款时，世界银行会向我国提出一些限制性条件，要求我国采取国际性招标的方式进行采购，等等。

第三节 我国政府采购制度的建立与发展

实践表明，政府采购制度是市场经济条件下财政制度的重要组成部分，国际上大多数政府采购制度比较完善的国家都将其作为加强支出管理、约束政府采购行为的重要制度安排。我国的市场经济体系已经建立，随着经济与国际市场接轨，政府的职能范围和发挥职能的手段也在发生变化，建立规范、完善的政府采购制度是非常必要的。

我国政府采购制度从1995年研究探索至今取得了长足进展，制度框架不断完善，采购范围和规模不断扩大，采购模式与方式体系逐步完善，监管逐步健全，政策功能逐渐完备，并主动融入政府采购领域全球化。

一、我国政府采购制度的建立和发展

我国政府采购制度的发展经历了研究探索、试点、全面推行和深化改革四个阶段。

（一）研究探索阶段（1995年至1998年6月）

这一时期主要是政府采购理论上的探索阶段。1995年，财政部开始结合财政支出改革对政府采购进行理论上的研究。1996年，上海、河北、深圳等地启动了政府采购的试点工作。1996年10月，财政部编写了第一份政府采购简报；同年，上海市政府采购试点工作取得了一定的进展。1997年，财政部向国务院法制办报送了制定《政府采购条例》的立法请示。当年，国务院法制办就《中华人民共和国招标投标法》(简称《招标投标法》）和《政府采购法》的立法思路进行了协调。

（二）试点阶段（1998年7月至2002年12月）

这一阶段主要是政府采购的试点阶段。1998年7月，国务院进行机构改革，在核定财政部“三定”方案的基础上赋予了财政部负责拟订和执行政府采购政策的职能，从而确立了我国政府采购的主管部门。同年，财政部指定《中国财经报》作为政府采购的宣传媒体。1999年，财政部颁布了《政府采购管理暂行办法》，这是我国第一部关于政府采购管理的全国性的部门规范性文件。2000年6月，财政部在国库司专门设立了政府采购管理机构。2002年6月29日，《政府采购法》颁布。

（三）全面推行阶段（2003年1月至2018年10月）

2003年1月1日，《政府采购法》正式实施，标志着我国的政府采购制度由试点进入全面推行阶段。自此之后，我国政府采购的规范化程度得到不断提升，政府采购管理工作得到加强，如批量集中采购的推广、政府采购预算管理的加强、政府向社会力量购买服务的拓展等。政府采购支持环保产业发展、支持中小企业发展等方面的政策功能得到不断发挥。比如，2006年11月，《财政部　环保总局关于环境标志产品政府采购实施的意见》发布，并公布首批“环境标志产品政府采购清单”，标志着政府绿色采购制度的开始。再如，2009年9月，《国务院关于进一步促进中小企业发展的若干意见》出台，明确提出完善政府采购支持中小企业的有关制度。这一时期，政府采购市场开放的步伐加快。2007年12月底，我国向世界贸易组织提交了加入《政府采购协定》申请书和初步出价清单，正式启动了加入谈判。2008年9月，我国向世界贸易组织提交了

《中国政府采购国情报告》，请《政府采购协定》参加方对我国政府采购法律和管理体制进行审议。2014 年 12 月，我国向世界贸易组织提交了加入《政府采购协定》的第六份出价清单。2015 年 1 月 30 日，酝酿已久的《中华人民共和国政府采购法实施条例》终于公布，并于同年 3 月 1 日起实施。

（四）深化改革阶段（2018 年 11 月至今）

2018 年 11 月 14 日，中央全面深化改革委员会第五次会议通过了《深化政府采购制度改革方案》，会议指出，深化政府采购制度改革要坚持问题导向，强化采购人主体责任，建立集中采购机构竞争机制，改进政府采购代理和评审机制，健全科学高效的采购交易机制，强化政府采购政策功能措施，健全政府采购监督管理机制，加快形成采购主体职责清晰、交易规则科学高效、监管机制健全、政策功能完备、法律制度完善、技术支撑先进的现代政府采购制度。自此，我国政府采购领域深化改革的大幕拉开，围绕着“建立现代政府采购制度”改革目标，出台了一系列办法、实施了一系列改革举措，如开展政府采购意向公开，强化政府采购需求管理，推动中小企业发展、助力脱贫攻坚、支持乡村振兴，促进政府采购公平竞争、优化营商环境，等等。2019 年 10 月，我国向世界贸易组织提交了加入《政府采购协定》的第七份出价清单。

二、我国政府采购制度改革取得的成效

我国政府采购制度虽然起步较晚，但发展迅猛，成绩斐然。在短短的二十多年里，政府采购制度改革经历了制度构建、落地实施、效果显现等阶段，并得到逐步优化。这些改革，适应了经济新常态下我国供给侧结构性改革的需要，适应了政府职能转变、“简政放权”的需要，贯彻了创新、协调、绿色、开放、共享的新发展理念，也展现了中国作为一个发展中大国主动参与和推动经济全球化的姿态。

（一）政府采购制度框架已初步形成

过去二十多年来，有关政府采购法律制度的立法修订、实施落地、内容完善进展较快，政府采购制度框架已基本完成。从 2002 年颁布《中华人民共和国政府采购法》至今，仅中央层面专门针对政府采购方面的法律法规就出台了超过 100 部，我国已初步形成了以《中华人民共和国政府采购法》（简称《政府采购法》）为统领，以《中华人民共和国政府采购法实施条例》（简称《实施条例》）为支撑，以《政府采购非招标采购方式管理办法》（财政部令第 74 号）、《政府采购货物和服务招标投标管理办法》（财政部令第 87 号）、《政府采购质疑和投诉办法》（财政部令第 94 号）、《政府采购信息发布管理办法》（财政部令第 101 号）、《政府购买服务管理办法》（财政部令第 102 号）、《政府采购框架协议采购方式管理暂行办法》（财政部令第 110 号）等规章办法为依托，以各级规范指导性文件为补充的较为完善的政府采购法律制度框架，涵盖了体制机制、程序

操作、政策执行、基础管理及监督处罚等各个方面的内容。各地方政府也因地制宜，在此框架下对当地政府采购制度进行了规范和管理。这些法律法规制度有效规范了财政支出行为、维护了政府采购市场交易秩序，奠定了政府采购市场良性发展的基石。与1999年颁布的《招标投标法》及其相关法律法规相衔接，我国已初步建立了覆盖货物、工程和服务的较为完善的公共采购法律制度框架。

（二）政府采购范围和规模不断扩大

当前政府采购已经涵盖货物、工程和服务，且货物类采购从通用类货物向专用类货物延伸，服务类采购从传统的专业服务逐步扩展到公共服务、服务外包等新型服务领域，工程类采购开始逐步纳入政府采购管理范围。政府采购的资金范围也明确为“纳入预算管理的资金”①，而且规定了两种“视同财政性资金”需要进行政府采购的情况②。

与此相适应，政府采购规模也得到了快速发展。如表2-1所示，1998年全国政府采购规模为31亿元，到2022年政府采购规模已经达到34 993.1亿元，整体呈现上升趋势，其占GDP的比重由1998年的0.04%，上升到2022年的2.89%，其中2018年达到峰值16.23%；占财政支出的比重从1998年的0.29%，上升到2022年的13.84%。特别是，近年来随着政府购买服务改革的推进，服务类采购规模大幅增长，2003年服务采购仅103.8亿元，到2022年同口径增长到10 301.5亿元③。

表2-1　1998年，2000—2022年全国政府采购规模情况

年份	政府采购规模（亿元）	GDP（亿元）	财政支出规模（亿元）	政府采购/GDP（%）	政府采购/财政支出（%）
1998	31.00	85 195.50	10 798.18	0.04	0.29
2000	327.90	100 280.10	15 886.50	0.33	2.06
2001	653.20	110 863.10	18 902.58	0.59	3.46
2002	1 009.60	121 717.40	22 053.15	0.83	4.58
2003	1 659.43	137 422.00	24 649.95	1.21	6.73
2004	2 135.72	161 840.20	28 486.89	1.32	7.50

① 2015年出台的《中华人民共和国政府采购法实施条例》明确规定：财政性资金是指纳入预算管理的资金。而《中华人民共和国预算法》中指出，预算包括一般公共预算、政府性基金预算、国有资本经营预算、社会保险基金预算。

② 这两种情况包括：以财政性资金作为还款来源的借贷资金；采购项目既使用财政性资金又使用非财政性资金的，且财政性资金与非财政性资金无法分割采购的。

③ 资料来源：财政部网站公开数据。

续表

年份	政府采购规模（亿元）	GDP（亿元）	财政支出规模（亿元）	政府采购 /GDP（%）	政府采购 / 财政支出（%）
2005	2 927.57	187 318.90	33 930.28	1.56	8.63
2006	3 681.61	219 438.50	40 422.73	1.68	9.11
2007	4 660.87	270 092.30	49 781.35	1.73	9.36
2008	5 990.88	319 244.60	62 592.66	1.88	9.57
2009	7 413.17	348 517.70	76 299.93	2.13	9.72
2010	8 421.97	412 119.30	89 874.16	2.04	9.37
2011	11 332.47	487 940.20	109 247.79	2.32	10.37
2012	13 977.73	538 580.00	125 952.97	2.60	11.10
2013	16 381.10	592 963.20	140 212.10	2.76	11.68
2014	17 305.34	643 563.10	151 785.56	2.69	11.40
2015	21 070.50	688 858.20	175 877.77	3.06	11.98
2016	25 731.40	746 395.10	187 755.21	3.45	13.70
2017	32 114.30	832 035.90	203 085.49	3.86	15.81
2018	35 861.40	919 281.10	220 904.13	3.90	16.23
2019	33 067.00	986 515.20	238 858.37	3.35	13.84
2020	36 970.60	1 013 567.00	245 679.03	3.65	15.05
2021	36 399.00	1 149 237.00	245 673.00	3.17	14.82
2022	34 993.10	1 210 207.20	260 552.12	2.89	13.43

注：1. 2016 年全国采购规模为 31 089.8 亿元，剔除一些地方以政府购买服务方式实施的棚户区改造和轨道交通等工程建设项目相关支出，全国政府采购同口径规模为 25 731.4 亿元，此后 2017—2022 年政府采购数据均与此口径一致。

2. 2016 年、2017 年、2018 年、2019 年、2020 年、2021 年和 2022 年财政部公布的政府采购占财政支出的比重分别为：11.0%、12.2%、10.5%、10.0%、10.2%、10.1% 和 9.4%，与本表依据《中国统计年鉴》统计数据计算出的结果有出入。

资料来源：1998 年，2000—2022 年各年 GDP 和财政支出来自《中国统计年鉴 2022》，政府采购数据来自《中国统计年鉴》和财政部网站，其中，1999 年数据未从公开途径获得。

表 2-2 列示了我国 2003—2022 年政府采购结构情况，可以看出，政府采购货物比重呈现明显下降趋势，服务比重呈现明显上升趋势，同时，2006 年之后，政府采购中工程所占比重始终保持在第一位。

表 2-2　2003—2022 年全国政府采购结构情况

年份	政府采购总额（亿元）	货物		工程		服务	
		金额（亿元）	占比（%）	金额（亿元）	占比（%）	金额（亿元）	占比（%）
2003	1 659.43	897.34	54.08	658.33	39.67	103.75	6.25
2004	2 135.72	1 048.70	49.10	948.43	44.41	138.59	6.49
2005	2 927.57	1 408.66	48.12	1 323.15	45.20	195.75	6.69
2006	3 681.61	1 647.39	44.75	1 763.91	47.91	270.31	7.34
2007	4 660.87	1 973.28	42.34	2 330.64	50.00	356.94	7.66
2008	5 990.88	2 559.21	42.72	2 978.35	49.71	453.31	7.57
2009	7 413.17	3 010.61	40.61	3 858.35	52.05	544.22	7.34
2010	8 421.97	3 176.29	37.71	4 536.62	53.87	709.06	8.42
2011	11 332.47	3 829.61	33.79	6 614.30	58.37	888.57	7.84
2012	13 977.73	4 390.30	31.41	8 373.45	59.91	1 213.98	8.69
2013	16 381.10	4 921.10	30.04	9 925.60	60.59	1 534.40	9.37
2014	17 305.34	5 230.04	30.22	10 141.11	58.60	1 934.25	11.18
2015	21 070.50	6 571.40	31.19	11 155.20	52.94	3 343.90	15.87
2016	25 731.40	7 240.00	28.14	13 630.40	52.97	4 860.80	18.89
2017	32 114.30	8 001.80	24.92	15 210.90	47.36	8 901.60	27.72
2018	35 861.40	8 065.30	22.50	15 714.20	43.80	12 081.90	33.70
2019	33 067.00	8 607.00	26.03	15 004.30	45.38	9 455.60	28.60
2020	36 970.60	9 175.80	24.80	17 492.40	47.30	10 302.40	27.90
2021	36 399.00	9 399.20	25.82	16 961.20	46.60	10 038.60	27.58
2022	34 993.10	9 027.50	25.80	15 664.10	44.76	10 301.50	29.44

资料来源：2003—2015 年数据来自万得信息网（Wind），2016 年数据来自中国政府采购网，2017—2022 年数据来自财政部网站公布的各年全国政府采购简要情况。

（三）采购模式与方式体系逐步完善

一是从采购模式上看，我国采取了集中采购与分散采购相结合的方式，即列入集中采购目录以内的实行集中采购，不在集中采购目录以内但达到规定限额的实行分散采购，这较好地发挥了集中采购的统一性和分散采购的灵活性。其中，集中采购又分为

“政府集中采购”和“部门集中采购”两类。表 2–3 列示了我国 2008 年以来不同政府采购模式所占比重情况。

表 2–3　2008 年以来我国不同政府采购模式所占比重情况

单位：%

年份	政府集中采购比重	部门集中采购比重	分散采购比重
2008	比上年增长 32.6%	比上年增长 20.8%	—
2009	比上年增长 26.1%	比上年增长 22%	—
2010	—	—	—
2011	66.5	19.9	13.6
2012	65.2	—	—
2013	65.5	—	比上年略有上升
2014	84.8		15.2
2015	79.3		20.7
2016	52.9	19.7	27.4
2017	47.6	17.1	35.3
2018	44.0	14.5	41.5
2019	39.4	14.9	45.7
2020	33.5	11.1	55.4
2021	26.8	9.7	63.5
2022	21.9	7.5	70.6

注：“—”表示未从公开途径获得相关数据。

资料来源：财政部公开数据资料。部分年份数据系根据公开资料推算得出，如 2014 年分散采购比重数据系根据 2015 年公开资料推算得出，“2015 年分散采购金额为 4 365 亿元，占全国政府采购规模的比重为 20.7%，较上年上升 5.5%”。

从实践来看，我国在实施政府采购初期，依托“集中采购代理机构”的集中采购模式被广泛推广，因此集中采购占全部采购金额中的比重呈逐步上升趋势，在 2014 年集中采购所占比重将近 85%，达到峰值。但近年来我国不断深化政府采购改革，持续强化采购主体责任，各地政府随之调整政府集中采购目录，集中采购项目相应减少，相应地，分散采购所占比重逐渐提高。从近三年的数据来看，分散采购所占的比重大幅增加，从 2020 年开始，分散采购金额所占比重已经超过了集中采购金额所占比重。

二是针对不同情况设立了多种采购方式，且适用条件越来越清晰。《政府采购法》中规定了公开招标、邀请招标、竞争性谈判、单一来源采购、询价五种具体采购方式，同时，法律也规定国务院政府采购监管部门可以规定除此之外的其他采购方式。由于公开招标是政府采购的主要方式，为了规范这类采购方式，2004 年 8 月 11 日，在《政府采购法》实施一年多后，财政部发布了第 18 号令《政府采购货物和服务招标投标管理办法》，专门对货物和服务招标投标方式进行了规范。随着非公开招标方式在实践中出现的不规范现象的增多，2013 年年底，财政部发布了第 74 号令《政府采购非招标采购方式管理办法》，专门对非招标采购方式进行了比较详细的规定。2014 年年底，为适应政府购买服务和 PPP 改革的需要，财政部新增了“竞争性磋商”采购方式。2017 年，又根据政府采购实践发展，用第 87 号令替代了第 18 号令。2021 年 12 月 31 日，又针对多频次、小额度采购出台了“框架协议采购方式”。2024 年 4 月 24 日，为支持科技创新，又出台了“合作创新采购方式”。多样化的采购方式适应了采购形势发展的需要，健全了政府采购方式体系，规范了政府采购行为。

与“集中采购”变化趋势一致，在全部政府采购中，公开招标所占的份额也经历了一个先升后降的过程，如表 2-4 所示。

表 2-4　2008 年以来我国政府采购公开招标金额占全部政府采购金额比重情况

单位：%

年份	公开招标	非公开招标
2008	71.6	28.4
2009	75.2	24.8
2010	77	23
2011	80.7	19.3
2012	83.8	16.2
2013	83.3	16.7
2014	84.5	15.5
2015	77.9	22.1
2016	64.1	35.9
2018	70.5	29.5
2019	78.3	21.7
2020	79.3	20.7
2021	77.6	22.4
2022	77.2	22.8

资料来源：财政部公开数据资料。部分年份数据系根据公开资料推算得出，如 2014 年公开招标比重数据系根据 2015 年公开资料推算得出，公开招标“所占比重比上年下降 6.6 个百分点”，2017 年未找到公开数据。

从采购手段上看，我国旨在提高效率的电子化采购方式持续推进。各地政府立足转变政府职能，深化简政放权、创新政府采购手段，以“互联网 + 政府采购”为契机，运用“制度＋科技”手段，拓宽电商平台销售渠道，扩大竞争范围，实行全网比价，由采购人进行比对，自由选择。此外不少地方还在电子化集中采购上推进二次竞价管理模式，大幅提高采购效率、降低采购价格，通过“跟单”模式，让零星采购项目也能享受议价成果。

（四）全链条采购监管体系初步构建

一是建立了“管采分离”的政府采购监管机制。在政府采购监督管理部门统一管理监督下，采购单位、集中采购机构等执行操作部门依法组织具体采购活动。政府采购监督管理部门负责采购政策和规章制度的制定、指导和监督采购单位和集中采购机构开展工作，协调各方采购关系、投诉处理和检查处罚等管理性工作，不参与和干预具体采购交易活动。采购单位是采购项目需求者和使用者，作为采购主体要执行政府采购各项规章制度，将政府集中采购目录中的项目，委托集中采购机构实施采购，非集中采购目录以内但达到限额标准的则委托除集中采购机构外的其他采购代理机构采购或者自行组织采购。集中采购机构是政府设立强制代理政府集中采购目录项目采购活动的代理机构，集中采购机构是采购执行机构，不具有管理职能。

二是将监管链条延伸到需求和结果管理。我国政府采购制度建立之初，其主要目标集中在“节支反腐”，从而政府采购管理的焦点也主要集中在程序管理上，以期用规范化的程序设计卡住“腐败”的关键点。以程序为导向的管理模式在初期对扭转原来政府采购不规范现象、节约财政资金，起到了积极作用，但随着改革的深入，程序导向管理的弊端日渐显现，其忽视了采购需求管理和采购结果管理，导致出现采购效率低、价高质次、低价恶性竞争、超标准需求等现象。近年来采购管理开始向前端的需求管理和后端的结果管理延伸，全链条采购管理体系逐步构建。在采购准备阶段，要求采购人和采购代理机构科学合理确定采购需求。在采购程序进行中，规范政府采购方式的选择。在采购程序结束后，要求采购人和代理机构严格规范开展履约验收，推进政府采购管理结果导向。例如，从 2011 年起，结合采购人的现实需要，我国深化了批量集中采购改革，将协议供货价格联动机制扩大到所有批量集中采购品目，努力解决协议供货产品价格虚高问题。2015 年政府采购法《实施条例》实施以来，覆盖采购全生命周期过程的采购管理体系逐步形成。

三是强化了政府采购信息公开制度。在《政府采购法》树立“公开透明”原则的基础上，《实施条例》以政府采购全过程信息公开的目标为导向，进一步规定采购项目信息、采购文件、中标成交结果、采购合同和投诉处理结果等都必须在指定媒体上进行公开。2017 年，财政部又颁发了《关于进一步做好政府采购信息公开工作有关事项的通知》（财库〔2017〕86 号）。2018 年，为了推动政府采购管理从“重审批、轻监管”向“加强事中事后监管”转变，财政部颁布第 94 号令《政府采购质疑和投诉办法》代替

《政府采购供应商投诉处理办法》（财政部令第 20 号）。2019 年，为贯彻上位法和衔接其他部门规章的需要，解决现阶段实践中的突出问题，财政部颁布第 101 号令《政府采购信息发布管理办法》代替《政府采购信息公告管理办法》（财政部令第 19 号）。2023 年年底，财政部发布《关于进一步提高政府采购透明度和采购效率相关事项的通知》（财办库〔2023〕243 号），对采购合同变更信息公开以及细化中标成交结果信息公开等做出规定。

四是加强了政府采购内控制度建设。2016 年，《财政部关于加强政府采购活动内部控制管理的指导意见》（财库〔2016〕99 号）发布，进一步规范政府采购活动中的权力运行，强化内部流程控制，促进政府采购提质增效。

五是围绕“专家和代理机构监管不到位”问题，健全监管体制机制，加强监督检查和警示教育。例如，《实施条例》在原有《政府采购法》的基础上通过进一步明确评审专家的管理主体，确立随机抽取、动态管理的原则，明晰评审专家的权利义务，规范评审专家的行为，并明确了对评审专家违法行为的处罚力度，从整体上加强了对评审专家的规范管理。2016 年《财政部政府采购评审专家管理办法》（财库〔2016〕198 号）印发，着重解决专家不专、专家权利责任不对等、专家数量不足等问题，还发布了《政府采购代理机构监督管理办法（征求意见稿）》，重点解决代理机构无序竞争、专业化能力不足、违规操作、执业能力不足等问题。

六是在“简政放权”与“放管服”改革的大背景下，大力减少审批审核数量，简化审批审核流程，加强事中事后监管。例如，2014 年 9 月以来，社会代理机构代理政府采购业务不再需要财政部门进行审批，但对代理机构的监管同时得到了加强，财政部门每年都对代理机构进行抽查，推行“双随机、一公开”运行机制，强化了对代理机构的监管；提高货物服务的公开招标数额标准和分散采购限额标准；落实和细化了中央关于扩大高校、科研院所采购自主权的政策措施，中央高校、科研院所可自行采购科研仪器设备和自行选择科研仪器设备评审专家，对进口科研仪器设备实行备案制管理；实行采购单位一揽子申请变更采购方式和采购进口产品“部门集中论证、财政统一批复”，对审批审核实行限时办结制，对符合要求的审批项目 5 个工作日内完成批复；建立对中央预算单位政府采购预算和计划编报情况、变更政府采购方式审批和采购进口产品审核事项执行情况、政府采购信息公开要求落实情况的常态化动态监管机制；推进联合惩戒，建立健全部门协同监管机制；主动加强与纪检监察、审计部门的协调配合，从信息共享和工作协调等方面，进一步完善政府采购协同监管机制。

（五）政府采购的政策功能逐渐完备

我国《政府采购法》第九条规定：“政府采购应当有助于实现国家的经济和社会发展政策目标，包括保护环境，扶持不发达地区和少数民族地区，促进中小企业发展等。”

《国民经济和社会发展第十一个五年规划纲要》首次把政府采购列为与财税手段、金融手段并列的宏观经济调控手段，使政府采购从单纯的财政支出管理手段上升为国家实现宏观经济和社会目标的公共政策工具。《实施条例》进一步完善了政府采购政策的相关规定，指出应通过制定采购需求标准、预留采购份额、价格评审优惠、优先采购等措施，实现节约能源，保护环境，扶持不发达地区和少数民族地区，促进中小企业发展、维护国家安全等目标。

目前我国已经建立起涵盖支持绿色产业、支持中小企业、支持残疾人就业、支持监狱企业发展、促进乡村振兴、支持科技创新等内容的政府采购政策支持体系。2004年，财政部、国家发展和改革委员会发布《节能产品政府采购实施意见》(财库〔2004〕185号)。2006年,《财政部　环保总局关于环境标志产品政府采购实施的意见》(财库〔2006〕90号)发布。2007年,《国务院办公厅关于建立政府强制采购节能产品制度的通知》(国办发〔2007〕51号)发布。截至2018年，“节能产品政府采购清单”和“环境标志产品政府采购清单”分别发布了24期和22期，节能环保产品范围不断扩大。2019年4月1日起，对政府采购节能产品、环境标志产品实施品目清单管理，不再发布“节能产品政府采购清单”和“环境标志产品政府采购清单”，进一步简化节能(节水)产品、环境标志产品政府采购执行机制，优化供应商参与政府采购活动的市场环境。2011年，财政部发布《政府采购促进中小企业发展暂行办法》(财库〔2011〕181号)。2014年,《财政部　司法部关于政府采购支持监狱企业发展有关问题的通知》(财库〔2014〕68号)发布。2017年，财政部、民政部、中国残疾人联合会发布《关于促进残疾人就业政府采购政策的通知》(财库〔2017〕141号)，以发挥政府采购促进残疾人就业的作用。2019年，财政部、国务院扶贫办、供销合作总社发布《关于印发〈政府采购贫困地区农副产品实施方案〉的通知》(财库〔2019〕41号)，体现了在脱贫攻坚战略中对不发达地区的支持。2020年，财政部、工业和信息化部发布《关于印发〈政府采购促进中小企业发展管理办法〉的通知》(财库〔2020〕46号)，替代了2011年的暂行办法。2021年，财政部、农业农村部、国家乡村振兴局发布《关于运用政府采购政策支持乡村产业振兴的通知》(财库〔2021〕19号)，体现了与脱贫攻坚战略中实施的政府采购政策的衔接。此外，为促进自主创新，部分地方已经开始落实合作创新采购政策。

表2-5显示了2007—2022年我国政府采购支持节能、环保产品，支持中小企业发展和扶持不发达地区发展的实现程度。2008—2022年节能产品占同类产品采购额度比重在64%以上，环保产品也基本都在60%以上，近年来，这两个比例均在85%以上。特别是2013年，节能产品占比高达86%，环保产品也在2013年以来呈现较大幅度的增长，主要原因可能在于当年发布了《国务院关于加快发展节能环保产业的意见》(国发〔2013〕30号)，提出要“扩大政府采购节能环保产品范围，不断提高节能环保产品采购比例，发

挥示范带动作用”。此外，2011—2022 年，向中小微企业采购的金额占全部采购金额的 70% 以上，特别是，对小微企业的采购也都在 40% 以上，2022 年达 58.5%。

表 2-5 2007—2022 年政府采购政策功能实现程度

单位：亿元

年份	节能产品		环保产品		中小微企业				扶贫
	绝对额	同类产品规模占比（%）	绝对额	同类产品规模占比（%）	绝对额	占全部采购金额的比重（%）	其中：小微企业绝对额	小微企业占中小微企业的比重（%）	绝对额
2007	108.2	—	—	—	—	—	—	—	—
2008	131.9	64	171.2	69	—	—	—	—	—
2009	157.2	64.6	144.9	73.8	—	—	—	—	—
2010	721.5	77.6	601.7	55.4	—	—	—	—	—
2011	910.6	82.2	739.8	59.6	9 016.5	79.6	—	—	—
2012	1 281	84.6	939.6	68.3	10 830	77.5	5 842.8	54	—
2013	1 839	86	1 435	82	12 454	76	5 765.3	46.3	—
2014	2 100	81.7	1 762	75.3	13 179.8	76.2	6 020.84	45.7	—
2015	1 346	71.5	1 360	81.5	16 072.2	76.3	6 564.6	40.8	—
2016	1 344	76.2	1 360	81.5	24 036.2	77.3	10 193.9	42.4	—
2017	1 733	92.1	1 711	90.8	24 842	77.4	10 869.9	43.8	—
2018	1 654	90.1	1 647	90.2	27 488.6	76.7	11 941	43.4	—
2019	677.7	90	718.7	88	24 519.1	74.1	11 922.3	48.6	—
2020	566.6	85.7	813.5	85.5	27 918	75.5	14 046.4	50.3	99.67
2021	612.1	86.9	899.8	85.2	25 797.2	70.9	13 968.1	54.1	95
2022	520.4	89.7	847.6	87.1	25 884.2	74.0	15 148.0	58.5	120

注：2011 年财政部、工业和信息化部发布《关于印发〈政府采购促进中小企业发展暂行办法〉的通知》（财库〔2011〕181 号），开始对中小企业给予专门支持，故之前的统计年鉴没有专门列示中小企业采购占比。

资料来源：中华人民共和国财政部网站数据，2008—2013 年《中国政府采购年鉴》。

（六）主动融入政府采购领域全球化

我国坚持“改革开放”的基本国策，在不断深入政府采购改革的同时，不断推进政府采购市场开放，主动融入政府采购领域全球化。政府采购市场开放，意味着一国财政支出管理已经不囿于国内而是走向世界，同时也表明一国财政在全球的参与权和话语权的增加，是大国财政的重要体现。我国政府采购制度改革发展历程中，非常重视政府采购市场开放、推动经济全球化。1996年我国开始参加亚太经济合作组织政府采购专家组活动，参与政府采购非约束性原则的制定，并积极参与政府采购磋商和交流。2005年以来，财政部先后在政府采购领域与欧盟建立了政府采购对话机制，与美国建立了政府采购技术性磋商机制，并先后与澳大利亚、新西兰和韩国在自由贸易区框架下开展政府采购谈判。2007年，我国启动了加入世界贸易组织《政府采购协定》（GPA）的谈判，履行了加入世界贸易组织时的相关承诺。截至2019年10月20日，我国已提交了七份载明政府采购市场开放范围的出价清单，并提交了《政府采购国情报告》，请参加方对我国政府采购法律制度进行审议。表2-6列出了我国加入GPA提交的七次出价清单情况。

表2-6 我国加入GPA的七次谈判出价

出价时间	开放实体	门槛价	采购范围	过渡期
2007年12月	中央实体（50个）：外交部、国家发展和改革委员会、教育部等	货物：50万SDR* 服务：400万SDR 工程：2亿SDR	根据我国《政府采购品目分类表》（财库〔2000〕10号）确定的A03（一般设备类）、A04（办公消耗用品）、A05（建筑、装饰材料）、B01（建筑物）、C06（租赁）、C09（培训）	15年
	其他实体（14个）：新华通讯社、中国科学院、中国社会科学院等	货物：90万SDR 工程：3亿SDR		
2010年7月	中央实体（61个）：在初次出价清单的基础上，新增国家粮食局、能源局、国防科技财富局、烟草专卖局等采购实体	货物和服务：最初两年50万SDR，第三至五年分别为40万、30万、20万SDR 工程：从实施后第1年1亿SDR，逐步降低至第5年起1 500万SDR	将初次出价中按照我国《政府采购品目分类表》标准调整至按联合国《主要产品分类》（CPC**）确定的货物和工程项目，服务项目以WTO文件为准，但仅限于“商业服务”	5年
2011年11月	除中央实体外，地方实体包括：“北京、上海、天津、江苏、浙江”5个次中央级政府的171个实体被纳入	货物和服务：中央采购实体未做调整。地方采购实体，前两年为75万SDR，第三至五年分别为60万、50万和40万SDR 工程：中央采购实体，从实施后第1年的8 000万SDR，逐步降为第5年的1 500万SDR；地方采购实体，从实施后第1年的1.5亿SDR，逐步降为第5年起3 000万SDR	服务采购开放范围略有扩大	5年

续表

出价时间	开放实体	门槛价	采购范围	过渡期
2012 年 11 月	增列了福建、山东、广东 3 个省，扩大了地方实体开放范围	货物和服务：未做调整 工程：中央实体起始门槛价由 8 000 万 SDR 下调到 5 000 万 SDR；地方实体起始门槛价由 1.5 亿 SDR 下调到 1 亿 SDR，其余阶段除最后一年不变外均做了下调	一是增加了货物附件，与参加方新一轮出价形式保持一致；删减和调整了有关例外情形	5 年
2013 年 12 月	增列了 6 个省（市），包括辽宁、重庆、河南、河北、湖南、湖北	地方实体工程实施后第 1 至第 2 年 6 000 万 SDR、第 3 年 5 000 万 SDR、第 4 年 4 000 万 SDR、第 5 年起降至 2 000 万 SDR。其他实体工程实施后第 1 至第 2 年 8 000 万 SDR、第 3 年 6 000 万 SDR、第 4 年 5 000 万 SDR、第 5 年起降至 4 000 万 SDR	新增“通信服务”等	3 年
2014 年 12 月	列入大学、医院和国有企业，扩大了中央政府实体覆盖范围，增加了 5 个省（出价省市达到 19 个）	门槛价也降至参加方水平。中央实体货物、服务 13 万 SDR，工程 500 万 SDR；地方实体货物、服务 35.5 万 SDR，工程 1 500 万 SDR；其他采购实体的货物和服务项目为 40 万 SDR，工程为 1 500 万 SDR	工程项目全部列入出价；增列了服务项目，调整了例外情形	3 年
2019 年 10 月	首次列入军事部门，增加了 7 个省，出价范围涵盖了除自治区外的全部 26 个省和直辖市，新增了 16 家国有企业和 36 所地方高校	同上	增列了服务项目，调整了例外情形	3 年

注：* SDR，即 Special Drawing Rights（特别提款权）的缩写，自 2016 年 10 月 1 日起，人民币被纳入特别提款权“货币篮子”。2022 年 5 月 11 日，国际货币基金组织完成了五年一次的 SDR 定值审查，一个特别提款权的定值货币及权数分别为：美元（43.38%），欧元（29.31%），日元（7.59%），英镑（7.44%），人民币（12.28%）。

** CPC，即联合国主要产品分类（Central Product Classification），是产品分类的国际标准。CPC 覆盖的范围要比一般的产品广。它除了包括一般意义的可运输产品外，还包括不可运输的产品和服务，以及非生产性财产或资产，如土地和具有法律效力的契约合同等形成的无形资产（如专利、商标及版权等）。

资料来源：财政部公布资料。

在第七份出价清单中，我国的政府采购市场开放整体出价水平基本已经达到了其他参与方的水平，这既体现了我国参与经济全球化、构建人类命运共同体的决心和信心，也彰显了我国作为世界最大发展中国家的国际地位。2017 年，国务院对 GPA 谈判工作做出部署，要求扩大开放范围，尽快加入 GPA。2018 年 4 月习近平在博鳌亚洲论坛年会开幕式主旨演讲中提到，要“加快加入世界贸易组织《政府采购协定》进程”。2020 年 5 月 29 日，财政部经我国常驻世界贸易组织代表团，向世界贸易组织（WTO）提交了《中国政府采购国情报告》(2020 年更新版)，这也是继 2019 年向 WTO 提交中国加入 GPA 第七份出价后，我国采取的加快谈判进程的又一项重要举措，进一步体现了我国加入 GPA 的诚意。我国加入 GPA 谈判也将进入出价谈判与法律调整谈判同步推进的新局面。此外，我国积极应对中美、中欧高层机制下政府采购议题谈判，参加与有关国家、地区、自贸区协定等双边和多边机制下的政府采购磋商和交流，积极申请加入包含“开放政府采购”的《全面与进步跨太平洋伙伴关系协定》(CPTPP)。

本章小结

1. 在封建社会中，政府购买的目的主要是调控经济、稳定物价，同时也带有一定的消费性，其主要特征是以调控性采购为主，消费性采购开始出现。和籴和买、均输平准、五均六管、均输市易制度都是封建政府干预或控制商品流通、平抑物价、节省财政资金、增加政府财政收入的措施。

2. 亚当·斯密并不主张大规模的政府支出，大量的政府消费或政府采购在他看来是不合时宜的。

3. 萨伊将“公共消费”看作政府支出或政府采购的基本形式，并提出“政府是公共财富的托管人”的思想。具体来说，政府采购可以看作现代政府与纳税人之间的一种委托代理关系。

4. 凯恩斯主义的国家干预思想为广大资本主义国家所采纳，各国政府开始广泛运用经济手段和法律手段干预国民经济，以弥补市场的缺陷。重要手段之一就是政府通过财政收入和财政支出兴办公用事业，为经济的发展创造条件。而政府采购作为财政支出的重要组成部分，成为宏观调控的重要手段。

5. 公共选择理论认为，政府应转变职能，改革政府的经济管理方式，从一些不必要的经济活动中退出来，把更多的事情交给“看不见的手”——市场来调节。

6. 根据科斯的交易成本理论，建立政府采购制度的目标之一是节约采购成本，限制政府采购的范围、规模和集中程度也是为了节约采购成本，有些产品到底是实施政府采购，还是沿用以前的分散采购，一个重要的参考指标就是看哪种采购方式更有利于节省交易成本。

7. 现代意义上的政府采购最早形成于18世纪末19世纪初的自由资本主义时期。当时（即1782年）英国设立了国家文具公用局，作为采购政府部门所需办公用品的机构，其后发展为物资供应部，专门采购政府各部门所需的物资。而美国是世界上最早对政府采购进行立法的国家，早在1761年就颁布了《联邦采购法》，对世界政府采购立法产生了深远的影响。

8. 我国政府采购制度的发展经历了研究探索、试点、全面推行和深化改革四个阶段。具体为：研究探索阶段（1995年至1998年6月）；试点阶段（1998年7月至2002年12月）；全面推行阶段（2003年1月至2018年10月）；深化改革阶段（2018年11月至今）。

9. 我国政府采购制度改革取得的成效有：政府采购制度框架已初步形成；政府采购范围和规模不断扩大；采购模式与方式体系逐步完善；全链条采购监管体系初步构建；政府采购的政策功能逐渐完备；主动融入政府采购领域全球化。

思考题

1. 简述我国古代政府购买思想。
2. 简述国外政府采购思想的发展。
3. 简述《政府采购协定》的内容。
4. 简述我国政府采购制度的发展历程。
5. 简述我国政府采购制度改革取得的成效。

课外阅读材料

1. 萨伊. 政治经济学概论：财富的生产、分配和消费. 陈福生，陈振骅，译. 北京：商务印书馆，1997：495.

2. 罗纳德·哈里·科斯. 论生产的制度结构. 盛洪，陈郁，等，译. 上海：上海三联书店，1994：10.

3. R. 科斯，A. 阿尔钦，D. 诺斯，等. 财产权利与制度变迁——产权学派与新制度经济学派译文集. 刘守英，等，译. 上海：上海三联书店，上海人民出版社，1994：20.

4. 曹富国，何景成. 政府采购管理国际规范与实务. 北京：企业管理出版社，1998：15.

5. 马海涛，陈福超，李学考. 政府采购手册. 北京：民主与建设出版社，2002：28-31.

6. 傅殷才．制度经济学派．武汉：武汉出版社，1995：160-180.

7. 段文斌，陈国富，谭庆刚，等．制度经济学．天津：南开大学出版社，2003：165-241.

8. 马海涛，姜爱华．我国政府采购制度研究．北京：北京大学出版社，2007：170-173，178-183，206-210.

9. 姜爱华．国际政府采购规则新趋势．北京：经济科学出版社，2019：1-3，52-54，72-76，146-149.

10. 马海涛，马金华．我国古代政府购买的历史变迁及对当今改革的借鉴．中国政府采购，2010（5）：74-78.

11. 黄民锦．以“两法”修改为契机 引领政府采购治理模式的转换．中国政府采购，2014（10）.

即测即评

扫描二维码，进行本章在线测试。

第三章

政府采购的原则与功能

“没有规矩，不成方圆”，私人个体活动尚且需要原则，代表公共利益的政府在其活动中更需要遵循一定的原则。作为政府活动重要组成部分的政府采购，同样需要在一定的原则之下进行。基于一定原则的政府采购活动，其开展是具有重要的宏观和微观功能的。本章将对政府采购的原则及其基本功能进行介绍，力图使政府采购各项原则的含义以及政府采购各项功能发挥作用的机理在读者脑海中形成清晰的框架，以便于读者对以后各章的理解。

第一节　政府采购的原则

政府采购的原则是指在建立政府采购制度、颁布政府采购法律法规、实施政府采购活动以及管理政府采购事务中所遵循的基本指导思想。政府采购的原则是政府采购制度的重要组成部分，是贯穿于《政府采购法》的根本规则，对政府采购的立法、司法以及政府采购活动的进行具有重要的指导意义。综观各国的政府采购实践，结合现阶段我国的基本国情，政府采购应该遵循的基本原则主要有以下四方面：公开透明原则、公平竞争原则、公正原则和诚实信用原则。这也是《政府采购法》第三条的明文规定。

一、公开透明原则

公开透明原则，有时也称公开原则，是指有关采购的法律、政策、程序和采购活动对社会公开，所有相关信息都必须公之于众。在政府采购中贯彻这一原则使政府采购体制透明化，有助于提高政府采购的效率，减少和消除“暗箱操作”给国家及公民利益带来的损害，使得政府公共支出渠道更加通畅透明，因此，这项原则在各国采购规范中都得到了体现。比如，世界贸易组织的《政府采购协定》除规定透明度原则之外，还在其有限的条款中专门以第十七条规定了透明度问题；世界银行的《采购规则》中规定，采购过程要有高度的透明度；欧盟的《公共指令》也将在共同体范围内增加采购程序和活动的透明度作为促进的一个目标。当然，我国也毫不例外地将公开透明原则写入了2002年颁布的《政府采购法》中。

在政府采购制度中，公开透明原则贯穿于整个采购程序中。在具体的实践中，我国政府采购的公开透明原则主要从以下三个方面得以体现：

（一）公开的内容

从公开的内容来看，在政府采购活动事项中，应该就以下信息加以公开，以体现公开透明原则：

（1）公开政府采购的法律法规、行政规章和政策，使得潜在的政府采购投标人、供应商及政府采购相关主体明晰政府采购制度的基本内容，在了解“游戏规则”的前提下，供应商和社会公众才能更好地参与到政府采购中来。

（2）公开政府采购的项目，以便投标商提前做好准备，参加公平竞争。这些项目应包括采购物品的名称、种类、数量、规格和技术要求等，这些项目内容应该基本上满足潜在供应商决定是否参加的需要，同时应确保大部分潜在供应商能获知该信息。

（3）公开政府采购的要求和标准。根据事先公布的诸如合同条款要求、投标商资格审查标准、投标的评价标准等，供应商才能有针对性地进行投标，评委才有明确的尺度进行评标，仲裁机构才可以准确地进行仲裁，社会各方也才能对政府采购进行客观评判和监督。

（4）公开政府采购的过程。只有过程公开透明，社会才能对政府采购过程中是否存在违规行为进行监督。当然，对于一些采购项目，由于采购物品的特殊性质，采购过程不能公开，即使如此，采购机构也必须对此做出说明和记录，并须经严格审批和授权，确保程序和条件的规范化。

（5）公开政府采购的开标结果。政府采购的开标必须公开，以便相关利益主体获得信息以确保其能够及时寻求合法途径保障自身的利益，同时也让社会公众对采购结果有所掌握。

（6）接受投标人的质疑和投诉。

（二）公开的标准

从公开的标准来看，政府采购公开的信息应该符合以下标准才能真正体现公开透明原则：

（1）全面，即除了依法应当予以保密的信息外，其他与政府采购相关的信息都应当予以公开发布。

（2）真实，即公开发布的信息必须是真实的、准确的，不得弄虚作假或者带有误导性的陈述。

（3）时效，即采购机构发布的信息必须及时更新，保证其所披露的信息是最新的，能够及时反映出政府采购活动的变化情况和现状。

（4）容易理解，即公开的资料和文件的内容应当完整清晰，语言平实易懂。

（5）容易获得，即应该确保潜在供应商能够通过便捷的途径获得相关信息，如果需要为此支付费用，费用也应以发布成本费用为限。

（6）合法，即采购单位或者采购代理机构在履行其应尽的信息公开义务时，应当严格按照法律法规规定的内容、格式和期限发布相关信息。

（三）公开的途径

政府采购信息的公开发布主要有以下方式：通过报纸、杂志、广播、电视、互联网等媒介公开；将有关资料、文件放于采购中心或某些特定地点，以供潜在供应商和社会公众索取；由采购机构直接向供应商交付有关资料、文件等。以上这些方式可以选择其一，也可以多种方式并行来公布政府采购信息，不过由于第一种方式的公开程度最为广泛，所以应以第一种方式为主。在我国，根据《政府采购信息发布管理办法》（财政部令第 101 号）第八条的规定，中央预算单位政府采购信息应当在中国政府采购网（中央主网）发布，地方预算单位政府采购信息应当在所在行政区域的中国政府采购网省级分网发布。除中国政府采购网及其省级分网以外，政府采购信息可以在省级以上财政部门指定的其他媒体同步发布。而从 2024 年 4 月 1 日起，中国政府采购网地方分网必须将本地区全部政府采购项目的各类公告和公示信息推送至中国政府采购网中央主网发布。

总之，由于政府采购的实质是社会的公共采购，是采购单位使用公共资金进行采购，因此它必须对社会公众负责，接受社会公众的监督。采购过程的公开透明，是接受社会公众监督的基本前提；透明度高的采购法和采购程序具有可预测性，使投标商可以预测出他们参加采购活动的代价和风险，从而提出具有竞争力的价格；公开性原则还有助于防止采购机构及其代理机构做出随意的或不正当的行为或决定，从而提高潜在的投标商参与采购的积极性。

二、公平竞争原则

对于公平竞争原则，我们可以从竞争性原则和公平性原则两方面分别进行考察。

（一）竞争性原则

政府采购的目标之一就是提高政府采购的效率，在市场经济条件下，实现这种目标的重要途径就是引入竞争机制，即最大限度地利用供应商之间的激烈竞争。供应商之间为争夺政府采购的订单而展开激烈的竞争，一方面可提高产品的质量，另一方面也能够降低产品的价格。国际政府采购规则都将竞争性原则作为政府采购的一条重要原则，比如，欧盟的《公共指令》将改善公共供应和服务合同有效竞争的条件作为其目标之一，并通过在欧洲经济共同体范围内授予合同的竞争来实现政府采购的经济有效目标；世界银行认为，为了实现其目标，最好的办法是实行国际竞争性招标，其愿为所有成员国的投标商提供竞争合同的机会。当一国采购主体在其国家范围内进行采购时，引入竞争有利于打破地方市场的垄断，有利于市场在更大范围内配置资源。但同时，各国也应该谨慎对待国际竞争性招标，因为一国国内采购市场的开放，有可能会给本国民族产业带来毁灭性的后果，甚至让外国产品垄断本国的关键性领域，这会危及国家的政治经济安全。

政府采购竞争的主要方式是招标投标，由于这种方式充分体现了现代竞争规范——平等、信誉、正当、合法，因此，被誉为有组织的、公开的、规范化的高级竞争形式。政府采购中的竞争原则主要是通过招标广告或竞争邀请来实现的。广告能吸引投标商参与竞争，广告的有效性对竞争程度有直接的影响，因此，在各国政府采购制度及国际政府采购规则中，都对广告的发布形式做出了相应的规定。同时，为了确保投标商有足够的时间决定是否参与竞争并为参与投标竞争做好准备，各国都对从发出招标广告到投标的时间做出规定，以避免因投标商没有足够的时间准备而失去竞争机会，从而保证政府采购市场能够达到最大限度的竞争。另外，各国还安排了其他程序以保证竞争和防止限制竞争的情况出现，比如对招标文件收取的费用应只限于制作成本。这项规定具有重要的意义，因为在实践中，有的采购机构在实行政府采购之初对招标标书收取过高的费用，这使得一些供应商由于参与成本过高而被排除在竞争范围之外。此外，即使是采用招标以外的采购方式，也要求进行充分的竞争，并经过详细的说明和审批。

政府采购与其他市场采购的一个重要区别就在于其不具有商业性，但假设前提是，竞争价格是一种合理价格。政府采购的利益需要通过供应商、承包商和服务提供者之间最大限度的竞争来实现。竞争可以促使政府采购形成对买方有利的竞争局面，从而使政府采购主体采购到质优价廉的商品和服务，实现政府采购的目标。因此，竞争性原则是政府采购的一条重要原则。

（二）公平性原则

公平性原则是实现采购目标的重要保证。竞争只有建立在公平的基础上才能发挥其最大的作用，因为只有在公平的基础上进行竞争，才能真正体现竞争给政府采购市场带来的活力，确保有实力和能力提供质优价廉的货物、工程或服务的投标商最终赢得标的，从而促进政府采购经济有效目标的实现。公平性的另一个重要表现是，合同的授予要兼顾政府采购社会目标的实现。由于在政府采购的竞争中，小微企业等弱势实体处于相对不利的地位，如果按实力，它们很难赢得政府采购合同，因此，在政府采购制度中，还应体现政府采购的国家政策，制定出一些规则并采取一些措施，使弱势经济实体也能通过竞争获得一部分政府采购合同，从而促进社会经济的协调发展。

政府采购的公平性原则主要有两方面的内容：一是机会均等，二是待遇平等。机会均等是指，政府采购应允许所有有兴趣参加投标的供应商、承包商、服务提供者参与竞争，这是其依法享有的权利，政府采购主体不能无故将希望参加政府采购的承包商和供应商排斥在外。待遇平等是指，政府采购应对所有的参加者一视同仁，给予其同等的待遇，比如资格预审和投标评价对所有的投标人都采用同一标准；采购机构向所有投标人提供的信息都应一致；不应对国内或国外投标人进行歧视等。

公平性原则也是国际政府采购规则中的一个重要原则。世界贸易组织的《政府采购协定》和欧盟的《公共指令》都规定非歧视性原则是政府采购适用的重要原则。联合国的《公共采购示范法》也规定应给予所有供应商、承包商以公正和平等的待遇。世界银行的《采购规则》规定，所有世界银行成员方的投标商都可参加由世界银行资助项目的投标活动并应被给予平等待遇。不过，由于政府采购的贸易保护性，政府采购对本国采购和国外采购、对本国产品的采购和进口产品的采购还不能实行统一标准，在世界政府采购实践中也是如此，在《政府采购协定》尚未列入世界贸易组织一揽子协议以及政府采购规则还未统一的情况下，这些做法是允许的。

三、公正原则

公正原则主要是指采购人、采购机构及其代理机构相对于作为投标人、潜在投标人的多家供应商而言，政府采购主管部门相对于作为被监督人的多个当事人而言，应站在中立、公允、超然的立场上，对于每位当事人都要一碗水端平，不偏不倚，平等对待，一视同仁，不得厚此薄彼，因其身份不同而施行差别待遇。公正原则有别于公平原则之处在于，公平原则是调整政府采购双方当事人之间的权利和义务关系，公正原则是调整一方当事人与其余多方当事人之间的权利和义务关系，强调一方当事人与其余多方当事人之间保持等边距离。从以上论述可以看出，公正原则主要指采购人应按照事先公布的原则对待所有的供应商，不偏袒和歧视任何供应商，不得滥用手中的权力。

从某种意义上来讲，“三公”原则是一个有机整体。公正原则是建立在公开和公平的基础上的，只有公开和公平，才能使政府采购得到一个公正的结果。公正原则又是平等竞争的保证，公正原则主要是由政府采购管理机关、采购单位和政府采购代理机构来执行的。政府采购管理机关，除制定统一的政策、法规和制度外，还必须坚持这些规则在执行中不偏不倚、一视同仁。因为政策、法规和制度都只是一些文字性的说明，很大一部分只是原则性的规定，没有很具体、详细的解释。因此，不同管理者，在不同时间，对不同的对象，有可能出现不同的理解，在执法的掌握尺度上就会有所不同。为了避免这种差异可能导致的不公正性，管理机关应尽可能统一思想和认识，统一执法的尺度，做到公正合理。采购单位要秉承公正原则，首先必须对各供应商提出相同的供货标准和采购需求信息，对货物、工程和服务的验收要实事求是、客观公正、严格执行合同的标准，不得对供应商提出合同以外苛刻的要求或不现实的条件。政府采购代理机构，主要是组织采购中的开标、评标或评审等，因此贯彻公正原则必须体现在开标、评标和评审等过程中。例如在评标时，组织评审专家对各供应商提供的标书进行客观、科学的评价，既要看到各种标的的优点，也要指出其缺陷和不足，尽可能采用评分的方法进行评价，用分数的高低来评出优劣及等次，为定标提供有说服力的依据，尽量使各供应商满意，得到真正的公正结果。

四、诚实信用原则

市场经济既是法治经济也是信用经济，需要以当事人的诚实信用形成良好的社会风气，保障市场秩序的有序运行。在政府采购中坚持诚信原则，从政府的角度来讲，可以减少交易费用，减少腐败行为的发生，提高政府采购的效率；对于政府采购的供应商来说，可以给企业以必要的约束。

诚实信用原则约束的是政府采购活动中的各方当事人，一方面，要求采购主体在项目发标、信息公布、评标审标过程中要真实，不得有所隐瞒；另一方面，需要供应商在提供货物、工程和服务时遵守投标时所做出的承诺，对采购活动要有负责的意识。因此，还要建立起相关的惩罚机制和过错登记制度，将供应商履行政府采购的情况记录在案，将违规行为予以记载，并视其情况轻重采取吊销资格、规定年限限制进入政府采购市场等处罚措施。同时，实行质量反馈登记制，对信誉连续良好执行政府采购合同的供应商，在以后的政府采购中适当给予优先考虑。

第二节 政府采购的功能

政府采购是财政支出的一项重要内容，它理所当然具有重要的财政意义；政府采购又是政府的一种经济行为，会对一国的经济和政治产生一定的影响；政府采购还在跨国的经济交往中发挥着重要作用。归纳起来，政府采购的功能如下：从财政角度来看，政府采购具有节约财政支出的功能；从政府角度看，政府采购具有强化宏观调控的功能；从经济角度看，政府采购具有活跃市场经济的功能；从政治角度看，政府采购具有推进反腐倡廉的功能；从国际贸易角度看，政府采购具有保护民族产业的功能。

一、节约财政支出

推行政府采购的初衷就是加强财政支出管理，因此，节约财政支出是政府采购的基本功能，它源自其制度本身固有的利益激励约束机制。节约财政支出主要表现在两个方面：一是从投入的财政资金的量上看，政府采购可以适当节约财政资金；二是从采购到的对象上看，政府采购可以提高财政资金的使用效益。

（一）政府采购的节约财政支出功能源自制度设定

任何一项制度，若其本身蕴含着一种激励约束的利益机制，那么它的监督成本将会大大减少。增值税制度就是一个很好的例证，其中的销项税额减进项税额抵扣制度实际上就是为买卖双方自动建立了一种监督机制，无须税务机关亲临交易现场监督增值税专用发票的开具，因为不管税款多开还是少开，都会损害其中一方而不是税务机关的利益。

政府采购蕴含着一种利益的激励和约束机制，通过多家供应商的参与，以及高度透明化的制度设计，尤其是招标投标制度的引入，能很好地实现节约财政支出的功效。政府采购实际上是政府与供应商之间的交易，能够达到多赢的结果。第一，政府能够以低廉的价格买到合适的产品，节约了财政资金；第二，为了获得政府采购订单，供应商必须不断提高商品的质量、降低产品的成本，从而促进整个社会生产力的提高；第三，对于赢得政府采购订单的供应商来说，意味着其可以在一定时期内获得稳定的发展环境。应该说，交易的主动权掌握在政府的手中，政府是全社会最大的消费者，任何一个政府采购项目都会对市场产生较大的影响。更重要的是，政府采购以国家信用做担保，一般不会出现信用危机。正是政府采购的低风险特征保证了众多供应商愿意参与到竞争中，于是，政府可以“坐山观虎斗”“坐收渔翁之利”。因此，具有低风险特征的政府采购为供应商建立起了一个利益的激励和约束机制，有利于达到节约财政支出的效果。

当然，激励和约束机制作用的充分发挥有赖于完善的制度设计，假如制度本身是不完善的，那么这种内在的激励约束机制就很难发挥作用。例如，如果政府采购制度不透明，存在“暗箱操作”的可能性，就会对供应商的参与热情造成非常不利的影响，从而降低政府采购的效益。

（二）政府采购可以适当节约财政资金

在过去的分散采购体制下，政府的采购支出分散在各个政府职能部门，难以形成有规模的采购，对市场价格的影响不大。政府部门仅仅是市场价格的接受者，只能被动地接受市场价格，难以在价格和质量要求上对卖方产生一定的影响。并且，在分散采购中还会产生一些额外费用影响采购的效率，比如，在货物和服务的采购中为了寻找合适的货物和服务、合理的价格需要花费的时间成本，供应商延迟交货而造成的机会成本，等等。实行统一集中的政府采购后，政府采购主体在市场中的地位发生了变化，由一个普通的市场购买者转变为一个对市场价格拥有一定主导权的垄断购买者，这是因为，统一的政府集中采购使采购规模得到扩大，其在市场中所占的份额足以对市场价格产生影响。政府采购买方市场的形成，使得政府采购机构能以较低廉的价格购买到高质量的货物、服务和工程。

实行政府采购之后，财政部门通过政府采购中心直接将采购资金支付给供应商，这大大简化了财政预决算工作，减少了支出决策上报下达的时间，降低了资金层层下拨带来的“资金流失”的可能性。此外，政府采购所形成的规模效应也大大降低了采购成本。

总之，竞争机制的引入、操作过程的透明、流转环节的简化、规模效应的发挥是实现财政资金节约的主要因素。较发达的市场经济国家的实践表明，政府采购的确可以大幅节约财政资金。经验表明，一国的政府采购支出占财政支出的30%以上，占GDP的比重一般在10%左右，节资率约为10%。

（三）政府采购可以提高财政资金的使用效益

政府采购不仅可以节约财政资金，还可以提高财政资金的使用效益。这主要是指在花同样多的钱或少花钱的情况下，政府采购提高了采购货物、服务或工程的质量，优化了性能价格比。比如，在采购原则上，政府采购引入竞争机制和信息披露制度，使更多的供应商有机会参与竞争，从而使政府掌握了选取质优产品的主动权。再如，政府采购多采用竞争性招标采购的方式，在评标的过程中遵循公开、公平、公正、科学、择优的原则，即在政府采购过程中，政府只认“货”，不认“人”，只有那些质量过关的产品，才可能得到政府的“青睐”，从而可以避免以前各单位分散采购中的“暗箱操作”、贪污腐败等问题。另外，政府还可以建立和完善供应商的市场准入机制，对供应商的履约情况进行定期评估，以降低采购风险，确保获得质优价廉的货物、服务或工程，诸如此类措施的采用都会提高特定财政资金的使用效益。

二、强化宏观调控

财政政策和货币政策是政府实现宏观调控的两大传统政策工具。财政政策寓于财政收支之中，相应地，财政政策也分为财政收入政策和财政支出政策。政府采购是财政支出的重要组成部分，是实现财政支出政策的重要工具。政府在政府采购市场中处于有利地位，可以通过调整采购规模、采购时间、采购项目、采购规则等方式来实现特定的宏观调控目标。

政府是市场中的最大消费者，它的某项消费行为足以对整个国民经济产生举足轻重的影响。政府可以通过调整采购总量来实现对经济的总量调控；通过选择采购对象对国民经济各产业进行调控；通过对采购地区的选择以实现支持某些特殊地区发展的目的。因此，政府采购能否科学、有效地开展，不仅影响采购成本，还会影响政府各项方针、政策的落实情况。政府采购的数量、品种和频率，直接影响着财政支出的总量和结构，反映出一定时期的财政政策取向。

（一）对社会总供需进行调控

一定时期内，如果社会总供给远远大于社会总需求，会导致物价下跌、失业率提高、投资锐减、经济萎靡不振等一系列不良后果；如果社会总供给远远小于社会总需求，则会导致物价大幅上涨、投资过旺，从而引发泡沫经济，泡沫一旦破灭将会带来严重的金融危机甚至社会危机。凯恩斯革命后，各国政府几乎都将调节社会总供求以及促进经济稳定发展作为其最重要的宏观调控职能之一。

实现社会总供给和社会总需求的平衡是政府宏观调控的重要目标。我们知道，社会总需求（D）由消费性需求（C）、投资性需求（I）、政府购买（G）和出口（X）四部分组成，政府的购买性支出是社会总需求的重要组成部分。从我国目前的情况看，需求结构不平衡是影响经济健康发展的隐忧。① 消费需求不足。长期以来，我国居民储蓄居高不下，消费需求不足，特别是占人口一半以上的农村人口的消费需求始终处于较低水平。② 投资结构畸形。固定资产投资过剩，农村基础设施建设投资严重不足，投资效率低，整体投资需求不是很旺盛。③ 贸易严重不平衡。我国已连续几年出现国际贸易双顺差，即产品净流出和资本净流入共存，由此出现了一系列国际贸易摩擦，甚至引来“中国威胁论”，影响了中国外交事业以及对外贸易活动的正常开展。在这种宏观形势下，作为社会总需求重要组成部分的政府采购应发挥其应有的作用。

通过调整政府采购的总量可以调节社会总需求，进而促进全社会总供给和总需求的平衡。当社会总供给大于社会总需求、经济处于萧条阶段时，应实施扩张性财政政策，包括扩大政府采购的规模，以增加居民的消费和促进企业扩大投资，提高社会总需求的水平。反之，如果需要对增长过快的经济进行降温，政府则可以采取紧缩性财政政策，缩减政府采购的规模。政府采购作为一项相机抉择的财政措施，具有收效大、时滞短的特点。由于政府支出具有乘数效应，政府采购发生任何变化，都会引起社会生产、分配在总量和结构方面相当大的反应，从而起到调节社会供需总量平衡的作用。

（二）对产业和产品结构进行调整

政府是国内市场最大的消费者，政府采购的数量、品种和频率的改变，不仅会对社会的总供需产生一定的影响，而且还能影响国民经济的产业结构和产品结构。国际经验表明，经济发展的不同阶段需要有不同的产业结构与之相适应。所以，当国民经济各产业的比例阻碍了经济发展的时候，就需要政府有所作为，采取某些措施鼓励或限制某些产业的发展。对需要鼓励的产业，比如绿色环保产业，可以采取扩大相对购买量等方式增加对该产业的支持力度；对一些需要限制的产业，则采取不购买或少量购买的策略。具体到产品结构也是一样，可以通过是否购买某一些产品、调整购买量的大小及提前或推迟政府采购的时间来达到鼓励或限制这些产品生产的目的。比如，对于那些政府根据合理的产业政策和技术政策认为需要给予一定扶持的新兴产业或技术项目，可以考虑在政府采购招标方案安排中多包含这样的产品，从而鼓励和刺激它们的发展。

但需要注意的是，政府采购本身是一种制度安排，它把政府置身于市场之中。政府的运作必须遵守市场的游戏规则，即政府也应是一个“理性的人”，在进行采购时应以“物美价廉”作为交易准则。因此，政府在通过政府采购来实施产业政策时，也必须按照严格的标准来选择供应商，不能随意购买，否则政府采购就失去了它原有的意义。

（三）平衡地区间的经济发展

地区间经济发展的不平衡是各国普遍存在的问题，对于我国这样一个地域广阔、民族众多的国家来说，这个问题更不能忽视。地区间经济发展的不平衡不但影响整个国民经济的发展，还易引发社会的动荡不安，因此，各国在经济发展的过程中都非常重视这一问题。事实上，政府采购制度的推行也可以比较有效地缓解这一矛盾。例如，当某地区的经济严重落后于其他地区的发展时，政府可以有意识地增加对该地区的政府采购量，以刺激该地区生产的扩大，并以此带动该地区经济的整体发展。

然而，实现平衡地区经济发展的功能在实际操作过程中会碰到诸多困难。因为政府在进行采购时，需要综合考虑所购货物、服务或工程的质量、价格及售后服务水平，相对于发达地区来说，落后地区的企业通常在这些方面都处于劣势地位。所以，作为一种把政府行为推向市场的制度，政府采购一定要把握好“度”的标准；否则，政府采购的宏观调控功能就会与其节约财政支出功能发生矛盾，进而扭曲其原有的功能。

从政府的角度看，政府采购具有强化宏观调控的功能，此时，政府是“掌舵者而非划船者”。

三、活跃市场经济

相对于计划经济体制来说，市场经济最大的特点无疑是引进了竞争机制。由于竞争机制的存在，整个市场经济才更具活力。

政府采购必须遵循公开、公平、公正的原则，在竞标过程中执行严密、透明的“优胜劣汰”机制，所有这些都会调动供应商参与政府采购的积极性，并能够促使供应商不断提高产品质量、降低生产成本或改善售后服务，以使自己能够赢得政府的订单。由于供应商（厂商）是市场中最活跃的因素，所以，供应商竞争能力的提高又能够带动整个国内市场经济的繁荣。从国际竞争的角度看，政府采购有助于供应商（厂商）迈出国门、走向国际市场，提高我国产品在国际市场上的竞争力，并早日进入国际政府采购市场。总之，政府采购制度的引入，使得整个市场经济更加活跃起来，产生了较好的“鲶鱼效应”。

（一）提高供应商的竞争能力

政府采购的方式很多，有公开招标、邀请招标、竞争性谈判、单一来源采购、询价等多种方式，其中公开招标是运用得最广泛的一种方式。不论采取哪种方式，在政府采购的过程中都要遵循竞争性的原则。也就是说，政府采购完全处于市场竞争的环境之中，遵循择优选取的原则。在这里，供应商（厂商）之间的竞争完全是实力的竞争，而不是“人情关系”的较量，原来在分散采购模式下与政府有着千丝万缕关系的“关系户”，在推行了政府采购制度之后也不再有任何“人情”优势了。

通过公开招标采购，政府可以邀请到数量众多的供应商、承包商或劳务供应者前来竞标，形成一种有利于政府的买方市场，通过激烈的卖方竞争，政府能够获得比较价格利益和更优质的产品或服务。当然，供应商为了能够争取到政府这个最大的客户，会千方百计地寻求增加产品或服务技术含量的方法，以提高产品或服务的质量，并会最大限度地降低和节约生产成本，从而使产品在质量和价格上都能脱颖而出，取得采购竞争的胜利。

此外，实行政府采购制度的国家还普遍实行了政府采购定点单位的招标活动，即政府从前来竞标的供应商中选出一家或几家作为某一阶段政府采购的固定客户。这对供应商来说无疑有着更大的诱惑力，如果供应商能够争取到这块“招牌”，就意味着它在未来一段时间内将持续拥有最大的市场客户——政府，可以为产品或劳务打开销路。同时，定点单位选取的过程也是各供应商实力竞争的过程，各供应商必须不断地提高自身的竞争能力，争取在众多的供应商中崭露头角，才能被政府“相中”。

当然，在政府采购的过程中，政府一定要把好“质量关”，只有这样才能真正提高供应商的竞争能力；否则，如果政府只满足于低廉的价格，而忽视了对产品质量的要求，势必会导致假冒伪劣产品的泛滥，这也会严重打击正版厂商参与竞标的积极性。2001 年 8 月 29 日，《国家版权局、国家计委、财政部、信息产业部关于政府部门应带头使用正版软件的通知》发布，强调各级政府部门应带头使用取得软件著作权人授权的正版软件，不得使用盗版软件。这一通知的颁布，一方面督促了政府部门把好政府采购“质量关”，另一方面也向市场传递了政府打击盗版的决心，进而促进了正版软件业的发展。

（二）调动了供应商的参与热情

供应商是市场中最活跃的因素，但“活跃”的前提是政府要创造一个良好的竞争环境。政府采购的“三公”原则是维护供应商利益的保证，这能够极大地调动供应商的参与热情，为社会主义市场经济注入新的活力，并带动整个市场经济的繁荣。

首先，政府采购遵循公平原则。这是市场经济公平竞争的内在要求，具体来说，这里的公平包括三个方面：一是竞争主体准入的公平性，即允许所有有兴趣的供应商参加投标；二是竞争规则的公平性，即资格预审和评标的标准要一致；三是供应商获取信息的公平性，即所有参与投标的供应商都应平等地从政府那里获得全面的信息。公平性保证了政府采购有根有据，避免了随意性和主观性，让供应商吃了一颗“定心丸”。

其次，政府采购遵循公开原则。公开原则是指政府采购必须在公开透明的环境下运作，这一原则主要是通过严密的政府采购法律法规来体现的。由于政府采购的批量大，对经济的影响也大，所以采购活动的程序、过程一定要体现透明、公平的原则。公开的采购程序一方面具有可预测性，使投标供应商可以计算出他们参加采购活动的代价和风险，从而提出最有利的竞争价格；另一方面可以最大限度地避免“内部交易”或“暗箱操作”，从而增强潜在供应商的投标信心。

最后，政府采购遵循公正原则。公正原则是指评标时要按事先公布的标准对待所有的供应商，其核心是“标准的统一”。该原则要求采购部门给予所有的供应商相同的待遇，而不应该存在歧视现象，它是促使供应商广泛参与政府采购活动的有效保证。

总之，政府采购所遵循的“三公”原则极大地调动了供应商参与竞标的积极性，对市场经济的繁荣起到了不可忽视的推动作用。

（三）助推国内产品走向国际市场

这一点可以从两个方面进行解释：一是由于国内政府采购市场的不断完善，调动了国内供应商的参与积极性，并促进其竞争能力的提高，这种竞争能力的提高有助于其逐渐走向国际市场；二是从政府采购市场开放的对等性来看，我们可以充分利用双边或多边条约的优惠待遇参与国际竞争，使供应商能够在国际市场上得到更多锤炼的机会，提高国际竞争力。

从长远的角度看，经济全球化的趋势不可阻挡，政府采购市场的开放也是必然趋势。虽然我国没有正式声明开放政府采购市场，但事实上，国外供应商早已通过各种途径进入了我国的政府采购市场，政府机关采购商品或服务的领域也早已延伸到国外。

政府采购市场的开放是对等的，我国在对外放开政府采购市场的同时，也取得了进入国际政府采购市场的机会。尽管目前我国企业的竞争力在国际政府采购市场上还无法与外国企业相匹敌，但随着经济全球化步伐的加快，国际化已成为我国经济的必然选择，在良好和充分的竞争环境下，我国企业也必然会在这个过程中不断成长。因此，加入世界贸易组织后我国企业要充分享受其赋予的国民待遇和最惠国待遇等优惠所带来的利益，同时还必须参与跨国经营，发挥规模优势，争取早日进入国际政府采购市场。比如，我们可以按照比较优势的理论，大力发展我国目前在国际市场竞争中处于有利地位的行业，不断提高其国际竞争力，为其打开走向国际政府采购市场的通道。

四、推进反腐倡廉

政府采购作为一项制度安排从两方面推进政府的反腐倡廉工作。一方面，政府采购内在的监督约束机制，可以促进反腐倡廉；另一方面，在实践过程中，实行政府采购制度的国家都建立了一整套外在的监督机制，最大限度地提高了政府采购的透明度，做到尽可能避免腐败现象的发生。推行政府采购能够提高财政支出效率，其中，政府采购内外监督机制运行起到了重要的作用。因此，政府采购在发挥其节约财政支出功能的同时，还具有推进反腐倡廉的功能，这两项功能之间有着内在的联系。

（一）制度本身内在的监督约束机制

经济学研究结果表明，在经济活动中，各行为主体之间内在的利益监督约束机制要比外在的监督措施强有力得多，同时还能够节约监督成本。在市场经济中，各个主体（包括政府）都以追求利益最大化作为行动目标，当一个主体利益的增加是以损害另一个主体的利益为代价时，后者必定会出来制止，因此，利益相关者会自动地形成监督约束机制。政府采购制度中也同样存在这样的内在监督机制。

在政府采购活动中，行为主体主要包括三个方面：采购单位、采购代理机构和供应商。这里的采购单位主要是指使用财政性资金采购货物、工程或服务的各级国家机关、事业单位和团体组织；采购代理机构包括政府采购机构和招标代理机构；供应商是指所有具备条件参与政府采购的厂商。这三者之间由于各自的利益不同，在内在利益的驱动下，形成了互相监督的机制。

采购单位的利益是以尽可能少的财政资金获得质量高且数量多的货物、工程或服务，即提高财政资金的使用效率。为达到这一目的，他们首先要对采购代理机构的行为进行监督，监督其是否按照所有规定的程序进行招标投标，监督其是否按照“质优价廉”的原则择优选取供应商，等等。其次，采购单位还要对供应商与采购代理机构有无相互串通行为进行监督，对其所提供的产品质量进行监督，对其履约情况进行监督，对其售后服务进行监督。

采购代理机构的利益是通过组织采购活动取得丰厚的收费和佣金，其利益实现的关键在于，以最少的耗费促成最大量的采购交易。因此，他们比较重视采购单位的主管部门有关采购预算的编制和批复，以及采购授权和委托是否合法。更重要的是，他们要监督和检查供应商履行合同的资格和条件。

供应商的利益在于，通过参加政府采购活动，最大限度地获得商业利润，其利益实现的关键就在于他们能否中标，能否取得采购合同。为此，他们特别强调采购活动的公开、公平和公正性，防止营私舞弊、行贿受贿等破坏公平竞争行为的发生，这就促使他们自发地对采购代理机构的行为进行监督。另外，供应商也会对采购单位的某些行为进行监督，比如采购单位是否与采购代理机构之间有合谋行为，采购单位提出的要求是否符合合同规定等。

由上可见，政府采购的三方面主体能够自觉地形成一种监督约束机制，这种内在的监督机制有利于防治腐败。

但是，并不是说有了这种内在的监督机制就可以高枕无忧了。原因有三个，其一，这种内在监督机制的约束范围还比较窄，妨碍了其监督作用的有效发挥。比如，增值税专用发票的设计就内含着一种监督约束机制，但是增值税专用发票真的可以避免腐败问题吗？恰恰相反，增值税专用发票管理是最令税务机关头疼的问题之一，虚开增值税专用发票、伪造增值税专用发票时有发生。其二，内在监督机制作用的发挥还要依赖于非常完善的、理想化的制度，然而，我国目前的政府采购制度的建设还处于初级阶段，远未完善。其三，再完善的制度也是由人来操作的，就不可避免地会带有一定的主观性。因此，各国在推行政府采购时，还设立了一系列的外在监督机制，以促进政府采购反腐败功能的充分发挥。

（二）外在的监督约束机制

外在监督包括：法律监督，政府采购主管部门的监督，各级纪检、监察、审计等部门的监督，新闻媒体的监督，纳税人的监督等。其中，最主要的是法律监督，即要实行政府采购的法治化。最广泛、最有力的社会监督就是纳税人的监督，因为政府采购所花的资金主要是纳税人所交的税款，政府采购所需要的资金量直接关系纳税人的税负水平。

政府采购，特别是公开招标方式，可以依托于法制来提高政府采购过程的透明度和严密性，减少“权钱交易”等腐败行为。在不够成熟、不够完善的市场经济中，法制的不严密，交易过程的不透明，最容易引起“寻租”行为的发生。统一、透明的政府采购制度之所以能够提高资金使用效率，一方面是因为它可促成供给方的“薄利多销”，另一方面则是因为它可减少消费方工作人员暗中“吃回扣”等不法行为。加强廉政建设、防治腐败，除了思想教育之外，关键是要加强法规制度建设，依靠制度的力量强化预算约束和规范工作人员的行为。积极建立和健全政府采购制度，对于政府采购的健康发展具有深远的意义。

归根结底，反腐倡廉的重点应放到“防腐败”上。当前，政府是纳税人的公共资金托管人的地位并没有明确，纳税人也缺乏参与监督管理公共资金的意识。但随着政府采购的深入开展，纳税人的认识水平必将提高，监督意识、监督的积极性也会随之提高，这种最广泛的外在监督力量必定使得政府采购更有助于反腐。

（三）透明化是推进反腐倡廉的保证

要想充分发挥内、外监督机制的作用，首先必须保证政府采购是透明的，只有透明化的政府采购才能让大家参与监督。如果采购过程不透明，就会为“暗箱操作”提供条件，容易滋生腐败。规范化的政府采购本身应该是透明的，美国一位采购学者曾将招标程序的透明性形象地比喻为“如在金鱼缸中”，人人都可以洞察一切。有了透明性的保证，才可以谈政府采购的内在监督和外在监督，才可以谈政府采购的反腐倡廉功能。

一般来说，政府采购的透明性主要体现在三个方面：一是信息披露的透明，主要体现在以法律为依据的采购信息的公开制度；二是采购过程和仲裁制度的透明；三是使用法规的透明，主要体现在政府采购的相关法规应力求要素完备、表述严谨，并易于工作者和公众理解、掌握。可见，透明性为政府采购的开展洒满了阳光，使政府采购的反腐倡廉功能得到真正体现。

五、保护民族产业

当今世界是一个开放的世界，各国的发展都不可能置身于国际经济之外。但同时，各国又都有其特色的民族产业，这些民族产业的发展需要政府给予一定的扶持，如果完全实行贸易自由化，民族产业必然会受到冲击。

随着经济全球化进程的加快，曾经作为各国保护本国民族产业的有效手段——关税贸易壁垒的作用逐渐减小；相反，非关税贸易壁垒的作用日渐加强，如许可证、进口配额、绿色环保标志等。在众多的非关税贸易壁垒中，政府采购是世界各国为保护民族产业所普遍采用的有效手段。关税与贸易总协定形成时，各成员方刻意把政府排除在投资贸易自由化领域之外，其目的就是不违背当时各成员方均在利用政府采购保护国内产业这一事实。

（一）国货优先的原则

在市场经济条件下，政府与企业的连接点应该在市场，政府对企业的限制与支持应通过市场来实现。政府采购制度在引入竞争机制的同时，实行国货优先的原则，可以有效保护、扶持民族产业。政府通过购买国内企业产品或重点购买国有企业的产品来保护民族产业、支持国有企业，从整体上提高民族产业和民族经济在国际市场上的竞争力，从而起到培植财源、壮大国家经济实力的作用。

实质上，国货优先的原则也与我国提出的供给侧结构性改革的宏观调控目标不谋而合。政府采购作为支持企业创新活动、引导经济发展方向、保护和扶持国内工业、实施宏观经济调控的重要手段，主要有两种功能：一是通过集中采购为公众提供优质的公共服务，降低采购成本，防止腐败；二是支持和促进企业的技术创新活动，通过企业竞争力的提升来增强国家的竞争优势。长期以来，我国政府采购的政策取向主要侧重于节约资金、预防腐败等方面，没有体现通过政府采购强化对创新活动支持的政策取向，政府采购对创新活动的支持和拉动作用十分有限，在一定程度上可以说国货优先原则并未很好地落实。探索建立符合国际规则的创新促进型政府采购，是我国落实国货优先与供给侧结构性改革战略的一项重要课题。

（二）政府采购对保护民族产业功不可没

世界贸易组织的一项根本性原则是非歧视性原则，即实行国民待遇原则。但是，世界贸易组织成员方在签署《政府采购协定》之前，政府采购领域是个例外，也就是说这一领域可以不实行国民待遇。于是，成员方就可以利用政府采购这块“挡箭牌”对民族产业进行保护。如果一国或地区签署了该协议，那么，其政府采购市场就必须对其他的签署国或地区同等开放，此时，政府采购保护民族产业的功能将会随之减弱。

正如第二章关于我国“主动融入政府采购领域全球化”内容所述，我国正在积极申请加入一些政府采购协定。因此，我们应抓紧时间健全政府采购制度，争取在短时间内充分发挥政府采购保护民族产业的功能。

将来开放了政府采购市场，是不是说政府采购保护民族产业的这项功能就退出历史舞台了呢？当然不是，一来并不是所有的国家都签署了《政府采购协定》，二来即使是签署了该协议的国家也还有一部分产品（通常是该国竞争力较弱的产品或产业，如美国的纺织业）是排除在开放名单之外的。

总之，各国经验表明，在签署《政府采购协定》之前，政府采购对保护民族产业功不可没。

（三）保护的前提是发展

应该强调的是，我们保护民族产业，并不是保护落后。保护是有前提的，民族产业自身应不断寻求发展之道，在保护中发展，在发展中实行保护，而不是停滞不前。实践表明，只有在民族产业自身力量壮大的基础上，保护才是有效的。特别是在我国加入世界贸易组织之后到签署《政府采购协定》之前的这段时间内，民族产业更应该不断积蓄力量，努力争取在离开政府这把“保护伞”后也能立于不败之地。

需要说明的是，在我国政府采购法律中，“强化宏观调控”和“保护民族产业”功能通常被称为“政府采购政策”功能。《政府采购法》第九条和第十条有相关表述，第九条规定：“政府采购应当有助于实现国家的经济和社会发展政策目标，包括保护环境，扶持不发达地区和少数民族地区，促进中小企业发展等。”第十条规定：“政府采购应当采购本国货物、工程和服务。”《政府采购法实施条例》第六条也有相关表述，规定：“国务院财政部门应当根据国家的经济和社会发展政策，会同国务院有关部门制定政府采购政策，通过制定采购需求标准、预留采购份额、价格评审优惠、优先采购等措施，实现节约能源、保护环境、扶持不发达地区和少数民族地区、促进中小企业发展等目标。”为了更好发挥政府采购政策功能，我国还发布了《政府采购促进中小企业发展管理办法》《政府采购进口产品管理办法》《关于政府采购支持绿色建材促进建筑品质提升试点工作的通知》《关于运用政府采购政策支持乡村产业振兴的通知》等。

六、政府采购五大功能之间的关系

如前所述，政府采购具有五大功能：节约财政支出、强化宏观调控、活跃市场经济、推进反腐倡廉、保护民族产业。那么，这五大功能之间又有什么联系呢？是相互独立、相互促进，还是相互矛盾？我们可以通过私人采购以及传统的分散采购来分析政府采购五大功能之间的关系。

如果用一句话来概括它们之间的关系，那就是“在矛盾中寻求平衡”。

节约财政支出是政府采购的初衷，是政府采购首要的、基本的功能。在执行政府采购的过程中，我们最直接看到的效果就是财政资金的节省，尤其是招标投标方式的引入，能够使政府以最少量的资金获得最多、最优的产品。当然，要使这一功能充分地发挥出来，政府必须依照市场规则行事，即按照质优价廉的原则选择供应商。而这一功能却是传统的分散采购所不具有的。

如果把政府看成市场中最大的消费者，那么政府采购的节约功能似乎与同样采用招标投标方式的私人采购并无多大差别。但实际上，两者还是存在着本质上的区别，这集中体现在政府采购的宏观调控功能上。政府不同于私人部门，它是市场的宏观调控者，当市场出现失灵时要求政府能够弥补市场的缺陷。由此带来的问题是，强化宏观调控的功能可能与节约财政支出的功能产生矛盾。例如，政府鼓励厂商生产绿色环保产品，在实行政府采购时可能会优先考虑这种产品，这是出于宏观调控的考虑，但绿色环保产品的价格相对于普通产品往往更高，这有悖于节约财政支出的功能。传统的分散采购也在一定程度上具有宏观调控的功能，但由于分散采购的数量不大，因此它的调控力度远不如集中的政府采购。

活跃市场经济是政府采购反作用于市场经济的功能。应该说，政府采购是市场经济的必然产物，市场经济的内在机理要求政府也应按照市场的规则办事以提高效率，政府采购正是在这种环境下产生的。反过来，大规模的政府采购能够给其他市场主体带来示范效应，给市场经济注入一股新的活力，使市场经济更具竞争性。因此，市场经济给政府采购节约财政支出，政府采购给市场经济注入活力。私人采购也是市场中的活跃因素，但其影响力要逊于政府采购。传统的分散采购是与计划经济相联系的，几乎没有这一功能。

推进反腐倡廉功能是与节约财政支出的功能直接联系在一起的，是节约财政支出这一经济功能在政治上的升华。政府采购遵循公开、公平、公正、透明的原则，能够节约财政支出，能够有效避免“暗箱操作”和“吃回扣”等腐败现象的发生，从而提高财政资金的使用效率。私人采购若采用招标的方式，也可以杜绝单位采购人员的腐败行为，但不论从深度、广度，还是从影响力来看，都弱于政府采购。传统的分散采购则更是缺乏这一功能。

保护民族产业是政府采购最独特的功能。从某种程度上说，保护民族产业也属于强化宏观调控的范畴。例如，当一国内需不足时，政府会扩大政府采购的购买量，这是强化宏观调控功能的具体表现，但与此同时，政府又会优先选择购买国内产品，这又体现了政府采购保护民族产业的功能。但两种功能还是有区别的，它们发挥作用的领域不同，如果说政府采购的宏观调控功能仅限于国内市场的话，那么它保护民族产业的功能则是在国际市场上发挥着作用。保护民族产业主要体现在政府采购的国货优先原则上，但这一原则有可能会与节约财政支出功能相违背。比如，当国外产品比国内同类产品质优价廉时，如果按照节约财政支出的原则，政府应该选择国外产品；如果按照国货优先原则，政府则应选择国内产品。私人采购不必遵循国货优先原则，因此不具有这一功能。传统的分散采购方式下，政府也可以根据实际情况直接采购国内产品，也能起到保护民族产业的作用。

综上所述，政府采购的五大功能有内在的联系，它们都蕴含在政府采购行为之中。市场经济给政府采购节约财政支出，政府采购给市场经济注入活力；推进反腐倡廉功能是节约财政支出这一经济功能在政治上的升华；保护民族产业的功能从某个角度看也可视为强化宏观调控功能的一个表现。但也应该看到，五大功能之间也存在一定的矛盾，强化宏观调控、保护民族产业与节约财政支出之间有时难以做到协调一致。当出现上述矛盾时，理论上，应该可以找到一个平衡点，使节约财政支出与宏观调控所产生的社会效用总和通常最大，但实践中却很难把握这一点。对此，我们只能在矛盾中寻求平衡，争取使政府采购的五大功能发挥到最佳水平。

本章小结

1. 政府采购的原则是指在建立政府采购制度，颁布政府采购法律法规，实施政府采购活动以及管理政府采购事务中所遵循的基本指导思想。它是政府采购制度的重要组成部分，是贯穿于《政府采购法》的根本规则，对于政府采购的立法、司法以及政府采购活动的进行具有重要的指导意义。

2. 政府采购应该遵循的基本原则主要有：公开透明原则、公平竞争原则、公正原则和诚实信用原则。

3. 公开透明原则，有时也称公开原则，是指有关采购的法律、政策、程序和采购活动对社会公开，所有相关信息都必须公之于众。在政府采购制度中，公开透明原则贯穿于整个采购程序中，在具体的实践中，我国政府采购的公开透明原则主要从三个方面得以体现：一是公开的内容；二是公开的标准；三是公开的途径。

4. 对于公平竞争原则，我们可以从竞争性原则和公平性原则两方面分别进行考察。竞争性原则是政府采购的重要原则，竞争可以促使政府采购形成对买方有利的竞争局面，从而使政府采购主体采购到质优价廉的商品和服务，实现政府采购的目标。政府采购公平性原则主要有两方面的内容：一是机会均等，二是待遇平等。

5. 公正原则主要指采购人应按照事先公布的原则对待所有的供应商，不偏袒和歧视任何供应商，不得滥用手中的权力。“三公”原则是一个有机整体。公正原则是建立在公开和公平的基础上的，只有公开和公平，才能使政府采购得到一个公正的结果。公正原则主要由政府采购管理机关、采购单位和政府采购代理机构来执行。

6. 诚实信用原则约束的是政府采购活动中的各方当事人，一方面，要求采购主体在项目发标、信息公布、评标审标过程中要真实，不得有所隐瞒；另一方面，需要供应商在提供货物、工程或服务时要遵守投标时所做出的承诺，对采购活动要有负责的意识。

7. 政府采购的功能如下：从财政角度来看，政府采购具有节约财政支出的功能；从政府角度看，政府采购具有强化宏观调控的功能；从经济角度看，政府采购具有活跃市场经济的功能；从政治角度看，政府采购具有推进反腐倡廉的功能；从国际贸易角度看，政府采购具有保护民族产业的功能。

8. 节约财政支出是政府采购首要的、基本的功能。主要表现在两个方面：一是从投入的财政资金的量上看，政府采购可以适当节约财政资金；二是从采购到的对象上看，政府采购可以提高财政资金的使用效益。

9. 政府采购强化宏观调控的功能主要体现在：通过调整政府采购的总量可以调整社会总需求，进而促进全社会总供给和总需求的平衡；政府是国内最大的消费者，政府采购的数量、品种和频率的改变能够影响国民经济的产业结构和产品结构；政府采购制度的推行可以比较有效地缓解地区间经济发展的不平衡。

10. 政府采购具有反腐倡廉功能：政府采购作为一项制度安排，不仅其内在的监督约束机制可以促进反腐倡廉，而且但凡实行政府采购制度的国家都建立了一整套外在的监督机制，从而最大限度地提高政府采购的透明度，避免了腐败行为的发生。

11. 政府采购是世界各国普遍采取的保护国内产业的有效手段。政府采购制度在引入竞争机制的同时，实行国货优先的原则，可以有效保护、扶持民族产业。

12. 政府采购的五大功能有内在的联系：市场经济给政府采购节约财政支出，政府采购给市场经济注入活力；推进反腐倡廉功能是节约财政支出这一经济功能在政治上的升华；保护民族产业的功能从某种程度上也可以看成强化宏观调控功能的一个表现。但也应该看到，五大功能之间也存在一定的矛盾，强化宏观调控、保护民族产业与节约财政支出之间有时难以做到协调一致。对此，我们只能在矛盾中寻求平衡，争取使政府采购的五大功能发挥到最佳水平。

思考题

1. 什么是政府采购的原则？它主要包括哪几项原则？

2. 试论述政府采购原则的主要内容。

3. 政府采购的功能主要有哪些？这些功能是如何发挥其作用的？

4. 试论述政府采购各项功能间的关系。

课外阅读材料

1. 马海涛，陈福超，李学考. 政府采购手册. 北京：民主与建设出版社，2002：42–47，59–62.

2. 马海涛，姜爱华. 我国政府采购制度研究. 北京：北京大学出版社，2007：8–31.

3. 苏明. 政府采购. 北京：中国财政经济出版社，2003：40–46.

4. 杨灿明，李景友. 政府采购问题研究. 北京：经济科学出版社，2004：32–49.

5. 王亚星. 政府采购制度创新. 北京：中国时代经济出版社，2002：22–37.

即测即评

扫描二维码，进行本章在线测试。

第四章

政府采购的范围与当事人

我国的政府采购制度建设，需要围绕政府采购行为的规范化来解决一系列重要问题。其中确立政府采购制度规范的范围和对象，建立良好的运行体系和模式，规范政府采购各方当事人的权利、义务和责任是一项重要内容，本章将主要围绕这些问题进行学习和讨论。

第一节　政府采购的范围

政府采购制度规范的范围，是指政府采购法律发挥效力的范围，范围的界定是政府采购制度的重要组成部分。《政府采购法》规定的政府采购限于中华人民共和国境内各级国家机关、事业单位和团体组织，使用财政性资金采购依法制定的集中采购目录以内的或者采购限额标准以上的货物、工程和服务的行为。各国因国情的不同，在采购范围上也存在较大差异。但总的来说，政府采购的范围可从主体范围、资金范围、对象范围、集中程度范围、财政支出范围、空间范围等角度来考虑。

一、政府采购的主体范围

政府采购的主体范围，是指政府采购法律应规范哪些社会主体的采购活动。我国是社会主义国家，生产资料以公有制形式为主。从理论上讲，凡是公共资金和财产的使用、消费都应由政府统一进行监督管理。政府采购作为公共资金和财产监督的一种形式，其实施范围应有所选择，即哪些单位可以实行，哪些不能实行，应有划分标准。在我国，《政府采购法》规定，政府采购的主体主要指国家机关、事业单位、社会团体。国家机关是指各级党务机关、政府机关、人大常委会机关、政协机关等；事业单位指依法设立的履行公共事业发展职能的机构和单位，如学校、医院、科研机构等；社会团体是指依法设立的由财政供养的从事公共社会活动的团体组织，如企业联合会、有关行业协会、民主党派等。《招标投标法》规范的主体则无限制，招标人是依照该法规定提出招标项目、进行招标的法人或者其他组织，包括政府部门、私人企业以及其他非法人组织等。

对政府机关而言，将其采购活动纳入政府采购管理是理所当然的。但是对于事业单位、社会团体及国有企业等是否应该纳入政府采购规范的范围，人们存在着不同的认识。

首先，我国公共事业单位的运作方式和预算管理方式存在较大的差别，有些事业单位主要依靠国家财政拨款的方式供应资金，有些事业单位既依靠财政拨款供应，也有自己的事业收入。因此，同样是事业单位，由于管理方式不同，在政府采购管理中是否应该区别对待，我国《政府采购法》对此并没有明确说明，所以在政府采购实际操作中，各地处理这一问题的方式、方法也存在着较大的差异。

其次，就社会团体组织而言，世界上大多数国家的社会团体属于非政府性的团体，其经费一般由团体成员筹集，或者由企业或社团赞助。我国实行以公有制为基础的社会主义制度，国家的国体和政体有别于其他国家。我国的社会团体组织大多数是为社会公众服务的，由政府财政供应其活动经费，所以这些社会团体组织的采购普遍被纳入政府采购管理的范围。但是，对于一些非社会公共性的但又合法存在的其他团体，如同乡会、俱乐部等，其采购则可以不纳入政府采购管理的范围。

最后，世界上的某些国家和地区，还将公营企业，主要是一些带有公益性、垄断性的国有独资企业，如自来水公司、国家管理的电力公司等，纳入政府采购规范的范围之内。其理由在于，公营企业的资产是政府投资形成的，且又带有公益性和垄断性，政府有责任促进其提高服务质量，降低社会公共服务的成本。但目前在我国，由于多方面的原因，在政府采购制度建设中，并没有将国有企业的采购纳入政府采购制度的约束范围之内，这成为未来修订《政府采购法》需考虑的重点问题之一。

目前关于政府采购的主体，分歧较大的集中在国有企业方面，《政府采购法》颁布时，国有企业，不管是公共福利性质的，还是营利导向性质的，都被排除在政府采购之外了。但问题是，国有企业有一部分采购是使用政府财政拨款的，还有一些采购是使用外国政府贷款和金融组织贷款但需要政府担保还款的，这些项目都没有纳入政府采购管理的范围之内。国有企业按其经营性质划分为两大类：一类是非营利性的公共性企业，另一类是以营利为目的的经营性企业。前一类企业的发展靠国家财政投入来维持，所提供的物品和服务是为了满足社会的公共需要，这类企业应纳入政府采购制度规范的范围之内。后一类企业不能依靠行政手段和行政配置来实现，只有依靠市场法则办事，以追求利润最大化为目标，依靠市场信号配置资源，才能保障其健康发展，为此就必须将经营性国有企业全面纳入市场轨道，使其成为独立经济体。实现这一改革目标的前提条件是要实行政企分开的改革，消除政府的直接行政干预，因此这类国有企业不应被纳入政府采购的范围。

二、政府采购的资金范围

采购资金的性质是确定采购行为是否属于政府采购制度规范的范围的重要依据。我国过去颁布的相关制度和政策中，一般将政府采购资金的性质界定为财政预算内资金和预算外资金，在《政府采购法》中明确规定，政府采购资金为“财政性资金”。政府采购法律的这种规定，既体现了我国政府采购制度的特点，也反映了我国公共资金管理的特点。

为了有效地开展政府采购活动，建立规范的政府采购制度，必须准确地界定什么是“财政性资金”。按照2001年2月28日财政部和中国人民银行制定发布的《政府采购资金财政直接拨付管理暂行办法》第二条的规定：“政府采购资金是指采购机关获取货物、工程和服务时支付的资金，包括财政性资金（预算资金和预算外资金）和与财政性资金相配套的单位自筹资金。预算资金是指财政预算安排的资金，包括预算执行中追加的资金。预算外资金是指按规定缴入财政专户和经财政部门批准留用的未纳入财政预算收入管理的财政性资金。单位自筹资金是指采购机关按照政府采购拼盘项目要求，按规定由单位自有资金安排的资金。”2011年我国正式将预算外资金纳入预算管理。2015年3月实施的《政府采购法实施条例》规定，财政性资金是指纳入预算管理的资金。而2014年颁布的修订后的《中华人民共和国预算法》(简称《预算法》) 指出，预算包括一般公共预算、政府性基金预算、国有资本经营预算、社会保险基金预算。也就是说，凡是使用这“四本”预算资金的采购均属于财政性资金，应纳入政府采购的范畴。并且，《政府采购法实施条例》还规定了两种“视同财政性资金”的情况。一是以财政性资金作为还款来源的借贷资金，视同财政性资金。二是国家机关、事业单位和团体组织的采购项目既使用财政性资金又使用非财政性资金的，使用财政性资金采购的部分，适用政府采购；财政性资金与非财政性资金无法分割采购的，统一视同财政性资金，适用政府采购。

三、政府采购的对象范围

为了满足实现社会公共职能的需要，政府及其相关部门需要进行各种各样的采购。政府采购所涉及的对象包罗万象，既有有形的也有无形的，既有物品、工程也有技术，非常庞杂。为了便于管理和统计，国际上通行的做法是按其性质将采购内容分为三大类：货物、工程和服务。

货物是政府为发挥职能所采购的最常见的对象。在我国，《政府采购法》对货物的定义是：货物，是指各种形态和种类的物品，包括原材料、燃料、设备、产品等。这一规定与联合国的《公共采购示范法》的定义大体一致。《公共采购示范法》除了提到货物指各种各样的物品，包括原料、产品、设备外，还提到了固态、液态或者气态的物体和电力，以及货物供应的附带服务，条件是附带服务的价值不超过货物本身的价值。

根据《政府采购法》的定义，工程是指建设工程，包括建筑物和构筑物的新建、改建、扩建、装修、拆除、修缮等。工程采购是政府采购的又一重要内容，世界各国都普遍把工程采购视为政府采购的重点对象。联合国的《公共采购示范法》对工程的定义更为具体：工程是指与楼房和建筑物的建造、改建、拆除、修缮或翻新有关的一切工作，如土地平整、挖掘、架设、建造、设备或者材料安装、装饰和最后的整修。此外还包括根据采购合同随工程附带的服务，如钻挖、绘图、卫星摄影、地震调查和其他类似服务，条件是这些服务的价值不超过工程本身的价值。由于我国《招标投标法》规定必须进行招标的“工程建设项目”包括项目的勘察、设计、施工、监理以及与工程建设有关的重要设备、材料等的采购，与《政府采购法》存在交叉，因此，《政府采购法实施条例》对此做了衔接，指出政府采购工程以及与工程建设有关的货物、服务，采用招标方式采购的，适用《招标投标法》及其实施条例；采用其他方式采购的，适用《政府采购法》及《政府采购法实施条例》。

我国《政府采购法》对服务的定义是，服务是指货物和工程以外的其他政府采购对象，显然，这个定义是一种概括性的表达。实际上，服务包括了极为广泛的内容，如各种交通、信息、医疗保健、社会保险、专利技术、会议、劳务等。一般来说，随着社会的进步和发展，政府用于服务方面的采购在整个采购中的比例将会逐步增加。《政府采购法实施条例》规定《政府采购法》所称服务，包括政府自身需要的服务和政府向社会公众提供的公共服务。随着近几年我国政府购买服务改革的推行，政府采购服务将成为政府采购对象范围新的增长点。

四、政府采购的集中程度范围

一般实行政府采购制度的国家都采取集中采购和分散采购相结合的模式，并且会规定政府集中采购的条件，这也决定了政府采购的集中程度范围。对于政府集中采购和分散采购范围的处理，各国通常有两种方式：

一是实行集中采购目录制，即由政府采购管理部门来确定政府各部门、事业单位和社会团体采购的相关品目，如汽车、计算机、传真设备等，凡是被纳入该项目的品目，不管采购的金额有多大，都必须实行集中统一采购，并由政府采购监督管理部门统一组织、协调。

二是实行政府采购限额标准制度，即规定政府各相关单位的一次性采购金额超过多少数额的，必须实行统一集中采购。这种制度被不少国家和组织采用，如美国规定，凡采购金额在 2 500 美元以下的，属于小额采购；2 500 美元到 25 000 美元之间的，实行询价采购；25 000 美元以上的，实行公开竞争采购。

我国《政府采购法》明确规定，政府采购实行集中采购与分散采购相结合。即对一些政府认为必须集中采购的产品和服务以及一次性采购数额较大的采购，实行集中采购。对于未列入采购目录、一次性采购数额在限额标准以下的采购，采取分散采购的方式。集中采购的范围由省级以上人民政府公布的集中采购目录确定。属于中央预算的政府采购项目，其集中采购目录由国务院确定并公布；属于地方预算的政府采购项目，其集中采购目录由省、自治区、直辖市人民政府或者其授权的机构确定并公布。纳入集中采购目录的政府采购项目，应当实行集中采购。政府采购限额标准，属于中央预算的政府采购项目，由国务院确定并公布；属于地方预算的政府采购项目，由省、自治区、直辖市人民政府或者其授权的机构确定并公布。《政府采购法实施条例》规定，实行分散采购的模式，包括自行采购或者委托代理机构代理采购。

五、政府采购的财政支出范围

财政支出从其性质上讲，可划分为购买性支出和转移性支出两大类。购买性支出，不管具体用途如何，都有一个共同点：政府一手支付资金，一手相应获得货物、工程或服务，即在这一支出活动中政府像其他经济主体一样从事等价交换活动。这时，政府也是一个理性的、虚拟的“经济人”，依据“物美价廉”的原则购买所需货物、工程或服务。一旦政府部门使用了这些资源，就排除了私人部门再使用的可能性。因此，购买性支出一般都应纳入政府采购的范围。转移性支出是政府与市场主体间财政资金的转移，政府对该项资金没有消费和使用权，因此，在拨付时不进行政府采购。

在政府购买性支出中，从办公设备、学校、公园等公共建筑到飞机、导弹等投资品的购买，甚至公务人员的工资，理论上都属于政府采购的范围。

（一）政府消费品的购买

政府消费品主要是指党政机关的日常公共用品和劳务服务，既包括除低值易耗品外的一般办公用品、公共办公设备，也包括各种公共服务和劳务，如公用汽车及维修、会议接待等。

（二）政府投资品的购买

政府采购的范围除了政府消费品外，还应包括政府投资品的购买，即凡应由政府提供的公共工程、公共基础设施，如水资源的开发和利用，能源、通信、交通等公共设施的提供，环境保护，安居工程等，都应以政府采购的方式完成。

（三）政府向社会提供的公共服务

社会公共服务是指为满足社会的共同需要而必须由政府提供的服务，包括教育、医疗卫生、社会保障以及环境保护等领域。政府使用财政性资金向社会提供这些公共服务时，符合政府采购条件的应履行政府采购程序。

（四）公务员工资的发放

传统上，在统计政府采购时都不把公务员的工资纳入其范围之中。然而，政府聘用公务人员实际上也属政府采购的一种。从理论上看，在政府采购中有一项很重要的内容就是劳动力的采购，工资则是劳动力价值的表现。从实践上看，政府在聘用公务员时是按照竞争上岗的原则来确定的，这也符合政府采购的竞争性原则，在支付工资时也是以劳动力的价值为依据的。

六、政府采购的空间范围

政府采购制度规范的空间范围，只限于在中华人民共和国境内发生的政府采购行为。一般来说，发生在我国境内的政府采购，都必须遵守我国政府所颁布的采购法律法规，政府采购的范围也限于我国境内。政府采购必须在全国指定的媒体上发布采购消息，国内任何一个具有法定资格的供应商，都拥有平等地获得采购信息、参与采购竞争的权利。需要注意的是，采购人在我国境外进行的采购活动及其与供应商发生的关系，不在我国政府采购法律法规约束的范围之内。此外，在我国境内发生的政府采购行为，如果资金来源于国际组织，当这些部门对政府采购有特殊要求时，政府采购必须优先遵从其规定。《招标投标法》规定，使用国际组织或者外国政府贷款、援助资金的项目进行招标，贷款方、资金提供方对招标投标的具体条件和程序有不同规定的，可以适用其规定，但违背中华人民共和国的社会公共利益的除外。

我国政府采购法律还规定，政府采购供应商的范围也主要在我国境内。虽然我国已加入世界贸易组织，但还没有签署世界贸易组织的《政府采购协定》。因此，按照我国《政府采购法》的规定，政府采购除非在我国相关法律的各种特殊规定以外，否则必须采购本国的产品和服务。

七、例外范围规定

为了维护国家利益、社会公共利益或者遇到一些特殊情况，实行政府采购的国家或地区一般会有政府采购例外范围的规定。比如，我国《政府采购法》在附则的第八十四至八十六条规定了例外事项，主要内容包括：一是军事采购，附则中规定，军事采购法规由中央军事委员会另行制定。二是采购人使用国际组织和外国政府贷款进行的政府采购，贷款方、资金提供方与中方达成的协议对采购的具体条件另有规定的，可以适用其规定。三是对因严重自然灾害和其他不可抗力事件所实施的紧急采购和涉及国家安全和秘密的采购，不适用本法。另外，我国香港和澳门两个特别行政区的政府采购不适用本法。由于我国的香港和澳门特别行政区实行的是“一国两制”，根据《中华人民共和国香港特别行政区基本法》第十八条、《中华人民共和国澳门特别行政区基本法》第十八条的规定，全国性法律除列入基本法附件三者外，不在特别行政区实施。《招标投标法》也对例外范围做了规定，即凡涉及国家安全、国家秘密、抢险救灾或者属于利用扶贫资金实行以工代赈、需要使用农民工等特殊情况，不适宜进行招标的项目，按照国家有关规定可以不进行招标。

第二节　政府采购的当事人

一、政府采购当事人的含义

政府采购活动是一个复杂的过程，涉及多种社会主体和当事人的行为及利益关系。政府采购当事人是指在政府采购活动中享有权利和承担义务的各类主体，包括采购人、供应商和采购代理机构等。从我国政府采购的实践看，政府采购的主体包括：采购人、供应商、政府采购管理机关、政府采购代理机构、其他社会中介机构等。

采购人，又称采购单位或预算单位，是政府采购中货物、工程和服务等的直接需求者，主要包括各级国家机关和实行预算管理的政党组织、社会团体、事业单位。

供应商，是指在中国境内外注册的企业、公司及其他提供货物、工程、服务的自然人、法人。采购人的任何采购都必须从合格的供应商处获得。

政府采购管理机关，是指在财政部门内部设立的，制定政府采购政策、法规和制度，规范和监督政府采购行为的行政管理机构，不参与和干涉政府采购中的具体商业活动。

政府采购代理机构，是指具体执行政府采购政策、组织实施政府采购活动的执行机构。采购代理机构分为集中采购代理机构和非集中采购代理机构。狭义的采购代理机构即集中采购代理机构，也就是政府采购中心，其性质通常属于非营利性事业法人，隶属于各级政府，接受财政部门的业务指导与监督。非集中采购代理机构则是指具有政府采购代理资格的社会中介机构。

其他社会中介机构，是指与政府采购业务相关的咨询机构、会计师事务所、审计师事务所、律师事务所、仲裁机构等。

二、采购人及其权利、义务与责任

采购人有狭义和广义之分。狭义上的采购人主要是指政府机关，广义上的采购人是指所有使用财政性资金的公共部门。《政府采购法》对采购人的定义是取广义，指使用财政性资金，对在政府采购法律所规定的集中采购目录以内或者集中采购限额标准以上的工程、货物和服务进行采购的单位。《政府采购法》第十五条指出，采购人是指依法进行政府采购的国家机关、事业单位、团体组织。国家机关包括国家权力机关、国家行政机关、国家审判机关、国家监察机关、军事机关（军事机关目前不在我国采购人范围）等。事业单位是指政府为实现特定目的而批准设立的事业法人。团体组织是指各党派及政府批准的社会团体。《政府采购法》确定的采购人的采购资金主要来源于财政性资金，采购目的不带商业性色彩，在资金和目的上都比较单纯，实行政府采购操作性强，也便于实施监督管理。

（一）政府采购的采购人的特征

作为政府采购的采购人，一般具有以下重要特征：

第一，采购人是依法进行政府采购的国家机关、事业单位和团体组织，因此，采购人必须具有法律规定的民事行为能力，是独立享有民事权利和承担民事责任的法人组织，而且其不需要办理法人登记，从成立之日起便具有法人资格。政府采购的采购人法人不同于一般的企业法人，更不同于自然人。

第二，采购人具有行政权力能力。政府采购的采购人代表着国家利益和社会公共利益，在采购意愿发出到实施采购的过程中，处处体现着国家意志和社会公共意志。因此，采购人在实施政府采购行为时具备相当的行政权力，其决策往往能够影响一个国家的产业发展甚至经济发展。

第三，采购人的决策具有政策性。由于采购人的政府采购行为是为了实现政府或社会公众的某些特定目标，是为国家和社会公共利益服务的，因此要求采购人的决策不能由某个人或者某个小群体说了算，必须经过集体决策，需要经过一系列的论证和一套完整的程序才能完成，这就决定了采购人的决策具有集中性和政策性。因此，采购人的政府采购行为必须兼顾各方面的利益，从全局出发，这同时也有利于体现政府采购活动的有效性和公平性，实现采购资源利用的最优化。

第四，采购人的政府采购行为从筹划、决策到实施，都必须在有关法律法规的规范内进行。采购人在实施政府采购计划的过程中，无论是决策的制定、方案的实施还是资金的拨付、合同的验收等一系列活动，都必须遵从相关的法律规定。

（二）政府采购的采购人的权利

政府采购制度必须以法律形式明确采购人的正当、合法权益，这种权益是对采购人合法利益的保证，也是对社会公共利益的保障。从我国颁布的《政府采购法》来看，在政府集中采购方面，采购人主要拥有以下各种权利：

第一，采购人有权自己选择采购代理机构。采购人是否应该享有自己选择采购代理机构权利的问题，在我国政府采购实践中，社会各方面一直有不同的看法。一种意见认为，采购人的采购被纳入政府采购预算以后，应该由采购监督管理机构确定采购的种类、批量，并由采购监督管理机构委托非营利性的集中采购机构统一组织、实施采购。

只有这样，才能扩大采购批量，有利于统一监督与控制。但是，也有些人认为，如果由采购监督管理机构统一指定采购代理机构，或者只由一个固定的采购机构统一进行采购，极易产生采购监督管理机构或固定的集中采购机构以权谋私行为，特别是当某地区或某部门的政府采购只集中在一家时，由于缺乏采购机构之间的有效竞争，必将出现地区或行业采购垄断的现象，最终会导致采购低效率，产生集中采购领域里的腐败。

第二，采购人有权要求采购代理机构遵守委托约定。采购人将采购业务委托给集中采购机构，其中有可能产生一些违背采购人利益和社会公众利益的问题。例如，采购代理机构采购的货物和服务不符合采购人的要求，或者不符合实际需要，或者质量差、成本高，甚至采购代理人与供应商恶意串通获得了不正当利益，并损害了采购人的合法权益。因此，采购人在委托采购代理机构进行采购时，双方应该明确权利、义务和责任，其中，采购人有权要求采购代理机构遵守委托约定，按照采购人的要求办好采购事宜。当采购代理机构在采购过程中出现违约行为时，采购人有权重新要求采购代理机构必须遵守双方的委托协议，对于违背协议的行为，有权依法予以追究。

第三，采购人有权审查政府采购供应商的资格。在我国近几年的政府采购实践中，对于供应商资格的审查，各地存在很大的差别，主要体现在审查内容、审查程序和审查方式等方面，而在由谁对供应商资格进行审查方面，更存在较大差异。有的地方由政府采购监督管理部门审查，有的地方由政府采购机构审查。一般来说，由采购人亲自审查的做法并不多见。但是，在我国政府采购立法过程中，考虑到供应商的资格与提供货物、工程和服务的能力直接关系采购质量及效率，因此，在《政府采购法》中，对于采购人参与供应商资格审查的权利专门做出了规定：采购人可以要求参加政府采购的供应商提供有关资质证明文件和业绩情况，并根据法律规定的供应商条件和采购项目对供应商的特定要求，对供应商的资格进行审查。

第四，采购人有权依法确定中标供应商。采购人根据采购性质和数额的不同，可以采取多种采购方式，包括公开招标采购、竞争性谈判采购、单一来源采购、邀请招标和询价采购等。在政府采购过程中，采购人可以依据预先制定的采购标准，确定符合采购要求的优秀供应商中标。在我国的《政府采购法》中，每一种采购方式都有关于选择采购人和确定成交供应商的规定。值得注意的是，在政府采购实际操作中，如果采购人与采购代理机构同时存在，更多的可能是由采购代理机构来确定成交供应商，而不是直接由采购人来确定。因为如果都要由采购人来确定成交供应商的话，那么，当采购代理机构一次采购涉及多个采购人的产品和服务时，究竟应该由哪一个采购人来确定，必然是个难以解决的问题。

第五，采购人有权签订采购合同。政府采购合同同样是一种民事合同。因为政府作为采购者在市场上出现时，并不是以社会领导者和管理者的身份出现的，而是与其他社会主体一样，仅仅是市场买卖双方中的买方。因此，以民事合同的方式来处理相关问题将更符合政府采购当事人之间的自愿、平等关系。《政府采购法》规定，采购人可以直接与供应商签订政府采购合同。而且，采购人与供应商之间的权利和义务，必须在平等、自愿的原则下订立。此外，采购人也可以委托采购代理机构来代表其与供应商签订政府采购合同，采购人委托采购代理机构来签订采购合同的，需要提交采购人的授权委托书。

第六，采购人在特殊情况下有权提出特殊要求。采购人需要的货物、工程和服务可能有成千上万种，有些项目的采购对采购的实施人员有一些特殊的要求，必须以特殊方式进行采购；有些项目的采购，可能对供应商有特殊要求。因此，在我国的《政府采购法》中，对于一些特殊情况进行了相应规定：属于本部门、本系统有特殊要求的项目，应当实行部门集中采购；属于本单位有特殊要求的项目，经省级以上人民政府批准，可以自行采购。在对供应商的要求方面，《政府采购法》规定，采购人可以根据采购项目的特殊要求，规定供应商的特定条件。但是，为了防止由此引起对其他供应商的歧视行为，《政府采购法》又规定，采购人在提出特殊要求时，“不得以不合理的条件对供应商实行差别待遇或者歧视待遇”。

（三）政府采购的采购人的义务与责任

政府采购的采购人是以实现社会公共利益为己任的单位和实体，采购目的就是高质量、高效率地提供社会公共货物、工程和服务。因此，采购人的行为必须受到政府采购法律法规的约束。政府采购法律法规必须明确采购人的义务和责任，作为采购人，则必须按照政府采购方面的法律法规及政策要求办事，遵循国家关于政府采购的各项规定。具体而言，采购人必须履行的义务和承担的责任包括以下若干方面：

第一，采购人在政府采购活动中应当维护国家利益和社会公共利益，公正廉洁，诚实守信，执行政府采购政策，建立政府采购内部管理制度，厉行节约，科学合理地确定采购需求。

第二，按照我国相关法律法规的规定，对《政府采购法》规定的集中采购目录以内的政府采购项目，必须由集中采购机构统一采购，并订立书面委托合同，采购人不得自行采购，否则必须承担相应的责任。同时，采购人不得将应该公开采购的货物和服务化整为零或者以其他方式规避公开招标采购。采购人对于需要实施集中统一采购的部分，必须编制政府采购计划和预算。在实施部门预算的单位，要按部门预算的要求编制政府采购预算，并与政府财政部门配合，准备应该由自己支付的资金。

第三，采购人在采购过程中，必须尊重供应商的正当、合法权益。在参与供应商资格审查时，必须平等对待不同地区、不同规模的供应商，不得以不合理的要求影响供应商获得采购竞争的资格。在采购实施过程中，采购人有义务回答供应商的正当疑问。在各种方式的采购中，采购人都可能遇到供应商对采购人的采购要求、评标标准、交货期限与方式等方面提出的一些疑问。供应商为了更好地编制投标文件，增加中标机会，通常还十分关心这些疑问的答复。在这种情况下，只要不属于应该保守的机密，采购人就必须认真做出回答。《政府采购法实施条例》规定，采购人不得向供应商索要或者接受其给予的赠品、回扣或者与采购无关的其他商品、服务。

第四，在供应商投标、中标或被确定为成交供应商以后，采购人必须在规定的时间内与供应商签订政府采购合同。《政府采购法》规定，在中标、成交通知发出之日起 30 天内，必须按照采购文件确定的事项签订政府采购合同。如果中标、成交通知书发出后，采购人改变中标、成交结果的，应当依法承担法律责任。

第五，为了增强透明度，采购人有义务将政府采购结果向社会公布，以便接受社会各界的监督。采购人还必须对政府采购过程做详细的记录，包括采购活动、采购预算、招标文件、投标文件、评标标准、评委人员、评估报告、定标文件、合同文本、验收证明、质疑答复等。按照我国现行法律，这些记录至少要保存 15 年，以便相关各方能够根据需要进行查阅和审核。

第六，采购人必须接受政府采购监督管理部门的管理。按照国家法律规定，各级政府财政部门是政府采购的监督管理部门，采购人在实施采购方面要对政府采购监督管理部门负责，同时还要接受国家审计部门、监察部门的监督，有责任积极支持和配合政府采购管理监督部门的工作。

总之，在政府采购制度建设和政府采购实际操作中，采购人扮演着十分重要的角色。由于采购机制和采购方式的改变，凡是对政府采购效果负责的采购人，都要积极转变观念，支持和配合政府采购制度改革。在政府采购制度建设过程中，必须让采购人深刻认识到政府采购制度化的重要意义和必然趋势，自觉遵守和维护政府采购制度的实施与完善。同时，政府采购管理监督部门也必须加大政府采购的管理力度，增强采购人的高度责任感，促进采购人规范采购行为，真正提高政府采购的绩效。

三、政府采购供应商及其权利、义务和责任

供应商是政府采购的另一重要当事人，是政府采购的贸易伙伴，承担着向采购人提供采购对象的重要责任。供应商向采购人提供的采购对象具体包括货物、工程、服务等项目。可以说，没有供应商，也就没有政府采购。《政府采购法》对政府采购供应商的定义是："供应商是指向采购人提供货物、工程或者服务的法人、其他组织或者自然人。"

（一）法律法规规定的供应商参加政府采购活动应具备的条件

《政府采购法》规定，供应商参加政府采购活动应当具备下列条件：

一是具有独立承担民事责任的能力；

二是具有良好的商业信誉和健全的财务会计制度；

三是具有履行合同所必需的设备和专业技术能力；

四是具有依法缴纳税金和社会保障资金的良好记录；

五是参加政府采购活动前三年内，在经营活动中没有重大违法记录；

六是法律、行政法规规定的其他条件。

《政府采购法实施条例》规定，参加政府采购活动的供应商应当具备《政府采购法》规定的条件，提供下列材料：

一是法人或者其他组织的营业执照等证明文件，自然人的身份证明；

二是财务状况报告，依法缴纳税金和社会保障资金的相关材料；

三是具备履行合同所必需的设备和专业技术能力的证明材料；

四是参加政府采购活动前三年内在经营活动中没有重大违法记录的书面声明；

五是具备法律、行政法规规定的其他条件的证明材料。

采购项目有特殊要求的，供应商还应当提供其符合特殊要求的证明材料或者情况说明。

《政府采购法实施条例》进一步指出，重大违法记录是指供应商因违法经营受到刑事处罚或者责令停产停业、吊销许可证或者执照、较大数额罚款等行政处罚。供应商在参加政府采购活动前三年内因违法经营被禁止在一定期限内参加政府采购活动，期限届满的，可以参加政府采购活动。

（二）政府采购供应商的分类

政府采购供应商可以由不同属性的行为主体担任，既可以来自境内，也可以来自境外，还可以以不同的组成形式出现，这就涉及一个如何对其加以分类的问题。按照不同的标准，可以对政府采购供应商进行分类。

1. 法人供应商、非法人组织供应商和自然人供应商

根据供应商的基本属性，可以将其划分为法人供应商、非法人组织供应商和自然人供应商。

《中华人民共和国民法典》规定，法人是具有民事权利能力和民事行为能力，依法独立享有民事权利和承担民事义务的组织。法人应当依法成立，并应当有自己的名称、组织机构、住所、财产或者经费。法人包括营利法人、非营利法人和特别法人，营利法人是以取得利润并分配给股东等出资人为目的成立的法人，包括有限责任公司、股份有限公司和其他企业法人等；非营利法人是为公益目的或者其他非营利目的成立，不向出资人、设立人或者会员分配所取得利润的法人，包括事业单位、社会团体、基金会、社会服务机构等；特别法人主要指机关法人、农村集体经济组织法人、城镇农村的合作经

济组织法人、基层群众性自治组织法人等。

非法人组织是不具有法人资格，但是能够依法以自己的名义从事民事活动的组织。非法人组织包括个人独资企业、合伙企业、不具有法人资格的专业服务机构等。

自然人供应商是一种特殊的供应商群体。《中华人民共和国民法典》规定，自然人从出生时起到死亡时止，具有民事权利能力，依法享有民事权利，承担民事义务。自然人从事工商业经营，经依法登记，为个体工商户。农村集体经济组织的成员，依法取得农村土地承包经营权，从事家庭承包经营的，为农村承包经营户。自然人作为社会的基本主体，同样具有提供采购人所需产品和服务的能力，因而也理所应当是政府采购的供应商。

2. 潜在供应商、投标（响应）供应商和成交供应商

在政府公开的采购活动中，根据供应商参加投标与否、中标与否，可将供应商分为潜在供应商、投标（响应）供应商、成交供应商。在政府采购中，采购人发布采购公告后，所有对采购感兴趣并有可能参加投标或响应的供应商，都被称为潜在供应商；响应采购人采购公告、购买采购文件、参加投标或响应的供应商，被称为投标（响应）供应商；经过开标、评标或评审中标的供应商，则被称为成交供应商，也可以称为中标供应商。

3. 国内供应商和国际供应商

根据供应商的国籍不同，可以将其分为国内供应商和国际供应商。与采购人同属一国的，是国内供应商；与采购人分属不同国籍的，称为国际供应商。《政府采购法》规定，政府采购支持采购国内产品，只有在一些特定情况下才能采购国外产品。因此，我国的政府采购将更多地面向国内供应商。

4. 单一供应商和联合体供应商

根据供应商参加政府采购的形式不同，可将其分为单一供应商和联合体供应商。单一供应商是指以自己的名义单独参加政府采购的供应商，联合体供应商则是指两个以上的供应商以联合体的形式参加政府采购。《政府采购法》明确规定，两个以上的法人、自然人或者其他组织可以组成供应商联合体，以一个供应商的身份一起参与政府采购活动。

（三）政府采购供应商的权利

政府采购供应商应该享有一系列正当、合法的权利，这些权利在参与政府采购的过程中必须得到充分的尊重和保障。供应商的权利主要包括：

1. 平等地取得政府采购供应商资格的权利

就我国目前的情况来看，任何具有合法经营资格的商家，只要符合《政府采购法》规定的政府采购供应商资格要求，就可以成为政府采购的潜在供应商，有权参与政府采

购竞争。通常情况下，为了保证政府采购的质量，政府采购管理机构或集中采购机构在政府采购活动开始前，要对供应商的资格进行审查。只有审查合格的供应商，才能参与政府采购竞争。需要指出的是，政府在进行供应商资格审查时，必须平等地对待供应商，不能设置特定的、歧视性的条件阻止供应商平等地取得合格供应商的资格。

2. 平等地获得政府采购信息

政府采购作为社会公共采购，供应商有权平等地获得政府采购的商业机会，而获得这种机会的前提是平等地获得政府采购信息。按照《政府采购法》的要求，采购人进行公开招标采购，必须在政府采购监督管理部门指定的媒体上公开发布政府采购信息，以使供应商能够及时、便利地掌握相关消息。

3. 自主、平等地参加政府采购的竞争

政府采购供应商，只要拥有合法的资格，便有权自主决定是否参与政府采购项目的竞争，任何单位或个人都不得干扰和阻止，不得通过与国家法律法规相违背的地方保护性条款和行政干预的方式，歧视和排挤供应商参与投标竞争。供应商有权根据采购人的要求，自主地决定投标报价和编制投标书，政府部门和其他社会组织及个人都无权干涉或阻挠。

如果是招标采购，供应商应有权在正式投标前，就招标文件的有关问题提出询问和质疑，特别是有权就招标文件中一些有歧视性或模棱两可、出现误导的内容提出问题，采购人或集中采购机构应该及时做出答复。招标文件发出后，如果内容有修改，供应商有权要求采购人或集中采购机构及时将修改后的内容予以通知。

4. 自主、平等地签订政府采购合同

供应商中标以后，有权根据招标文件的要求，自主地签订政府采购合同，并要求采购人或政府采购代理机构遵守承诺，严格履行合同。在采购人或政府采购代理机构变更或修改合同时，供应商有权要求就合同变更和修改进行协商，以维护自身正当的权益。同时，供应商在签订政府采购合同时，与采购人是平等的民事法律关系，而不是领导与被领导、管理与被管理的关系。采购人或者集中采购机构不得以管理者的身份凌驾于供应商之上，并以此侵犯供应商的正当、合法权益。

5. 供应商有权要求采购人或集中采购机构保守其商业机密

首先，供应商参与政府采购的市场竞争过程，需要接受采购人或集中采购机构的资格审查，投标过程中需要对一些内容做特殊说明，可能有一些内容涉及供应商的商业秘密，如果是采购方必须了解的内容，供应商有义务按照规定提供，但作为采购方，应该遵循供应商的正当要求，保守供应商的商业机密。其次，在谈判采购中，采购方是针对不同的供应商在进行谈判。在这个过程中，采购方对于供应商的谈判内容、谈判条件等，同样负有保密的义务和责任。

6. 有权监督政府采购依法公开、公正地进行

供应商是政府采购工作最有力的监督者，在政府采购监督方面，只有供应商积极参与了，政府采购的公开性、公正性和透明度才能得到真正的保障。供应商应该有权了解采购的方式、程序和步骤，有权了解招标、评标的内容、方法和过程，有权知道中标单位的名称、中标条件和签约内容，有权查阅政府采购的记录，有权关注中标企业的合同履约情况，有权检查和核实政府采购工作是否符合国家或地方政府采购的法规政策的要求。

7. 其他应享有的合法权益

除了上述权利以外，供应商还可以依法享有其他的一些权利，如可以拒绝采购人或者集中采购机构的各种乱收费行为，可以拒绝各种不当利益要求，等等。

（四）政府采购供应商的义务

政府采购供应商在参与政府采购活动的过程中，必须承担法律规定的义务。供应商的义务主要体现在以下方面：供应商必须遵守政府采购的各项法律法规，包括《政府采购法》以及国家及相关行业、各个地区的政府采购规章制度；按规定接受政府采购供应商资格审查，并在资格审查中客观真实地反映自身情况；在政府采购活动中，满足采购人或者集中采购机构的正当要求，如遵守采购程序，按要求填写投标文件并保证投标文件的内容真实可靠，遵守评标纪律，按招标人的要求对投标文件进行答疑；投标中标后，供应商应该按规定的程序与政府采购机构或采购人签订政府采购合同并严格履行，等等。

（五）供应商在政府采购活动中的常见问题及其相关责任

政府采购对供应商管理的重点，除必须维护供应商的正当、合法利益以外，就是要加强对供应商参与政府采购活动的监督与管理。供应商作为政府采购货物、工程和服务的提供者，其资格是否符合要求，其供应行为和所提供的功能与服务是否符合政府采购的要求，对这些问题的审查和监管，在实现政府采购科学化的过程中具有非常重要的意义。为了便于对供应商参与政府采购的不良行为进行预防和监控，这里特对供应商在政府采购活动中可能出现的问题进行列举和归类：

（1）提供虚假资格材料。在供应商资格审查中，虚报自身的技术、经济实力，提供虚假财务报告，误导资格审查人员和评委等。

（2）为达到不正当目的相互恶意串通。这种恶意串通包括：供应商与采购人或集中采购机构串通，由采购人或集中采购机构提出有利于特定供应商中标的要求；供应商之间相互串通，以不正当的手段排挤其他供应商。

（3）向采购人、集中采购机构及评委等相关人员行贿，以获取不正当利益。行贿行为最容易引发政府采购的不公正问题，导致采购低质量与低效率等严重问题。

（4）采取不正当手段妨碍、排挤其他供应商投标、中标。有些供应商为了达到不正当目的，或者利用领导权威，或者利用地缘优势，干扰其他供应商投标。

（5）投标截止期过后，中途无故撤销投标。供应商在递交投标文件以后，由于各种原因，如投标后发现如果中标可能会出现亏损等，决定中途撤销投标，这样做势必影响正常的投标秩序，因此，也是一种不正常行为。

（6）不遵守招标投标相关纪律。有些供应商，在政府采购活动中不遵守招标投标纪律，典型的如在评标现场无理取闹、破坏招标投标秩序等。

（7）中标后无故放弃合同。有些供应商虽然参加投标并最后中标，但中标以后，可能会因一些特殊原因，如担心此种条件签订合同会亏损，或者担心履行合同有困难，以及中标后与中标前自身情况发生了变化，因而拒绝签订合同。

（8）擅自中止、终止合同。供应商在签订合同以后，由于主观或客观上的原因不认真履行合同，或者中途停止合同，甚至彻底终止合同。

（9）擅自降低标的功能标准或改变功能结构。供应商在提供货物、工程和服务时，擅自降低原来规定的功能标准，改变功能结构，使政府采购原有的功能要求得不到保证。这种情况更多地发生在工程采购和较为复杂的货物采购方面。

（10）运用法定标准以下的材料。运用法定标准以下的材料，是采购领域最经常发生的问题之一。一种情况是运用合同规定标准以下的材料；另一种更糟糕的情况是，运用假冒伪劣材料，导致采购质量严重下降，甚至可能导致国家和人民财产的重大损失。我国曾经出现的一些较为严重的“豆腐渣工程”，大部分与使用伪劣材料有关。

（11）提供虚假的进度报告。政府对工程复杂或大型的货物采购项目，需要进行不断的跟踪监控，要求供应商定期、如实报告项目的进展情况，其中包括项目的质量、造价、与预计工期的比较等内容。如果供应商由于某些特殊原因或者出于某些特殊目的，做出不负责任的虚假报告，可能会给政府采购工作带来严重损失。

（12）拒绝有关部门的监督检查。对于在政府采购活动中供应商方面可能出现的违纪、违规问题，应该按照相关要求和标准进行处罚，并要重点加强管理与防范。目前《政府采购法》对于供应商的违纪、违规行为的处罚措施主要包括：罚款、没收非法所得、纳入供应商“黑名单”、禁止参加政府采购活动、吊销营业执照等，对构成犯罪的行为，还要依法追究刑事责任。

四、政府采购代理机构及其权利、义务和责任

政府采购代理机构，是指具备一定条件，依法拥有政府采购代理资格的组织。我国《政府采购法》所称采购代理机构，包括集中采购机构和集中采购机构以外的采购代理机构。《政府采购法实施条例》进一步规定，集中采购机构是设区的市级以上人民政府依法

设立的非营利事业法人，是代理集中采购项目的执行机构。集中采购机构应当根据采购人委托制定集中采购项目的实施方案，明确采购规程，组织政府采购活动，不得将集中采购项目转委托。集中采购机构以外的采购代理机构，是从事采购代理业务的社会中介机构。《政府采购法》规定，采购人采购纳入集中采购目录的政府采购项目，必须委托集中采购机构代理采购；采购未纳入集中采购目录的政府采购项目，可以自行采购，也可以委托集中采购机构在委托的范围内代理采购。并且规定，采购人可以委托集中采购机构以外的采购代理机构，在委托的范围内办理政府采购事宜。

采购代理机构肩负着政府巨额财政资金的采购任务，其工作状况和业绩如何，直接关系财政资金的使用效果和社会公众的实际利益，并最终关系政府采购制度建设的成败。

（一）政府采购代理机构的资格要求

我国《政府采购代理机构管理暂行办法》（财库〔2018〕2号）规定，代理机构代理政府采购业务，必须具备以下基本条件：

（1）具有独立承担民事责任的能力。

（2）建立完善的政府采购内部监督管理制度。

（3）拥有不少于5名熟悉政府采购法律法规，具备编制采购文件和组织采购活动等相应能力的专职从业人员。

（4）具备独立办公场所和代理政府采购业务所必需的办公条件。

（5）在自有场所组织评审工作的，应当具备必要的评审场地和录音录像等监控设备设施并符合省级人民政府规定的标准。

（二）政府采购代理机构的权利

在我国，政府采购代理机构的权利主要表现在：

（1）接受采购人的政府采购委托，承办政府采购项目的采购事宜。

（2）建立政府采购信息网络，收集和整理供应商、产品和服务信息，调查市场供求状况，为提高政府采购质量和效率奠定基础。同时，记录政府采购过程，不断总结采购经验。

（3）组织采购的各项具体工作，包括制定采购计划，按照国家法律规定选择采购方式，编制招标文件或谈判采购的文件，发布政府采购信息，组织开标、评标和定标。如果采取谈判方式进行采购，则应该负责组织谈判工作的具体实施。

（4）在特定情况下，可以接受采购人的委托，与供应商签订采购合同并监督合同的履行，代理采购人对采购结果进行验收。

（5）代理采购过程结束后，以法定的形式向社会公开采购结果，接受社会监督。同时，有责任及时将采购过程中的招标文件、采购过程记录、采购中标通知书、采购合同副本等以书面的形式上报政府采购监督管理机构。

（6）政府采购代理机构有权拒绝和防范任何单位和个人对采购过程的非法干预，有权向采购人收取法定的代理费用（如果是非营利性事业单位，以不营利为标准。如果是纯粹的社会中介机构，情况则有所差别）。

（7）对于采购人可以自行采购但想委托采购代理机构进行采购的项目，采购代理机构同样可以接受委托。如果法律没有明确禁止，采购代理机构有权为其他社会主体如企业、自然人等代理采购事宜。

（三）政府采购代理机构的义务与责任

政府采购代理机构作为一种特殊的利益主体，必须对采购人的委托负责，对自身的行为负责，最终表现为对社会公众负责。因此，实行科学的政府采购管理，必须明确政府采购代理机构的义务与责任，并严格按照各种规定认真予以执行。

从总体上看，政府采购代理机构的义务和责任，就是要遵守国家有关政府采购的各项法律法规，严格按照政府采购的法律和政策办事。就具体操作过程而言，其义务与责任表现为以下几个方面：

（1）凡是由政府出资设立的政府采购代理机构，都有义务接受政府采购人的委托代理采购事宜。不过，这里也存在一个特殊问题，因为《政府采购法》规定，采购人有权选择任何具有代理采购资格的采购机构，并规定任何单位和个人不得干预。此外，我国法律还规定，政府采购代理机构是非营利性的事业法人。

（2）采购代理机构应当与采购人一起根据政府采购政策、采购预算、采购需求编制采购文件。采购需求应当符合法律法规以及政府采购政策规定的技术、服务、安全等要求。政府向社会公众提供的公共服务项目，应当就确定采购需求征求社会公众的意见。除因技术复杂或者性质特殊，不能确定详细规格或者具体要求外，采购需求应当完整、明确。必要时，应当就确定采购需求征求相关供应商、专家的意见。

（3）政府采购代理机构在接受采购人的委托后，对于应该公开采购的项目，有义务在国家指定的统一媒体上公开发布采购信息，即便不是公开招标采购，如果供应商有兴趣了解采购项目，政府采购代理机构同样有义务将实际情况告知这些供应商。在供应商对采购程序、采购方式、招标文件的内容、评标标准情况等提出问题时，采购代理机构有义务在规定的权限内及时做出答复。

（4）按照《政府采购法》的规定，政府采购代理机构在进行政府采购活动时，应当遵守采购价低于市场平均价、采购效率更高、采购质量优良和服务优良的要求。

（5）采购代理机构不得以不正当手段获取政府采购代理业务，不得与采购人、供应商恶意串通操纵政府采购活动。采购代理机构工作人员不得接受采购人或者供应商组织的宴请、旅游或其他娱乐安排，不得收受礼品、现金、有价证券等，不得向采购人或者供应商报销应当由个人承担的费用。

（6）采购代理机构的活动必须接受社会各方面的监督。首先，采购代理机构必须接受政府采购监督管理部门的监管。所有具有政府采购代理资格的单位和机构，都需要接受政府采购监督管理部门的审查、监督和管理。政府采购监督管理部门有权对采购代理机构的业务进行培训和指导，对政府采购代理机构在采购过程中出现的问题进行调查、处罚和追究。其次，采购代理机构还应该接受国家审计部门、监察部门的监督、审查。此外，任何单位和个人都有权对采购代理机构的采购代理活动进行监督。

五、政府采购主管机构

《政府采购法》第十三条规定："各级人民政府财政部门是负责政府采购监督管理的部门，依法履行对政府采购活动的监督管理职责。"也就是说，我国政府采购的主管机构是财政部门。

（一）政府采购主管机构的设置

从整个政府采购的过程来看，第一，用于政府采购的资金来源于国库资金，属于国家的财政收入；第二，财政支出的过程必然涉及国家预算的安排，并应具体到每个部门自身的部门预算；第三，通过政府采购买到的产品必然形成国家的财产，因而对它们的管理又涉及国有资产管理问题；第四，形成需求的部门对其自身采购需求的管理必然与行政事业单位财务、支出管理政策有着密切的联系。因此，从整体上看，只有财政部门才能对整个采购过程所涉及的各个部门、各个流程和各种事务进行全面、有效的管理。所以，从目前世界各国的情况来看，民用产品政府采购的主管机构是各级财政部门。

各国在政府采购机构设置上一般实行一定程度的分级管理，如我国中央政府的采购工作由财政部进行管理，地方政府的采购工作由财政厅（局）管理。同时，一般各国主管机构还有个特别规定，即，国防部是军用产品采购或国防采购的主管机构。

（二）政府采购主管机构的主要职责

中央以下各级地方政府采购工作的主管机构是各级财政部门，主要负责本地区政府采购的管理和监督工作。中央政府采购主管部门与地方政府采购主管部门的关系是一种业务上的指导性关系。财政部门的职责是制定政府采购政策并对政府采购行为实施管理和监督，但不得参与和干涉政府采购中的具体商业活动，具体采购决策是采购单位的职责。

政府采购主管机构的主要职责有：

（1）拟订政府采购法律法规草案，制定政府采购政策和规章。在一个完整的政府采购活动过程中，不仅涉及各个政府部门，包括产生采购需求的部门、执行采购行为的部门和支付采购货款的部门，而且还会影响市场中的相应供应商，以及很多为政府采购提供服务的社会中介机构。因此，在市场经济下，每一项政府采购活动必然会影响这些相关主体各自的利益分配格局，这就需要出台相应的法律法规来规范政府采购行为，使由政府采购带来的利益分配格局更加合理。目前，实行政府采购制度的国家和地区，为了规范政府采购行为，健全政府采购运行机制，都制定了一系列有关政府采购的法规体系，如美国国会颁布的影响政府采购的法律法规就有数十部之多，包括《1996年克林格尔－科亨法案》《联邦采购合理化法案》《联邦采购条例》《联邦采购政策办公室法案》《小额采购业务法案》以及《美国产品购买法》等，美国的军事采购管理法规主要是《武装部队采购法》和《武装部队采购条例》。

（2）研究确定政府采购的中长期规划，最大限度地提高政府采购的宏观效益。一国的采购体系不是固定不变的，它是随着本国经济、政治、国际经济环境等因素的变化而不断发展的。目前适用的某种政府采购模式在将来不一定会继续适用，甚至有可能对经济发展起到反作用。因此，政府采购主管机构的第二个重要职责就是从客观上研究确定政府采购的中长期规划。这就要求主管机构不断根据本国国情以及国际形势的发展，对本国政府采购制度的发展有计划地做出安排，使其能够适用于已经变化了的宏观环境，从而使本国的政府采购体系发挥更大的作用。

（3）对政府采购活动进行管理和监督。当前，我国的政府采购过程中存在一些问题。其一，政府采购计划的编制和执行存在相当大的随意性；其二，政府采购制度在执行中被打了折扣，即存在执行不完全、覆盖面过小的问题；其三，个别人员对政府采购进行行政干预的现象仍然存在；其四，采购货物、工程和服务的质量难以得到保证。政府采购主管机构应当担负起管理和监督的职责，对采购在实践中遇到的问题及时做出处理，负责政府采购政策在基层采购机构的落实与执行。

（4）组织政府采购人员的培训。采购主管机构应灵活采用各种方式加强对政府采购人员的培训，这种培训可以分为两个部分：首先是对精通政府采购理论的高级人才的培养，这种人才培养的目标是获得大量能够从整体上把握政府采购制度建设规划、设计适用于本国政府采购模式的高级人才，这些高级人才是政府采购建设成败的关键；其次是采购工作实际操作人员的业务培训，如定期对采购人员进行主题培训，也可以让一部分政府工作人员参加企业的招标投标活动，以加深他们的感受和体会等。

（5）确定并调整集中采购目录和公开招标采购范围的限额标准。确定一个集中采购目录，规定一个集中采购的“门槛价”，在这个价格之上的所需物品才纳入集中采购的清单中，由专门的采购机构进行统一采购，其他零散的、价值较低的物品则由各单位分别自行采购。具体来说，主要有两条：第一，政府根据政治、经济、社会情况，认为有必要集中采购的货物、工程和服务可通过政府集中采购目录的方式进行确定。目前各国的采购目录一般包括：公务用车、大件办公设备、财产保险、车辆维修、会议接待、公共工程等。除了确定集中采购目录以外，政府采购主管机构还要确定公开招标采购范围的限额标准。第二，凡达到政府采购门槛价的货物、工程和服务，必须进行集中采购。政府采购的门槛价是指达到采购规模规定的金额。目前美国的门槛价是2.5万美元，新加坡是3万新元，我国目前还没有明确规定，各地在试点中确定的门槛价也各不相同。

（6）在社会范围内宣传政府采购知识，加强对供应商素质的培养。对于已经熟悉了旧的采购方式的供应商来说，适应新的采购方式需要一个过程，这同时也需要采购主管机构通过各种方式加强对供应商有关政府采购知识的培训，缩短供应商适应新制度的过程。比如，有些供应商不知道在参加投标前先要经过供应商资格预审程序，以至于到开标时才知道自己没有资格参加投标；有的供应商不了解招标过程中密封投标法的规矩，不知道密封投标只有一次报价机会，仍以为还有协商价格的余地，从而盲目报出偏高的价格，结果导致投标的失败。

（7）建立政府采购质疑和申诉机制。供应商质疑和申诉是采购活动中经常遇到的问题，如果这些问题得不到妥善的解决，不仅会影响采购活动的正常开展，还会影响政府的信誉，影响政府与供应商之间的关系。目前各国、各地区的做法差异很大。有的国家将这类机构设在财政部门，如新加坡、韩国等；有的国家由法院负责，如英国等；有的国家或地区另设独立机构，如澳大利亚的联邦政府调查委员会、日本的政府采购审查委员会、中国香港特别行政区的申诉管理委员会；有的国家由负责管理贸易申诉的行政法庭来负责，如加拿大国际贸易仲裁法庭设有一个秘书处，专门处理政府采购的调查申诉。

六、其他政府采购当事人

（一）政府采购仲裁机构

仲裁又称公断，是指双方当事人将其争议交付第三方居中评判是非并做出裁决，该裁决对双方当事人均具有拘束力的一种解决纠纷的方式。

实行政府采购后，在各方之间可能会产生某些纠纷，如采购机构与供应商、社会中介机构之间，供应商与采购主管机关、社会中介机构之间等。产生了矛盾和纠纷，除了选择复议、诉讼外，有的还可以申请仲裁。

政府采购仲裁机构的任务有：

（1）维护公民、法人和非法人组织的合法权益。政府采购仲裁机构通过行使仲裁权，查明事实、分清是非，正确使用法律，及时、公正地解决政府采购活动中的经济纠纷，维护广大公民和组织的合法权益。

（2）促进社会主义市场经济的健康发展。市场经济作为一种法治经济，就是要通过法律手段来规范市场机制，规范市场主体的一切行为，赋予市场主体一种保护自己合法权益的权利。及时、正确解决政府采购活动中的经济纠纷，可以保证社会经济秩序的稳定和国家职能的正常运转，促进社会主义市场经济的健康发展。

（3）确保政府的信誉。政府采购仲裁机构的设立与运作，与监察、司法、社会中介组织共同参与采购活动，形成直接监督、行政监督、司法监督、仲裁监督的全方位监督体系，能够较好地保证政府采购公开、公平、公正的原则和要求，有利于提高采购活动的透明度，维护政府的信誉。

（二）律师事务所

律师事务所是司法行政机关依法核准设立的律师执业机构。律师事务所的根本任务是依法维护当事人的合法权益，维护国家法律的正确实施，促进国家的经济建设，维护社会的安定。律师事务所的组织形式有国家出资设立的律师事务所，即司法行政机关根据国家需要设立的，以其全部资产承担法律责任的律师事务所；合作律师事务所，即由律师自愿组合，共同参与，财产由合作人共有的律师事务所；合伙律师事务所，即律师依照法律和合伙协议的规定共同出资设立的，财产归合伙人律师所有，责任由合伙人律师承担的律师事务所。

律师事务所是从事律师业务的组织，是我国法律服务业的执业主体之一。与其他法律服务机构如公证处、法律咨询机构等相比，律师事务所是律师的工作机构。律师事务所作为政府采购的中介机构，在政府采购中所发挥的作用主要是通过律师在政府采购招标投标中所发挥的作用来实现的。当然，律师事务所在由政府采购事务争议引起的诉讼、仲裁等事项中也起着重要的作用。

（三）公证机关

公证是指国家专门设立的公证机构根据法律的规定和当事人的申请，按照法定的程序证明法律行为、有法律意义的事实和文书的真实性、合法性的非诉讼活动。《中华人民共和国公证暂行条例》规定："公证是国家公证机关根据当事人的申请，依法证明法律行为、有法律意义的文书和事实的真实性、合法性，以保护公共财产，保护公民身份上、财产上的权利和合法利益。"

公证制度是国家为保证法律的正确实施，稳定社会经济、民事流转秩序，保护公民、法人和非法人组织的合法权益而设立的一种预防性的司法证明制度。我国的司法制度从各个不同的角度来保护当事人的合法权益，维护社会主义民主与法治。其主要方法有两种：一种是诉讼，另一种是非诉讼。公证制度的宗旨是通过公证机构的司法证明活动，预防纠纷，制止违法行为，减少诉讼，为社会提供法律服务、法律监督和法律保障。通过公证活动可以消除纠纷隐患，平衡当事人之间的利害冲突，防患于未然，保障国家法律的正确实施，对于稳定社会经济秩序，促进社会安定团结，维护社会主义民主与法治，息讼止纷，保护当事人的合法权益，推动社会主义市场经济的发展具有重要作用。

（四）会计师事务所

会计师事务所作为政府采购的中介机构，在政府采购中所发挥的作用主要是通过注册会计师审计来实现的。

在政府采购活动中，对政府部门的经济活动有时须采用政府审计，然而政府审计与注册会计师审计二者之间不能相互替代。虽然相对于审计客体而言，政府审计和注册会计师审计均是外部审计，都具有较强的独立性，但二者在许多方面存在区别。注册会计师审计又称独立审计或民间审计，它是随着商品经济的发展，由于经营权与所有权的分离及资本市场的形成应运而生的，是商品经济发展到一定阶段的产物，是商品经济条件下社会经济监督机制的主要表现形式。最初的政府审计是随着国家管理事务中经济责任关系的形成，为了促使经济责任的严格履行而产生的。现代意义上的政府审计是指各级政府机构和官员在受托管理属于全民所有的公共资金和资源的同时，还要受到严格的经济责任制度的约束。这种约束方式就表现为政府审计机关对受托管理者的经济责任进行监督。

从法律上讲，政府审计机关和注册会计师审计组织在各自的法定职责范围内开展工作。政府审计机关依照审计法规定的职责对各级政府及其部门的财政收支，国有金融机构及企事业单位的财务收支，以及国家建设项目、外国援助贷款项目和各种社会保障基金进行审计监督；注册会计师审计组织依照《中华人民共和国注册会计师法》和其他法律及行政法规的规定来承办审计事项。

本章小结

1．政府采购制度规范的范围，是指政府采购法律发挥效力的范围，包括主体范围、资金范围、对象范围、集中程度范围、财政支出范围和空间范围等。

2．政府采购的主体范围，是指政府采购法律应规范哪些社会主体的采购活动。《政府采购法》规定，政府采购的主体主要指国家机关、事业单位、社会团体。国家机关是指各级党务机关、政府机关、人大常委会机关、政协机关等；事业单位是指依法设立的履行公共事业发展职能的机构和单位；社会团体是指依法设立的由财政供养的从事公共社会活动的团体组织。《招标投标法》规范的主体则无限制，招标人是依照本法规定提出招标项目、进行招标的法人或者其他组织，包括政府部门、私人企业以及其他非法人组织等。

3．政府采购资金是指采购机关获取货物、工程和服务时支付的资金，按照《政府采购法》的规定，政府采购资金只能是“财政性资金”。

4．《政府采购法实施条例》规定，财政性资金是指纳入预算管理的资金。

而根据2014年颁布的修订后的《预算法》，预算包括一般公共预算、政府性基金预算、国有资本经营预算、社会保险基金预算。也就是说，凡是使用这“四本”预算资金的采购均属于财政性资金，应纳入政府采购的范畴。并且，《政府采购法实施条例》还规定了“视同财政性资金”的两种情况：一是以财政性资金作为还款来源的借贷资金，视同财政性资金。二是国家机关、事业单位和团体组织的采购项目既使用财政性资金又使用非财政性资金的，使用财政性资金采购的部分，适用政府采购；财政性资金与非财政性资金无法分割采购的，统一视同财政性资金，适用政府采购。

5. 为了便于管理和统计，国际上通行的做法是按其性质将采购内容分为三大类：货物、工程和服务。

6. 一般实行政府采购制度的国家都采取集中采购和分散采购相结合的模式，并且会规定政府集中采购的条件，这也决定了政府采购的集中程度范围。对于政府采购集中和分散范围的处理，各国通常有两种方式：一是实行集中采购目录制，二是实行政府采购限额标准制度。

7. 财政支出可划分为购买性支出和转移性支出两大类。购买性支出一般都应纳入政府采购的范围。转移性支出是政府与市场主体间财政资金的转移，该项资金本级政府没有消费和使用权，在拨付时不进行政府采购。

8. 政府采购制度规范的空间范围，只限于在中华人民共和国境内进行的政府采购行为。政府采购机构或其他政府采购人，在我国境外进行的采购活动，不在我国政府采购法律规范约束的范围之内；在我国境内发生的资金来源于国际组织的政府采购行为，当部门有特殊要求时，政府采购必须优先遵从其规定。《招标投标法》规定，使用国际组织或者外国政府贷款、援助资金的项目进行招标，贷款方、资金提供方对招标投标的具体条件和程序有不同规定的，可以适用其规定，但违背中华人民共和国的社会公共利益的除外。

9. 政府采购当事人是指在政府采购活动中享有权利和承担义务的各类主体，包括采购人、供应商和采购代理机构等。从我国政府采购的实践看，政府采购的主体包括：采购人、供应商、政府采购管理机关、政府采购代理机构、其他社会中介机构等。

10. 政府采购当事人中的采购人，是指使用财政性资金，对在政府采购法律所规定的集中采购目录以内或者集中采购限额标准以上的工程、货物和服务进行采购的单位，主要包括国家机关、事业单位及团体组织。

11. 供应商是政府采购的另一重要当事人，是政府采购的贸易伙伴，承担着向采购人提供采购对象的重要责任。供应商向采购人提供的采购对象具体包括货物、工程、服务等项目。《政府采购法》规定，供应商是指向采购人提供货物、工程或者服务的法人、其他组织或者自然人。

12. 政府采购代理机构，是指具备一定条件，依法拥有政府采购代理资格的组织。我国《政府采购法》所称采购代理机构，包括集中采购机构和集中采购机构以外的采购代理机构。其中，集中采购机构是指设区的市级以上人民政府依法设立的非营利事业法人，是代理集中采购项目的执行机构。集中采购机构应当根据采购人委托制定集中采购项目的实施方案，明确采购规程，组织政府采购活动，不得将集中采购项目转委托。集中采购机构以外的采购代理机构，是从事采购代理业务的社会中介机构。

13. 采购人采购纳入集中采购目录的政府采购项目，必须委托集中采购机构代理采购；采购未纳入集中采购目录的政府采购项目，可以自行采购，也可以委托集中采购机构在委托的范围内代理采购。纳入政府采购目录和政府采购限额标准以上的采购，应该由采购代理机构实施。采购人可以委托集中采购机构以外的采购代理机构，在委托的范围内办理政府采购事宜。

14. 根据《政府采购法》的规定，我国政府采购的主管机构是财政部门，其负责全国政府采购的管理和监督工作。中央以下各级地方政府采购工作的主管机构是各级财政部门，主要负责本地区政府采购的管理和监督工作。

思考题

1. 何谓政府采购制度规范的范围？包括哪些内容？各自具有哪些含义？

2. 何谓政府采购的采购人？采购人具有哪些特征？享有哪些权利？承担哪些义务和责任？

3. 何谓政府采购的供应商？如何分类？供应商享有哪些权利？承担哪些义务和责任？在政府采购活动中会经常出现哪些问题？

4. 何谓政府采购代理机构？包括哪些类别？代理机构享有哪些权利？承担哪些义务和责任？

5. 何谓政府采购主管机构？其具有哪些职责？

6. 政府采购其他当事人还包括哪些？

课外阅读材料

1. 马海涛，徐焕东，李燕，崔军. 政府采购管理. 北京：经济科学出版社，2003. 第三章.

2. 马海涛，陈福超，李学考. 政府采购手册. 北京：民主与建设出版社，

2002. 第 1.5，4.2，4.3，4.4 节 .

3. 马海涛，姜爱华 . 我国政府采购制度研究 . 北京：北京大学出版社，2007:6–7.

4. 苏明 . 政府采购 . 北京：中国财政经济出版社，2003. 第二章第二节 .

5. 孟春 . 政府采购：理论与实践 . 北京：经济科学出版社，2001. 第一章 .

即测即评

扫描二维码，进行本章在线测试。

第五章

政府采购预算与采购需求管理

进行政府采购预算管理，对保证采购单位事业发展计划和行政任务的完成，对财政预算的顺利执行及政府采购事业的发展都有十分重要的意义。政府采购计划是对政府采购预算的执行实施管理的一种方式。政府采购需求管理与政府采购意向公开都是深化政府采购制度改革的重要举措，无论是对于供应商做好参与政府采购活动的准备，还是对于政府提升采购绩效都具有重要意义。

第一节　政府采购预算

一、政府采购预算的内涵

政府采购预算是指采购单位根据事业发展计划和行政任务编制并经过规定程序批准的年度政府采购计划。政府采购预算是行政事业单位财务预算的重要组成部分，它一般包括采购项目、采购资金来源、数量、型号、单价、采购项目截止时间等。与之对应的政府采购预算管理就是国家依据法律法规对政府采购预算资金的筹集、分配、使用所进行的计划、领导、组织、控制、协调、监督等活动。政府采购预算集中反映了预算年度内各级政府用于政府采购的支出计划，在一定程度上反映了行政事业单位的资金收支规模、业务活动范围和方向。

政府采购预算是部门预算财政支出总预算的有机组成部分，《政府采购法》规定，负有编制部门预算职责的部门在编制下一财政年度部门预算时，应当将该财政年度政府采购的项目及资金预算列出。

二、政府采购预算的编制

（一）政府采购预算编制的意义

编制政府采购预算，加强了对专项资金的管理，细化了支出管理，消除了分散采购中的一些弊端，促进了廉政建设。其意义主要表现在以下三个方面：

（1）加强了财政部门对专项资金的管理力度。以前，财政部门只偏重经费的测算和分配，编制政府采购预算后，对资金的具体使用全过程可以进行跟踪监督。

（2）提高了采购资金的使用效率。长期以来，我国对财政支出使用的监管不够，经常发生采购单位截留、挪用采购资金的行为，无预算采购、重复采购、盲目采购、超标准采购等现象也时有发生，导致政府确定的目标难以实现，采购质量得不到保证，采购资金的使用效率低下，还容易滋生腐败。通过实行政府采购预算管理，推进政府采购预算公开，强化预算硬约束，在规定金额内根据预算内容采购，确保了采购项目按规定用途使用，提高了财政资金的透明度和使用效率。

（3）健全了财政职能，细化了支出管理。过去财政部门重视专项资金的分配环节，而对消费环节的监督检查不够。通过编制政府采购预算，细化预算，强化约束，财政部门不再层层下拨经费到预算单位，而是直接拨付到供货商和收费部门，使财政支出管理向消费延伸，财政部门对支出全过程的管理成为现实。

（二）政府采购预算编制的原则

1．法制性原则

部门预算中编制的政府采购预算项目要符合《预算法》《政府采购法》及相关的国家法律法规，充分体现国家的有关方针、政策，在法律赋予部门的职能范围内所编制的政府采购项目要符合财政宏观调控的目标，遵守现行的各项财务、规章制度，要符合本部门的事业发展计划、职责和任务，预算年度购买支出增减要充分体现与国民经济和社会发展的一致性，要与经济增长速度相匹配。在编制政府采购预算时，要按照国家统一设置的预算表格、统一的口径、统一的程序及统一的计算方法填列有关数字指标。

2．真实性原则

政府购买规模的测算必须运用科学、合理的方法，力求数据的真实、准确，购买支出要按规定的标准，结合近几年的实际购买情况进行测算，不能随意虚增支出。各项购买支出要符合部门的实际情况，测算时要有真实、可靠的依据，不能凭主观印象或人为提高购买标准。单位在安排政府采购预算项目时，要精打细算，不要盲目追求“超前”，贪大求洋，应在满足工作需要的前提下，适当超前，也要避免因不考虑发展而导致项目刚投入使用时即落后，造成浪费。单位在编制政府采购预算时，必须将单位取得的财政拨款和其他各项收入以及各项支出形成的政府采购，完整、全面地反映在单位预算中，不得在预算之外另留收支项目。

3．稳妥性原则

政府采购预算的编制要做到稳妥、可靠、量入为出、收支平衡。要先保证基本工资、离退休费和日常办公经费等基本支出，再考虑福利、改善办公条件等更高层次的支出。政府采购预算和财务预算一样，一经批准，便要严格执行，一般不能调整。因此，单位在编制政府采购预算时，既要把根据事业发展需要应该采购的项目考虑好，还应该注意政府采购资金的来源是否可靠、有无保证，不能预留缺口。

4. 政策性原则

各项事业发展计划和行政任务是国民经济和社会发展总体规划的重要组成部分，因此，作为行政事业单位财务管理的重要内容之一，政府采购预算的编制必须体现国家有关方针、政策。单位在编制政府采购预算过程中，应当以国家有关方针、政策和各项财务制度为依据，根据完成事业发展计划和行政工作任务的需要，正确处理需要与可能的矛盾，保证重点、兼顾一般，实事求是地编制预算。

（三）政府采购预算编制的内容

政府采购预算编制的内容一般包括采购项目、采购资金来源、数量、型号、单价和总估算价格、采购项目截止时间等。在做政府采购预算编制时，应做好以下工作。

1. 需求确定

政府机关、事业单位、团体组织编制政府采购预算的一个重要内容，就是根据各单位履行职责的需要、准确确定单位采购的功能需求，具体包括单位的职能、任务定位，为完成这些任务所需的货物、工程或服务，所需要商品的种类、数量、技术规格、需要的时间等。在确定需求的过程中，要求各部门准确确定必要功能，保障履行职能的需要，同时尽可能地剔除不必要功能，减少不必要的开支并避免浪费。

2. 采购项目

政府采购项目按当年财政部门公布的政府采购目录进行编制。政府采购目录是政府采购中需要重点管理的货物、工程和服务的归集，是预算单位编制年度政府采购计划的依据。具体分类如下：

（1）货物类。一般包括计算机、复印机等办公机具，科研、教学、医疗用仪器设备，公检法等执法监督部门配备的通用设备和统一制装，办公家具，交通工具，锅炉用煤等。

（2）工程类。一般包括基建工程、修缮项目、财政投资工程项目中由建设单位负责采购的大宗材料，如钢材、铝材、木材、水泥等，以及主要设备，如空调、电梯、消防、电控设备等。

（3）服务类。一般包括会议、公务接待、车辆维修、加油、大宗印刷、机票订购等项目。服务类项目一般实行统一定点采购。

3. 采购估价

所谓采购估价，就是对所需的货物、工程或服务进行的价格估计。采购估价需要处理好定价依据问题，一是以现时市场零售价格为基准进行估价，使产品价格保持在社会零售价格的平均水平上，这种估价方法会显示出较大的节约成果，但不利于对采购人在采购中形成降低成本的压力。二是以产品批发价格为估价依据，这主要是出于委托采购有较大批量的考虑，这种估价能使预计的采购价格更容易接近实际发生的采购价格。同时，在估价中，要努力做到不要过高，也不要过低，要做好市场调查，尽可能切合实际，面对瞬息万变的市场价格要尽可能有所预计，建立和完善应对价格变化可以调整的预算机制。

4. 数量、型号

这是指各采购项目的计划采购量和配置标准。

5. 资金来源

政府采购本质上是政府的一种购买性支出，理应遵循市场等价交换原则，采购单位在采购货物、工程和服务时要支付给供应商对等的酬金或价格。政府采购的资金来源为“财政性资金”，是纳入预算管理的资金，包括一般公共预算收入、政府性基金预算收入、国有资本经营预算收入和社会保险基金预算收入。具体到采购人的政府采购项目，一般其资金来源包括财政拨款收入和非财政拨款收入（如事业收入、事业单位经营收入等）。

6. 投入使用或开工时间

政府采购的基本方式是公开招标，投入使用或开工时间是政府采购项目通过招标或其他方式获取货物、接受服务和工程的开工时间。

（四）政府采购预算编制的流程

政府采购预算的编制依托部门预算实行“二上二下”的基本流程。

1. 中央部门政府采购预算编制总流程

中央部门政府采购预算编制总流程如图 5-1 所示。

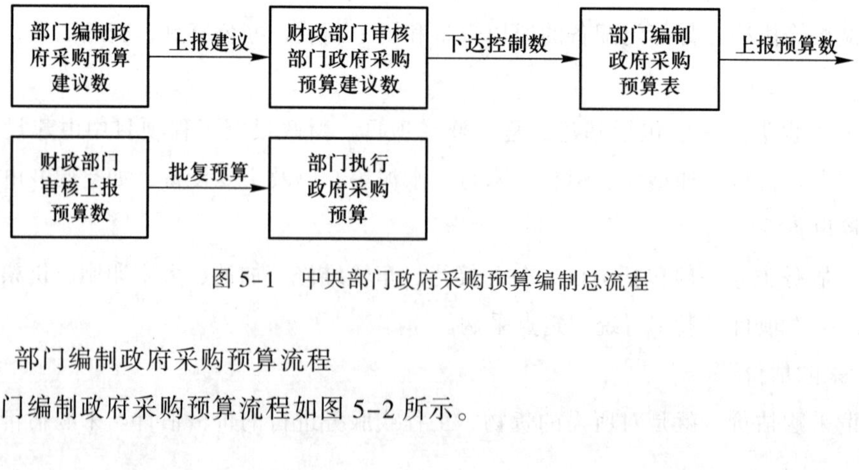

图 5-1 中央部门政府采购预算编制总流程

2. 部门编制政府采购预算流程

部门编制政府采购预算流程如图 5-2 所示。

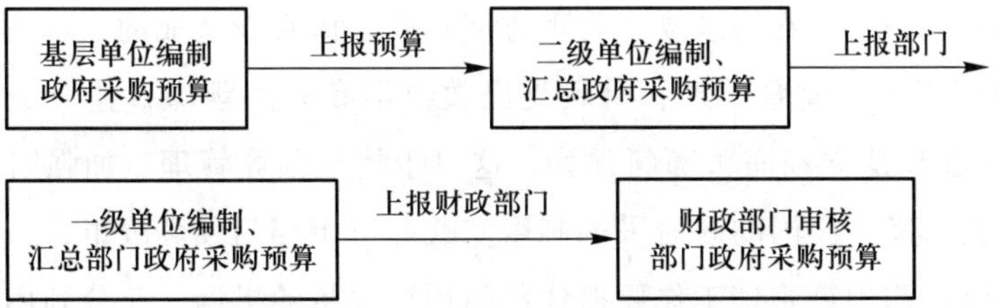

图 5-2　部门编制政府采购预算流程

3. 财政部审核上报政府采购预算流程

财政部审核上报政府采购预算的流程如图 5-3 所示。

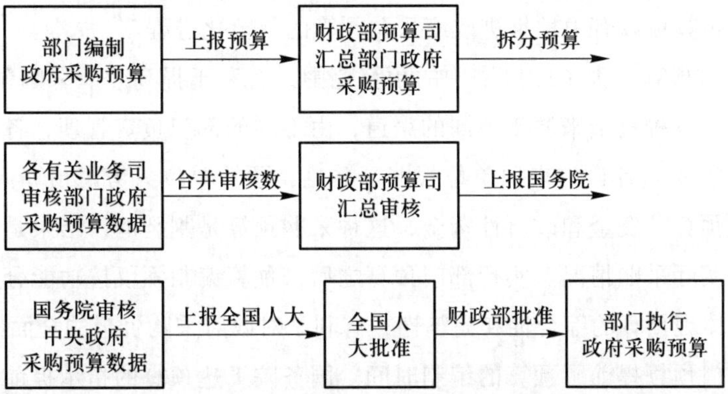

图 5-3　财政部审核上报政府采购预算流程

4. 财政部批复预算程序

财政部批复预算的程序如图 5-4 所示。

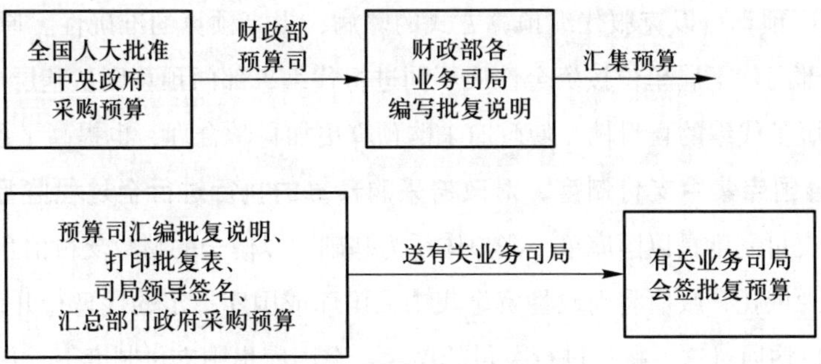

图 5-4　财政部批复预算程序

三、政府采购预算的配套改革

（一）大力推进和完善部门预算，促进政府采购预算的规范化

1994 年我国实行分税制改革后，初步理顺了中央和地方的分配关系，增强了中央

财政的宏观调控能力，但在财政支出管理方面，原有体系所造成的预算体系不够统一和规范、预算约束不力、监管不严、财政支出效益不高等问题却日益突出。为此，我国从 2000 年开始逐步建立和完善部门预算，这对于规范预算管理、加强财政监督、实现依法理财有重大意义。我国的政府采购制度实践稍早于部门预算改革，二者的开展基本是同步的。政府采购预算管理工作要抓住部门预算改革的机遇，充分利用部门预算改革的成果，来促进政府采购事业的规范、健康发展。部门预算改革也要把政府采购预算管理列为一项重要内容，为政府采购的发展提供条件。具体操作上，目前情况下可以依托部门预算编制独立的政府采购预算。部门预算是公共预算编制的主要体系，也是市场经济国家普遍采用的预算编制方法，由各部门编制，经财政部门审核后报立法机关审议通过。实行部门预算可以有力地推进政府采购预算的规范化进程。

首先，部门预算扩大了政府采购的预算范围，有利于提高政府采购预算的综合性。以往一个部门的各种资金来源于不同的渠道，由不同的部门负责管理，各项经费有不同的既定用途，需要向各自的来源单位报账。并且，预算单位只考虑预算内的收支情况，基本上不考虑预算外资金和政府性资金，这种采购预算是割裂的，结果是没有一个部门掌握其完整的实际采购情况。实行部门预算之后，预算编制不仅按功能分类，还按部门分类，有利于体现预算的综合性和完整性，有利于对政府采购资金的全面监控。

其次，部门预算提前了预算的编制时间。国务院下达预算的指示提前到 9 月初，比原先提前了大约 2 个月，同时，下达预算控制的时间改在每年的全国人民代表大会之前，比原先提前了大约 3 个月，财政部在《预算法》规定的时间内批复预算，提前了 3~5 个月。这样就给政府采购预算留出了比较充裕的时间进行论证和组织，有利于提高政府采购预算的科学性和可行性。

最后，部门预算可以克服代编预算方式的弊病，提高预算的准确性。原先的预算编制方式是由主管部门代下属单位按资金性质不同进行代编，部门预算则从基层单位逐级编制、逐级汇总，克服了代编的盲目性，使政府采购预算更加科学合理，也提高了预算管理水平。

（二）完善国库集中支付制度，对政府采购预算的执行进行全过程监督

国库集中支付制度是以国库单一账户体系为基础，以健全的财政支付信息系统和银行间实时清算系统为依托，政府将财政性资金集中在国库或国库指定的代理行开设账户，同时，所有的财政支付均通过这一账户进行拨付的制度。在国库集中支付制度下，从预算分配到资金拨付、资金使用、银行清算，直至资金抵达商品供应商和劳务提供者账户实施全过程监控。由财政部在中央银行设立一个统一的账户，各预算单位资金统一在该账户下集中管理，预算资金不再拨付给预算单位分散保存，各预算单位可以根据自身履行职能的需要，由主管部门选择合适的采购方式进行政府采购，但支付款项要由财政部门执行。这会对政府采购预算的执行进行全方位、全过程的监督，为政府采购成为真正的“阳光工程”保驾护航。目前，国库集中支付制度服务于政府采购，要做好以下工作：

（1）设立单一账户。政府采购资金收支都由设在国库或国库指定代理银行的账户反映，各单位和部门的政府采购资金支付都在这个单一账户下单独运作，政府采购支出一旦发生，采购资金由国库单一账户直接拨付给供应商，不存在层层转拨、多个环节转账的问题。

（2）实行两个分离。一是政府采购资金与业务经费分离，预算单位人员工资由财政直达个人账户，由国库集中支付；二是预算编制与预算执行分离，预算部门只负责编制政府采购预算，不参与政府采购预算执行，政府采购代理机构负责具体货物、工程和服务的采购。

（3）强化三个控制。一是强化预算控制，在政府采购预算执行中，严格按政府采购审查批准的预算实施，无特殊情况，不得变更采购项目；二是强化资金使用控制，采购项目按规定程序规范运作，对采购资金的拨付、使用、清算进行全过程监控；三是强化项目控制，严格控制采购项目的支付进度，在采购项目决算经财政部门审计确认前，付款进度不得超过合同额的一定比例。

在国库集中支付制度下，政府采购资金的支付模式有两种：一是财政直接支付。由预算单位通过主管部门向财政部门提出部门预算申请和采购计划，财政部门批复部门预算和采购计划，并通知预算单位和财政部门向执行机构支付。预算单位执行机构根据批复的预算和用款计划及相关要求对支付申请审核无误后向代理银行发出支付令，通过代理银行进入全国银行清算系统实时清算，财政资金从国库单一账户划拨到收款人的银行账户。二是财政授权支付程序。预算单位依照批准的部门预算和资金使用计划，向财政支付执行机构申请月度用款限额，财政支付执行机构将批准后的限额通知代理银行和预算单位，预算单位在月度限额内，自行开具支付令，通过代理银行向收款人付款，并与国库单一账户清算。

（三）依托政府财政管理信息系统，提高政府采购预算管理水平

政府采购预算的编制、执行、审计直至最后的决算，需要处理的数据量非常大，各种项目也非常繁杂，如果没有一个以强大的计算机为基础的信息系统支持，就不会有高水平的政府采购预算，政府采购预算管理的高水平也无从说起。目前，信息科学技术的发展日新月异，各国政府也都在加强信息基础设施建设工作，政府采购预算管理也要依托于整个政府预算乃至财政改革中的信息化建设，提高政府采购预算管理的水平。我国当前正在大力推进预算一体化建设，政府采购嵌入预算一体化管理，必将大幅提升政府采购预算管理水平。

（四）推进权责发生制的预算会计改革，改善政府经济政策的持续能力

收付实现制预算在收到和付出现金的同时记录收入与开支，不考虑政府行为何时实现收入、耗费资源或增加负债。权责发生制预算在政府行为实现收入、耗费资源和增加负债的期间记录交易，不考虑与之相关的现金是否已收到或已付出。收付实现制政府会计和预算曾经是世界各国的传统做法，自 20 世纪 90 年代以来，采用权责发生制政府会计和预算已经成为许多国家正在进行的公共财政管理改革的重要内容之一。这一改革对加强政府财务和预算信息的全面性及透明度，提高公共部门的运行效率，改善政府经济政策的持续能力都有重要的促进作用。尤其是在实行政府采购和国库集中支付制度以后，出现采购环节和拨款环节相分离，由于政府采购货物的验收、项目的实施与货款的支付需要经过较长时间，如果按照收付实现制会计处理，在采购和支付跨年度时，对预算单位来说，会出现比较严重的账实不符，不能真实反映预算单位的经济业务，对财政部门来说会出现预算支出信息不能如实、完整地反映政府实际支出活动的问题。所以，为配合包括政府采购制度改革在内的财政改革，政府预算会计的改革也要配套进行，要对现行的预算会计进行必要的改进，调整现有会计制度。要根据当前部门预算编制、国库集中支付制度、政府采购制度改革的需要，相应调整会计核算流程、会计账务处理方法以及有关规定，及时制定与国库集中支付制度、政府采购制度改革相适应的会计账务处理方法，在部分事项中采用权责发生制等，保证当前会计工作和预算管理改革协调一致，顺畅进行。

第二节 政府采购计划

一、政府采购计划的含义

政府采购计划是财政部门对政府采购预算的执行实施管理的一种方式。政府采购计划对列入政府采购预算中的采购项目，在采购组织实施形式、采购方式、政府采购资金实行财政直接拨付范围、政府采购预算的补报及政府采购项目的调整程序等方面做出具体规定，目的是指导政府采购预算的执行。政府采购计划下发各部门执行，同时抄送监察、审计等有关对政府采购活动负有监督管理职责的部门。编制政府采购预算和制定政府采购计划，增强了采购活动的计划性和监督管理的针对性。

二、政府采购计划编制的意义

政府采购计划是实施政府采购的依据之一，对加强政府采购管理、规范公共部门政府采购行为、保证政府采购顺利实施具有重要意义。

（一）编制政府采购计划是实现政府采购目标的要求

政府采购要围绕着一定的目标和任务进行，政府采购计划是政府采购目标和任务的具体化。由于政府采购所涉及的范围广、内容多，通过编制政府采购计划，不仅规定了一定时期政府采购实施的范围和规模，也给各政府采购主体制定具体的工作计划提供了量化指标，提高了政府采购过程的透明度，为最大限度地实现政府采购目标提供了保障。

（二）政府采购计划为政府采购规范化、科学化管理奠定了基础

政府采购计划是根据一定时期政府采购的方针、政策，结合本地实际情况制定的，是实事求是、按客观规律办事的计划。计划一经制定，必须严格按计划办事，不得随意更改。编制和执行政府采购计划是实施政府采购管理的一个重要手段，有利于规范政府采购各利益主体的行为，克服采购的随意性和盲目性。

（三）编制、执行政府采购计划是实施政府采购的中心环节

在实施政府采购的过程中，政府采购信息的收集、供应商和社会中介机构的资格审查、政府采购方式的确定以及政府采购的检查监督等，都要围绕着计划的正确编制和执行来进行。实施政府采购，实际上就是通过科学地制定政府采购计划，把政府采购的目标和任务具体落实到计划上，通过组织、控制、监督、检查等手段保证计划的实现。所以，政府采购只有抓住计划这个中心环节，才能高屋建瓴，收到良好的效果。

（四）政府采购计划是细化财政预算管理的基础

目前，财政工作正由计划经济体制向市场经济体制转变，由粗放型管理方式向集约型管理方式转变，要求进一步细化预算编制，加强支出管理。细化预算编制需要定员、定额的标准和工程、货物、服务的单价，编制政府采购计划则有助于这些工作的完成，是细化预算的基础。

三、政府采购计划的编制程序和内容

（一）政府采购计划的编制程序

政府采购计划的编制程序，一般采取自上而下和自下而上相结合的方式汇编。

首先，由政府采购管理机关编制年度的政府采购目录，并根据政府采购目录制定统一的政府采购计划表下发给各政府采购单位的主管部门，再由主管部门根据行业特点及实际情况，提出实施政府采购的年度方案及具体要求，由各政府采购单位填报年度购置计划上报主管部门。

其次，由主管部门将各政府采购单位的购置计划进行审核汇总上报政府采购管理机关。

最后，由政府采购管理机关根据本级财政部门下达的政府采购预算及实际情况，汇总编制本地区的政府采购计划草案，并按规定编写计划编制的文字说明材料。计划草案要报财政部门审查，并与财政部门的预算草案送同级人民代表大会审查和批准。

（二）政府采购计划的内容

政府采购计划的内容包括年度实施政府采购的项目、资金来源、资金预算等。

1. 政府采购计划的组成

按采购计划的方式，政府采购计划由集中政府采购计划和分散政府采购计划两部分组成。

集中政府采购计划是指货物、工程或服务的政府采购项目单位价值或当年累计价值达到规定限额标准以上的，应当由政府采购经办机构实施集中政府采购的政府采购计划部分。限额标准的制定一般按财权和事权相统一的原则由同级人民政府制定。其中，批量集中采购是指对一些通用性强、技术规格统一、便于归集的政府采购品目，由采购人按规定标准归集采购需求后交由政府集中采购机构统一组织实施。中央预算单位应当加强对批量集中采购工作的计划安排，协调处理好采购周期、采购数量与品目配备时限的关系。应当认真组织填报批量集中采购计划，保证品目名称、配置标准、采购数量、配送地点和最终用户联系方式等内容的准确完整。

分散政府采购计划是指货物、工程或服务的政府采购项目单位价值或当年累计价值未达到规定限额标准的，应当由各公共部门自行实施政府采购的政府采购计划部分。低于集中政府采购限额标准的政府采购项目，均应纳入分散政府采购计划之中。

2．政府采购计划的编制

政府采购计划的编制一般通过填制政府采购计划表及填报说明来表现。政府采购计划表是各采购项目和采购资金的具体表现形式，一般包括总表和明细表两种。

政府采购资金总表，指反映各采购单位年度内用于政府采购的预算内资金、预算外资金及其他资金情况的报表。

政府采购明细表，指用来反映年度单位采购资金具体采购项目的报表，包括工程建设、设备购置、车辆购置、投保、维修、日常办公用品、其他商品等。

要把采购单位的各项采购要求及采购资金预算客观、实际、系统地编入各种政府采购计划表格之中。首先，要熟悉各种表格的填列依据，只有按照统一的表格要求编制的购置计划，才能使各级政府采购管理机构统一汇总；其次，要编写详细的填表说明。

四、政府采购计划的审查和批准

（一）政府采购计划的审查

政府采购计划的审查，是为了保证计划的质量，提高计划的水平，保障政府采购的顺利实施。因此，政府采购计划草案编制完成后，财政部门要组织对口支出管理处进行认真审核。其主要内容有：

（1）项目审核。根据经济发展的方针政策及政府采购单位的工作任务，参照有关配套标准，确定政府采购项目是否需要及必要，也就是审核每项商品的政府采购依据。

（2）资金来源审核。对用于政府采购的预算内资金、预算外资金及其他资金的可靠性、合法性进行审核。

（3）资金预算审核。对计划进行政府采购的每一项项目预算按现行市场价进行审核，审核政府采购预算的准确度及合理性。

（二）政府采购计划的批准

政府采购计划草案批准的程序是：

第一，由财政部门代表本级政府向本级人民代表大会报告本级财政预算草案时一并报告政府采购计划草案的内容。

第二，由本级人民代表大会在负责审查本级财政预算草案时一并审查本级政府采购计划草案，并做出审查报告。

第三，经本级人民代表大会讨论通过本级政府采购计划草案审查报告，做出批准本级政府采购计划的决议，同时将批准后的政府采购计划上报上级政府及财政部门备案。

第四，政府采购计划经过本级人民代表大会通过后，财政部门应及时向本级政府采购管理机关批复执行。

五、政府采购计划的执行

政府采购计划经过批准后，就进入了计划的执行阶段。政府采购计划的编制，仅是整个政府采购活动的开端，政府采购计划的实现，主要取决于政府采购单位正确组织执行政府采购计划。可见，政府采购计划的执行是把政府采购计划从可能性变为现实性的关键。只有做好政府采购计划的执行工作，才能顺利组织实施政府采购。

（一）政府采购计划的执行主体及主要任务

政府采购计划的执行，是一项经常性、艰巨性、复杂性和细致性的工作，涉及政府采购的各个方面。参与执行的单位很多，主要包括政府采购机关、财政部门、政府采购单位、供应商、采购代理机构等。各单位的主要任务是：政府采购机关主要负责组织实施政府采购计划的执行；财政部门主要负责对政府采购资金预算执行进行审核、拨付、检查与监督；政府采购单位主要负责提供具体的政府采购需求以及对供应商提供的货物、工程和服务进行验收；供应商主要负责提供符合政府采购单位要求的货物、工程和服务；采购代理机构接受政府采购机关的委托，以公正的身份按照政府采购的原则和要求组织实施政府采购活动。

（二）政府采购计划的执行程序

政府采购机关按政府采购原则具体组织实施政府采购计划。

（1）制定政府采购执行方案。根据政府采购机关的政府采购申请，对政府采购项目进行分类汇总，确定政府采购的方式及具体的实施办法，同时，编制政府采购费用预算，报有关领导审批。

（2）对供应商进行资格预审。政府采购机关在实施政府采购之前，要对参加政府采购项目的还未进行资格预审的供应商进行资格预审。

（3）委托中介机构实施。政府采购机关可以委托集中采购代理机构或其他采购代理机构承办政府采购具体事务。

（4）合同的签订。确定供应商后，在政府采购代理机构的管理下，由政府采购单位或者由采购单位授权采购代理机构与供应商签订政府采购合同。

（5）政府采购的验收。由政府采购单位组织有关人员，对供应商按政府采购合同规定应履行的义务和责任进行验收。

（6）资金支付。由政府采购单位委托政府采购管理机关统一支付。

（三）政府采购计划的调整

政府采购计划在执行中，经常会因国民经济和公共部门工作任务的变化而引起政府采购政策的变化，从而使政府采购计划的某些部分与客观实际要求不一致，这就需要进行调整。另外，根据政府采购资金的安排落实情况，也需要对政府采购计划进行适当调整。

（四）政府采购计划执行情况的检查分析

为了更好地制定和执行政府采购计划，充分发挥政府采购的职能和作用，必须对政府采购计划的执行情况进行经常性的检查分析。通过检查分析，可以及时掌握政府采购政策的贯彻执行情况，研究政府采购计划执行中存在的问题，分析计划与现实存在的差距，总结经验，提出建议，采取积极措施，保证政府采购计划的顺利实施。检查分析的内容主要有：

（1）政府采购计划的完成情况。主要是检查分析政府采购是否按计划正确、及时地组织实施，检查分析政府采购资金预算的执行情况并进行原因分析。

（2）贯彻执行政府采购方针政策情况。主要是检查政府采购各利益主体在实施政府采购过程中是否有违规违法现象。

（3）政府采购组织管理情况。主要是检查分析政府采购代理机构实施政府采购的工作效率，提出进一步改进工作的有效措施。

第三节 政府采购需求管理

一、政府采购需求的含义

政府采购需求是指采购人为实现项目目标，拟采购的标的及其需要满足的技术、商务要求。采购需求包括三部分内容：采购标的、技术要求、商务要求。

其中，采购标的是采购对象的细化，通常要说明采购对象的名称、数量、预算单价和总价等；技术要求是指对采购标的的功能和质量要求，包括性能、材料、结构、外观、安全，或者服务内容和标准等；商务要求是指取得采购标的的时间、地点、财务和服务要求，包括交付（实施）的时间（期限）和地点（范围）、付款条件（进度和方式）、包装和运输、售后服务、保险等。

二、政府采购需求的确定

根据《政府采购需求管理办法》的规定，采购人可以在确定采购需求前，通过咨询、论证、问卷调查等方式开展需求调查，了解相关产业发展、市场供给、同类采购项目历史成交信息，可能涉及的运行维护、升级更新、备品备件、耗材等后续采购，以及其他相关情况。也就是说，如果采购人对采购需求非常熟悉，比如以前多次采购过的项目，那么可以由采购人直接确定采购需求，但如果采购人对采购需求不够熟悉，可以在确定采购需求前开展需求调查，需求调查的方式有咨询、论证和问卷调查等。其中，咨询的对象可以是专业人士、第三方机构等，论证主要是组织专家进行集体研究讨论，而问卷调查的对象可以是专业人士，可以是相关采购人，也可以是与采购标的相关的市场主体等。无论是哪种方面，如果是面向市场主体开展需求调查，选择的调查对象一般不少于三个，并应当具有代表性，这主要是保证需求调查的结果更加科学、不带有倾向性。

《政府采购需求管理办法》规定，有些采购项目必须开展需求调查，主要有四类：

一是 1 000 万元以上的货物、服务采购项目，3 000 万元以上的工程采购项目。

二是涉及公共利益、社会关注度较高的采购项目，包括政府向社会公众提供的公共服务项目等。

三是技术复杂、专业性较强的项目，包括需定制开发的信息化建设项目、采购进口产品的项目等。

四是主管预算单位或者采购人认为需要开展需求调查的其他采购项目。

进行采购需求调查需要投入相当的人力物力财力和时间，为了提高需求调查的效率，防止重复性的、低效的、无效的需求调查，《政府采购需求管理办法》还规定了两种可以不进行需求调查的情况：

一是编制采购需求前一年内，采购人已就相关采购标的开展过需求调查的。由于采购标的的采购需求一般具有相对的稳定性，如果上一年度已经开展过需求调查，本年度就可以延续上一年的采购需求，或者做微调，不必重复开展需求调查。

二是按照法律法规的规定，对采购项目开展可行性研究等前期工作，如果已包含本办法规定的需求调查内容的，可以不再重复调查；对在可行性研究等前期工作中未涉及的部分，应当按照本办法的规定开展需求调查。

三、政府采购需求管理的责任主体

在确定政府采购需求时，采购人可以采取咨询、论证或者市场调查等方式进行需求调查，再根据被咨询的对象、论证专家或市场调查对象的意见确定最终的采购需求。这样自然会引申出一个问题，谁是政府采购需求的责任主体，即谁对确定的采购需求结果负责？对此，《政府采购需求管理办法》明确，采购人对采购需求管理负有主体责任。同时，又规定，主管预算单位负责指导本部门采购需求管理工作。比如，教育部要负责指导其下属的部属高校及直属事业单位的采购需求管理工作。在这里，教育部具有双重身份，其部本级是采购人，是采购需求的责任主体，同时，教育部作为下属单位的主管预算单位，还负有指导需求管理的职责。

四、政府采购实施计划

（一）政府采购实施计划的含义

所谓政府采购实施计划，是指采购人围绕实现采购需求，对合同的订立和管理所做的安排。一般来说，政府采购实施计划要根据法律法规、政府采购政策和国家有关规定，结合采购需求的特点确定。

首先，政府采购实施计划要根据法律法规来确定。例如，采购实施计划要遵循《预算法》的规定，采购实施计划要依据预算来制定，不能超出批准的预算金额；此外，采购实施计划要依据政府采购法律法规来制定，不能突破政府采购需求；同时，采购实施计划要遵循《民法典》有关合同管理的内容，等等。

其次，政府采购实施计划要根据政府采购政策来确定。政府采购是满足采购人日常工作需要和提供公共服务需要的保障，同时还承担着政策功能的实施，如保护环境、扶持中小企业发展、促进民族地区和不发达地区发展、鼓励创新等，因此，采购实施计划要充分考虑这些政策功能的实现。

再次，政府采购实施计划要根据国家有关规定来确定。例如，对于采购办公家具，财政部门有关于资产配置标准和资产管理的相关规定，采购实施计划要遵从这些规定。

最后，政府采购实施计划要结合采购需求的特点来确定。采购实施计划要围绕实现采购需求来设计，因此要密切结合采购需求的特点，对于货物、工程和服务应区别对待，对于服务的不同类型也应该区别对待。

（二）政府采购实施计划的内容

政府采购实施的实质是采购人与供应商的合同缔约过程。因此，政府采购实施计划主要包括两部分的内容：一是合同订立安排，具体包括采购项目预（概）算、最高限价，开展采购活动的时间安排，采购组织形式和委托代理安排，采购包划分与合同分包，供应商资格条件，采购方式、竞争范围和评审规则等。二是合同管理安排，包括合同类型和主要条款、履约验收方案、风险管控措施等。

1. 合同订立安排

一是采购项目预（概）算、最高限价。采购项目预（概）算与批准的政府采购预算金额是一致的，同时，由于预算通常是在上一年度做出的，到制定采购实施计划时采购对象的价格可能已经发生变化，为防止预算金额比市场价格过高对采购人不利，可以设定最高限价，有最高限价的，采购实施计划应将其列出。

二是开展采购活动的时间安排。采购人要根据采购项目实施的要求，充分考虑采购活动所需时间和可能影响采购活动进行的因素，合理安排采购活动实施时间。

三是采购组织形式和委托代理安排。采购实施计划要对项目的采购模式和采购途径进行明细化。

四是采购包划分与合同分包。采购人要按照有利于采购项目实施的原则，明确采购包或者合同分包要求。一般一次性采购多种采购对象可以考虑分几个采购包，比如同时采购计算机和办公桌椅，就可以分成两包。采购项目划分采购包的，要分别确定每个采购包的合同订立、管理安排。同时，如果合同金额比较大，为了缩短采购合同的履行周期，可以考虑合同分包，但分包必须要取得采购人的同意。

五是供应商资格条件。根据采购需求特点提出的供应商资格条件，要与采购标的的功能、质量和供应商履约能力直接相关，且属于履行合同必需的条件，包括特定的专业资格或者技术资格、设备设施、业绩情况、专业人才及其管理能力等。此外，供应商资格条件的设定还要考虑落实支持创新、绿色发展、中小企业发展等政府采购政策功能。

六是采购方式、竞争范围和评审规则。采购方式、竞争范围、评审规则的选择应当符合法定适用情形和采购需求特点，同时要考虑有利于政府采购政策的实现。

比如，采购需求客观、明确，且规格、标准统一的采购项目，如通用设备、物业管理等，一般采用招标或者询价方式采购，以价格作为授予合同的主要考虑因素，采用固定总价或者固定单价的定价方式。

再如，采购需求客观、明确，且技术较复杂或者专业性较强的采购项目，如大型装备、咨询服务等，一般采用招标、谈判（磋商）方式采购，通过综合性评审选择性价比最优的产品，采用固定总价或者固定单价的定价方式。

而对于不能完全确定客观指标，需由供应商提供设计方案、解决方案或者组织方案的采购项目，如首购订购、设计服务、政府和社会资本合作等，一般采用谈判（磋商）方式采购，综合考虑以单方案报价、多方案报价以及性价比要求等因素选择评审方法，并根据实现项目目标的要求，采取固定总价或者固定单价、成本补偿、绩效激励等单一或者组合定价方式。

2. 合同管理安排

一是合同类型和主要条款。合同类型按照《中华人民共和国民法典》规定的典型合同类别，结合采购标的的实际情况确定。合同文本应当包含标的名称，采购标的质量、数量（规模），履行时间（期限）、地点和方式，包装方式，价款或者报酬、付款进度安排、资金支付方式，验收、交付标准和方法，质量保修范围和保修期，违约责任与解决争议的方法等。

二是履约验收方案。履约验收方案要明确履约验收的主体、时间、方式、程序、内容和验收标准等事项。采购人、采购代理机构可以邀请参加本项目的其他供应商或者第三方专业机构及专家参与验收，相关验收意见作为验收的参考资料。政府向社会公众提供的公共服务项目，验收时应当邀请服务对象参与并出具意见，验收结果应当向社会公告。

三是风险管控措施。对于必须开展需求调查的采购项目，要研究采购过程和合同履行过程中的风险，判断风险发生的环节、可能性、影响程度和管控责任，提出有针对性的处置措施和替代方案。

第四节 政府采购意向公开

一、政府采购意向的含义

政府采购意向是指采购人在未来一段时间内拟开展的政府采购活动的意愿情况。我国于2020年发布《关于开展政府采购意向公开工作的通知》（财库〔2020〕10号），规定自2020年起选择部分中央部门和地方开展公开采购意向试点，从2022年1月1日起所有预算单位都应该公开采购意向。

将政府采购意向及时公开，对于供应商而言，有利于潜在供应商提早获知政府采购商机，及时做好参与政府采购的准备工作，做到“未雨绸缪”；对于政府方而言，有助于提高政府采购透明度、防范抑制腐败、优化营商环境、提升采购绩效，因此，政府采购意向公开是深化政府采购制度改革的重要举措。

二、政府采购意向公开的主体

政府采购意向公开的主体即各个预算单位。从级别上看，包括中央预算单位和地方预算单位，而地方预算单位又包括省级预算单位和省级以下各级预算单位。各个预算单位也是政府采购中的采购人，即国家机关、事业单位和团体组织。

需要注意的是，财政部规定，主管预算单位可汇总本部门、本系统所属预算单位的采购意向集中公开。这一举措可以使供应商获得某个部门或者系统的批量数据，提高了政府采购意向公开的效率。

三、政府采购意向公开的内容

政府采购意向需要按采购项目公开。这里的采购项目是指按《政府采购法》规定，列入集中采购目录以内或者采购限额标准以上的货物、工程、服务采购项目。需要注意的是，在正式实施框架协议采购之前，如果以协议供货、定点采购方式实施的小额零星采购和由集中采购机构统一组织的批量集中采购，属于常规采购项目，其本身公开透明化程度较高，因此不用再单独公开采购意向。

政府采购意向公开的内容主要包括采购项目名称、采购需求概况、预算金额、预计采购时间等。其中，采购需求概况应当包括采购标的名称，采购标的需实现的主要功能或者目标，采购标的数量，以及采购标的需满足的质量、服务、安全、时限等要求。财政部给出了政府采购意向公开参考文本，如图 5-5 所示。

(单位名称)____年____(至)____月
政府采购意向

为便于供应商及时了解政府采购信息，根据《财政部关于开展政府采购意向公开工作的通知》(财库〔2020〕10号)等有关规定，现将(单位名称)____年____(至)____月采购意向公开如下：

序号	采购项目名称	采购需求概况	预算金额（万元）	预计采购时间（填写到月）	备注
	填写具体采购项目的名称	填写采购标的名称，采购标的需实现的主要功能或者目标，采购标的数量，以及采购标的需满足的质量、服务、安全、时限等要求	精确到万元	填写到月	其他需要说明的情况
	……				
	……				

本次公开的采购意向是本单位政府采购工作的初步安排，具体采购项目情况以相关采购公告和采购文件为准。

XX（单位名称）

年　月　日

图 5-5　政府采购意向公开参考文本

政府采购意向应当尽可能清晰完整，便于供应商提前做好参与采购活动的准备。采购意向仅作为供应商了解各单位初步采购安排的参考，采购项目实际采购需求、预算金额和执行时间以预算单位最终发布的采购公告和采购文件为准。

四、政府采购意向公开的渠道

中央预算单位的采购意向在中国政府采购网中央主网公开，地方预算单位的采购意向在中国政府采购网地方分网公开，采购意向也可在省级以上财政部门指定的其他媒体同步公开。有条件的部门可在其部门门户网站同步公开本部门、本系统的采购意向。

也就是说，意向公开的途径是网络，中央预算单位必须在中国政府采购网公开采购意向，地方预算单位必须在中国政府采购网地方分网公开采购意向。理论上，潜在供应商可以通过浏览中国政府采购网和其地方分网查看到所有的采购意向，也可以在省级以上财政部门指定的其他媒体和部门门户网站查看到，从而为供应商增加了更多的查询途径，提升了意向公开透明度和获取采购意向的便利度。

五、政府采购意向公开的依据和时间

政府采购意向公开的依据是年度预算，但我国预算年度是1月1日—12月31日，而一般预算需要3月份开完两会后才批准，出现了时间差，两会前政府采购意向公开无法以部门预算为依据。对此，财政部规定：部门预算批复前公开的采购意向，以部门预算“二上”内容为依据；部门预算批复后公开的采购意向，以部门预算为依据。

关于政府采购意向公开的时间，财政部规定，采购意向由预算单位定期或者不定期公开。同时规定，采购意向公开时间应当尽量提前，原则上不得晚于采购活动开始前30日公开采购意向。因预算单位不可预见的原因急需开展的采购项目，可不公开采购意向。另外，预算执行中新增采购项目应当及时公开采购意向。

附录1 政府采购预算表示例

政府采购预算表反映政府采购项目的支出预算情况，结构与格式通常如表5-1所示：

表 5-1　某省政府采购预算表

填报单位：　　　　　　　　　　　　　　　　　　　　　　　　　　单位：万元

科目编码			科目名称（项目）	项目单位	计量单位	采购数量	本年预算				投入使用或开工时间
类	款	项					小计	财政拨款	预算外资金	其他资金	
			一、100 万元以上的专项采购项目								
			二、500 万元以上的新开工工程项目								
			三、经常性商品购置项目								
			（一）小汽车								
			（二）电梯								
			（三）计算机								
			（四）锅炉								
			（五）复印机								
			合计								

表 5-1 中，“科目编码”比照支出预算表“科目编码”填列方法填列；“项目单位”填写采购项目的预算单位，“计量单位”填写部、台、辆、平方米、立方米等量词，“采

购数量”按支出预算数填列某年各采购项目（品目）的具体数量，“财政拨款”按财政预算内资金采购项目（品目）的资金数填列，“预算外资金”按预算外资金采购项目（品目）的资金数填列，“其他资金”按除预算内财政资金和预算外资金以外的其他资金采购项目（品目）的资金数填列，“投入使用或开工时间”填列某年采购物品最迟必须使用或工程项目最迟必须动工的日期。

该表的“科目名称（项目）”分为100万元以上的专项采购项目、500万元以上的新开工工程项目、经常性商品购置项目三种类型。其中，“100万元以上的专项采购项目”指为完成特定行政任务和事业发展目标，且项目资金超过100万元的专项，如网络工程、设备购置、办公家具等，不包括会议支出项目。基本建设支出中超过100万元的货物或服务专项，也应归入此类。“500万元以上的新开工工程项目”指列入某年部门预算安排的项目且预算在500万元以上的新开工工程。“经常性商品购置项目”指各预算单位为满足日常工作需要，用公用经费采购的常用商品，各品目中不包括已列入100万元以上专项采购项目及500万元以上新开工项目中的同类商品。某年必须填报的经常性商品购置项目的品目有：电梯、锅炉、计算机、复印机和小汽车。

以上类别或品目中，凡涉及国家机密的，不应在政府采购预算表中编报。

对于每个采购项目，该表有：本年预算小计 = 财政拨款 + 预算外资金 + 其他资金。

附录2 某省省级2022年政府集中采购目录及标准

一、集中采购目录

以下项目应按规定委托集中采购机构代理采购。

序号	品目	编码	集中采购数额标准	说明	备注
1	服务器	A02010103	省本级100万元以上		省本级50万元以上、100万元以下协议供货，全省联动协议供货
2	台式计算机	A02010104	省本级100万元以上	不包括图形工作站	省本级50万元以上、100万元以下协议供货，全省联动协议供货

续表

序号	品目	编码	集中采购数额标准	说明	备注
3	便携式计算机	A02010105	省本级 100 万元以上	不包括移动工作站	省本级 50 万元以上、100 万元以下协议供货，全省联动协议供货
4	信息安全设备	A020103	省本级 100 万元以上	包括防火墙、入侵检测设备、安全审计设备	省本级 50 万元以上、100 万元以下协议供货，全省联动协议供货
5	喷墨打印机	A0201060101	省本级 100 万元以上		省本级 50 万元以上、100 万元以下协议供货，全省联动协议供货
6	激光打印机	A0201060102	省本级 100 万元以上		省本级 50 万元以上、100 万元以下协议供货，全省联动协议供货
7	针式打印机	A0201060104	省本级 100 万元以上		省本级 50 万元以上、100 万元以下协议供货，全省联动协议供货
8	液晶显示器	A0201060401	省本级 100 万元以上		
9	扫描仪	A0201060901	省本级 100 万元以上	包括平板式扫描仪、高速文档扫描仪、书刊扫描仪和胶片扫描仪，不包括档案、工程专用的大幅面扫描仪	
10	基础软件	A02010801	省本级 100 万元以上	包括操作系统、数据库管理系统、中间件、办公套件	

续表

序号	品目	编码	集中采购数额标准	说明	备注
11	信息安全软件	A02010805	省本级100万元以上	包括基础和平台类安全软件、数据安全软件、网络与边界安全软件、专用安全软件、安全测试评估软件、安全应用软件、安全支撑软件、安全管理软件	
12	复印机	A020201	省本级100万元以上		
13	投影仪	A020202	省本级100万元以上	不包括用于测量、测绘等专用投影仪	
14	多功能一体机	A020204	省本级100万元以上	包括具有多种办公功能的设备，如带有打印功能的复印机等	
15	LED显示屏	A020207	省本级100万元以上	包括单基色显示屏、双基色显示屏、全彩色显示屏等	
16	触控一体机	A020208	省本级100万元以上		
17	碎纸机	A02021101	省本级100万元以上		
18	乘用车	A020305	省本级100万元以上	包括驾驶员座位在内不超过（含）9个座位的轿车、越野车、商务车、其他乘用车（轿车），含新能源汽车	省本级100万元以下协议供货，全省联动协议供货
19	客车	A020306	省本级100万元以上	包括小型客车（除驾驶员座位外，座位数超过9座但不超过16座）、大中型客车（除驾驶员座位外，座位数超过16座），含新能源汽车	省本级100万元以下协议供货，全省联动协议供货

续表

序号	品目	编码	集中采购数额标准	说明	备注
20	电梯	A02051228	省本级 100 万元以上		
21	不间断电源（UPS）	A02061504	省本级 100 万元以上		
22	空调机	A0206180203	省本级 100 万元以上	指额定制冷量 14 000 W 及以下的空调机，不包括多联式空调机组	省本级 50 万元以上、100 万元以下协议供货，全省联动协议供货
23	视频会议系统设备	A020808	省本级 100 万元以上		
24	家具用具	A06	省本级 100 万元以上		省本级 100 万元以下协议供货
25	复印纸	A090101	省本级 100 万元以上		
26	科学研究和试验开发	C01	省本级 100 万元以上		
27	软件开发服务	C0201	省本级 100 万元以上	指为用户提供开发、应用信息技术的服务，以及以信息技术为手段支持用户业务活动的服务	
28	信息系统集成实施服务	C0202	省本级 100 万元以上	指通过结构化的综合布线系统和计算机网络技术，将各个分享的设备、功能和信息等集成到相互关联的、统一协调的系统之中的服务	

续表

序号	品目	编码	集中采购数额标准	说明	备注
29	运行维护服务	C0206	省本级100万元以上	指为满足信息系统正常运行及优化改进的要求，对用户信息系统的基础环境、硬件、软件及安排等提供的各种技术支持和管理服务	
30	互联网接入服务	C030102	省本级100万元以上		
31	车辆及其他运输机械租赁服务	C0403	省本级100万元以上	指配备驾驶员的乘用车租赁服务	省本级100万元以下定点采购
32	车辆维修和保养服务	C050301	省本级100万元以上		省本级100万元以下定点采购
33	车辆加油服务	C050302			
34	会议服务	C0601			全省联动定点采购
35	法律服务	C0801	省本级100万元以上		
36	审计服务	C0803	省本级100万元以上		
37	印刷服务	C081401	省本级100万元以上	指本单位不能承担的票据、证书、证件、期刊、文件、公文用纸、资料汇编、信封等印刷业务，不包括出版服务	省本级100万元以下定点采购
38	物业管理服务	C1204	省本级200万元以上		省本级200万元以下定点采购

续表

序号	品目	编码	集中采购数额标准	说明	备注
39	机动车保险服务	C15040201	省本级100万元以上	包括机动车交通事故责任强制保险服务和机动车辆保险服务等	省本级100万元以下定点采购，全省联动定点采购
40	云计算服务	C0399	省本级100万元以上	包括云主机、块存储、对象存储等，系统集成项目除外	

二、分散采购限额标准

省级、A 级市和 B 级市（含所属县级市）货物和服务项目分散采购限额为 50 万元，其他设区市、县级货物和服务项目分散采购限额为 30 万元；工程项目分散采购限额标准为 60 万元。集中采购目录以外，采购人采购单项或批量金额达到分散采购限额标准的项目，应当按照政府采购法有关规定，实行分散采购。

三、公开招标数额标准

政府采购货物和服务类公开招标数额标准为 400 万元，采购人采购货物、服务项目单项或批量金额达到 400 万元以上的，应当采用公开招标方式。达到公开招标数额标准、符合其他法定采购方式适用情形的，采购人可经同级财政部门批准后采用非公开招标方式采购。政府采购工程招标数额标准按照国务院有关规定执行。

四、有关说明和要求

（一）关于集中采购项目的委托

省级采购人采购集中采购目录内、100 万元以上的货物和服务项目，应依法委托集中采购机构代理采购；采购集中采购目录内 50 万元以上、100 万元以下的货物和服务项目，实行分散采购（协议供货 / 定点采购除外）。省级采购项目同时包含集采目录内品目和集采目录外品目且金额达到 100 万元的，采购人应委托集中采购机构代理采购。市、县级集中采购数额标准由各设区市财政部门统一确定。

对于统一配备标准的办公设备或采购人有共性需求的产品和服务，由集中采购机构开展集中带量采购，发挥规模优势，降低采购成本，提高采购效益。

各级采购人可以不受行政区域、预算管理级次所限委托集中采购机构组织开展集中采购活动。集中采购机构要加强专业能力建设，适应竞争机制。

（二）关于分散采购项目的实施

分散采购项目可由采购人委托采购代理机构代理采购，也可自行组织采购；委托社会代理机构代理的，采购人应当在省级财政部门公布的政府采购代理机构名录中择优委托具备相应专业能力的社会代理机构代理采购；自行组织采购的，采购人应具备相应人员、能力和条件，并依法采用适宜的采购方式。对社会关注度高、与社会公共利益或公众安全关系密切的采购项目，采购人可商请委托集中采购机构代理采购。

（三）关于政府采购政策功能的落实

政府采购活动应严格执行《政府采购法》及有关法规制度规定，落实政府采购支持创新、绿色发展、中小企业发展等政策目标。

（四）关于部门集中采购目录的确定

本部门或系统有特殊要求，需要由本部门或系统统一采购的货物、工程和服务类专用项目，属于部门集中采购项目，由各主管部门结合自身业务特点，自行确定本部门集中采购目录范围，由设区市、县（市）财政部门汇总并报省财政厅备案后实施。

（五）关于协议供货/定点采购

协议供货/定点采购是集中采购的特殊形式。在本目录范围内，除实行全省联动协议供货/定点采购的品目外，各设区市财政部门可自行确定其他实行协议供货/定点采购的品目及相应限额标准。

如因原材料价格大幅上涨等原因导致无法执行协议供货采购，采购人可按照预算支出管理规定和本单位内控制度自行采购，达到分散采购限额标准的，应按照政府采购法规定的方式和程序组织采购。

（六）关于政府采购工程的管理

政府采购工程以及与工程建设有关的货物和服务，依法采用招标方式的，执行招标投标法，按照工程招标投标活动监管有关职责分工，由相应行业主管部门监管；依法不进行招标的，应当采用竞争性谈判、竞争性磋商或者单一来源方式采购，由财政部门监管。所有政府采购工程以及与工程建设有关的货物和服务，在执行中均应落实政府采购政策要求（包括编制采购预算、公开采购意向、编报采购实施计划、执行政府采购政策功能、纳入政府采购统计范围等）。

（七）关于涉密采购项目的实施

涉密采购项目应按照各省财政厅、各省国家保密局相关规定执行。

五、其他事项

（1）本通知所称“以上”包括本数，“以下”不包括本数；如无特殊说明，金额均指预算金额。

（2）本目录及标准由省财政厅负责解释，如因政策调整需要修改、完善的，将另行通知。

本章小结

1. 政府采购预算是指采购单位根据事业发展计划和行政任务编制并经过规定程序批准的年度政府采购计划。政府采购预算是行政事业单位财务预算的重要组成部分，它一般包括采购项目、采购资金来源、数量、型号、单价、采购项目截止时间等。政府采购预算编制的原则包括：法制性原则、真实性原则、稳妥性原则、政策性原则。

2. 在具体编制政府采购预算时，要突出以下内容：需求确定，采购项目，采购估价，数量、型号，资金来源，投入使用或开工时间。

3. 科学合理确定采购需求是加强政府采购源头管理的重要内容。采购需求包括三部分内容：采购标的、技术要求、商务要求。采购人可以在确定采购需求前，通过咨询、论证、问卷调查等方式开展需求调查，了解相关产业发展、市场供给、同类采购项目历史成交信息，可能涉及的运行维护、升级更新、备品备件、耗材等后续采购，以及其他相关情况。其中，《政府采购需求管理办法》规定了四类必须开展需求调查的项目和两种可以不进行需求调查的情况。采购人对采购需求管理负有主体责任。同时，主管预算单位负责指导本部门采购需求管理工作。

4. 政府采购实施计划，是指采购人围绕实现采购需求，对合同的订立和管理所做的安排。采购实施计划要根据法律法规、政府采购政策和国家有关规定，结合采购需求的特点确定。

5. 政府采购意向公开的主体即各个预算单位，其中，主管预算单位可汇总本部门、本系统所属预算单位的采购意向集中公开。采购意向内容需要按采购项目公开。意向公开的途径是网络，中央预算单位的采购意向在中国政府采购网中央主网公开，地方预算单位的采购意向在中国政府采购网地方分网公开，采购意向也可在省级以上财政部门指定的其他媒体同步公开。有条件的部门可在其部门门户网站同步公开本部门、本系统的采购意向。采购意向公开的依据是年度预算。采购意向公开时间应当尽量提前，原则上不得晚于采购活动开始前 30 日公开采购意向。因预算单位不可预见的原因急需开展的采购项目，可不公开采购意向。此外，预算执行中新增采购项目应当及时公开采购意向。

思 考 题

1. 政府采购预算的内涵是什么？

2. 政府采购预算的编制内容包括哪些？编制政府采购预算应遵循哪些原则？

3. 如何编制政府采购预算？

4. 试填制某年度某省政府采购预算表。

5. 怎样确定政府采购需求？

6. 何谓政府采购实施计划？政府采购实施计划的具体内容是什么？

7. 政府采购实施计划与政府采购预算的关系如何？

8. 政府采购意向公开内容包括哪些？实施政府采购意向公开有哪些意义？

9. 政府采购意向公开的依据是什么？

课外阅读材料

1. 马海涛，陈福超，李学考．政府采购手册．北京：民主与建设出版社，2002:69–77.

2. 刘汉屏，李安泽．政府采购理论与政策研究．北京：中国财政经济出版社，2004:49，93–94，165–166，297–298.

3. 苏明．政府采购．北京：中国财政经济出版社，2003:163–168.

4. 李进．政府采购实务．南京：江苏科学技术出版社，2006:19–22，43–44，77.

5. 杨灿明，李景友．政府采购问题研究．北京：经济科学出版社，2004:129–164，253–264.

6. 于国安．政府预算管理与改革．北京：经济科学出版社，2006:241–341.

7. 王雍君．部门预算与预算改革．太原：山西教育出版社，2001:22，24，44，49–53，132，149，223–232，265，283，301–302.

8. 贾康，苏明．部门预算编制问题研究．北京：经济科学出版社，2004:29–54，232–244.

9. 国家税务总局集中采购中心．政府采购工作文件选编．北京：中国税务出版社，2005:92–96，97–100，105–108.

10.《中国政府采购年鉴》编委会．中国政府采购年鉴 2004. 北京：中国财政经济出版社，2005:19–29，32–34，42–45，288–305.

11. 李鸣，马建臣，毛景立.公共采办研究.北京：经济科学出版社，2005:185-202.

12. 李炳鉴.政府预算管理学.北京：经济科学出版社，2003:253-262.

13. 安秀梅.政府公共支出管理.北京：对外经济贸易大学出版社，2005:195-239.

14. 姜爱华，禚德铭.如何确定采购预算价格：日本经验及启示.中国招标，2023（5）：56-59.

即测即评

扫描二维码，进行本章在线测试。

第六章

政府采购招标采购方式

为达成政府采购的各项目的，政府采购程序需要实现公开透明、公平竞争、公正平等原则；而招标采购方式以其很强的公开性和竞争性等特点能够很好地符合这些原则要求，因而成为政府采购方式的最佳选择。招标采购方式有着完整、统一的采购程序，包括招标、投标、开标、评标、定标与合同授予等。本章主要介绍政府采购招标采购的两种形式，即公开招标和邀请招标。

第一节　公 开 招 标

一、公开招标的概念

招标是商品交易活动的一种运作方式。它是伴随着社会经济的发展而产生并不断发展起来的高级的、有组织的、规范化的交易运作行为。在充分强调竞争与效率的世界经济活动中，招标已越来越多地受到重视并被广泛采用。联合国及世界贸易组织等国际机构和组织，已将招标作为在国际进行经济贸易活动的一项通行的重要准则。常用的国际政府采购规则都对公开招标采购方式做了详细阐述，欧盟的《公共指令》在公共领域鼓励使用公开程序（Open Procedure），邀请所有感兴趣的供应商、承包商或服务提供者进行投标。世界贸易组织的《政府采购协定》规定政府采购应使用公开招标（Open Tendering）方式，只有在《政府采购协定》规定的特定情况下才允许使用其他采购方法。我国最早于1902年采用招标比价方式承包工程，当时张之洞创办湖北皮革厂，有五家营造商参加招标、比价。但是，由于我国特殊的半殖民地半封建社会形态，招标在我国近代并未像资本主义社会那样以一种法律制度的形式得到确定和发展。1980年10月17日，国务院在《关于开展和保护社会主义竞争的暂行规定》中首次提出，为了改革现行经济管理体制，进一步开展社会主义竞争，“对一些适宜于承包的生产建设项目和经营项目，可以试行招标、投标的办法”。1981年，吉林省吉林市和深圳特区率先试行工程招标，并取得了良好的效果。这个尝试在全国起到示范作用，并揭开了我国招标的新篇章。此后，随着改革开放的发展和市场机制的不断完善，我国在基本建设项目、机械成套设备、机电设备、项目融资、土地承包、城镇土地使用权出让、政府采购等许多政府投资及公共采购领域，都逐步推行了招标制度。

政府采购中的公开招标采购是指，采购方根据确定的采购需求，提出项目采购条件，邀请所有有兴趣的供应商参加投标，通过对各投标人所提出的价格、质量、交货期限和技术水平、财务状况等因素进行综合比较，确定最佳投标人为中标人，并与之签订合同的采购方式。在这种采购方式中，采购方通常依法以招标公告的方式邀请非特定的供应商参加投标。我国《政府采购法》规定，公开招标应作为政府采购的主要采购方式。

二、公开招标采购的特点

（一）招标程序的组织性

招标投标是一种有组织的交易方式，具有组织性特征。这主要表现在如下几个方面：

1. 招标代理机构介入的组织性与决策的群体性

目前委托招标代理机构进行采购是较多采用的形式。招标代理机构的主要职责包括：执行政府采购法规、政策，依法组织实施政府集中采购活动，规范政府采购市场各采购主体的行为。目前，国际机构及世界各国政府的招标在一般情况下，均委托招标代理机构进行招标全过程的组织与运作，直至招标结束。招标代理机构代理采购人进行招标活动要有三大步骤：首先，从买方代理的角度对工程项目或货物、服务采购项目进行分析，提出招标的运作和组织方法，对项目及采购的质量、技术标准、规格规范等提出详细的要求，并对招标活动过程中所涉及的法律法规等问题进行研究，确定最终方案并加以实施；其次，招标代理机构对投标方响应招标、进行报价以及提供满足中标的技术经济条件的投标行为做出反应；最后，通过精确细致的评估，择优选出优胜者。因此，招标代理机构与投标人在招标进程中的交易活动通常并不采取个体决策的形式，而是由招标代理机构依据采购人的意志与投标人的报价及其他综合因素，经过工程技术人员组成的专家支持系统进行科学的技术评估与经济评价来群体决策。招标代理机构介入的组织性与决策的群体性是招标程序组织性的首要表现。

2. 固定的程序与条件

国际通用并已为各国确认的招标程序为：招标—投标—评标—定标—签订合同。这一过程中，由采购人和招标代理机构确定标的，发出邀请；由若干个投标人依据其发布的公告及所提出的交易条件，如技术、质量、供货或建设工期等标准进行投标；在竞争中，根据相对固定的评审程序来确认中标者，最后达成合同。按照目前各国的做法及国际惯例，招标程序和条件由招标代理机构事先拟订，是对招标、投标双方具有法律效力的规则，一般不能随意改变。当事人双方必须严格按照既定的程序和条件进行招标活动，招标程序由固定的招标代理机构组织实施。招标过程有效的交易条件一般由招标代理机构事先拟订，投标人须按相关条件进行报价投标，违反条件的投标则被视为无效。

3. 固定的场所和时间

招标一般在招标代理机构所在地或招标代理机构规定的场所进行，招标过程中各阶段进行的地点，如开标地点、投标地点、技术咨询地点，也一般设在招标代理机构所在地或其规定场所。招标的时间是相对固定的，招标开始的时间与结束的时间、各阶段招标活动开始的时间与结束的时间，除极特殊情况外均按照招标预定的日程按期举行。

（二）招标程序的竞争性

招标就是一种竞争的采购程序，其竞争性充分体现了现代竞争的平等、信誉、正当和合法等基本原则。招标作为一种规范的、有约束的竞争，有一套严格的程序和实施办法。招标采购单位通过招标程序，可以最大限度地促进供应商之间的竞争，从而使采购人有可能以更低的价格采购到所需要的货物，更充分地获得市场利益，有利于政府采购经济效益目标的实现。

（三）招标程序的公开性（透明性）

招标程序的公开性（透明性）是指整个采购程序都在公开情况下进行。招标的目的是在尽可能大的范围内寻找合乎要求的中标者，一般情况下，邀请供应商是无限制的。为此，招标采购单位一般要做到：在指定或选定的媒体上公开刊登招标通告，邀请所有潜在的投标人参加投标；提供给供应商的招标文件必须对拟采购的货物做出详细的说明，使供应商有共同的依据来编写投标文件；投标商资格审查标准和最佳投标商评选标准要事先公布；在投标文件的最后截止日公开地开标；严格禁止招标采购单位与投标商就投标文件的实质内容单独谈判；采购法律公开。这样，将招标活动完全置于公开的社会监督之下，可以防止不正当的交易行为。招标采购的公开性是对投标商最具吸引力的特点。这一点在进行国际范围内的公开招标采购中表现得尤为明显，由于在竞争性招标中信息是公开的，没有秘密可言，这就意味着对国内外企业一律平等，没有歧视，所以更有利于采购人从整个国际范围内获得价廉物美的产品。

（四）招标程序的公平性、公正性

公平性是招标程序的首要条件，具体有如下表现：

一是对待各投标商一视同仁，遵守无歧视原则并维护其各自的权益。

二是在追求效益最大化原则下，以群体性、科学性为前提进行择优选定，择优选定并非只追求单一目标，而在于实现多目标的统一。

三是招标的组织性与公开性以及程序固定且规范，这也是公平竞争的重要保证。

招标的公正性原则充分体现于招标的全过程。按照国际惯例，在世界推行的招标准则中，对公正性的要求主要有如下四个方面：

一是招标过程实行公开公证方式，开标过程必须保证公证人在场，并由公证人对密封投标文件核查验定，保证公开公正。

二是招标采购单位参与组织开标活动的所有人员必须各司其职，并保证有主持人、评标委员会负责人、公证员、法律顾问、拆封人、唱标人及投标人到场。

三是保密原则及评标科学是保证评标过程公正的重要因素。

四是招标采购单位一般聘有法律顾问，保证招标过程依法执行，从而使采购人与投标人的权益得到法律上的保证并确保招标的公正性。

（五）招标采购的一次性

招标采购的交易过程既不同于一般交易，也不同于询价采购与谈判采购。招标采购禁止交易双方面对面谈判，没有讨价还价的过程。招标采购单位确定标的后，对投标商进行邀请，须向投标商提供技术要求与资料，并设定优惠条件，促使投标商在报价的基础上进行综合的竞争。采购主动权掌握在招标采购单位手中，投标商只能应邀进行一次性秘密报价，并以合理的价格定标。

三、公开招标采购的优点和缺点

（一）优点

公开招标采购具有规范的组织性、公平、公开等特点，能引起最大范围的竞争，最能体现现代公平竞争精神。具体来说，它具有以下优点：

第一，有效地实现物有所值的目标。通过广泛的竞争，采购人能够得到价廉物美的商品、工程和服务。

第二，促进公平竞争，使所有符合资格的潜在供应商都有机会参与竞争。

第三，促进供应商进行技术改造、提高管理水平，以降低成本，提高货物、工程和服务的质量。

第四，公开履行各种采购程序，防止徇私舞弊的产生，有利于加强公众监督，减少腐败现象。

由于公开招标采购具有以上优点，因而成为政府采购及其他公共采购的主要方式。

（二）缺点

公开招标虽有上述优点，但也有一些不足。主要有：

第一，程序和手续较为复杂，耗费时间。从发布招标公告到最后签署合同有时需要长达几个月的时间，因此，对一些紧急需要货物的采购比较难以适用。

第二，采购需要的文件非常烦琐，而且很难考虑周全。一旦采购人或供应商有考虑不周全之处，均会处于非常被动的境地，有时采购人不得不在已耗时做了大量工作后宣布废标。

第三，采购缺乏弹性，有时签订的合同并不一定是采购人的最佳选择。公开招标采购的最大特点就是其具有不可更改性，一旦有了最低评标价的投标，采购人往往会按评标程序确定其为中标者，并不得向中标供应商提出招标文件中已做明确规定以外的任何要求。这种价格起主导作用的评审方法可能导致采购人不能采购到价格相对较低但质量更优的货物、工程和服务。

第四，可能出现中标的供应商靠降低产品质量来降低价格的情况。结果是，提供高质量产品或服务的生产厂商因没有价格竞争力而被逐出市场，采购方因此而采购了劣质产品。

四、公开招标采购的适用范围

公开招标最大的特点，是能向所有供应商提供公平的机会，引起最大范围内的供应商间的竞争，即最突出的特点为竞争性。因此，若采购产品的性质不具有竞争性，这时，竞争性招标就不是政府采购的最佳方法。总的来说，不适合公开招标采购的情况可以分为如下三类：

第一，采购的商品不存在竞争的情况或者要求采购的商品是独家产品。由于自然或技术等原因，某些商品会出现垄断现象，市场上缺乏竞争，只有一两家垄断供应商，这时若采用竞争性招标，因为缺乏广泛竞争的存在条件，就失去了竞争性招标的意义，体现不出竞争性招标的优势。同时，由于仅存在一两家垄断供应商，还可能出现高价围标和低价抢标的问题，因此，这时应采用其他的采购方式。

第二，不适合用竞争进行采购的情况。比如，采购物资价值太低，采用竞争性招标会增加成本；紧急采购的情况下，用竞争性招标会耗时太久；出于安全方面的考虑，有些物资不宜公开采购。

第三，排除竞争的情况。如研究和开发、工程扩建、采用计划价格的产品等。

我国规定，公开招标是政府采购的主要采购方式。一般地，项目采购金额达到一定标准的，都要采用公开招标方式采购。采购人采购货物或者服务应当采用公开招标方式的，其具体数额标准，属于中央预算的政府采购项目，由国务院规定；属于地方预算的政府采购项目，由省、自治区、直辖市人民政府规定。因特殊情况需要采用公开招标以外的采购方式的，应当在采购活动开始前获得设区的市级以上人民政府财政部门批准。

此外，我国《政府采购法》规定，采购人不得将应当以公开招标方式采购的货物或者服务化整为零或者以其他任何方式规避公开招标采购。《政府采购法实施条例》进一步明确，所谓化整为零规避公开招标，是指在一个财政年度内，采购人将一个预算项目下的同一品目或者类别的货物、服务采用公开招标以外的方式多次采购，累计资金数额超过公开招标数额标准的行为，但项目预算调整或者经批准采用公开招标以外方式采购的除外。

五、公开招标采购的程序

公开招标采购的程序包括招标、投标、开标、评标、定标、合同授予等。

（一）招标前的准备

采购单位在进行招标采购之前，应当做一些前期准备工作，以保证招标采购的顺利进行。首先，各个采购单位要将本年度纳入政府采购范围的项目计划报送政府采购管理机关，由政府采购管理机关核定后在预算中做出相应安排，并根据采购项目的金额大小、数量多少来确定合适的采购方式。一般来说，当采购项目单项或批量采购达到一定金额并且没有什么特别限制的采购时，要实行公开招标采购的方式。其次，采购人要根据采购项目是否符合国家集中采购的要求，确定由集中采购机构代理招标还是自行委托社会代理机构招标。若采购人选择自行委托社会代理机构代理招标，则需要认真寻找招标代理机构，了解招标代理机构的资信、能力，决定评标人员的组成，并最终与其签订代理招标合同，由招标代理机构全面负责招标采购的具体操作。

（二）招标

1．资格预审

资格预审是指在招投标活动中，招标采购单位在发放招标文件前，对报名参加投标的申请人的承包能力、业绩、资格和资质、历史工程情况、财务状况和信誉等进行审查，并确定合格的投标人名单的过程。资格预审是公开招标采购的可选程序，已进行资格预审的采购项目，在评审阶段可以不再对供应商资格进行审查。

（1）资格预审的程序。

资格预审一般包括编制资格预审文件、发布资格预审公告、发布资格预审文件和提交资格预审申请、资格评审及确定供应商资格等工作。

第一，编制资格预审文件。进行资格预审，首先要编制资格预审文件。一个国家或组织通常会对资格预审文件的格式和内容进行统一规定，制定标准的资格预审文件范本。资格预审文件可以由采购人编写，也可以由采购人委托的招标代理机构协助编写。采购人或者采购代理机构应当根据采购项目的特点和采购需求编制资格预审文件。资格预审文件应当包括：资格预审邀请；申请人须知；申请人的资格要求；资格审核标准和方法；申请人应当提供的资格预审申请文件的内容和格式；提交资格预审申请文件的方式、截止时间、地点及资格审核日期；申请人信用信息查询渠道及截止时点、信用信息查询记录和证据留存的具体方式、信用信息的使用规则等内容；省级以上财政部门规定的其他事项。资格预审文件应当免费提供。

第二，发布资格预审公告。我国政府采购法律中规定，招标采购单位对供应商进行资格预审的，资格预审公告应当在省级以上人民政府财政部门指定的媒体上发布。已进行资格预审的，评审阶段可以不再对供应商资格进行审查。资格预审合格的供应商在评审阶段资格发生变化的，应当通知采购人和采购代理机构。在我国，资格预审公告应当包括：资格预审邀请；申请人须知；申请人的资格要求；资格审核标准和方法；申请人应当提供的资格预审申请文件的内容和格式；提交资格预审申请文件的方式、截止时间、地点及资格审核日期；申请人信用信息查询渠道及截止时点、信用信息查询记录和证据留存的具体方式、信用信息的使用规则等内容；省级以上财政部门规定的其他事项。

第三，发布资格预审文件和提交资格预审申请。资格预审公告发布后，采购单位应立即发布资格预审文件，资格预审申请的提交必须按资格预审通告中规定的时间，截止期后提交的申请书一律拒收。我国《政府采购法实施条例》中规定，供应商提交资格预审申请文件的时间自公告发布之日起不得少于5个工作日。《政府采购货物和服务招标投标管理办法》（财政部令第87号）中规定：采购人或者采购代理机构应当按照招标公告、资格预审公告或者投标邀请书规定的时间、地点提供招标文件或者资格预审文件，提供期限自招标公告、资格预审公告发布之日起计算不得少于5个工作日。提供期限届满后，获取招标文件或者资格预审文件的潜在投标人不足3家的，可以顺延提供期限，并予公告。公开招标进行资格预审的，招标公告和资格预审公告可以合并发布，招标文件应当向所有通过资格预审的供应商提供。

采购人或者采购代理机构可以对已发出的资格预审文件进行必要的澄清或者修改，但不得改变采购标的和资格条件。澄清或者修改应当在原公告发布媒体上发布澄清公告。澄清或者修改的内容为资格预审文件的组成部分。澄清或者修改的内容可能影响资格预审申请文件编制的，采购人或者采购代理机构应当在提交资格预审申请文件截止时间至少3日前，以书面形式通知所有获取资格预审申请文件的潜在投标人；不足3日的，采购人或者采购代理机构应当顺延提交资格预审申请文件的截止时间。

第四，资格评审。资格预审申请书的开启不必公开进行，开启后由招标采购单位组织专家进行评审，如果是特大项目，则应召开资格预审准备会议，包括组织现场访问，以便申请取得有关项目情况的第一手资料。进行审查的过程实际就是根据审查的标准对一定范围内的供应商进行审核的过程。因此，在进行供应商的资格审查时，首先应制定统一的审查标准，这一标准应包括以下几个方面的内容：供应商是否具有完成采购项目所需要的充足资金来源，或具有获得这种资金的能力；是否具备必要的组织、经验、财会与业务控制技术或者获得它们的能力；是否具有必要的生产施工和技术设备设施或获得它们的能力；是否具有良好的商业行为记录、良好的合同履行史，以及是否具有按照采购计划按期交货的能力。对于大型的工程项目和特殊的采购项目，采购人员必须在有关专家技术人员的帮助下制定特殊的标准，包括：供应商是否具备生产、资金、技术和管理方面需要达到的要求，能否保证按期交货，能否保证提供有关的售后服务。确定好审查标准后，采购机构便开始对一定范围内的供应商进行审查。在考虑供应商的范围时，应根据采购计划和有关法律的规定办理：① 确定在全国范围还是在地区进行采购，某些具体的采购可能与地区的特殊利益相关，因而在资格审查时要根据采购计划对确定范围内的供应商进行审查。② 对所需采购商品或技术仅能由国外供应商提供或国外市场提供的，应根据有关法律的规定及有关国际协定或政府间协议的规定要求，对国外有关供应商进行审查。如世界银行规定，凡利用世界银行贷款项目的采购，其机会对所有成员国以及瑞士开放，采购时应对所有来自这些国家或地区的供应商进行审查。③ 根据有关采购法律的规定不可以参加购买项目竞争的供应商，如被禁止的合同人、被暂停营业或被提议暂停营业的公司、被宣布为能力不合格的人员，应被排除在资格审查的供应商名单之外。

为避免不公平现象，《政府采购货物和服务招标投标管理办法》（财政部令第 87 号）特别规定，采购人、采购代理机构不得将投标人的注册资本、资产总额、营业收入、从业人员、利润、纳税额等规模条件作为资格要求或者评审因素，也不得通过将除进口货物以外的生产厂家授权、承诺、证明、背书等作为资格要求，对投标人实行差别待遇或者歧视待遇。

第五，确定供应商资格。通过审查，供应商如果完全符合资格审查机构所确定的供应商能力的各项指标，并且出具了所规定的有关资信证明，即可以被认为是合格的供应商。具体的合格供应商确定后，即可以公开通告，或以其他方式通知供应商，邀请其参加招标采购。

（2）资格预审的评审方法。

招标采购单位可以根据自己的要求来确定投标资格预审的评审方法。目前，国际上广泛采用的是定向评分法，同时采用比较简单的百分制计分。定向评分法就是对申请人报送的资格预审资料进行分类，并按照一定的评判标准进行评分，最后确定一个取得投标资格的最低分数线，达到或超过最低分数线的申请人被视为合格；未达到最低分数线的申请人则被视为不合格，不能参加投标。

评审的关键是掌握合格的评判标准。为此，采购单位通常把影响投标资格的因素分成若干组，然后根据项目特点和各种因素的重要程度分配得分比例。分组情况和分数分配比例并无统一模式，往往因项目性质或特点以及采购单位的要求而定。

2. 编制招标文件

（1）招标文件及其编制。

招标文件是招标采购单位向投标人提供的为进行投标工作所必需的文件，其作用在于，阐述需要采购货物、工程或服务的性质，通报招标程序将依据的规则和程序，并告知订立合同的条件。招标文件既是投标商编制投标文件和参加投标的依据，又是评标的重要依据。同时，招标文件也是采购人与中标商签订合同的基础，这是由于招标文件的大部分内容要列入合同之中。因此，招标文件在整个采购过程中起着至关重要的作用。

招标文件的编制要特别注意以下几个方面：所有采购的货物、设备或工程的实质性要求和条件，必须详细地一一说明，以构成竞争性招标的基础；不得要求或者标明特定的投标人或产品，以及含有倾向性或者排斥潜在投标人的其他内容；评标的标准应公开且合理，对偏离招标文件另行提出新的技术规格的标书的评审标准，更应切合实际，力求公平；符合本国政府的有关规定，如有不一致之处要妥善处理。

为推进招标文件的标准化改革，我国《政府采购法实施条例》规定，采购人或者采购代理机构应当按照国务院财政部门制定的招标文件标准文本编制招标文件。

（2）招标文件的内容。

一般来说，招标文件应包含的内容有三类：第一类是关于编写和提交投标文件的规定，包括招标通告、投标须知、投标文件的形式和签字方法等；第二类是合同条款和条件、技术规格和图纸、货物清单和工程量清单、交货时间和完工时间表以及必要的附件，如各种保证金的格式等；第三类是评标和选择最优投标的依据，但它们通常会在投标须知的技术规格中做明确规定。

我国《政府采购法实施条例》规定，招标文件应当包括采购项目的商务条件、采购需求、投标人的资格条件、投标报价要求、评标方法、评标标准以及拟签订的合同文本等。

我国《政府采购货物和服务招标投标管理办法》（财政部令第 87 号）规定，一份招标文件通常包括以下内容：

一是投标邀请。其目的在于邀请潜在投标人参加投标。

二是投标人须知（包括密封、签署、盖章要求等）。投标人须知即具体制定投标的规则，使投标商在投标时有据可循。投标须知的主要内容包括：资金来源；如果没有进行资格预审的，要提出对投标商的资格要求；货物原产地要求；招标文件和投标文件的澄清程序及投标文件的内容要求；投标语言，尤其是国际性招标，由于参与竞标的供应商来自世界各地，必须对投标语言做出规定。

三是投标人应当提交的资格、资信证明文件。指供应商为证明自身满足采购项目要求而需要提供的相应资质的证明文件。

四是为落实政府采购政策，采购标的需满足的要求，以及投标人须提供的证明材料。如，如果某次采购支持小微企业发展，那么投标人须提供证明自己是小微企业的相关材料。

五是投标文件编制要求、投标报价要求和投标保证金缴纳、退还方式以及不予退还投标保证金的情形。《政府采购法实施条例》规定：招标文件中必须公开项目预算。不超过项目预算金额是投标报价的最基本要求。其他投标报价要求还包括：投标价格和货币规定；投标报价的范围，即报价应包括哪些方面；统一的报价口径，便于评标时计算和比较最低评标价。投标文件的编制要求包括投标文件的构成、投标保证金、总投标价和投标文件的有效期等方面。其中，设置投标保证金的目的是防止投标商在投标有效期内任意撤回其投标或中标后不签订合同或不缴纳履约保证金，使采购人蒙受损失。投标保证金不得超过采购项目预算金额的2%。投标保证金应当以支票、汇票、本票或者金融机构、担保机构出具的保函等非现金形式提交。投标人未按照招标文件要求提交投标保证金的，投标无效。采购人或者采购代理机构应当自中标通知书发出之日起5个工作日内退还未中标供应商的投标保证金，自政府采购合同签订之日起5个工作日内退还中标供应商的投标保证金。

六是采购项目预算金额，设定最高限价的，还应当公开最高限价。

七是招标项目的技术规格、数量、服务标准、验收等要求，包括附件、图纸等。技术规格是招标文件和合同文件的重要组成部分，它规定了所购货物、工程的性能和标准，如质量、体积、符号、标志、标签、生产工艺与方法等。技术规格也是评标的关键依据之一。如果技术规格制定得不明确或不全面，就会增加采购风险，不仅会影响采购质量，也会增加评标难度，甚至导致废标。

八是拟签订的合同文本。合同文本主要指合同主要条款。一般合同条款主要包括一些基本性的规定，货物采购和工程采购项目的一般合同条款的内容有所不同。特殊合同条款是因具体采购项目的性质和特点而制定的补充性规定，是对一般条款中某些条款的具体化，并增加了一般合同中未做规定的特殊要求。在合同的执行中，如果一般条款与特殊条款出现不一致，要以特殊条款为准。

九是货物、服务提供的时间、地点、方式。

十是采购资金的支付方式、时间、条件。

十一是评标方法、评标标准和投标无效情形。

十二是投标有效期。

十三是投标截止时间、开标时间及地点。

十四是采购代理机构代理费用的收取标准和方式。

十五是投标人信用信息查询渠道及截止时点、信用信息查询记录和证据留存的具体方式、信用信息的使用规则等。

十六是省级以上财政部门规定的其他事项。

采购人或者招标代理机构在招标文件中，可以规定投标人在提交符合招标文件要求的投标文件的同时提交备选投标文件，但应做出说明，并规定相应的评审和比较办法。对于不允许偏离的实质性要求和条件，采购人或者采购代理机构应当在招标文件中规定，并以醒目的方式标明。

采购人在编制招标文件的同时，应当编制标底，并密封保存，在开标前不得向任何人泄露。

另外，在招标文件中一般要求说明采购人对最低标价和第一投标者都不承担授予合同的义务，并有权拒绝任何标书；也要说明供应商具有拒绝投标的权利。

（3）招标文件的澄清和修改。

为了使采购人能满足其采购需求，采购机构拥有修改招标文件的权利是必要的。对招标文件的澄清可以应某一投标商的请求进行。对大型项目尤其是大型土木建设工程，招标采购单位可以举行标前会议，统一澄清投标人提出的各种问题。采购机构也可以适当安排投标商参观项目现场。

招标采购单位可以对招标文件进行澄清和修改，但应满足以下要求：

第一，应向所有投标商提供对招标文件澄清和修改的额外信息，并应保证不对其他投标商造成歧视。

第二，修改必须在投标截止日期前做出，并在此日期前通知所有的投标人，如有必要，应延长投标截止日期。我国《政府采购法实施条例》规定，采购人或者采购代理机构可以对已发出的招标文件进行必要的澄清或者修改。澄清或者修改的内容可能影响投标文件编制的，采购人或者采购代理机构应当在投标截止时间至少 15 日前，以书面形式通知所有获取招标文件的潜在投标人；不足 15 日的，采购人或者采购代理机构应当顺延提交投标文件的截止时间。

3. 发布招标采购公告

公开招标采购项目均须发布招标采购公告。当采购机构确定采购需求和决定采用公开招标程序进行采购之后，必须发布招标公告。发布招标公告意味着招标程序的正式开始。

由于公开招标采购的目的是邀请所有的供应商进行广泛的竞争，因此，为了保证公开招标的公开性和公正性，招标采购单位在正式招标之前，必须在省级以上人民政府财政部门指定的媒体上发布招标公告，让所有的潜在投标人知悉招标信息。公开招标采购是高度公开的采购方式，所有符合规定的供应商都可以成为投标人，且公开招标必须有至少三家符合投标资格的投标人参加投标才能生效；如果是国际性招标采购，还应在国际性的刊物上刊登招标公告。

（1）发布招标采购公告的目的。

发布招标采购公告的目的：一是将采购信息通知潜在供应商，使尽可能多的潜在供应商通过招标采购公告了解采购项目的概况，做出是否参与项目投标的决策并进行相关准备；二是向所有具备资格且合格的潜在供应商提供平等的机会。

从刊登公告到参加投标要留有充足的时间，让投标供应商有足够的时间准备投标文件。如世界银行规定，国际性招标公告从刊登广告到投标截止之间的时间不得少于45天，工程项目一般为60~90天，大型工程项目或复杂设备为90天，特殊情况可延长为180天。当然，投标准备期可根据具体的采购方式、采购内容及时间要求区别、合理对待，既不能过短，也不能太长。

我国政府采购法律规定，自招标文件发出之日至投标人提交投标文件截止之日，不得少于20日，这一规定也是为了保证潜在的供应商有足够的时间获知招标信息和做好投标准备。

（2）招标公告的内容。

发布招标公告，是将招标主要事项和要求公之于众，从而吸引众多的投标者前来投标。招标公告一般登载于报刊、广播、网络、电视等公开媒介。招标公告自发布之日起公告期限为5个工作日。

一则完整的招标公告的内容通常包括：采购人及其委托的采购代理机构的名称、地址和联系方式；采购项目的名称、预算金额，设定最高限价的，还应当公开最高限价；采购人的采购需求；投标人的资格要求；获取招标文件的时间期限、地点、方式及招标文件售价；公告期限；投标截止时间、开标时间及地点；采购项目联系人姓名和电话。

当有资格预审程序，且没有采用另行在有关媒体上刊登资格预审公告时，在招标公告中还应写明将要进行的投标资格预审，并通告领取投标资格预审文件的地点和时间等内容。

4. 发售招标文件

招标文件编制完成后，就应该向有意愿参与项目投标的潜在供应商发售。招标采购单位应当制作纸质招标文件，也可以在财政部门指定的网络媒体上发布电子招标文件，并应当保持两者的一致。电子招标文件与纸质招标文件具有同等的法律效力。招标文件售价应当按照弥补制作、邮寄成本的原则确定，不得以营利为目的，不得以招标采购金额作为确定招标文件售价的依据。如果投标人对招标文件存有疑义，可以在投标截止日前3天要求招标采购单位对招标文件进行解释，招标采购单位应以书面形式给予答复，并将书面答复告知其他已索取招标文件的投标人。如果招标采购单位认为必要，可以召开招标会议，邀请所有索取招标文件的投标人参加，就招标文件进行解释和答疑，但不得单独或者分别组织只有1个投标人参加的现场考察。解释和答疑应当如实记录，并作为招标文件的补充。

如果经过资格预审程序，招标文件可以直接发售给通过资格预审的供应商；如果没有资格预审程序，招标文件可以发售给任何对招标公告做出反应的供应商。招标文件的发售，可以采取邮寄的方式，也可以让供应商或其代理人前来购买。如果采用邮寄方式，要求供应商在收到招标文件后要告知招标采购单位。

招标文件的提供期限自招标文件开始发出之日起不得少于5个工作日。提供期限届满后，获取招标文件或者资格预审文件的潜在投标人不足3家的，可以顺延提供期限，并予公告。

开标前，招标采购单位和有关工作人员不得向他人透露已获取招标文件的潜在投标人的名称、数量以及可能影响公平竞争的有关招标投标的其他情况。招标采购单位在发布招标公告、发出投标邀请书或者发出招标文件后，除因重大变故采购任务取消情况外，不得擅自终止招标活动。

终止招标的，采购人或者采购代理机构应当及时在原公告发布媒体上发布终止公告，以书面形式通知已经获取招标文件、资格预审文件或者被邀请的潜在投标人，并将项目实施情况和采购任务取消原因报告本级财政部门。已经收取招标文件费用或者投标保证金的，采购人或者采购代理机构应当在终止采购活动后5个工作日内，退还所收取的招标文件费用和所收取的投标保证金及其在银行产生的孳息。

（三）投标

招标阶段的工作完成以后，采购进入投标阶段。投标和招标实质是一个过程的两个方面，它们的具体程序、步骤通常是互相衔接和对应的。投标一般包括如下主要阶段：申请投标资格、投标前的准备、定价、编制和准备投标文件、投标文件的递交、竞标。采购机构应保证供应商和承包商有充足的时间来编写投标文件，这是促进投标商参与和竞争的一个重要因素。

投标文件应在规定的截止日期前密封送达投标地点。招标采购单位对在提交投标文件截止日期后收到的投标文件应不予开启并退还。招标采购单位应当对收到的投标文件签收备案，投标人有权要求招标采购单位提供签收证明。

投标人可以撤回、补充或者修改已提交的投标文件，但是应当在提交投标文件截止日之前，书面通知采购人或者招标代理机构。逾期送达或者未按照招标文件要求密封的投标文件，采购人、采购代理机构应当拒收。

1．投标资格申请与审查

投标人可以直接响应招标公告，购买招标文件并做好投标准备。但是如果招标采购单位要求进行资格预审，投标人应及时向招标采购单位购买资格预审文件，在了解资格预审文件之后，着手填写并提交资格预审申请书。资格预审申请书的格式一般由招标采购单位拟定，并作为资格预审文件的组成部分提供给投标申请人。

招标采购单位通常将对投标申请从技术、财务、人事等方面进行资格预审，合格的申请人将被准许投标。之后，投标人便可购买招标文件，按照招标文件的要求，准备投标文件。

2．投标前的准备

供应商在参加投标前，必须做充分的准备工作。供应商要详细阅读、研究招标通告的全部内容和条件，根据自己的生产能力、经营状况、交货条件等分析自己是否符合投标资格，是否对投标感兴趣。如果有资格预审程序，就要向招标采购单位申请资格审查。此时，供应商需要提供真实的资料，包括工商营业执照、税务登记证、银行保单、财务报表、信誉等级以及过去履行类似合同的情况等。资格预审通过后，供应商就应向招标采购单位购买招标文件，逐项分析招标文件内容，充分了解招标的要求、条件，在此基础上仔细确定自己争取中标的各项条件，如价格、交货期限、品质规格、各种技术指标等，做到量力而行。如果是工程招标，投标人还应该到现场进行实地勘察，准备工程概算，编制施工计划，寻找合作伙伴和分包单位等。在准备工作中，投标人的询价是投标活动的重要程序。一般来说，招标采购单位必须编制标底，并且密封保存，在开标前不得泄露。因此，投标人询价不能直接向招标采购单位询问，而应该通过其他方式去间接了解。标书发售后至投标前，还要根据实际情况合理确定投标准备时间。投标准备时间确定得是否合理，会直接影响招标的结果。尤其是土建工程投标涉及的问题很多，投标商要准备工程概算，编制施工计划，考察项目现场，寻找合作伙伴和分包单位，如果投标准备的时间太短，投标商就无法完成或不能很好地完成各项准备工作，投标文件的质量就不会十分理想，这将直接影响后面的评标工作。

3．投保定价

定价是投标过程中最关键的环节，无论是价格作为单一评标标准的招标，还是要考虑综合因素的招标，投标价格都具有举足轻重的地位，它是定标最重要的因素。招标与投标是一种严格按照招标采购单位规定的条件进行的交易，供应商不得单独就标的价格与招标采购单位进行单独的谈判。同时，招标项目是多家投标人竞争的目标，投标人之间的竞争十分激烈，要想在激烈的竞争中取胜中标，投标人就需要以科学认真的态度，制定出一个合理的并能争取中标的投标价格。报价过高，往往会丧失竞争能力而不能中标；报价太低，会使自己的收益减少，也可能会使招标采购单位认为不够合理而使自己失去中标机会。因此，定价既要考虑招标自身的特点，又要考虑实际能力。根据招标文件的要求，投标人定价应考虑的主要因素有：生产经营能力、生产经营成本、利润水平、运输水平、库存情况、财务状况等。投标人在定价后，就可以开始制作投标文件了。

4．编制投标文件

（1）编制投标文件的原则。

一份好的投标文件至少要做到“四性”，即投标文件的响应性、报价的合理性、资质证明文件的完整与真实性、投标文件编制的规范性。

第一，投标文件的响应性，是指投标人编制的投标文件对招标文件所提出的各项要求做出实质性响应的程度。一般来说，招标文件对投标人所提出的要求包括两个方面：商务上的要求和技术上的要求。商务上的要求主要包含在“投标人须知”和“合同条款”中。投标人在编写投标文件之前，首先应仔细阅读上述内容，这对于缺乏投标经验的投标人尤为重要。投标人如未能满足招标文件的有关要求，将会导致其投标文件被按无效投标处理。在评标中，经常发现一些投标文件因投标保证金短少或投标保证金有效期短于规定的时间而被按无效投标处理。技术上的要求主要包含在招标文件的“技术规格”中。一般地，招标文件的商务部分对投标人的要求是相对稳定的，不同的项目大同小异。差别主要表现在投标有效期、投标保证金的有效期、付款条件等方面。这种稳定性有利于投标人熟悉政府采购的程序，提高投标技巧。技术要求则不一样，不同类型项目之间的要求完全不同，即便是经常参加投标的供应商也必须认真阅读。投标人如未能满足有关技术要求，特别是未对一些重要要求做出实质性响应，即使在其他方面做得很出色，其投标文件也将被按无效投标处理。

第二，报价的合理性，是指投标人在对招标文件做出实质性响应的前提下，科学地判断竞争对手的实力，提出最有可能中标的报价。投标人能否中标，不仅取决于其投标文件是否对招标文件做出实质性的响应，也取决于投标人的报价。在投标人均对招标文件做出实质性响应的情况下，投标人能否中标往往就取决于其报价。一般地，投标人确定其报价有两种方式：成本加成法和市场定价法。成本加成法就是投标人在自己的出厂价或进货成本上加若干个百分点的利润作为报价，这种报价带有很大的盲目性，只有在投标人的成本大大低于所有竞争对手的情况下才有可能中标。市场定价法是指投标人在对市场进行充分调查的情况下，预测其竞争对手最有可能报出的价格，而后报出自己低于竞争对手的价格。这种报价有较强的针对性和竞争性，比较有可能中标，但投标人若想在此价格条件下获利，就必须加强成本的管理，努力把其成本费用控制在投标价以下。不过此时投标人应注意的一个问题，就是不得违反《中华人民共和国反不正当竞争法》的有关规定。

第三，资质证明文件的完整与真实性，是指投标人必须提供能证明其是合格投标人和货物合法来源的完整资质证明文件，并保证这些证明文件是真实可靠的。政府采购的每一项项目招标都会吸引众多的供应商参加投标，招标采购单位不可能熟悉所有参加投标的供应商，对评审专家来说就更是如此。评审专家对投标人的了解，只能通过投标人提供的有关资质证明文件。因此，投标人必须在其投标文件中附有完整的、真实的资质证明文件。如果投标人提供的资质证明文件不完整，评审专家就不可能对投标人有全面的了解，有时甚至会使投标人丧失中标的机会。如果投标人提供了虚假的资质证明文件，该投标文件在初审时就有可能被淘汰；如果投标人通过提供虚假的资质证明文件骗取了合同，招标采购单位将追究其经济和法律责任。

第四，投标文件编制的规范性，是指投标人编制的投标文件应按招标文件的要求编排有序，装订整齐。主要要求包括：投标文件应列有目录，清楚地标明每一主要内容在投标文件中所处的页码，以便于评委在标书评审时阅读和查找。在投标文件的封面上应清楚地标明所投项目的名称、具体的包（组）号、正本或副本性质、投标人的名称等内容。投标文件不能有缺页，如果有缺页会造成评委判断上的错误；如果正本缺页，会导致其投标按无效投标处理。投标文件应正确署名。招标文件要求署名的地方，投标人必须正确署名，尤其是法定代表人授权书和制造厂商授权书，如未正确署名，将会被按无效投标处理；投标人不得擅自修改投标文件的格式。投标文件中包含的内容有不少是招标采购单位规定的格式，如投标函格式、投标保证金格式、规格响应表格式等。投标人若擅自修改这些格式，将有可能按无效投标处理。

（2）投标文件的构成。

投标人在获取招标文件后，就要按照招标文件的要求编制标书。投标文件应对招标文件提出的要求和条件做出实质性响应。投标文件由商务部分、技术部分、价格部分和其他部分组成。投标文件一般包括以下内容：

第一，投标人按照招标文件格式填写投标函和投标报价表。投标函实际上就是投标人的正式报价信，其中说明投标人所提供的货物、货物简介、来源、数量及价格。投标人应在投标报价表上注明该合同拟提供货物的单价和总价。

第二，证明投标人合格且有能力履行合同的资格证明文件。投标人提交的资格证明文件应使采购人满意，包括：如果投标人按照合同所提供的货物不是投标人自己制造的，投标人应得到货物制造厂家同意其在采购人所在国提供该货物的正式授权，为此，投标人需提供制造厂家的授权书；投标人已具有履行合同所需的财务、技术和生产能力。

第三，证明投标人提供的货物及服务是符合招标文件要求的货物或服务的证明文件。包括投标报价表中对货物和服务来源地的说明，并有装运货物时出具的原产地证书。证明货物和服务与招标文件要求相一致的文件，包括以文字资料、图纸和数据做出的货物主要技术指标和性能的详细说明；逐条对招标文件中所要求的技术规格进行评议，说明所提供的货物和服务已经对买方的技术规格做出了实质性的响应，或说明技术规格条文的偏差和例外。

（3）编制投标文件需要注意的几个问题。

如果出现某个实力非常强的投标人没能在招标中获胜，原因很可能是这个投标人的投标文件没有完全响应招标文件的实质性要求。这类事件在招标投标中时有发生。

招标采购与谈判采购本质的区别之一就是，采购人与投标人之间主要依靠招标文件和投标文件进行交流，并以此决定胜负。因此，招标文件和投标文件是采购人与投标人之间联系、沟通的桥梁。编制的投标文件是否完全响应招标文件的实质性要求，使招标采购单位无可挑剔，直接影响投标的成败。因此，在编制投标文件时，除了要报出具有竞争力的价格、提出周密的技术方案等重要内容以外，还应注意以下几个方面的问题：

第一，认真研究投标须知。投标须知是招标采购单位为投标人如何正确投标提供的指南，是招标文件中非常重要的部分，投标人应给予高度重视。缺乏投标经验的厂商，一般会把注意力过多地放在招标文件的技术要求部分，认真进行研究，提出详细的技术方案，使自己的产品满足采购人的各种要求。投标人时刻要意识到，招标采购与谈判采购不同，如果没有严格按招标文件的要求进行投标，不管你的产品多好、技术方案多周密，投标都有可能被拒绝或失去竞争力。因此，把注意力过分集中到技术部分的做法也是比较危险的。投标人必须逐条研究投标须知，充分利用向招标采购单位询问的权利，领会每个条款的内涵。只有这样，才能严格按招标文件的要求编制投标文件，加上周密的技术方案和上乘的产品质量做后盾，投标才会具有非常强的竞争力。

第二，避免漏报招标文件中的实质性要求。一般情况下，响应招标文件提出的主要技术要求等内容是比较容易做到的。但是仅仅做到这一点还不够，投标人还要通过认真研读招标文件，找出所有实质性内容并一一做出响应；否则，也可能导致投标失败。

例如，在中国机电设备招标中心组织的一次救灾专用帐篷政府采购招标中，就出现某个投标人由于未对某些实质性要求做出完全响应，评委会无法对其进行评审，导致该厂商未能入围的情况。这次招标的特点是国内生产厂家多、交货期短、采购数量少。针对这种情况，招标文件中将采购 2 万顶帐篷分成 10 个数量单位，1 个数量单位为 2 000 顶，投标人可以投 1 个数量单位，也可以投几个数量单位。根据中标和定标的需要，招标文件要求投标人要逐个数量单位报价。考虑到生产帐篷的企业不熟悉招标，招标中心破例制作了投标注意事项，对这些要求又做了说明。某个帐篷生产能力很强的厂家，在以前年度的救灾帐篷生产工作中表现良好，受到各方面的好评。这次招标，该厂家投标提供 10 000 顶帐篷。按招标文件的规定，应该分别报出 2 000、4 000、6 000、8 000、10 000 顶 5 个投标价。但该厂家没有仔细阅读招标文件，只报出了

6 000、8 000 和 10 000 顶的价格，而 2 000 顶的报价是评标的基础。由于该厂家没有完全响应招标文件的要求，评委会无法对其进行评议，因此它未能入围。此外，还有的投标人未按招标文件的要求填报装运费，也未能入围。

第三，采用多种方式，展示自己的实力。几乎所有的招标文件中，都会要求投标人提供有关业绩材料。这是评标专家判断投标人实力的重要依据之一。投标人应利用各种方式，展示自己的业绩，如详细介绍产品销售和用户使用的情况，提供用户评价材料等。这些会增加评标专家对投标人产品的信心，使投标人在评标中获得高分。

在上述案例中，招标文件中要求，投标人应按统一格式提供投标前三年帐篷类产品的销售情况。投标人不仅要详细填写这张表格，还应尽可能多地附上用户和有关部门的表扬信等评价材料，说明自己的业绩和信誉。这个要求属于非实质性的，个别投标人没有重视这一要求，未提供销售业绩的表格等，因此丢掉了宝贵的分数。

此外，投标人还可利用适当提高产品规格和性能、掌握提交投标文件的时间、灵活掌握投标保函的金额、提供印刷和装帧精美的投标文件等一些投标技巧，增加自己获胜的概率。

（四）开标

招标采购单位在预先规定的时间将各投标人的投标文件正式启封揭晓，就是开标。良好的开标制度与规则是招标成功的重要保证，也是评标和定标工作的基础。没有开标，评标和定标工作就无法开展。

1. 开标的工作原则和方法

第一，开标的地点应当预先确定。为了使投标人能够事先知道开标的地点并准时参加，开标地点应当在招标文件中预先确定。如确有特殊原因，需要改变开标地点，则应对招标文件该部分进行修改，并作为招标文件的补充文件，书面通知每一个获取招标文件的潜在投标人。

第二，开标时间应与提交投标文件的截止时间相一致。开标时间应当是招标文件确定的提交投标文件截止时间的同一时间，目的是防止招标采购单位或者投标人利用投标文件截止时间之后与开标之前的一段时间间隔串通舞弊。这与国际通行做法也是大体一致的。

第三，开标形式应采取公开形式。所谓公开，就是开标活动应当向所有提交投标文件的投标人公开。应当使所有提交投标文件的投标人到场参加开标。通过公开开标，投标人可以发现竞争者的优势和劣势，判断自己中标可能性的大小，并对中标人进行合理推测，既有利于保护投标人的合法权益，也有利于投标人对招标投标过程进行监督。

第四，确保对提交截止时间前签收的所有投标文件公开宣读。招标采购单位在招标文件要求提交投标文件的截止日期前签收的所有投标文件，开标时都应该当众予以拆封，公开宣读，不能遗漏，否则就构成对投标人的歧视和不公平对待。规定日期之后收到的投标、没有开封和开标时没有宣读的投标均不应予以考虑。

第五，做好开标记录。开标记录的内容包括项目名称、招标号、刊登招标公告的日期、发售文件的日期、购买招标文件单位的名称、供应商的名称及报价、截标后收到的投标文件的处理情况等。采购机构应保存开标记录并报送政府有关部门，并应已提交标书但未出席或未派代表出席开标的供应商的请求向其提交开标记录。

第六，在有些情况下，可以暂缓或推迟开标。比如，招标文件发售后对原招标文件做了变更或补充；开标前，发现有足以影响采购公正性的违法或不正当行为；采购单位接到质疑或诉讼；出现突发事故；变更或取消采购计划等。

2．开标的主持

开标应当由招标代理机构按照招标委托协议的约定负责主持。政府采购经办机构自行招标的，由政府采购经办机构主持。招标采购单位在开标前，应当通知同级财政部门及有关部门，财政部门、监察部门及有关行政管理部门可以派人参加，监督开标过程严格按照法定程序进行，但各有关行政管理部门不得主持开标。评标委员会成员不得参加开标活动。

开标应当严格按照法定程序和招标文件载明的规定进行，这包括：按规定的开标时间开标；核对出席开标的投标人的身份和出席人数；安排投标人或其代表检查投标文件密封情况后指定工作人员监督拆封；组织唱标、记录；维护开标过程的正常秩序等。

招标采购单位应当邀请所有投标人参加开标，以确保开标在所有投标人的参与和监督下，按照公开、透明的原则进行，防止在开标过程中可能发生的“暗箱操作”行为。这样既有利于保障投标人的正当权益，也可以表明招标采购单位在开标过程中所体现出的“公平、公正、公开”原则。参加开标是每个投标人的法定权利，招标采购单位不得以任何理由排斥、限制任何投标人参加开标。

3．开标的程序

开标的程序主要分为五个步骤：

（1）由主持人宣布开标开始，介绍参加开标仪式的主要单位和相关人员，宣布公证员、拆封人、唱标员、监标员、记录人和翻译等工作人员名单。投标人不足3家的，不得开标。公开招标数额标准以上的采购项目，投标截止后投标人不足3家或者通过资格审查或符合性审查的投标人不足3家的，除采购任务取消情形外，按照以下方式处理：如果招标文件存在不合理条款或者招标程序不符合规定的，采购人、采购代理机构改正后依法重新招标；如果招标文件没有不合理条款、招标程序符合规定，需要采用其他采购方式采购的，采购人应当依法报财政部门批准。

（2）由投标人或者其推选的代表检查投标文件的密封情况，也可由招标采购单位委托的公证机构检查并公证。投标人或其推选的代表或公证机构经检查发现密封已经损坏的投标文件，应按无效投标处理。

（3）投标人或其推选的代表或者公证机构对投标文件的密封情况进行检查以后，确认密封情况良好，则可以由现场工作人员当众拆封。

（4）拆封以后，现场的工作人员应当高声唱读投标文件的名称、每一个投标价格以及投标文件中的其他主要内容。所谓其他主要内容，主要是指投标报价有无折扣或者价格修改等。如果要求或者允许投报替代方案，还应包括替代方案的总金额。如果是建设工程项目，其他主要内容还应包括：工期、质量、投标保证金等。采取这种做法的目的在于，使全体投标人了解各投标人的报价和自身在其中的顺序，了解其他投标人的基本情况，以充分体现公开开标的原则。唱标的同时，现场记录人员应当对唱标的每一项内容按照开标时间的顺序进行记录。唱标结束后，记录由主持人、唱标人员、监标人员、公证人员等有关人员签字，并存档备查。未唱读的投标价格、价格折扣和招标文件允许提供的备选投标方案等实质性内容，评标时不予承认。投标人未参加开标的，视同认可开标结果。公证机构到场检查并公证的，还应当由公证机构宣读公证结论。

（5）主持人宣读评标原则、评标纪律和下一步的工作安排。

（五）评标

投标文件一经开标，即转送到评标委员会进行评价，以选择最有利的投标，这一步骤就是评标。评标，是指按照规定的评标标准和方法，对各投标人的投标文件进行评价比较和分析，从中选出最佳投标人的过程。评标是一项重要而复杂的综合性工作，它是关系整个招标采购是否体现公平竞争原则、招标结果是否能使采购机构得到最大效益的关键。因此，评标过程中，不但要有预先的认真准备，还要有细致、科学的评标原则。

评标的目的是根据招标文件中确定的标准和方法，对每家投标商的标书进行评价和比较，以评出最佳投标供应商。评标必须以招标文件为依据，招标文件中没有规定的评标标准不得作为评审的依据。

评标时间的长短应根据招标项目的复杂程度而定，但招标采购单位的评价工作应按预定的计划，在招标采购时间内完成。

1. 评标委员会

评标工作由招标采购单位负责组织，具体评标事务由招标采购单位依法组建的评标委员会负责。评标委员会由采购人代表和有关技术、经济方面的专家组成，成员人数应为5人以上的单数。其中，技术、经济等方面的专家不得少于成员总数的2/3；采购数额在1 000万元以上、技术复杂或者社会影响较大的项目，评标委员会中技术、经济方面的专家应为7人以上的单数。除国务院财政部门规定的情形外，采购人或者采购代理机构应当从政府采购评审专家库中随机抽取专家。采购人不得以专家身份参与本部门或者本单位采购项目的评标；

采购代理机构工作人员不得参加本机构代理的政府采购项目的评标；与项目中其他主体有利害关系的专家，应当回避。需要时，还可以根据不同的评审内容，在评标委员会下设若干评审小组，分别负责不同内容的评标工作，然后进行汇总和综合分析。

评标专家在评标工作中应当按照客观、公正、审慎的原则，根据采购文件规定的评审程序、评审方法和评审标准进行独立评审。采购文件内容违反国家有关强制性规定的，评标委员会应当停止评审并向采购人或采购代理机构说明情况。评审过程中，评审专家应当遵守评审工作纪律，不得泄露文件、评审情况和评审中获悉的商业秘密；在发现其他当事人的违法行为或受到非法干预时，应当及时向财政、监察等部门举报。

2. 评标的内容

通常情况下，评标分商务评审和技术评审两个方面。

（1）商务评审。

商务评审的目的在于从成本、财务和经济分析等方面评定投标报价的合理性与可靠性，并估量授标给各投标人后的不同经济效果。参加商务评审的人员通常要有成本、财务方面的专家，有时还要有评估以及经济管理方面的专家。商务评审的主要内容如下：

第一，将投标报价与标底价进行对比分析，评价该报价是否可靠合理。

第二，投标报价构成是否合理。

第三，分析投标文件中所附资金流量表的合理性及其所列数字的依据。

第四，审查所有保函是否被接受。

第五，进一步评审投标人的财务实力和资信水平。

第六，投标人对支付条件有何要求或给业主或采购人以何种优惠条件。

第七，分析投标人提出的财务和付款方面建议的合理性。

（2）技术评审。

技术评审的目的在于确认备选的中标人完成本招标项目的技术能力以及其所提供的方案的可靠性。与资格评审不同的是，这种评审的重点在于评审投标人将怎样实施本招标项目。技术评审的主要内容有：

第一，投标文件是否包括了招标文件所要求提交的各项技术文件，它们同招标文件中的技术说明和图纸是否一致。

第二，实施进度计划是否符合采购人的时间要求，这一计划是否科学和严谨。

第三，投标人准备用哪些措施来保证实施进度。

第四，如何控制和保证质量，这些措施是否可行。

第五，如果投标人在正式投标时已列出拟与之合作或分包的公司名称，则这些合作伙伴或分包公司是否具有足够的能力和经验保证项目的实施及顺利完成。

第六，投标人对招标项目在技术上有何种保留或建议，这些保留是否影响技术性能和质量，其建议的可行性和技术经济价值如何。

总之，评标内容与招标文件中规定的条款和内容相一致。除对投标报价进行比较外，还应考虑其他有关因素，经综合考虑后，确定选取最低报价的投标。因此，通常并非以投标报价最低作为选取标准，而是将各种因素转换成货币值进行综合比较，并选取成本最经济的投标。

3. 评标程序

为了使复杂的评标工作有条不紊地进行，评标机构应事前制定一套系统化的工作规范，即根据招标项目的特点拟订评标工作大纲，确定评标准则和工作方法，并进行明确的分工，以使评标工作高质量、高效率地完成。

评标工作分两大阶段进行。第一阶段为初评，审查投标文件对招标文件的规定的符合性及实质性的确认，剔除对招标文件的要求与规定有实质性的保留或偏离的投标文件，不予评比；第二阶段是详细评标，对校正的投标报价算出评比标价，进行比较，排出名次。国际上一般的做法是：邀请评比标价最低的前三名投标人分别就技术方面、合同方面、进度方面的问题进行答辩说明，澄清采购人提出的问题，将合同授予投标价格最低并且在技术能力及财力各方面均符合标准的投标人。

我国政府采购公开招标评审工作包括如下步骤：

（1）投标文件初审。

初审分为资格性检查和符合性检查。资格性检查是指评标委员会依据法律法规和招标文件的规定，对投标文件中的资格证明、投标保证金等进行审查，以确定投标供应商是否具备投标资格。符合性检查是指评标委员会依据招标文件的规定，从投标文件的有效性、完整性和对招标文件的响应程度进行审查，以确定是否对招标文件的实质性要求做出响应。

（2）澄清有关问题。

对投标文件中含义不明确、同类问题表述不一致或者有明显文字和计算错误的内容，评标委员会可以书面形式（应当由评标委员会专家签字）要求投标人做出必要的澄清、说明或者补正。投标人的澄清、说明或者补正应当采用书面形式，由其授权的代表签字，并不得超出投标文件的范围或者改变投标文件的实质性内容。

（3）比较与评价。

评标委员会应按招标文件中规定的评标方法和标准，对资格性检查和符合性检查合格的投标文件进行商务和技术评估，综合比较与评价。

评标应当按照招标文件中确定的评标标准和方法进行，每一个招标项目因项目的性质和特点不同，其评标标准和方法在具体内容方面也是不同的。这里的评标方法，是指具有普遍意义的方法和手段，即评标以什么因素为基础进行。《政府采购法实施条例》

中规定的评标方法有两种，即最低评标价法和综合评分法。

最低评标价法，是指投标文件满足招标文件全部实质性要求且投标报价最低的供应商为中标候选人的评标方法。技术、服务等标准统一的货物和服务项目，应当采用最低评标价法。采用最低评标价法评标时，除了算术修正和落实政府采购政策需进行的价格扣除外，不能对投标人的投标价格进行任何调整。

采用最低评标价法的采购项目，提供相同品牌产品的不同投标人参加同一合同项下投标的，以其中通过资格审查、符合性审查且报价最低的参加评标；报价相同的，由采购人或者采购人委托评标委员会按照招标文件规定的方式确定一个参加评标的投标人，招标文件未规定的采取随机抽取方式确定，其他投标无效。

综合评分法，是指在最大限度地满足招标文件实质性要求的前提下，按照招标文件中规定的各项因素进行综合评审后，以评标总得分最高的投标人作为中标候选供应商或者中标供应商的评标方法。评审因素的设定应当与投标人所提供货物服务的质量相关，包括投标报价、技术或者服务水平、履约能力、售后服务等。资格条件不得作为评审因素。评审因素应当在招标文件中规定。评标时，评标委员会各成员应当独立对每个有效投标人的标书进行评价、打分，然后汇总每个投标人每项评分因素的得分。

使用综合评分法的采购项目，提供相同品牌产品且通过资格审查、符合性审查的不同投标人参加同一合同项下投标的，按一家投标人计算，评审后得分最高的同品牌投标人获得中标人推荐资格；评审得分相同的，由采购人或者采购人委托评标委员会按照招标文件规定的方式确定一个投标人获得中标人推荐资格，招标文件未规定的采取随机抽取方式确定，其他同品牌投标人不作为中标候选人。

采用综合评分法的，货物项目的价格分值占总分值的比重不得低于30%；服务项目的价格分值占总分值的比重不得低于10%。执行国家统一定价标准和采用固定价格采购的项目，其价格不列为评审因素。一般地，货物项目的价格分值占总分值的比重（即权值）为30%~60%；服务项目的价格分值占总分值的比重（即权值）为10%~30%。执行统一价格标准的服务项目，其价格不列为评分因素。价格分应当采用低价优先法计算，即满足招标文件要求且投标价格最低的投标报价为评标基准价，其价格分为满分。评标过程中，不得去掉报价中的最高报价和最低报价。有特殊情况需要调整的，应当经同级人民政府财政部门批准。

（4）推荐中标候选供应商名单。

中标候选供应商数量应当根据采购需要确定，但必须按顺序排列中标候选供应商。

采用最低评标价法的，按投标报价由低到高顺序排列。投标报价相同的，按技术指标优劣顺序排列。评标委员会认为，排在前面的中标候选供应商的最低投标价或者某些分项报价明显不合理或者低于成本，有可能影响商品质量和不能诚信履约的，应当要求其在规定的期限内提供书面文件予以解释说明，并提交相关证明材料；否则，评标委员会可以取消该投标人的中标候选资格，按顺序由排在后面的中标候选供应商递补，以此类推。

采用综合评分法的，按评审后得分由高到低顺序排列。得分相同的，按投标报价由低到高顺序排列。得分且投标报价相同的，按技术指标优劣顺序排列。

4. 评标报告

在对各投标供应商进行排序后，评标委员会应拟订推荐中标候选供应商名单，并编写评标报告。评标委员会成员应当在评标报告上签字，对自己的评审意见承担法律责任。评标委员会成员对需要共同认定的事项存在争议的，应当按照少数服从多数的原则做出结论。持不同意见的评标委员会成员应当在评标报告上签署不同意见及理由，否则视为同意评标报告。

一般地，评标报告应包括：招标公告刊登的媒体名称、开标日期和地点；投标人名单和评标委员会成员名单；评标方法和标准；开标记录和评标情况及说明，包括无效投标人名单及原因；评标结果，确定的中标候选人名单或者经采购人委托直接确定的中标人；其他需要说明的情况，包括评标过程中投标人根据评标委员会要求进行的澄清、说明或者补正，评标委员会成员的更换等。

投标文件报价出现前后不一致的，除招标文件另有规定外，按照下列规定修正：

（1）投标文件中开标一览表（报价表）内容与投标文件中相应内容不一致的，以开标一览表（报价表）为准。

（2）大写金额和小写金额不一致的，以大写金额为准。

（3）单价金额小数点或者百分比有明显错位的，以开标一览表的总价为准，并修改单价。

（4）总价金额与按单价汇总金额不一致的，以单价金额计算结果为准。

同时出现两种以上不一致的，按照上述规定的顺序修正。修正后的报价经投标人确认后产生约束力，投标人不确认的，其投标视为无效。

（六）定标

招标委员会或评审小组在对所有标书进行审查和评审后，由采购人从中标候选供应商中确定中标供应商，这就是定标。

如果是委托采购代理机构（招标代理机构）进行采购，采购代理机构应当自评审结束之日起 2 个工作日内将评审报告送交采购人。采购人应当自收到评审报告之日起 5 个工作日内在评审报告推荐的中标候选人中按顺序确定中标供应商。采购人在收到评标报告 5 个工作日内未按评标报告推荐的中标候选人顺序确定中标人，又不能说明合法理由的，视同按评标报告推荐的顺序确定排名第一的中标候选人为中标人。除国务院财政部门规定的情形外，采购人、采购代理机构不得以任何理由组织重新评审。采购人、采购代理机构按照国务院财政部门的规定组织重新评审的，应当书面报告本级人民政府财政部门。

采购人或者采购代理机构应当自中标供应商确定之日起 2 个工作日内，发出中标通知书，并在省级以上人民政府财政部门指定的媒体上公告中标结果，招标文件随中标结果同时公告。中标公告内容应当包括采购人和采购代理机构的名称、地址、联系方式，项目名称和项目编号，中标供应商名称、地址和中标金额，主要中标标的的名称、规格型号、数量、单价、服务要求，以及评审专家名单。中标公告期限为 1 个工作日。

供应商认为采购文件、采购过程、中标或者成交结果使自己的权益受到损害的，可以在知道或者应知其权益受到损害之日起 7 个工作日内，以书面形式向采购人、采购代理机构提出质疑。采购人、采购代理机构不得拒收质疑供应商在法定质疑期内发出的质疑函，应当在收到质疑函后 7 个工作日内做出答复，并以书面形式通知质疑供应商和其他有关供应商。质疑供应商对采购人、采购代理机构的答复不满意，或者采购人、采购代理机构未在规定时间内做出答复的，可以在答复期满后 15 个工作日内向财政部门提起投诉。财政部门收到投诉书后，应当在 5 个工作日内进行审查。财政部门应当自收到投诉之日起 30 个工作日内，对投诉事项做出处理决定。财政部门在处理投诉事项期间，可以视具体情况书面通知采购人和采购代理机构暂停采购活动，暂停采购活动时间最长不得超过 30 日。

在采购过程中，出现一些特殊情形应做废标处理，并且采购人应将废标理由通知所有投标人，这些情形包括：符合专业条件的供应商或者对招标文件做实质响应的供应商不足三家的；出现影响采购公正的违法、违规行为的；投标人的报价均超过了采购预算，采购人不能支付的；因重大变故，采购任务取消的。

（七）合同授予

定标后，招标采购单位向中标人发出中标通知书，并按中标通知书指定的时间、地点，按招标结果洽谈签订采购合同。这里所说的洽谈，是指在签订合同前相互澄清一些非实质性的、技术性的或商务性的问题。采购单位在签订采购合同时，可以在招标文件规定的范围内对采购物资或者服务的数量予以增加或者减少，但增加的幅度不得超过中标金额的一定比例，而且不得要求中标人承担招标文件中没有规定的义务，也不得有标后压低价格的行为。

财政部第 87 号令规定，政府采购合同应当包括采购人与中标人的名称和住所、标的、数量、质量、价款或者报酬、履行期限及地点和方式、验收要求、违约责任、解决争议的方法等内容。我国《政府采购法》规定，采购人与中标、成交供应商应当在中标、成交通知书发出之日起 30 日内，按照采购文件确定的事项签订政府采购合同。其中，履约保证金的数额不得超过政府采购合同金额的 10%。采购人因不可抗力原因迟延签订合同的，应当自不可抗力事由消除之日起 7 日内完成合同签订事宜。为进一步优化营商环境，按照财政部文件规定，我国鼓励采购人通过完善内部流程进一步缩短合同签订期限。中标、成交通知书对采购人和中标、成交供应商均具有法律效力。中标、成交通知书发出后，采购人改变中标、成交结果的，或者中标、成交供应商放弃中标、成交项目的，应当依法承担法律责任。政府采购项目的采购合同自签订之日起 7 个工作日内，采购人应当将合同副本报同级政府采购监督管理部门和有关部门备案；同时，采购人应当自政府采购合同签订之日起 2 个工作日内，将政府采购合同在省级以上人民政府财政部门指定的媒体上公告，但政府采购合同中涉及国家秘密、商业秘密的内容除外。

具体的合同签订方法有两种：一是在发出中标通知书的同时，将合同文本寄给中标单位，让其在规定的时间内签字并退回；二是中标单位收到中标通知书后，在规定的时间内，派人前来签订合同。采购合同一经签订，就具有法律效力，当事人必须全面履行合同规定的义务，任何一方不得擅自变更或解除合同。买方如确需变更合同的，应当在与卖方协商前征得采购管理部门（采购管理机关）的同意。在合同履行中，买方如需另行采购与合同标的相同的物资或服务，经采购管理部门同意，可以在不变更合同的其他条款的前提下，与卖方协商签订补充的采购合同，但补充合同的金额不得超过原合同金额的 10%。采购合同签订后，中标人应按要求提交履约保证金，合同正式生效，采购人凭采购合同和中标通知书副本办理付款手续，由政府采购管理机关拨付货款，采购工作进入合同实施履行阶段。

六、公开招标采购中应注意的问题——高价围标和低价抢标

由于公开招标采购具有一次性的特点，招标采购单位必须在所有的投标商提供的价格中选择符合规定标准的最低价格，将合同授予该供应商，因此这个最低价格是否真正通过充分竞争而产生对于招标采购单位就具有很重要的意义。如果这个价格并不反映真实的价格，就可能对招标采购单位带来极大的损害。一般有两种情况：一是高价围标，迫使采购人以较高价格成交；二是低价抢标，难以保证采购产品的质量。这两种情况在公开招标采购中应加以注意，并采取一定的措施加以防范。

（一）高价围标的防范

高价围标亦称串通投标，是指一些投标人在投标前暗中达成协议，以高价投标，并保证互不竞争，迫使采购人不得不以较高的价格达成交易。高价围标的一般做法是，众投标人商议确定一个投标高价，并推举其中某甲投标公司以该价格投标，以期中标。其他投标人则按约定纷纷投报更高的价格，即所谓“陪标”。开标后，由于甲公司价格相对较低而获得合同。甲公司得到合同后，按照协议或给予高价围标的陪标人、护标人好处费，或将合同分包给众陪标人，分享利益。

高价围标是公开招标之大忌。高价围标使得公开招标的优点——供应商之间的激烈竞争——不能发挥。采购人不但不能以低价采购；相反，其采购成本还可能高于其他采购方式。待招标采购单位开标后发现这一问题，唯一的处理办法只能是宣布废标。但是，重新招标不仅费用高，还可能遇到更高价的围标。于是，在急需得到货物或等待工程开工的情况下，采购人只好听任摆布，以高价买进。由于它对公开招标的破坏力极大，因此，这是招标采购单位需要预防的首要问题。

从目前国际招标的情况看，还没有一种方法可以杜绝高价围标。但招标采购单位若严密防患于前，还是能够减少投标人高价围标的机会的。避免高价围标的措施综合如下：

（1）细致审查招标项目的供应商情况。一般说来，招标项目的供货商或承包商的范围越集中，越容易造成围标机会。例如，当购买的物资或工程要求的技术条件或规格比较特殊，仅有两三家投标公司有意参加竞争，或者能够生产或承包的公司仅集中于某一国家、某一地区的，几家投标商就会设法组成“联合阵线”，在投标中统一行动。这种情况下，投标人首先要对招标项目的潜在供货商或承包商的数量和分散的范围进行全面了解。如果数量少而且过分集中在一个地区，就应放弃公开招标，采用其他方式采购。另外，在招标开始后发现高价围标时，应及时采取措施予以抵制。可以投标价格超过招标采购单位预先规定的底价若干百分比为理由，宣布废标或拒绝投标文件，改用其他采购方式。

（2）招标规则、条款应具有普遍适用性。有些招标项目的潜在投标人的数量和分散的范围可能很大，然而响应招标者却寥寥无几，或集中在某个国家或地区。其主要原因可能是招标规则有问题，例如，招标文件中对投标人资格和条件的规定过于苛刻，使大多数潜在投标人难以适应；或者招标项目的规格只以某个国家或某一地区的规格为样本制定，最符合采购人要求的供应商也只有一两家，此时高价围标的出现即成必然。为此，招标文件的制定应力求规范，对投标人能力的要求要带有普遍性，使有条件的供货商、承包商敢于响应招标；招标项目规格的制定力求标准化，使潜在的投标人保持在一定的数目以上，从而有效地防止个别供货商、承包人对投标价格的垄断。

（3）尽量避免紧急招标采购。在买方急需物资时，可用紧急招标的办法采购，即压缩招标各阶段的时限，以很短的预定时间完全采购任务。紧急招标容易给高价围标造成机会。原因是：第一，招标公告时间短，供货商没有充分的时间准备投标，使得参加投标的人数过少，无法形成相互竞争的局面；第二，投标人利用紧急招标进行高价围标，招标采购单位即使发现，但受制于采购时间紧迫，也只得就范。因此，公开招标采购时，应尽可能将公告时间和等标时间延续在一个合理的阶段。

（4）招标中始终坚持绝对保密的原则。公开招标中对底价的保密、开标前投标人名单及其价格的保密和评标过程等的保密十分重要。招标底价是评标的一项参考依据，它是招标采购单位对采购项目成本及行市的估计。通常它没有将由于投标人的竞争促使价格下跌的因素考虑在内，即使计算，也不可能准确算出下跌幅度。所以，从国际上很多的招标实例看，标底经常高于投标竞争价格。标底保密，使投标人对能否中标没有把握，只能以竞争价格参加投标。一旦标底泄露，投标人就可能在标底的基础上订立攻守同盟，使招标不但受到围标，而且无法以价高为由废标，陷入骑虎难下的境地。同样，对投标人名单及其报价保密，是为了防止投标人之间相互串通。对评标过程保密，可预防投标人针对评标情况采取新的围标手段。

（二）低价抢标的防范

高价围标对招标采购单位构成巨大的威胁，而低价抢标同样会影响招标效果。低价抢标即供货商或承包商以不正常的低价投标，谋取采购合同。一般情况下，投标价格异常地低于招标采购单位预定的标底，都可看成低价抢标的发生。低价抢标是公开招标中一种不正常的竞争手段，应严防其得逞。

极低的投标价格表面上可以使买方节约大量采购成本，但事实上，极低的报价中标后，买方的利益常会被低价抢标人用偷工减料、以次充好、延迟交工期或交货期等方法损害。由于公开招标的采购量大，招标采购人在发现上述违反合同约定的情况时，不论是改弦更张、另行采购，还是诉诸法律、索求赔偿，都难以补偿由此造成的损失，所以，极低的价格给采购人带来的不是金钱上的节省而是更大的浪费。因此，应采取措施，全面预防：

（1）严肃资格预审，提高投标人资质。预防低价抢标的有效方法之一是认真做好投标人的审查。一些工程承包企业或产品生产企业在投标时，正面临开工不足、企业资金缺乏或濒临破产的局面。它们企图通过投标取得订单或工程项目以挽救企业。这类投标人在作价时会不顾项目成本，以极其诱人的价格争抢合同。当买主与其签约后，投标方再想方设法蒙混过关。因此，招标的资格预审绝不可走形式，要通过严格的审查制度掌握投标人的真实经营能力。经常进行招标采购的部门还应分别建立合格投标者名单档案。

（2）明确规定品质标准，严格评标制度。招标采购单位需注意的是，不少投标人在报价单上所表现的只是名义低价。他们往往在标书的其他条件特别是品质规格条件上打埋伏，或者利用采购人或招标采购单位编制标书时的疏忽，有意漏掉一些项目，造成低价的假象。如果招标采购单位组建的评标委员会不能全面综合评审标书，就可能只看到表面上的低价，而忽略实质上的高价，使低劣产品的供货商占上风。为防止这种情况的出现，招标采购单位应重视各项招标条件的订立，尤其是重视品质规格确定的方法，严防招标条件规定的疏漏。若标书发出后发现问题，应及时通知更正。严格评标制度是各项招标条件真正得以执行的保证，评标时不但要审查价格，而且要审查其他投标条件，以得出其真实投标价格高低的结论。

（3）定好标底价，尽量使之精确地反映采购项目的合理成本。标底价的科学合理，指标底能表现买方所需项目的质量水平。标底价如果定得过高，则不能有效防止高价围标的发生；如果过低，则无法用合理的价格水平区分低价抢标的情况。不合理的低价使多数正常竞争的投标人在以价格条件为主的第一轮评标中遭到筛除，留下个别低价抢标人成为招标采购单位注意和评价的中心，扰乱招标的进行。所以，招标采购单位绝不可忽视标底价的确定。应通过专业化的调查、计算，使之比较精确和合理。在规定标底价时，最好规定正常竞争价格的上限和下限。当低于标底价某一百分比时，该投标价为过低价。反之则为过高价。招标采购单位对过高价和过低价均应看作不合理价格，评标时不予考虑。这样，招标采购单位就可以有效地识别并排除低价抢标人。

第二节 邀请招标

一、邀请招标的概念及特点

（一）邀请招标的概念

邀请招标，也称有限竞争性招标，是指采购人或者采购代理机构根据供应商或承包商的资信和业绩，随机选择若干供应商或承包商（不得少于三家），向其发出投标邀请，由被邀请的供应商或承包商投标竞争，从中选定中标者的投标方式。

（二）邀请招标的特点

邀请招标的特点如下：

（1）发布采购信息的方式为投标邀请书。

（2）采购人在一定范围内邀请供应商参与投标。

（3）竞争范围有限，采购人只要随机向三家以上的供应商发出邀请标书即可。

（4）招标时间大大缩短，采购费用相对较低。

（5）公开程度逊色于公开招标。

邀请招标虽然也是政府采购招标采购方式之一，但由于邀请招标带有局限性，不利于充分竞争，而且一旦操作不当，容易出现舞弊行为等，因此，一般情况下都限制邀请招标的使用，同时严格规定其适用条件，只有采购复杂的采购项目时才允许使用。

二、邀请招标采购的适用范围

邀请招标的适用范围如下：

第一，具有特殊性，只能从有限范围的供应商处采购的。其中特殊性指，如保密和急需项目或者因高度专业性等因素使提供产品的潜在供应商较少，公开招标与不公开招标都不影响提供产品的供应商数量的情况。

第二，采用公开招标方式的费用占政府采购项目总价值的比例过大的。若采用公开招标方式所需的时间和费用与拟采购的项目的总金额不成比例，则采购人只能通过邀请招标方式来达到经济和效益的目的。邀请招标的有效投标供应商应不少于三家，否则招标无效。除特殊原因外，潜在投标供应商数量较多的，在未采用电子化招标的情况下，评审时间和费用很高，不应当采用此方式。

三、邀请招标采购的程序

由于邀请招标也属于招标采购的一种，所以邀请招标采购的程序，除发布资格预审公告以及供应商的选取外，其他程序的要求均与公开招标采购方式相同。以下仅对这两项内容进行说明。

（一）发布资格预审公告

若采购人通过发布资格预审公告征集确定供应商名单，则需要发布资格预审公告。招标采购单位应当在省级以上人民政府财政部门指定的政府采购信息发布媒体上发布资格预审公告，公布投标人资格条件，资格预审公告的期限不得少于七个工作日。投标人应当在资格预审公告期结束之日起三个工作日前，按公告要求提交资格证明文件。

（二）随机选择供应商，发出投标邀请

为确保邀请招标采购不存在利用其较弱的竞争性而进行暗箱操作的行为，供应商的选取必须遵循随机的原则。财政部第87号令规定，采购人或者采购代理机构可以通过发布资格预审公告征集、从省级以上人民政府财政部门（简称财政部门）建立的供应商库中选取或者采购人书面推荐三种方式确定供应商名单。其中若采取从省级以上人民政府财政部门建立的供应商库中选取或者采购人书面推荐方式确定供应商名单，备选的符合资格条件供应商总数不得少于拟随机抽取供应商总数的两倍。《政府采购法》规定：招标采购单位应从评审合格投标人中通过随机方式选择三家以上的投标人，并向其发出投标邀请书。随机抽取是指通过抽签等能够保证所有符合资格条件供应商机会均等的方式选定供应商。随机抽取供应商时，应当有不少于两名工作人员在场监督，并形成书面记录，随采购文件一并存档。投标邀请书应当同时向所有受邀请的供应商发出。

四、邀请招标采购执行中应注意的问题

邀请招标采购执行中应注意的如下问题：

第一，各级政府采购监督管理部门要严格把控选择邀请招标采购方式的审批。凡是产品品种丰富、提供货物或者服务的供应商数量充足的采购项目，原则上都要采取公开招标方式。对于特殊的采购项目，采取公开招标确实无法实现采购目标的，可以采取邀

请招标采购的方式。

第二，要对邀请招标程序实行严格的监督管理。要严格执行通过公开招标方式确定符合资格条件的供应商的规定，防止通过制定歧视性条款进行资格预选，确保资格预选工作公开、公平和公正。要制定规范的随机选择邀请对象的程序，减少人为挑选或指定的行为。

本章小结

1. 公开招标采购是指采购方根据确定的采购需求，提出项目采购条件，邀请所有有兴趣的供应商参加投标，通过对各投标人所提出的价格、质量、交货期限和技术水平、财务状况等因素进行综合比较，确定最佳投标人为中标人，并与之签订合同的采购方式。

2. 公开招标采购具有招标程序的组织性、竞争性、公开性（透明性）、公平性、公正性以及招标采购的一次性等特点。这些特点有助于政府采购功能与原则的实现，因此在一般情况下，政府采购都应考虑使用公开招标采购方式。

3. 项目采购金额达到一定标准以上的，都要采用公开招标方式采购。因特殊情况需要采用公开招标以外的采购方式的，应当在采购活动开始前获得设区的市、自治州以上人民政府采购监督管理部门的批准。这些特殊情况主要包括：采购的商品不存在竞争的情况或者要求采购的商品是独家产品；不适合用竞争进行采购的情况；排除竞争的情况。

4. 公开招标采购的程序有：招标、投标、开标、评标、定标和合同授予。每一程序都受到政府采购有关法律法规的严格规范，以保证公开透明、公平竞争的落实。

5. 公开招标采购要注意防止两种情况：一是高价围标，迫使招标采购单位以较高的价格成交；二是低价抢标，难以保证采购产品的质量。对这两种情况在公开招标采购中应加以注意，并采取一定的手段予以防范。

6. 邀请招标采购又称有限竞争性招标，是指采购人或者采购代理机构根据供应商或承包商的资信或业绩，随机选择若干供应商或承包商（不得少于三家），向其发出投标邀请，由被邀请的供应商或承包商投标竞争，从中选定中标者的招标方式。

7. 与公开招标采购相比，邀请招标采购的竞争性略弱。因此只适用于两种情况：一是具有特殊性，只能从有限范围的供应商处采购，二是采用公开招标方式的费用占政府采购项目总价值的比例过大的。

8．邀请招标采购与公开招标采购的程序类似，需要通过发布资格预审公告征集、从省级以上人民政府财政部门建立的供应商库中选取或者采购人书面推荐三种方式确立供应商名单，而受邀请的供应商应从符合项目资格要求的合格供应商名单中随机抽取，并确保满足三家以上。

思 考 题

1．公开招标采购和邀请招标采购的概念分别是什么？

2．公开招标采购的特点与适用范围分别是什么？

3．邀请招标采购的特点与适用范围分别是什么？

4．公开招标采购的程序有哪些？各环节之间有哪些重要的时间要求？

5．评标委员会的构成有哪些法定要求？评标委员会成员在评标过程中应当注意哪些问题？

6．公开招标采购中应注意哪些问题？

7．邀请招标采购中如何确定受邀请的供应商？

课外阅读材料

1．马海涛，陈福超，李学考．政府采购手册．北京：民主与建设出版社，2002．第 5.1，5.2，5.3，5.4，5.5 节．

2．苏明．政府采购．北京：中国财政经济出版社，2003．第五章．

3．王亚星．政府采购制度创新．北京：中国时代经济出版社，2002．第三章．

4．方芳，赵海洋，方强．政府采购招标投标指南．上海：上海财经大学出版社，2001．

5．曹富国，何景成．政府采购管理——国际规范与实务．北京：企业管理出版社，1998．第十章．

6．《中华人民共和国政府采购法》。

7．《中华人民共和国政府采购法实施条例》。

8．《政府采购货物和服务招标投标管理办法》（财政部第 18 号令）。

即测即评

扫描二维码，进行本章在线测试。

第七章

政府采购非招标采购方式

虽然招标采购方式具有许多优点，可以极大地提高政府采购效益，但在一些较为特殊的采购情形中，或是由于要实现特殊采购目的，招标采购方式不能很好地满足采购需要。除招标采购方式以外，我国政府采购法律法规还规定了六种非招标采购方式，以满足不同情形下的政府采购需要，它们分别是：竞争性谈判、单一来源采购、询价、竞争性磋商、框架协议采购与合作创新采购。这些采购方式各具特点，在采购程序上，它们既有一些共同的原则规范，也有各自独特的流程。为了保证政府采购过程足够公开透明，法律法规严格规定了这些非招标采购方式的适用条件。在政府采购实务中，需要灵活选择不同的采购方式，力争达到采购效率、效益的最大化。

第一节　竞争性谈判

一、竞争性谈判的概念及特点

（一）竞争性谈判的概念

竞争性谈判是指谈判小组与符合资格条件的供应商就采购货物、工程和服务事宜进行谈判，供应商按照谈判文件的要求提交响应文件和最后报价，采购人从谈判小组提出的成交候选人中确定成交供应商的采购方式。

（二）竞争性谈判的特点

竞争性谈判能克服公开采购方式的一些不足之处，但由于采用谈判方式，无法像公开招标采购方式一样在投标人之间进行广泛的竞争，不能最有效地促进竞争、节约费用和实现高效率，也存在局限性。

1. 竞争性谈判的优点

（1）缩短准备期，使采购项目更快地发挥作用。竞争性谈判采购方式由于不是广泛进行招标，不存在准备标书、投标等情况，采购人可以直接与供应商进行谈判或协商，从而大大缩短了采购周期。

（2）减少工作量，省去了大量的开标、投标工作，有利于提高工作效率，减少采购成本。

（3）供求双方能够进行更为灵活的谈判。采购人可以根据实际情况，就拟购商品的品牌、数量、性能、价格、售后服务等情况进行多次谈判，最终能够买到符合预期要求的商品。

（4）更有利于对民族产业进行保护。实行竞争性谈判采购方式，可以对供应商的范围和数量进行限制，这就可以让采购人充分选择国内供应商，并购买国货。

（5）能够激励供应商自觉地将高科技应用到采购商品中，同时又能转移采购风险。这是竞争性谈判采购方式具有的其他任何采购方式所不具备的一个优点。采购人事前提出拟采购商品的性能要求，于是参与竞争的供应商可以各显神通，充分体现各自的科技优势，最终得到的商品的性能很可能超过了采购人的预期要求。同时，采用这种方式政府还可以转移采购风险，即供应商最终提供的产品如果达不到预期的性能，采购人将拒绝接收，损失将由供应商自己承担。

2. 竞争性谈判的缺点

（1）无限制的独家谈判，易使供应商任意抬高价格。

（2）有可能违反自由企业精神，助长供应商垄断价格。

（3）秘密洽谈，易为参与人员提供串通舞弊的机会。

二、竞争性谈判的适用条件

《政府采购法》中规定，符合下列情形之一的产品或者服务，可以依照本法采用竞争性谈判方式采购：

第一，招标后没有供应商投标，或者没有合格标的，或者重新招标未能成立的。

第二，技术复杂或者性质特殊，不能确定详细规格或者具体要求的。

第三，采用招标所需的时间不能满足用户紧急需要的。这里所指的情形，应当是采购人不可预见的或者非因采购人拖延导致的。

第四，不能事先计算出价格总额的。这里所指的情形，是指因采购艺术品或者因专利、专有技术或者因服务的时间、数量事先不能确定等导致不能事先计算出价格总额的。

在《政府采购非招标采购方式管理办法》中还规定了：公开招标的货物、服务采购项目，招标过程中提交投标文件或者经评审实质性响应招标文件要求的供应商只有两家时，采购人、采购代理机构经设区的市、自治州以上人民政府财政部门批准后可以与这两家供应商进行竞争性谈判采购。

三、竞争性谈判的程序

（一）成立谈判小组

竞争性谈判小组由采购人代表和评审专家共 3 人及以上单数组成，其中评审专家人数不得少于竞争性谈判小组或者询价小组成员总数的 2/3。采购人不得以评审专家身份参加本部门或本单位采购项目的评审。采购代理机构人员不得参加本机构代理的采购项目的评审。达到公开招标数额标准的货物或者服务采购项目，或者达到招标规模标准的政府采购工程，竞争性谈判小组或者询价小组应当由 5 人及以上单数组成。

采用竞争性谈判方式采购的政府采购项目，评审专家应当从政府采购评审专家库内相关专业的专家名单中随机抽取。技术复杂、专业性强的竞争性谈判采购项目，通过随机方式难以确定合适的评审专家的，经主管预算单位同意，可以自行选定评审专家。技术复杂、专业性强的竞争性谈判采购项目，评审专家中应当包含 1 名法律专家。

（二）制作谈判文件

谈判文件应当根据采购项目的特点和采购人的实际需求制定，并经采购人书面同意。采购人应当以满足实际需求为原则，不得擅自提高经费预算和资产配置等采购标准。应当包括供应商资格条件、采购邀请、采购方式、采购预算、采购需求、采购程序、价格构成或者报价要求、响应文件编制要求、提交响应文件截止时间及地点、保证金缴纳数额和形式、评定成交的标准等。除上述内容外，谈判文件还应当明确谈判小组根据与供应商谈判情况可能实质性变动的内容，包括采购需求中的技术、服务要求以及合同草案条款。

（三）确定邀请参加谈判的供应商名单

采购人、采购代理机构应当通过发布公告、从省级以上财政部门建立的供应商库中随机抽取，或者由采购人和评审专家分别书面推荐的方式邀请不少于 3 家符合相应资格条件的供应商参与竞争性谈判，或者询价采购活动（根据《政府采购非招标采购方式管理办法》的规定；在公开招标中实质性响应供应商只有两家时，参加谈判的供应商数量可以放宽至两家）。采取采购人和评审专家书面推荐方式选择供应商的，采购人和评审专家应当各自出具书面推荐意见。采购人推荐供应商的比例不得高于推荐供应商总数的 50%。

从谈判文件发出之日起至供应商提交首次响应文件截止之日止不得少于 3 个工作日。提交首次响应文件截止之日前，采购人、采购代理机构或者谈判小组可以对已发出的谈判文件进行必要的澄清或者修改，澄清或者修改的内容作为谈判文件的组成部分。澄清或者修改的内容可能影响响应文件编制的，采购人、采购代理机构或者谈判小组应当在提交首次响应文件截止之日 3 个工作日前，以书面形式通知所有接收谈判文件的供应商，不足3个工作日的，应当顺延提交首次响应文件截止之日。

（四）谈判

谈判小组所有成员应当集中与单一供应商分别进行谈判，并给予所有参加谈判的供应商平等的谈判机会。在谈判中，谈判的任何一方不得透露与谈判有关的其他供应商的技术资料、价格和其他信息。在谈判过程中，谈判小组可以根据谈判文件和谈判情况实质性变动采购需求中的技术、服务要求以及合同草案条款，但不得变动谈判文件中的其他内容。实质性变动的内容，须经采购人代表确认。对谈判文件做出的实质性变动是谈判文件的有效组成部分，谈判小组应当及时以书面形式同时通知所有参加谈判的供应商。

（五）确定成交供应商

谈判结束后，谈判小组应当要求所有参加谈判的供应商在规定的时间内进行最后报价，最后报价是供应商响应文件的有效组成部分。谈判文件能够详细列明采购标的的技术、服务要求的，谈判结束后，谈判小组应当要求所有继续参加谈判的供应商在规定时间内提交最后报价，提交最后报价的供应商不得少于3家。谈判文件不能完整、明确列明采购需求，需要由供应商提供最终设计方案或者解决方案的，在谈判结束后，谈判小组应当按照少数服从多数的原则投票推荐3家以上供应商的设计方案或者解决方案，并要求其在规定时间内提交最后报价。谈判小组应当从质量和服务均能满足采购文件实质性响应要求的供应商中，按照最后报价由低到高的顺序提出3名以上成交候选人，并编写评审报告。

如果是委托采购代理机构（招标代理机构）进行采购，采购代理机构应当在评审结束后2个工作日内将评审报告送采购人确认。采购人应当在收到评审报告后5个工作日内，从评审报告提出的成交候选人中，根据质量和服务均能满足采购文件实质性响应要求且最后报价最低的原则确定成交供应商，也可以书面授权谈判小组直接确定成交供应商。采购人逾期未确定成交供应商且不提出异议的，视为确定评审报告提出的最后报价最低的供应商为成交供应商。其中质量和服务相等，是指供应商提供的产品质量和服务均能满足采购文件规定的实质性要求。

采购人或者采购代理机构应当自成交供应商确定之日起2个工作日内，发出成交通知书，并在省级以上人民政府财政部门指定的媒体上公告成交结果，竞争性谈判文件随成交结果同时公告。成交结果公告内容应当包括采购人和采购代理机构的名称、地址、联系方式，项目名称和项目编号，成交供应商名称、地址和成交金额，主要成交标的的名称、规格型号、数量、单价、服务要求，以及评审专家名单。

第二节 单一来源采购

一、单一来源采购的概念及特点

（一）单一来源采购的概念

单一来源采购也称直接采购，是指采购人从某一特定供应商处采购货物、工程和服务的采购方式。单一来源采购是一种没有竞争的采购方式，是采购人在适当的条件下向单一的供应商、承包商或服务提供者征求建议或报价来采购货物、工程或服务。它达到了公开招标采购的金额标准，但所购商品来源渠道单一，或属专利、首次制造、合同追加、原有项目的后续扩充等特殊情况，因而只能由一家供应商供货。它不需要寻找很多供应商，目标比较明确，方式比较简单，有利于采购单位降低采购成本进行采购。

（二）单一来源采购的特点

1. 单一来源采购的优点

（1）采购单位所购商品的来源渠道是单一的，通常只与唯一的供应商签订合同；采购环节相对较少，手续相对简单，过程也相对简化。

（2）单一来源采购方式的程序较简单，并且具有很强的时效性，在紧急采购时，这种方式可以发挥较好的作用。

2. 单一来源采购的缺点

（1）单一来源采购方式缺乏必要的竞争，所以就其竞争态势而言采购方往往会处于不利地位，单一供应商有可能会倚仗其所处地位，借机提高所采购商品的价格，或是提出其他各种附加条件或要求，所有这些都可能会增加采购方的采购成本。

（2）供应商为了获得更多的利益，可能在谈判过程中贿赂采购方代表，因而容易滋生腐败现象。

二、单一来源采购的适用条件

《政府采购法》规定，符合下列条件之一的货物或服务，可以采用单一来源采购方式：

一是只能从唯一的供应商处采购的。这种情形是指因货物或者服务使用不可替代的专利、专有技术，或者公共服务项目具有特殊要求，导致只能从某一特定供应商处采购的。

二是发生了不可预见的紧急情况，不能从其他供应商处采购的。

三是必须保证原有采购项目一致性或服务配套的要求，需要继续从原供应商处添购，且添购资金总额不超过原合同采购金额 10% 的。

从以上分析可以看出，《政府采购法》中规定的单一来源采购方式的适用条件与世界银行的《采购规则》、联合国的《公共采购示范法》、世界贸易组织的《政府采购协定》等规则中规定的适用条件基本上是一致的，是从我国国情出发，将各种规则中的适用条件结合我国的实际情况进行了具体化，使这些适用条件更加符合我国政府采购的具体操作。

三、单一来源采购的程序

（一）确定采购需求

采购需求由各采购实体提出，报财政部门审核，只有被财政部门列入年度采购计划的采购需求才能执行。财政部门在审查各采购实体的采购需求时，既要考虑采购预算的限额，还要考虑各采购实体的采购需求的合理性，包括整体布局、产品原产地、采购项目的社会效益等，从源头上控制盲目采购、重复采购等问题。确定采购需求是整个采购过程中的一个非常重要的环节。

（二）预测采购风险

预测采购风险是采购工作中的一个重要步骤，采购风险是指采购过程中可能出现的一些意外情况，包括支出增加、交货推迟、供应商的交货不符合采购实体的要求、采购人员工作失误或采购实体和供应商之间存在不诚实甚至违法行为等。这些情况都会影响采购预期目标的实现，所以，事前要做好防范措施。

（三）确定单一来源采购方式

若单项或批量采购项目达到一定金额，并且满足单一来源采购的适用条件，经采购管理机关批准可以采用单一来源采购方式，如属于专利艺术品独家制造或供应、秘密咨询、涉及国防或国家安全的采购，无其他合适替代标；原采购的后续维修、零配件供应、更换或扩充，由于兼容性或统一规格的要求，在一定时期内必须向原供应商采购及属于原形态或首次制造供应的物品等。

（四）资格审查与公示

资格审查即对供应商的资格进行审查，只有合格的供应商才能进行竞标。供应商是指在中国境内外注册的企业及其他提供工程、货物、服务的自然人和法人。采购实体的任何采购都必须从合格的供应商处获得。从国际惯例来看，合格的供应商的资格应该包括以下六个方面：

第一，具有履行采购合同所需的专业和技术资格、专业和技术能力、财力资源、设备和其他物资设备、管理能力、可靠性、经验、声誉和人员。

第二，具有订立采购合同的法定权利。

第三，未处于无清偿能力、财产被接管、破产或停业状态，其业务目前未由法院或司法人员管理，其业务活动未终止，而且没有因为上述任何情况而成为法律诉讼的主体。

第四，履行了缴纳本国税款和社会保障金的义务。

第五，在采购过程若干年内，未发现有违反国家税收法规及其他经济法规的违法违纪行为。

第六，在采购过程开始之前若干年内，其主要领导或主要职员未出现与其职业相关的刑事犯罪，或与假报、虚报资格骗取采购合同相关的刑事犯罪。如果在采购过程中，采购单位发现供应商提供的资料为虚假资料，提供的资料在实质性方面失实或不完整，则要取消该供应商的资格，并给予处罚。

我国《政府采购非招标采购方式管理办法》规定，对于只能从唯一供应商处采购且达到公开招标数额的货物、服务项目，拟采用单一来源采购方式的，采购人、采购代理机构在按照该办法第四条报财政部门批准之前，应当在省级以上财政部门指定媒体上公示，并将公示情况一并报财政部门。公示期不得少于5个工作日。公示内容应当包括：采购人、采购项目名称和内容；拟采购的货物或者服务的说明；采用单一来源采购方式的原因及相关说明；拟定的唯一供应商名称、地址；专业人员对相关供应商因专利、专有技术等原因具有唯一性的具体论证意见，以及专业人员的姓名、工作单位和职称；公示的期限；采购人、采购代理机构、财政部门的联系地址、联系人和联系电话。

任何供应商、单位或者个人对采用单一来源采购方式公示有异议的，可以在公示期内将书面意见反馈给采购人、采购代理机构，并同时抄送相关财政部门。采购人、采购代理机构收到对采用单一来源采购方式公示的异议后，应当在公示期满后5个工作日内，组织补充论证，论证后认为异议成立的，应当依法采用其他采购方式；论证后认为异议不成立的，应当将异议意见、论证意见与公示情况一并报相关财政部门。采购人、采购代理机构应当将补充论证的结论告知提出异议的供应商、单位或者个人。

同时，对于达到公开招标数额且采用非公开招标方式采购的项目，须报财政监督部门批准。单一来源采购在报财政部门批准的同时，也须上报单一来源采购公示情况。

（五）协商采购事宜

在确定唯一供应商并公示且报请财政部门批准同意后，采购人可以与供应商协商采购事宜。采购人、采购代理机构应当遵循《政府采购法》规定的原则，组织具有相关经验的专业人员与供应商商定合理的成交价格并保证采购项目质量，在保证采购项目质量和双方商定的合理价格的基础上进行采购。

（六）签订采购合同

无论通过何种采购方式，最终都要形成一份合同。合同给予符合采购事先公布评审标准的供应商，供应商在签订采购合同时，须按标准交纳一定数额的履约保证金，以保证合同商能够按合同的规定履行其义务。

第三节 询 价

一、询价的概念及特点

（一）询价的概念

询价是指询价小组向符合资格条件的供应商发出采购货物询价通知书，要求供应商一次报出不得更改的价格，采购人从询价小组提出的成交候选人中确定成交供应商的采购方式。

（二）询价的特点

（1）至少邀请三家供应商、承包商或服务提供者，具有一定的竞争性。

（2）参加询价采购活动的供应商，只允许按照询价通知书的规定一次报出不得更改的价格。

（3）询价采购的评审结果应为报价最低的供应商。

通过以上分析可以看出，询价具有一定的竞争性，有利于降低采购成本，促进公平竞争，保证交易的公正性，维护采购人和供应商双方的共同利益。

二、询价的适用条件

适用询价采购方式的项目，主要是针对现货或标准规格的商品的采购，或投标文件的审查需要很长时间才能完成，供应商准备投标文件需要更高额的费用或资格审查条件过于复杂的采购。

我国《政府采购法》规定，采购的货物规格、标准统一，现货货源充足且价格变化幅度小的政府采购项目，可以采用询价采购方式。

三、询价的采购程序

（一）成立询价小组

询价小组的组成与竞争性谈判小组的组成要求相同。要求由采购人代表和评审专家共 3 人以上单数组成，其中评审专家人数不得少于竞争性谈判小组或者询价小组成员总数的 2/3。采购人不得以评审专家身份参加本部门或本单位采购项目的评审。采购代理机构人员不得参加本机构代理的采购项目的评审。达到公开招标数额标准的货物或者服务采购项目，或者达到招标规模标准的政府采购工程，竞争性谈判小组或者询价小组应当由 5 人以上单数组成。

（二）确定被询价的供应商名单

询价小组根据所采购商品的特点及对供应商、承包商或服务提供者的要求，特别是根据要采购的内容，从符合相应资格条件的供应商名单中选定 3 家以上的供应商。选择时必须依据所要采购的内容，同时考察各供应商的供应能力和资格条件，做出慎重选择。

（三）发出询价通知书

询价通知书应当根据采购项目的特点和采购人的实际需求制定，并经采购人书面同意。采购人应当以满足实际需求为原则，不得擅自提高经费预算和资产配置等采购标准。询价通知书应当包括供应商资格条件、采购邀请、采购方式、采购预算、采购需求、采购程序、价格构成或者报价要求、响应文件编制要求、提交响应文件截止时间及地点、保证金交纳数额和形式、评定成交的标准等。

从询价通知书发出之日起至供应商提交响应文件截止之日止不得少于 3 个工作日。提交响应文件截止之日前，采购人、采购代理机构或者询价小组可以对已发出的询价通知书进行必要的澄清或者修改，澄清或者修改的内容作为询价通知书的组成部分。澄清或者修改的内容可能影响响应文件编制的，采购人、采购代理机构或者询价小组应当在提交响应文件截止之日 3 个工作日前，以书面形式通知所有接收询价通知书的供应商，不足 3 个工作日的，应当顺延提交响应文件截止之日。

（四）询价

询价小组要求被询价的供应商一次报出不得更改的价格。询价小组应当从质量和服务均能满足采购文件实质性响应要求的供应商中，按照报价由低到高的顺序提出 3 名以上成交候选人，并编写评审报告。

采购代理机构应当在评审结束后 2 个工作日内将评审报告送采购人确认。

（五）确定成交供应商

采购人应当在收到评审报告后 5 个工作日内，从评审报告提出的成交候选人中，根据质量和服务均能满足采购文件实质性响应要求且报价最低的原则确定成交供应商，也可以书面授权询价小组直接确定成交供应商。采购人逾期未确定成交供应商且不提出异议的，视为确定评审报告提出的最后报价最低的供应商为成交供应商。

第四节　竞争性磋商

一、竞争性磋商的概念及特点

（一）竞争性磋商的概念

竞争性磋商采购方式，是指采购人、采购代理机构通过组建竞争性磋商小组（以下简称磋商小组）与符合条件的供应商就采购货物、工程和服务事宜进行磋商，供应商按照磋商文件的要求提交响应文件和报价，采购人从磋商小组评审后提出的候选供应商名单中确定成交供应商的采购方式。

（二）竞争性磋商的特点

（1）缩短准备期，能使采购项目更快地发挥作用。

（2）有利于提高工作效率，减少采购成本。

（3）供求双方能够进行更为灵活的谈判。在竞争性磋商过程中，磋商小组可以对采购需求中的技术、服务要求以及合同草案条款进行实质性变动，以更好地满足采购人的需求。

（4）弱化了价格的主导作用，适应政府购买服务、政府与社会资本合作（PPP）改革的需要。竞争性磋商采购采用综合评分法对供应商情况进行比较，使评价因素更为全面完整，可以使采购人购买到性价比最高的货物或服务。

二、竞争性磋商的适用条件

《政府采购竞争性磋商采购方式管理暂行办法》规定，竞争性磋商采购方式的适用条件如下：

第一，政府购买服务项目。

第二，技术复杂或者性质特殊，不能确定详细规格或者具体要求的。

第三，因艺术品采购、专利、专有技术或者服务的时间、数量事先不能确定等原因不能事先计算出价格总额的。

第四，市场竞争不充分的科研项目，以及需要扶持的科技成果转化项目。

第五，按照招标投标法及其实施条例必须进行招标的工程建设项目以外的工程建设项目。

三、竞争性磋商的程序

（一）制定竞争性磋商文件

竞争性磋商文件（以下简称磋商文件）应当根据采购项目的特点和采购人的实际

需求制定，并经采购人书面同意。采购人应当以满足实际需求为原则，不得擅自提高经费预算和资产配置等采购标准。磋商文件不得要求或者标明供应商名称或者特定货物的品牌，不得含有指向特定供应商的技术、服务等条件。磋商文件应当包括供应商资格条件、采购邀请、采购方式、采购预算、采购需求、政府采购政策要求、评审程序、评审方法、评审标准、价格构成或者报价要求、响应文件编制要求、保证金交纳数额和形式以及不予退还保证金的情形、磋商过程中可能实质性变动的内容、响应文件提交的截止时间、开启时间及地点以及合同草案条款等。

（二）邀请与选择供应商

采购人、采购代理机构应当通过发布公告、从省级以上财政部门建立的供应商库中随机抽取或者采购人和评审专家分别书面推荐的方式邀请不少于3家符合相应资格条件的供应商参与竞争性磋商采购活动。采取采购人和评审专家书面推荐方式选择供应商的，采购人和评审专家应当各自出具书面推荐意见。采购人推荐供应商的比例不得高于推荐供应商总数的50%。

根据《政府采购竞争性磋商采购方式管理暂行办法》规定，市场竞争不充分的科研项目，以及需要扶持的科技成果转化项目，提交最后报价的供应商可以为2家，同时，此类项目磋商小组可以推荐2家成交候选供应商。除此之外，其他竞争性磋商项目在采购过程中都需要3家符合要求的供应商，采购活动才可以继续进行。

（三）发售磋商文件

从磋商文件发出之日起至供应商提交首次响应文件截止之日止不得少于10日。磋商文件售价应当按照弥补磋商文件制作成本费用的原则确定，不得以营利为目的，不得以项目预算金额作为确定磋商文件售价的依据。磋商文件的发售期限自开始之日起不得少于5个工作日。提交首次响应文件截止之日前，采购人、采购代理机构或者磋商小组可以对已发出的磋商文件进行必要的澄清或者修改，澄清或者修改的内容作为磋商文件的组成部分。澄清或者修改的内容可能影响响应文件编制的，采购人、采购代理机构应当在提交首次响应文件截止时间至少5日前，以书面形式通知所有获取磋商文件的供应商；不足5日的，采购人、采购代理机构应当顺延提交首次响应文件的截止时间。

（四）磋商

采购人、采购代理机构应当按照政府采购相关法律法规规定成立磋商小组，组织开展竞争性磋商，并采取必要措施，保证磋商在严格保密的情况下进行。

磋商小组由采购人代表和评审专家共3人以上单数组成，其中评审专家人数不得少于磋商小组成员总数的2/3。采购人代表不得以评审专家身份参加本部门或本单位采购项目的评审。采购代理机构人员不得参加本机构代理的采购项目的评审。采用竞争性磋商方式的政府采购项目，评审专家应当从政府采购评审专家库内相关专业的专家名单中随机抽取。

磋商小组所有成员应当集中与单一供应商分别进行磋商，并给予所有参加磋商的供应商平等的磋商机会。

在磋商过程中，磋商小组可以根据磋商文件和磋商情况实质性变动采购需求中的技术、服务要求以及合同草案条款，但不得变动磋商文件中的其他内容。实质性变动的内容，须经采购人代表确认。对磋商文件做出的实质性变动是磋商文件的有效组成部分，磋商小组应当及时以书面形式同时通知所有参加磋商的供应商。供应商应当按照磋商文件的变动情况和磋商小组的要求重新提交响应文件，并由其法定代表人或授权代表签字或者加盖公章。由授权代表签字的，应当附法定代表人授权书。供应商为自然人的，应当由本人签字并附身份证明。

（五）确定成交供应商

经磋商确定最终采购需求和提交最后报价的供应商后，由磋商小组采用综合评分法对提交最后报价的供应商的响应文件和最后报价进行综合评分。综合评分法货物项目的价格分值占总分值的比重（即权值）为30%~60%，服务项目的价格分值占总分值的比重（即权值）为10%~30%。采购项目中含不同采购对象的，以占项目资金比例最高的采购对象确定其项目属性。符合《政府采购竞争性磋商采购方式管理暂行办法》第三条第三项的规定和执行统一价格标准的项目，其价格不列为评分因素。有特殊情况需要在上述规定范围外设定价格分值权重的，应当经本级人民政府财政部门审核同意。

综合评分法中的价格分值统一采用低价优先法计算，即满足磋商文件要求且最后报价最低的供应商的价格为磋商基准价，其价格分值为满分。其他供应商的价格分值统一按照下列公式计算：

$$磋商报价得分 = （磋商基准价 / 最后磋商报价）\times 价格权值 \times 100$$

磋商小组应当根据综合评分情况，按照评审得分由高到低的顺序推荐3名以上成交候选供应商，并编写评审报告。采购代理机构应当在评审结束后2个工作日内将评审报告送采购人确认。采购人应当在收到评审报告后5个工作日内，从评审报告提出的成交候选供应商中，按照排序由高到低的原则确定成交供应商，也可以书面授权磋商小组直接确定成交供应商。采购人逾期未确定成交供应商且不提出异议的，视为确定评审报告提出的排序第一的供应商为成交供应商。

第五节 框架协议采购

一、框架协议采购的概念及特点

（一）框架协议采购的概念

框架协议采购是指集中采购机构或者主管预算单位对技术、服务等标准明确、统一，需要多次重复采购的货物和服务，通过公开征集程序，确定第一阶段入围供应商并订立框架协议，采购人或者服务对象按照框架协议约定规则，在入围供应商范围内确定第二阶段成交供应商并订立采购合同的采购方式。

（二）框架协议采购的特点

（1）框架协议采购的实施主体是集中采购机构或者主管预算单位。

（2）框架协议采购的采购对象为“技术、服务等标准明确、统一，需要多次重复采购的货物和服务”。

（3）框架协议采购程序遵循公开原则、呈现两阶段性。通过公开征集程序，第一阶段确定入围供应商，第二阶段确定成交供应商。

二、框架协议采购的适用条件

《政府采购框架协议采购方式管理暂行办法》规定，框架协议采购方式的适用条件如下：

（1）集中采购目录以内品目，以及与之配套的必要耗材、配件等，属于小额零星采购的。

（2）集中采购目录以外，采购限额标准以上，本部门、本系统行政管理所需的法律、评估、会计、审计等鉴证咨询服务，属于小额零星采购的。其中需注意：第一，是针对鉴证咨询类服务；第二，是一定部门、本系统行政管理所需，如果是为其他市场主体提供的则不在其范围内；第三，该服务属于集中采购目录之外；第四，限额标准以上是指同一品目或者同一类别的货物、服务年度采购预算达到采购限额标准以上。此外，如果主管预算单位能够归集此类需求形成单一项目进行采购，通过签订时间、地点、数量不确定的采购合同满足需求的，不得采用框架协议采购方式。

（3）集中采购目录以外，采购限额标准以上，为本部门、本系统以外的服务对象提供服务的政府购买服务项目，需要确定 2 家以上供应商由服务对象自主选择的。这主要是针对政府购买公共服务事项，有时候受众多、分布广，让受众根据自己喜好自主选择会比较有效。比如为老年人购买理发服务、助餐服务等，本着就近原则，老年人可以选择居住地周边的服务提供商。

（4）国务院财政部门规定的其他情形。今后随着实践的发展，财政部还可以规定其他适用框架协议采购方式的情形。

三、框架协议采购的程序

根据协议期间能否再增加协议供应商，框架协议采购可分为封闭式框架协议采购和开放式框架协议采购两种。

（一）封闭式框架协议采购

封闭式框架协议采购是指符合框架协议采购方式的四种适用情形，通过公开竞争订立框架协议后，除经过框架协议约定的补充征集程序外，不得增加协议供应商的框架协议采购。

封闭式框架协议的公开征集程序，按照政府采购公开招标的规定执行，其具体程序如下：

（1）征集人编制征集文件。征集人包括集中采购机构、主管预算单位及其委托的采购代理机构。征集文件类似于公开招标的招标文件，征集文件应涵盖的具体内容参见《政府采购框架协议采购方式管理暂行办法》第二十三条。

（2）征集人发布征集公告。征集公告类似于公开招标的招标公告。征集公告应涵盖的具体内容参见《政府采购框架协议采购方式管理暂行办法》第二十二条。

（3）供应商编制响应文件。类似于公开招标投标文件。

（4）确定第一阶段入围供应商。具体的评审方法包括价格优先法和质量优先法。

（5）集中采购机构或者主管预算单位与入围供应商签订框架协议。

（6）征集人通过电子化采购系统将入围信息告知适用框架协议的所有采购人或者服务对象。

（7）确定第二阶段成交供应商。具体方式包括直接选定、二次竞价和顺序轮候。

（二）开放式框架协议采购

开放式框架协议采购适用框架协议采购以下两种具体情形：

一是集中采购目录以内品目，以及与之配套的必要耗材、配件等，属于小额零星采购的，因执行政府采购政策不宜淘汰供应商的，或者受基础设施、行政许可、知识产权等限制，供应商数量在3家以下且不宜淘汰供应商的。

二是集中采购目录以外，采购限额标准以上，为本部门、本系统以外的服务对象提供服务的政府购买服务项目，需要确定2家以上供应商由服务对象自主选择的，能够确定统一付费标准，因地域等服务便利性要求，需要接纳所有愿意接受协议条件的供应商加入框架协议，以供服务对象自主选择的。

如果符合这两个情形之一的，可执行开放式框架协议程序，明确采购需求和付费标准等框架协议条件，愿意接受协议条件的供应商可以随时申请加入框架协议采购。

开放式框架协议的公开征集程序相对简单，主要分四步：

（1）征集人应当发布征集公告。

（2）供应商提交加入框架协议的申请。

（3）征集人审核、发布入围结果公告。

（4）采购人或者服务对象从第一阶段入围供应商中直接选定成交供应商。

第六节 合作创新采购

一、合作创新采购的概念及特点

（一）合作创新采购的概念

合作创新采购是指采购人邀请供应商合作研发，共担研发风险，并按研发合同约定的数量或者金额购买研发成功的创新产品的采购方式。这里的“创新产品”，应当具有实质性的技术创新，包含新的技术原理、技术思想或者技术方法。对现有产品的改型以及对既有技术成果的验证、测试和使用等没有实质性技术创新的，不属于“创新产品”。

合作创新采购方式分为订购和首购两个阶段。订购是指采购人提出研发目标，与供应商合作研发创新产品并共担研发风险的活动。首购是指采购人对于研发成功的创新产品，按照研发合同约定采购一定数量或者一定金额相应产品的活动。

（二）合作创新采购的特点

合作创新采购方式的特点可以概括为“两给两共”：既对供应商的研发成本“给补偿”，又以承诺购买一定量创新产品的方式“给订单”；通过“共同分担研发风险”“共同开拓初始市场”，激发企业创新活力。这样的特点能够确保推动创新产品从需求、研发到应用推广的一体化管理，更好地支持应用技术创新和科技成果转化。

二、合作创新采购的适用条件

《政府采购合作创新采购方式管理暂行办法》规定，采购项目符合国家科技和相关产业发展规划，有利于落实国家重大战略目标任务，并且具有下列情形之一的，可以采用合作创新采购方式采购：

一是市场现有产品或者技术不能满足要求，需要进行技术突破的。

二是以研发创新产品为基础，形成新范式或者新的解决方案，能够显著改善功能性能，明显提高绩效的。

三是国务院财政部门规定的其他情形。

三、合作创新采购的程序

前面介绍的六种非招标采购方式，其程序都以确定成交供应商为终点，之后就进入合同签订和履行程序，在本书第八章会单独论述。但合作创新采购由于具有一定的风险性、两阶段性，其在支付款项和合同管理方面有一定的特殊性，因此在这里我们对合作创新采购程序的讲解延伸到预付款和合同管理环节。

（一）需求确定

采购人开展合作创新采购前，应当开展市场调研和专家论证，科学设定合作创新采购项目的需求，包括最低研发目标、最高研发费用和研发期限。最低研发目标包括创新产品的主要功能、性能，主要服务内容、服务标准及其他产出目标。最高研发费用包括该项目用于研发成本补偿的费用和创新产品的首购费用，还可以设定一定的激励费用。

（二）制定采购方案

采购人开展合作创新采购前，应当制定采购方案。采购方案的内容包括：创新产品的最低研发目标、最高研发费用、应用场景和研发期限；供应商邀请方式；谈判小组组成、评审专家选取办法、评审方法以及初步的评审标准；给予研发成本补偿的成本范围及该项目用于研发成本补偿的费用限额；是否开展研发中期谈判；关于知识产权权属、利益分配、使用方式的初步意见；创新产品的迭代升级服务要求；研发合同应当包括的主要条款；研发风险分析和风险管控措施；需要确定的其他事项。

（三）订购

1. 成立谈判小组

采购人应当组建谈判小组，谈判小组由采购人代表和评审专家共 5 人以上单数组成。采购人应当自行选定相应专业领域的评审专家。评审专家中应当包含 1 名法律专家和 1 名经济专家。谈判小组具体人员组成比例、评审专家选取办法及采购过程中的人员调整程序按照采购人内部控制管理制度确定。谈判小组负责供应商资格审查、创新概念交流、研发竞争谈判、研发中期谈判和首购评审等工作。

2. 发布合作创新采购公告

采购人应当发布合作创新采购公告邀请供应商，但受基础设施、行政许可、确需使用不可替代的知识产权或者专有技术等限制，只能从有限范围或者唯一供应商处采购的，采购人可以直接向所有符合条件的供应商发出合作创新采购邀请书。以公告形式邀请供应商的，公告期限不得少于 5 个工作日。提交参与合作创新采购申请文件的时间自采购公告、邀请书发出之日起不得少于 20 个工作日。

3．对供应商进行资格审查

谈判小组依法对供应商的资格进行审查。提交申请文件或者通过资格审查的供应商只有 2 家或者 1 家的，可以按照本办法规定继续开展采购活动。谈判小组集中与所有通过资格审查的供应商共同进行创新概念交流，交流内容包括创新产品的最低研发目标、最高研发费用、应用场景及采购方案的其他相关内容。

4．形成研发谈判文件并向供应商提供

采购人根据创新概念交流结果，形成研发谈判文件。研发谈判文件主要内容包括：创新产品的最低研发目标、最高研发费用、应用场景、研发期限及有关情况说明；研发供应商数量；给予单个研发供应商的研发成本补偿的成本范围和限额，另设激励费用的，明确激励费用的金额；创新产品首购数量或者金额；评审方法与评审标准，在谈判过程中不得更改的主要评审因素及其权重，以及是否采用两阶段评审；对研发进度安排及相应的研发中期谈判阶段划分的响应要求；各阶段研发成本补偿的成本范围和金额、标志性成果的响应要求；研发成本补偿费用的支付方式、时间和条件；创新产品的验收方法与验收标准；首购产品的评审标准；关于知识产权权属、利益分配、使用方式等的响应要求；落实支持中小企业发展等政策的要求；创新产品的迭代升级服务要求；研发合同的主要条款；响应文件编制要求，提交方式、提交截止时间和地点，以及响应文件有效期；省级以上财政部门规定的其他事项。

采购人应当向所有参与创新概念交流的供应商提供研发谈判文件，邀请其参与研发竞争谈判。从研发谈判文件发出之日起至供应商提交首次响应文件截止之日止不得少于 10 个工作日。采购人可以对已发出的研发谈判文件进行必要的澄清或者修改，但不得改变采购标的和资格条件。澄清或者修改的内容可能影响响应文件编制，导致供应商准备时间不足的，采购人按照研发谈判文件规定，顺延提交响应文件的时间。

5．供应商编制响应文件

供应商应当根据研发谈判文件编制响应文件，对研发谈判文件的要求做出实质性响应。响应文件内容包括：供应商的研发方案；研发完成时间；响应报价，供应商应当对研发成本补偿金额和首购产品金额分别报价，且各自不得高于研发谈判文件规定的给予单个研发供应商的研发成本补偿限额和首购费用，首购产品金额除创新产品本身的购买费用以外，还包括创新产品未来一定期限内的运行维护等费用；各阶段的研发成本补偿的成本范围和金额；创新产品的验收方法与验收标准；创新产品的售后服务方案；知识产权权属、利益分配、使用方式等；创新产品的迭代升级服务方案；落实支持中小企业发展等政策要求的响应内容；其他需要响应的内容。

6．谈判

谈判小组集中与单一供应商分别进行谈判，对相关内容进行细化调整。谈判的主要内容包括：创新产品的最低研发目标、验收方法与验收标准；供应商的研发方案；研发完成时间；研发成本补偿的成本范围和金额，以及首购产品金额；研发竞争谈判的评审标准；各阶段研发成本补偿的成本范围和金额；首购产品的评审标准；知识产权权属、利益分配、使用方式等；创新产品的迭代升级服务方案；研发合同履行中可能出现的风险及其管控措施。

在谈判中，谈判小组可以根据谈判情况实质性变动谈判文件有关内容，但不得降低最低研发目标、提高最高研发费用，也不得改变谈判文件中的主要评审因素及其权重。谈判结束后，谈判小组根据谈判结果，确定最终的谈判文件，并以书面形式同时通知所有参加谈判的供应商。供应商按要求提交最终响应文件，谈判小组给予供应商的响应时间应当不少于 5 个工作日。提交最终响应文件的供应商只有 2 家或者 1 家的，可以按照本办法规定继续开展采购活动。

7. 评审、推荐成交候选人

谈判小组对响应文件满足研发谈判文件全部实质性要求的供应商开展评审，按照评审得分从高到低排序，推荐成交候选人。

8. 确定研发供应商

采购人根据谈判文件规定的研发供应商数量和谈判小组推荐的成交候选人顺序，确定研发供应商，也可以书面授权谈判小组直接确定研发供应商。研发供应商数量最多不得超过 3 家。成交候选人数量少于谈判文件规定的研发供应商数量的，采购人可以确定所有成交候选人为研发供应商，也可以重新开展政府采购活动。

9. 签订研发合同

采购人应当依法与研发供应商签订研发合同。采购人应当根据研发谈判文件的所有实质性要求以及研发供应商的响应文件签订研发合同。研发合同应当包括以下内容：采购人以及研发供应商的名称、地址和联系方式；采购项目名称、编号；创新产品的功能、性能，服务内容、服务标准及其他产出目标；研发成本补偿的成本范围和金额，另设激励费用的，激励费用的金额；创新产品首购的数量、单价和总金额；研发进度安排及相应的研发中期谈判阶段划分；各阶段研发成本补偿的成本范围和金额、标志性成果；研发成本补偿费用的支付方式、时间和条件；创新产品验收方法与验收标准；首购产品评审标准；创新产品的售后服务和迭代升级服务方案；知识产权权属约定、利益分配、使用方式等；落实支持中小企业发展等政策的要求；研发合同期限；合同履行中可能出现的风险及其管控措施；技术信息和资料的保密；合同解除情形；违约责任；争议解决方式；需要约定的其他事项。

研发合同约定的各阶段补偿成本范围和金额、标志性成果，在研发中期谈判中做出细化调整的，采购人应当就变更事项与研发供应商签订补充协议。

只能从唯一供应商处采购的，采购人与供应商应当遵照本办法规定的原则，根据研发成本和可参照的同类项目合同价格协商确定合理价格，明确创新产品的功能、性能，研发完成时间，研发成本补偿的成本范围和金额，首购产品金额，研发进度安排及相应的研发中期谈判阶段划分等合同条件。

10．中期谈判

采购人根据研发合同约定，组织谈判小组与研发供应商在研发不同阶段就研发进度、标志性成果及其验收方法与标准、研发成本补偿的成本范围和金额等问题进行研发中期谈判，根据研发进展情况对相关内容细化调整，但每个研发供应商各阶段补偿成本范围不得超过研发合同约定的研发成本补偿的成本范围，且各阶段成本补偿金额之和不得超过研发合同约定的研发成本补偿金额。研发中期谈判应当在每一阶段开始前完成。

每一阶段约定期限到期后，研发供应商应当提交成果报告和成本说明，采购人根据研发合同约定和研发中期谈判结果支付研发成本补偿费用。研发供应商提供的标志性成果满足要求的，进入下一研发阶段；研发供应商未按照约定完成标志性成果的，予以淘汰并终止研发合同。

11．验收

对于研发供应商提交的最终定型的创新产品和符合条件的样品，采购人应当按照研发合同约定的验收方法与验收标准开展验收，验收时可以邀请谈判小组成员参与。

（四）首购

1．确定首购产品

采购人按照研发合同约定开展创新产品首购。只有一家研发供应商研制的创新产品通过验收的，采购人直接确定其为首购产品。有两家以上研发供应商研制的创新产品通过验收的，采购人应当组织谈判小组评审，根据研发合同约定的评审标准确定一家研发供应商的创新产品为首购产品。

2．发布首购产品信息、签订创新产品首购协议

采购人应当在确定首购产品后10个工作日内在省级以上人民政府财政部门指定的媒体上发布首购产品信息，并按照研发合同约定的创新产品首购数量或者金额，与首购产品供应商签订创新产品首购协议，明确首购产品的功能、性能，服务内容和服务标准，首购的数量、单价和总金额，首购产品交付时间，资金支付方式和条件等内容，作为研发合同的补充协议。

其他采购人有需求的，可以直接采购指定媒体上公布的创新产品，也可以在不降低创新产品核心技术参数的前提下，委托供应商对创新产品进行定制化改造后采购。其他采购人采购创新产品的，应当在该创新产品研发合同终止之日前，以不高于首购价格的价格与供应商平等自愿签订采购合同。

3．首购产品迭代升级服务

研发合同有效期内，供应商按照研发合同约定提供首购产品迭代升级服务，用升级后的创新产品替代原首购产品。因采购人调整创新产品功能、性能目标需要调整费用的，增加的费用不得超过首购金额的 10%。

（五）支付预付款

采购人应当向首购产品供应商支付预付款用于创新产品生产制造。预付款金额不得低于首购协议约定的首购总金额的 30%。

（六）终止或解除研发合同

研发合同履行中，因市场已出现拟研发创新产品的同类产品等情形，采购人认为研发合同继续履行没有意义的，应当及时通知研发供应商终止研发合同，并按研发合同约定向研发供应商支付相应的研发成本补偿费用。

因出现无法克服的技术困难，致使研发失败或者部分失败的，研发供应商应当及时通知采购人终止研发合同，并采取适当补救措施减少损失，采购人按研发合同约定向研发供应商支付相应的研发成本补偿费用。因研发供应商违反合同约定致使研发工作发生重大延误、停滞或者失败的，采购人可以解除研发合同，研发供应商承担相应违约责任。

本章小结

1.《政府采购法》及有关法规、办法规定了政府采购的六种非招标采购方式：竞争性谈判、单一来源采购、询价、竞争性磋商、框架协议采购与合作创新采购。

2．竞争性谈判，是指谈判小组与符合资格条件的供应商就采购货物、工程和服务事宜进行谈判，供应商按照谈判文件的要求提交响应文件和最后报价，采购人从谈判小组提出的成交候选人中确定成交供应商的采购方式。其采购程序为：成立谈判小组、制作谈判文件、确定邀请参加谈判的供应商名单、谈判、确定成交供应商。

3．单一来源采购，是指采购人从某一特定供应商处采购货物、工程和服务的采购方式。它具有采购商品的来源渠道单一、采购环节相对较少、手续相对简单、过程相对简化等特点，其采购程序为：确定采购需求、预测采购风险、确定单一来源采购方式、资格审查与公示、协商采购事宜。

4．询价，是指询价小组向符合资格条件的供应商发出采购货物询价通知书，要求供应商一次报出不得更改的价格，采购人从询价小组提出的成交候选人中确定成交供应商的采购方式。其采购程序是：成立询价小组、确定被询价的供应商名单、发出询价通知书、询价、确定成交供应商。

5．竞争性磋商，是指采购人、政府采购代理机构通过组建竞争性磋商小组与符合条件的供应商就采购货物、工程和服务事宜进行磋商，供应商按照磋商文件的要求提交响应文件和报价，采购人从磋商小组评审后提出的候选供应商名单中确定成交供应商的采购方式。其采购程序是：制定竞争性磋商文件、邀请与选择供应商、发售磋商文件、磋商、确定成交供应商。

6．框架协议采购，是指集中采购机构或者主管预算单位对技术、服务等标准明确、统一，需要多次重复采购的货物和服务，通过公开征集程序，确定第一阶段入围供应商并订立框架协议，采购人或者服务对象按照框架协议约定规则，在入围供应商范围内确定第二阶段成交供应商并订立采购合同的采购方式。

7．合作创新采购是指采购人邀请供应商合作研发，共担研发风险，并按研发合同约定的数量或者金额购买研发成功的创新产品的采购方式。合作创新采购方式分为订购和首购两个阶段。订购是指采购人提出研发目标，与供应商合作研发创新产品并共担研发风险的活动。首购是指采购人对于研发成功的创新产品，按照研发合同约定采购一定数量或者一定金额相应产品的活动。

思考题

1．政府采购非招标采购方式具体分为哪些种类？

2．简述竞争性谈判的概念、特点、适用范围和采购程序。

3．简述单一来源采购的概念、特点、适用范围和采购程序。

4．简述询价的概念、特点、适用范围和采购程序。

5．简述竞争性磋商的概念、特点、适用范围和采购程序。

6．简述框架协议采购的概念、特点、适用范围和采购程序。

7．简述合作创新采购的概念、特点、适用范围和采购程序。

课外阅读材料

1．马海涛，陈福超，李学考．政府采购手册．北京：民主与建设出版社，2002：107–172.

2．刘汉屏，李安泽．政府采购理论与政策研究．北京：中国财政经济出版社，2004：174–178，250–307.

3．苏明．政府采购．北京：中国财政经济出版社，2003：78–114.

4. 李进．政府采购实务．南京：江苏科学技术出版社，2006：37–53.

5. 杨灿明，李景友．政府采购问题研究．北京：经济科学出版社，2004：100–128.

6. 国家税务总局集中采购中心．政府采购工作文件选编．北京：中国税务出版社，2005：1–16，17–29.

7. 王亚星．政府采购制度创新．北京：中国时代经济出版社，2002：57–85，254–255.

8. 李鸣，马建臣，毛景立，等．公共采办研究．北京：经济科学出版社，2005：75–85，201–215.

9.《中华人民共和国政府采购法》。

10.《中华人民共和国政府采购法实施条例》。

11.《政府采购非招标采购方式管理办法》。

12.《政府采购竞争性磋商采购方式管理暂行办法》。

13.《政府采购框架协议采购方式管理暂行办法》。

14.《政府采购合作创新采购方式管理暂行办法》。

即测即评

扫描二维码，进行本章在线测试。

第八章

政府采购合同管理

合同在现代经济活动中起着十分重要的作用，是经济活动顺利完成的法律保障。在政府采购中，签订的合同依据法律对双方当事人的行为进行约束，规定其各自的权利和需要履行的义务，保障采购的顺利完成。本章主要介绍政府采购合同订立的有关要求及其内容，以及如何约束采购双方的权利义务，并介绍了合同履行后政府采购项目的验收和结算工作。

第一节　政府采购合同概述

一、政府采购合同的概念

合同是指买卖双方达成的具有法律效力的承诺。政府采购合同是采购人与供应商之间依照一定的法定程序，遵循平等自愿、协商一致的原则，就各自的权利与义务所达成的协议的法律文本。协议签订后，双方当事人应当按照合同约定的内容履行各自的义务，享受各自的权利。

合同的种类繁多，可以根据交易性质和方式的不同制定不同的条款。就政府采购而言，可以分成以下几类：供货合同，适用于货物政府采购；工程承包合同，适用于工程政府采购，这类合同较为复杂，各方面的规定和条款比较多；服务合同，适用于服务政府采购，这类合同的具体要求较多，且难以形成规范、统一的格式，也属于较为复杂的合同类型。

政府采购合同的内容由当事人约定，一般包括以下条款：采购人与中标的供应商（以下统称当事人）双方的名称或者姓名和住所、标的、数量、质量、价款或报酬、履行期限及地点与方式、违约责任、解决争议的方法、特殊条款。

二、政府采购合同条款的确定

政府采购合同的条款是政府采购合同中经双方当事人协商一致、规定双方当事人权利和义务的具体条文。政府采购合同的权利和义务，除法律规定的以外，主要由政府采购合同的条款确定。政府采购合同的条款是否齐备、准确，决定了政府采购合同能否成立、生效以及能否顺利地履行，从而实现订立政府采购合同的目标。

不同的政府采购合同，由其类型与性质决定了其主要条款或者必备条款可能是不同的。比如货物类政府采购合同，其条款的基本内容一般包括当事人双方的权利和义务，以及标准、数量、价格、包装运输、验收程序、保险、付款条件、索赔、合同中止程序、违约责任的处理，等等。

工程和服务类政府采购在合同的内容上则有一些特殊要求，如工程承包合同的基本条款应包括工程的进度、交工期限、工艺和技术水平的要求等；服务合同中的租赁合同、保险合同、劳务合同等均有体现其服务或行业特点的内容。

（一）当事人的名称或者姓名和住所

当事人的名称或者姓名和住所条款，对政府采购、企业采购、团体采购和私人采购等合同订立来说，都是必须具备的条款。当事人是政府采购合同的主体，合同中如果不写明当事人，就无法确定权利的享受和义务的承担，发生纠纷也难以解决。

（二）标的

标的是政府采购合同当事人的权利和义务指向的对象。标的是合同成立的必要条件，是一切合同的必备条款。如果没有标的，政府采购合同就不能成立，合同关系也就无法建立。

政府采购合同各种各样，千差万别，其标的也是多种多样：

第一，有形资产，是指具有价值和使用价值并且法律允许流通的有形物，如土地、建筑物、一般设备、办公消耗用品、建筑装饰材料、物资、专用材料、专用设备、交通工具等。

第二，无形资产，是指具有价值和使用价值并且法律允许流通的不以实物形态存在的智力成果，如商标、专利、著作权、工业产权等。

第三，劳务，是指不以有形财产体现其成本的劳动与服务，如维修、保险、交通工具的维护保障、会议、培训、物业管理和其他服务等行为。

第四，工作成果，是指在政府采购合同履行过程中产生的、体现履行行为的有形物或者无形物，如承揽合同中由供应商完成的工作成果，工程合同中供应商完成的建设项目，技术开发合同中委托开发人完成的研究开发工作等。

政府采购合同对标的的规定应当清楚明白、准确无误，对于名称、型号、规格、品种、等级、花色等都要约定得细致、准确、清楚，防止差错。特别是对于不易确定的无形资产、劳务、工作成果等更应尽可能地描述准确、清楚。订立政府采购合同还应当注意各种语言、方言以及习惯称谓的差异，避免不必要的麻烦和纠纷。

（三）数量

数量条款是政府采购合同中的主要条款之一，按约定的数量交付货物是供应商的基本义务。一些国家的法律规定，供应商交货的数量必须与合同规定相符，否则采购方有权拒收货物乃至索取赔偿。由于交易约定的数量是交接货物的依据，因此，正确掌握成交数量和签订好合同中的数量条件，具有十分重要的意义。同时，正确掌握成交数量，在一定程度上可以起到促进交易、达到和争取有利价格的目的。

在大多数的政府采购合同中，数量是必备条款，没有数量，合同是不能成立的。对于有形资产，数量是对单位个数、体积、面积、长度、容积、重量等的计量；对于无形资产，数量是个数、件数、字数以及使用范围等多种量度方法；对于劳务，数量为劳动量；对于工作成果，数量是工作量及成果数量。合同数量要准确无误，要选择使用共同接受的计量单位、计量方法和计量工具。

政府采购合同中数量条款的制定要遵循以下原则：

（1）数量条款应当具体明确。为了便于履行合同和避免引起争议，采购合同中的数量条款应明确、具体。首先，要明确计量单位的选用。计量单位很多，采取哪一种计量单位除主要取决于商品的种类与特点外，也取决于交易双方的意愿。计量单位可分为重量单位、数量单位、长度单位、面积单位、容积单位等。其中，在选用重量单位时，首先要明确规定使用毛重还是净重计算。其次，要确定数量条件。例如，矿石、谷物等易碎物品一般使用装船数量条件，其他物品一般使用到岸数量条件。

（2）合理规定数量机动幅度。在某些大宗商品交易中，由于商品的特性、货源变化、包装等因素影响，要求准确地按约定数量交货有时存在一定的困难，为了使交货数量具有一定范围内的灵活性和便于履行合同，招标采购单位可以和供应商在合同中合理规定数量机动幅度。只要卖方交货的数量在约定的增减幅度范围内，采购人就不得以交货数量不符为由拒收货物或提出索赔。

（3）机动数量的计价方法要公平合理。通常的做法是超出或低于合同规定的部分，一般按合同价格结算，双方有协议者也可以在合同中予以具体规定。

（四）质量

质量指的是标准和技术要求。它包括性能、效用、工艺等，一般以品种、型号、规格、等级等体现出来。对于有形资产来说，质量是物理、化学、机械、生物等性质；对于无形资产、服务工作的成果来说，质量也有高低之分，并有衡量的特定方法。质量条款的重要性是毋庸置疑的，许多的合同纠纷由此引发。政府采购合同中应当对质量问题尽可能地做出细致、准确和清楚的规定。国家有强制性标准规定的，必须按照规定的标准执行。有其他质量标准的，应尽可能约定其适用的标准。当事人可以约定质量检验的方法、质量责任的期限和条件、对质量提出异议的条件与期限等。

政府采购合同应尽可能详细地列出所购物资或项目的品质、规格和标准。如果所购物资及服务或工程质量达不到所需要求，即使价格再低廉也达不到应有的效果。

（五）价款或者报酬

价款或者报酬是指一方当事人向对方当事人所付代价的货币支付。价款一般是指对提供财产的当事人支付的货币；报酬一般是指对提供劳务或者工作成果的当事人支付的货币。

价格应当在政府采购合同中规定清楚或者规定计算价款或报酬的方法。有些政府采购合同比较复杂，货款、运费、保险费、保管费、装卸费、报关费以及一切其他可能支出的费用由谁承担都要有明确的规定。

在政府采购尤其是工程项目的采购中，价格的制定是一项较复杂的工作，既需要考虑工程本身的造价成本，也需要考虑工程进行中可能出现的不确定因素。在制定价格时应考虑的不确定性因素有：通货膨胀率高低的变化；选择国外货币时所遇到的汇率变化；合同签署后原材料和劳动力成本的变化；工程项目中遇到的诸如工程量的计算等许多不确定性的因素。对于这些不确定性的因素，供应商在制定价格时，往往会高估采购物资或工程项目的价格。因此，招标采购单位在制定价格时，有必要制定一个价格范围，尤其是确定标底。标底即制定的价格极限，可分最高价和最低价两种。最低价的制定是为了防止供应商以不合理的低价参加投标以获取合同，从而影响采购的质量；最高价的规定是为了防止采购成本过高。

（六）履行期限

履行期限是指政府采购合同中规定的当事人履行义务，如交付标的物、支付价款或者报酬、履行劳务、完成工作的时间界限。履行期限直接关系政府采购合同义务完成的时间，涉及当事人的期限利益，也是确定政府采购合同是否按时履行的客观依据。不同的政府采购合同，其履行期限的具体含义是不同的。货物政府采购合同中供应商的履行期限是指交货的日期，采购人的履行期限是指交款日期；运输政府采购合同中承运人的履行期限是指从起运到目的地卸载的时间；工程建设政府采购合同中供应商的履行期限是指从开工到竣工的时间。正因如此，期限条款应当尽量明确、具体，或者明确规定计算期限的方法。

（七）履行地点和方式

履行地点是指当事人履行政府采购合同义务和对方当事人接受履行的地点。不同的政府采购合同，履行地点有不同的特点。比如，在货物政府采购合同中，采购人提货的，在提货地履行；供应商送货的，在采购人收货地履行。在工程建设政府采购合同中，在建设项目所在地履行。在运输政府采购合同中，从起运点到目的地均为履行地点。履行地点有时是确定运费由谁负担、风险由谁承担以及所有权是否转移、何时转移的依据。履行地点也是在发生纠纷后确定由哪一地法院管辖的依据。因此，履行地点在政府采购合同中应当规定得明确而且具体。

履行方式是指当事人履行政府采购合同的具体做法。政府采购合同的不同决定了履行方式的差异。货物采购的履行方式是交付标的物，承揽合同的履行方式是交付工作成果。履行可以是一次性的，可以是在一定时期内的，也可以是分期、分批的。运输政府采购合同按照运输方式的不同，可以分为公路、铁路、海上、航空等方式。履行方式还包括报酬的支付方式、结算方式等，如转账结算、支票结算、委托付款、限额支票、信用证、汇兑结算、委托收款等。履行方式与当事人的利益密切相关，应当从方便、快捷和防止欺诈等方面考虑采取最为适当的履行方式，并且在政府采购合同中明确规定。

（八）违约责任

违约责任是指当事人一方或者双方不履行政府采购合同或者不适当履行政府采购合同，依据法律的规定或者按照当事人的约定应当承担的法律责任。违约责任是促使当事人履行合同义务，使对方免受损失的法律措施，也是保证政府采购合同履行的主要条款。违约责任在合同中非常重要，因此一般有关合同的法律对于违约责任都已经做了较为详尽的规定。但法律的规定是原则性的，不可能照顾到各种政府采购合同的特殊情况。因此，为了保证政府采购合同义务严格按约定履行，及时解决合同纠纷，需要在政府采购合同中约定责任，如约定定金、违约金、赔偿金额以及赔偿金额的计算方法等。

（九）解决争议的方法

解决争议的方法是指合同争议的解决途径，如政府采购合同条款发生争议的解释及法律适用等。解决争议的途径主要有：一是双方通过协商和解；二是由第三人进行调解；三是通过仲裁解决；四是通过法律诉讼解决。

当事人可以约定解决争议的方法，如果只想通过法律诉讼解决争议是不用事先约定的，通过其他途径解决则须事先或者事后约定。依照《中华人民共和国仲裁法》的规定，如果选择适用仲裁解决争议，除非当事人的约定无效，否则排除法院对其争议的管辖。但是，如果仲裁裁决有问题，当事人可以依法申请法院撤销仲裁裁决或者申请法院不予执行。当事人选择和解、调解方式解决争议，不能排除法院的管辖，但可以提起诉讼。

涉外政府采购合同的当事人约定采用仲裁方式解决争议的，可以选择本国仲裁机构进行仲裁，也可以选择在外国进行仲裁。涉外政府采购合同的当事人还可选择处理合同争议所适用的法律。但法律对有些涉外政府采购合同法律的适用有限制性规定的，应依照其规定。

解决争议的方法的选择对于纠纷发生后当事人利益的保护是非常重要的，应该慎重对待。要把选择解决争议的方法规定得具体、清楚，不能笼统地规定采用某种方法解决；否则，将无法确定协议条款的效力。

（十）特殊条款

政府采购合同特殊条款是指当事人在政府采购合同中特别约定的条款，它是政府采购合同一般条款的补充和修改，如果两者之间有抵触，应以特殊条款为准。

（十一）其他条款

除上述合同的一般条款外，在政府采购合同中，还应考虑包装、运输、检验、保险、索赔条款。

1. 包装条款

包装是保护商品在流通过程中质量完好和数量完整的重要措施，有些商品的包装本身就是商品的组成部分，因此包装对商品有着重要意义。除此之外，经过包装的商品，不仅便于运输、装卸、搬运、储存、保管和携带、使用，而且不容易丢失或被盗，为各项工作提供了便利。因此，政府采购机构在合同中应做好包装条款的制定工作。包装条款一般包括包装材料、包装方式、包装规格、包装标志和包装费用的负担等内容。

2. 运输条款

采购机构在同供应商协商时，必须就货物的运输方式、交货时间、装运地和目的地、能否分批装运和转船、转运等问题达成协议，并在合同中具体订明。

关于运输方式的选择。规定选择海洋运输、铁路运输、航空运输、公路运输、内河小邮包运输、集装箱运输或国际联运方式进行运送货物。

关于装运货物时间的确定。可以规定具体的装运时间，也可以规定在收到信用证或信汇、电汇、票汇后某一时间装运，还可以笼统地规定近期装运。最后一种规定容易造成分歧，因此使用时要慎重。

关于装运港和目的港的确定。确定装运港和目的港时要具体、明确地规定港名，注意装卸港的设施及条件，以及港名有无重名等问题。

关于是否分批装船和转船的确定。允许分批装船和转船，一般来说对供应商有利。国际惯例和各国合同法中对有关分批装船与转船的做法及规定不一，因此在合同中应根据情况注明双方协商做出的选择。

3．检验条款

检验指的是检查和验收，为了保证采购的物资和项目的品质、数量以及能按时交货，在合同中必须制定检验条款。

检验条款中应包括检验时间的规定，属于报价时由卖方提供样品的检验，须规定是在制造过程中进行检验，还是在履行合同正式交货时进行检验；检验地点的规定包括在生产地点进行检验、在指定仓库或交货地点进行检验、在买方使用地进行检验等规定；检查数量的规定，须明确是对商品物资全部进行检验，还是抽取一定百分比的物资进行抽样检验。

4．保险条款

采购的物资在运输途中可能会遭受各种损失，因此在合同中应制定保险条款，对所需的物资进行保险。在制定保险条款时，首先要明确是由采购方还是由供应商购买保险。根据国际惯例，凡是按到岸价（CIF）和保税区价（CIP）条件成交的出口货物，一般由供应商投保；按离岸价（FOB）、成本加运费（CFR）和卖方承担费用（CPT）条件成交的进口物资，由采购方办理保险。保险一般可分为海上保险和内地水陆运输保险。在保险条款中应规定购买何种险种，如全险、平安险、水渍险、内陆运输保险等，以及保险金额、费用负担的规定等。

5．索赔条款

索赔是指货物从供应商转移到采购人手上时，由于人为灾害或其他原因，导致货物遭受损失的时候，采购方依据有关条款向有关单位提出赔偿要求。

索赔一般在货物遭受损害时提出。货物遭受损害主要包括以下几种情况：数量短缺，如装货时出现少装、交货后发现货物短缺现象；破损，一般是指运输途中发生的破损，如包装不良、搬运不慎及货物受水渍等造成的损害；产品不符合规格；延期交货，因交货延期导致生产停顿或是其他方面的损失，也可以按合同规定提出索赔。

第二节 政府采购合同的订立及履行

一、政府采购合同的订立

政府采购招标投标或者非招标投标采购程序结束后，采购方与中标成交供应商需要进行会谈和签订具体的合同。政府采购合同一经签订，没有特殊情况难以变更，因此合同的谈判和签订在政府采购中处于一种特别重要的地位。

（一）政府采购合同的签订

政府采购项目在确定中标或成交供应商后，采购人与供应商应当订立政府采购合同。合同一经双方签字同意，其对签约双方都有法律效力，成为双方履行各自职责、采购项目顺利实施并圆满完成的有力保证。

1. 政府采购合同订立的期限

《政府采购法》第四十六条对签订政府采购合同的期限做出了具体规定，即采购人与中标、成交供应商应当在中标、成交通知书发出之日起30日内，按照采购文件确定的事项签订政府采购合同。中标、成交通知书对采购人和中标、成交供应商均具有法律效力。中标、成交通知书发出后，采购人改变中标、成交结果的，或者中标、成交供应商放弃中标、成交项目的，应当依法承担法律责任。《政府采购法实施条例》第四十九条又规定：中标或者成交供应商拒绝与采购人签订合同的，采购人可以按照评审报告推荐的中标或者成交候选人名单顺序，确定下一候选人为中标或者成交供应商，也可以重新开展政府采购活动。

2. 政府采购合同订立的规范要求

政府采购合同的订立，除按《民法典》"合同编"的有关要求执行外，一般还应注意如下五方面的要求：一是所订立的合同不得对招标文件和中标的供应商的投标文件做实质性修改；二是采购人不得向中标或成交供应商提出任何不合理的要求，作为订立政府采购合同的条件；三是采购人和中标的供应商不得私下订立背离政府采购合同实质性内容的协议；四是法律、行政法规规定应当办理批准、登记等手续生效的政府采购合同，依照其规定办理；五是政府采购管理机构的其他要求。

（二）政府采购合同的备案与公开

1. 政府采购合同的备案

政府采购项目的采购合同自签订之日起7个工作日内，采购人应当将合同副本报同级政府采购监督管理部门和有关部门备案。

2. 政府采购合同的公开

采购人应当自政府采购合同签订之日起2个工作日内，将政府采购合同在省级以上人民政府财政部门指定的媒体上公告，但政府采购合同中涉及国家秘密、商业秘密的内容除外。为进一步提升政府采购合同信息公开，2023年12月财政部发布的《关于进一步提高政府采购透明度和采购效率相关事项的通知》（财办库〔2023〕243号）规定，推进政府采购合同变更信息公开，政府采购合同的双方当事人不得擅自变更合同，依照政府采购法确需变更政府采购合同内容的，采购人应当自合同变更之日起2个工作日内在省级以上财政部门指定的媒体上发布政府采购合同变更公告，但涉及国家秘密、商业秘密的信息和其他依法不得公开的信息除外。政府采购合同变更公告应当包括原合同编号、名称和文本，原合同变更的条款号，变更后作为原合同组成部分的补充合同文本，合同变更时间，变更公告日期等。

（三）履约保证金

履约担保金是履约担保的一种，是指采购人为防止供应商在合同履行过程中违反合同规定或违约，并弥补由此给采购人造成的经济损失而收取的一定数额的货币。《政府采购法实施条例》规定，采购文件要求中标或者成交供应商提交履约保证金的，供应商应当以支票、汇票、本票或者金融机构、担保机构出具的保函等非现金形式提交。履约保证金的数额不得超过政府采购合同金额的10%。

二、政府采购合同的履行

合同的履行，是指合同的双方当事人正确、适当、全面地完成合同中订立的各项义务的行为。政府采购合同签署并完成各种手续以后，便产生了法律效力，从此开始便进入政府采购合同的履行阶段。在此阶段，中标或成交供应商必须按政府采购合同的各项规定，向采购人提供货物、工程或服务，采购人和中标或成交供应商都不得单方面修改政府采购合同的条款，否则属于违约。并且，违约方必须按政府采购合同的规定向政府采购合同的另一方赔偿损失。合同的履行是整个政府采购过程中决定性的阶段，政府采购合同履行情况的好坏，决定着政府采购全过程的成败。

（一）政府采购管理机构监督合同履行的规范要求

第一，政府采购合同订立后，采购人应当将合同副本报送政府采购管理机构备案。

第二，政府采购管理机构对合同文件进行审核一般包括四方面的内容：是否符合政府采购的有关法律和政策；是否符合政府采购预算的要求；合同的主要条款是否符合招标文件的要求；合同中是否包括政府采购管理机构对政府采购合同的履行验收提出的特别要求。

第三，政府采购合同需要变更的，采购人应当将有关合同变更的内容及时书面报告政府采购管理机构。

第四，政府采购合同履行过程中，因某些特殊情况需要中止、取消、终止合同的，采购人应当将取消、中止或终止的理由以及相应的措施，及时书面报告政府采购管理机构。

第五，中标或成交供应商有违反合同行为的，采购人应当将有关中标或成交供应商违约的情况以及拟采取的措施及时书面报告政府采购管理机构。

第六，在政府采购合同履行期间及履行后，政府采购管理机构可以随时抽查采购人，对采购标准、采购内容等事项进行核实。如果发现问题，应当责令采购人或供应商进行纠正，并追究有关人员的责任。

（二）履行政府采购合同应遵循的原则

双方当事人在履行政府采购合同的过程中，应当遵循以下原则：

1．协作履行原则

当事人不仅应适当履行自己的合同义务，还应基于诚实信用原则要求对方当事人协助其履行义务。协作履行是诚实信用原则在合同履行中的具体体现，协助履行是双方都应承担的义务。只有双方当事人在合同履行过程中相互配合协作，合同才会得到适当履行。

2．情势变更原则

这一原则是指在合同成立之后，由于非因当事人双方的过错而发生情势变更，致使继续履行合同对某一方当事人会显失公平，因此根据诚实信用原则，当事人可以请求变更或者解除合同。情势变更原则适用的条件主要包括以下几点：

第一，具有情势变更的客观事实。这是情势变更原则适用的前提，这种变更包括自然的和人为的、永久的和暂时的。

第二，变更发生在合同成立之后、终止之前。

第三，变更的事实是当事人所不能预见的。如果当事人能够预见而没有准备，则应当由当事人对由于其主观存在的过错而导致的伤害承担责任。对于善意的不能预见的，当事人则应允许其主张情势变更。

第四，情势变更结果导致合同的履行显失公平。有两点需要注意：一是显失公平的结果是由于情势变更所引起的；二是履行情势变更原则可使一方当事人免受损害，但同时也不能使另一方当事人承受不必要的经济负担。

（三）政府采购合同履行的特殊规定

（1）合同分包。经采购人同意，中标、成交供应商可以依法采取分包方式履行合同。政府采购合同中分包履行的，中标、成交供应商就采购项目和分包项目向采购人负责，分包供应商就分包项目承担责任。

（2）合同追加。政府采购合同履行中，采购人需追加与合同标的相同的货物、工程或服务的，在不改变合同其他条款的前提下，可以与供应商签订补充合同，但所有补充合同的采购金额不得超过原合同采购金额的10%。

三、政府采购合同的变更

政府采购合同的变更是指政府采购合同成立后，当事人在原合同的基础上对合同的内容进行修改或者补充。

政府采购合同是双方当事人通过要约、承诺的方式，经协商一致达成的。政府采购合同成立后，当事人应当按照合同的约定履行合同，任何一方未经对方同意，都不得改变合同的内容。但是，当事人在订立政府采购合同时，有时不可能对涉及合同的所有问题都做出明确的规定；政府采购合同签订后，当事人在合同履行前或者履行过程中也会出现一些新的情况，需要对双方的权利和义务重新进行调整与规范。因此，需要当事人对政府采购合同的内容重新进行修改或者补充。

政府采购合同变更的内容既可能是合同标的的变更，也可能是数量的增加或者减少、履行地点的变更、履行方式的改变、履行期限的提前或者延后、违约责任的重新约定、当事人给付价款或者报酬的调整等。此外，担保条款发生变化和解决争议方式发生变化也会导致政府采购合同的变更。

政府采购合同的变更需要当事人就相关法律允许更改的内容协商一致；但有些情况下，仅有当事人协商是不够的，当事人还应当履行法定的程序。法律、行政法规规定变更合同应当办理批准、登记等手续的，还应依照其规定办理相应的手续。

四、政府采购合同的中止与终止

（一）合同的中止

政府采购合同的中止是指在采购过程中采购人发现供应商存在欺骗、贿赂、提供虚假证明等行为时，为了保护采购人的利益，在完成调查或法律审查之前根据充分的证据而采取的一种紧急措施。

对合同的中止应根据有关法律和合同条款的规定实施，规定包括中止的原因、中止的程序及相关处理规定。

1. 合同中止的原因

一是供应商为获得某一合同而犯有诈骗或其他刑事罪；

二是犯有贪污、偷窃、伪造、贿赂等罪行；

三是投标人提供虚假证明书；

四是违反有关报价的反垄断法或相关反垄断法规；

五是有商业道德不诚信记录，这种过错有可能严重影响现在合同人履约的可能性；

六是合同人的其他恶劣行为。

2. 做出合同中止的决定

发现上述有关问题后，采购机构应将调查报告及有关问题提交管理人员以做出决定。中止决定应遵循民主的原则，给予合同双方当事人解释说明和辩护的机会。中止决定做出后应立刻用信函方式通知合同另一方当事人，告知中止的原因、产生的后果等有关事项。

当存在可实行中止的情况时，采购机构或有关人员并不一定要求对合同实行中止，也可以根据合同一方当事人行为或失职的程度采取补救措施或减轻对其的惩罚。

3. 合同中止的后果

第一，双方义务。合同可规定中止合同所涉及的项目，在中止期内双方的义务应予停止，但应不影响其他项目履行义务。

第二，因为合同中止而延长项目完工期，各自的履约担保也应相应延长。延长履约担保的费用，应由违约方承担。

第三，由于合同的中止给对方造成的经济损失，由违约方负责赔偿责任。

（二）合同的终止

政府采购合同的终止是指依法生效的政府采购合同，因具备法定情形和当事人约定的情形，政府采购合同的债权、债务归于消灭，债权人不再享有政府采购合同的权利，债务人不必再履行政府采购合同的义务。

1. 适用的情形

一般来说有下列情形的，政府采购合同的权利和义务终止：

第一，合同已经按照约定履行。政府采购合同双方已按照合同要求履行其义务，采购行为结束，政府采购合同自动终止。

第二，因为违约行为而终止合同。如果供应商不按照合同的规定履行义务，发生如交货不符合规格、不能按期交货等情况，合同终止。供应商的违约行为，可能是故意违约，也可能是客观原因造成无力履行合同。

第三，双方同意终止合同。订立合同的本意在于双方都能按照合同履行。但有时采购方与供应商由于特殊情况在履行中可能会要求终止合同。有下列情形之一的，当事人可以解除政府采购合同：因不可抗力致使不能实现政府采购合同的目的；在履行期限届满之前，当事人一方明确表示或者以自己的行为表明不履行主要债务；当事人一方延迟履行主要债务，经催告后在合理期限内仍未履行；当事人一方延迟履行债务或者有其他违约行为致使不能实现政府采购合同的目的；法律规定的其他双方同意终止合同的情形。出现这些情况时，最好的办法是采购方与供应商协商，在有关合同取消条件上达成一致，并在合同内增加终止条款。

第四，法律规定或当事人约定终止的其他情形。

2. 涉及的法律责任

对合同的终止常常会产生法律责任的问题。处理这一问题的基本原则是应使愿意实施合同的一方不受损失，但从法律角度来考虑，由采购方还是供应商承担责任，责任范围如何，需要根据实际情况来确定。

在做出终止合同的决定时，如果是由供应商的违约行为造成的，采购机构还应考虑合同的具体规定，给予供应商补过的机会，以便继续履行合同，也可以做出修改合同或终止合同的规定，根据实际情况灵活处理。

政府采购合同的权利和义务终止后，当事人应当遵循诚实信用原则，根据交易习惯履行通知、协助、保密的义务。

合同解除后，尚未履行的，终止履行；已经履行的，根据履行情况和合同性质，当事人可以要求恢复原状、采取其他补救措施，并有权要求赔偿损失。

第三节 政府采购项目验收

一、政府采购项目验收的概念

政府采购项目验收是指按照法定的程序和人员组成验收小组，在政府采购合同履行过程中或履行完毕后对合同履行的阶段性结果或最终结果实施情况进行现场检查、检验，综合评定项目实施结果的格次，并客观、公正地做出验收结论的一种政府事务性活动。这种活动以采购合同、国家颁布的有关规定标准、产品说明书等为验收依据，以采购项目实施结果为对象，以科学合理的方法为手段，以验收报告为最终产品，是政府采购活动的最终环节。

二、政府采购项目验收的依据

政府采购合同是政府采购履约和验收的依据。我国《政府采购法》第四十一条规定："采购人或者其委托的采购代理机构应当组织对供应商履约的验收。大型或者复杂的政府采购项目，应当邀请国家认可的质量检测机构参加验收工作。验收方成员应当在验收书上签字，并承担相应的法律责任。"《政府采购法实施条例》第四十五条规定："采购人或者采购代理机构应当按照政府采购合同规定的技术、服务、安全标准组织对供应商履约情况进行验收，并出具验收书。验收书应当包括每一项技术、服务、安全标准的履约情况。政府向社会公众提供的公共服务项目，验收时应当邀请服务对象参与并出具意见，验收结果应当向社会公告。"这些规定为政府采购验收工作提供了法律依据。

三、政府采购项目验收工作

政府采购项目验收工作可以分阶段进行，阶段划分因项目的不同而稍有差异，但按其实施的整个过程均可分为验收准备阶段、验收实施阶段和验收报告形成阶段。

（一）验收准备阶段

这一阶段的主要任务是，熟悉与采购活动有关的各种资料，包括采购项目名称、采购预算、项目编号、受理时间、采购方式、采购结果、合同签订时间、合同金额、合同执行中存在的问题及处理结果、验收申请的递交时间、采购单位对申请验收所持的意见等事项。待条件成熟时，根据采购资料编制项目验收实施方案，方案的编制要规范、科学、可行，选定的验收专家应符合项目要求，验收小组的组成人员应符合法律法规的规定。

（二）验收实施阶段

这一阶段的主要任务是，组织验收小组召开项目验收预备会，就项目的基本情况、验收时间、验收程序、验收小组的组成人员及各自在验收活动中的职责分工做明确规定。验收预备会结束后，现场踏勘检查，按照政府采购合同、国家有关规定标准和项目说明书等逐项进行实地验收，对项目验收中存在的问题做好记录，并提出改正意见。

（三）验收报告形成阶段

这一阶段的主要任务是，召开项目验收评定会，汇总验收意见，评定验收结论。在验收评定会上，验收小组各成员就自己所负责的验收事项做汇报，分别交换验收意见，包括项目的成功点、存在的问题、修改意见等。然后，根据验收小组各成员就项目验收的总体评价确定验收的格次，即优良、合格、不合格，并形成书面的验收报告。

四、政府采购项目验收应遵循的基本程序

第一，由专业人员组成的验收小组来进行政府采购合同的质量验收，原则上应当由第三方负责，即国家认可的专业质量检测机构负责，或者由采购人、代理机构会同专业机构共同负责，但采购金额较小或货物技术参数、规格型号较为简单明确的除外。直接参与该项政府采购的主要责任人不得作为验收的主要负责人。

第二，验收结束后，验收小组或者专业质量检测机构要做验收记录，并分别在验收证明书和结算证明书上签字。

第三，供应商、采购机构或采购人认为有必要，可以在合同履行过程中，对履约程度进行核验，并作为交付或验收的依据。采购人应按照约定，组织验收人员对政府采购合同的履约结果进行验收，以确认货物、工程或服务符合合同的要求。

第四，货物、工程和服务的验收按照下列方法进行：属于分散采购方式的，由各采购人按照合同约定自行验收；属于集中采购方式的，由采购人按照合同约定进行验收；对有特殊要求的采购项目，政府采购中心可以组织技术专家进行抽查复验。

第五，验收过程应当制作验收备忘录，参与人员应当分别签署验收意见。

第六，验收结果不符合合同约定的，应当通知供应商限期达到合同约定的要求，给采购机构或采购人造成损失的，供应商应当承担赔偿责任。

第七，验收结果与采购合同约定不完全符合，如不影响安全，且比原采购合同货物部分提高了使用要求和功能的或属技术更新换代产品的，在价款不变的前提下，采购人可以验收接受；如不影响安全、不降低使用要求和功能，而且要改变确有困难的，经协商一致并经有关主管部门批准后可减价验收接受。

第八，验收时间的约定：① 货物类。对供应商提供的国家标准产品或技术要求不高且品牌、型号规格明确的，采购机构或采购人应做到随到随验收。对技术要求较高的

或非标产品，采购机构或采购人一般应在供应商提交货物之日起 7 日内组织验收工作。② 工程类。属于独立的工程（包括设备安装调试）项目的，一般在供应商提交竣工报告之日起 15 日内，采购机构或采购人应组织验收工作，并以书面形式通知供应商。属于基本建设配套工程项目，且需要与基本建设工程整体验收的，则按基本建设项目竣工验收的规定执行。③ 服务类。可根据项目特点对服务期内的服务实施情况进行分期考核，结合考核情况和服务效果进行验收。

第九，验收结束后，验收的主要负责人应当在采购验收书上签署验收小组的验收意见。属于集中采购项目的验收意见，应填制《政府采购项目验收单》一式三份，采购人、供应商、政府采购中心各执一份，《政府采购项目验收单》是财政部门支（拨）付价款的必要文件。

五、政府采购项目验收应注意的几个问题

（一）验收时间确定的合理性

验收时间的合理性是验收成功与否的前提。验收时间确定的依据是验收申请和合同的有关规定，验收申请由供方提出，经需方同意并盖章后向验收组织方呈送。验收组织方接到验收申请后，应积极拟订验收实施方案，方案对验收时间的规定应当合理，既不能强人所难，也不能违背客观事实，必须征得采购单位、供应商和所聘请技术专家等与验收有关的人员同意后方可确定，否则，须等条件成熟时再组织验收，绝不能单方确定，贸然验收。

（二）验收小组人员构成的合规性

验收小组的人员构成直接影响着验收结果的科学性、客观性、公正性。因此，在确定验收小组的组成人员时，要慎之又慎，避免出现不规范或不合理的情况，影响项目验收结果，损害采购单位利益。验收小组的人员组成一般参照《政府采购法》对谈判和询价采购中谈判小组和询价小组组成人员的规定确定，即：验收小组由采购人的代表、供应商代表和有关专家共 3 人以上的单数组成，其中专家的人数不得少于成员总数的 2/3。若采购人委托集中采购机构组织验收，则须有集中采购机构的代表参与。对复杂的项目同时须邀请国家认可的质量检测机构参加验收工作。

（三）验收过程的简洁性

验收过程既不能复杂化，也不能流于形式，使验收失去实际意义。在验收时要根据职责分工正确把握，对关键性设备或工程核心部分要重点验收，详细查看，对整个项目影响不大的部分，只要符合基本规定和需方要求即可，不必过分强求，以保证验收时间和验收工作的顺利进行，按计划完成各项验收任务。比如，多媒体网络教室技术工程中音箱及插线板的放置位置、部分制度贴示、终端机的放置形式等，则可简化其验收

程序。

（四）验收结论的客观性

验收结论的真实与否直接关系供需双方的利益，若有半点虚假，则会使供需双方中的某一方的利益直接受到损失，影响政府采购的公平、公正和诚信的声誉。因此，在综合评价验收结论时，要客观公正，既不能夸大事实，将验收结论黑白颠倒，也不能隐瞒事实，蒙混过关，而要坚持原则，实事求是地对项目的成功与失败做出中肯、客观、公正的评价，确保采购质量。

六、政府采购项目验收方案及验收报告

（一）验收方案

政府采购项目验收方案是对验收程序和具体验收事项所做的计划，其条款主要包括项目简介、验收时间、验收依据、验收方法、验收内容、验收小组人员组成及职责分工、验收程序七项内容。按采购类别的不同可分为货物类、服务类和工程类验收方案。货物类、服务类验收方案较为简单，一般情况下可不形成书面文字，只做好准备即可；工程类项目则须以书面形式形成较为完备的验收方案。

（二）验收报告

政府采购项目验收报告是对整个项目验收情况所做出的最终评价，它是确定项目质量是否合格的标准之一，分为货物类、服务类和工程类验收报告。在工程类验收报告中，根据工程的特征不同又可分为技术工程、装饰改造工程和土建工程等，由于其技术含量和施工程序不同，验收报告也不尽一致。因而，各类验收报告的格式和应具备的具体条款差异较大，但其基本条款一般应包括采购当事人基本信息、项目简介、项目执行情况、存在的问题、要求与建议、验收结论、验收小组成员签字以及采购单位、供应商、集中采购机构的确认意见八项内容。

第一，货物类、服务类验收报告。这类验收报告较为简单，一般情况下由供需双方组织验收并以书面形式正式打印填写，经集中采购机构审核确认即可。

第二，工程类验收报告。工程类验收报告较为复杂，须以书面形式正式打印填写。

总之，政府采购项目的验收工作，是对项目实施政府采购结果的检测和总结，也是对供应商提供的设备和所承建的工程质量等方面的最终评价及认定。如何做好这项工作，不但需要有健全的制度规定、科学合理的验收程序、富有理论和实践经验的技术专家，还需要集中采购机构或采购单位的精心组织以及社会各界的积极支持，以使政府采购项目验收工作在市场竞争机制的激励下健康、全面地发展，从采购活动的最后环节杜绝假冒伪劣产品或豆腐渣工程对政府采购的危害。

第四节 政府采购项目结算

一、政府采购项目结算的概念

政府采购项目结算是指采购人在政府采购项目完成并验收后，由财政部门按照采购人的验收结算手续和政府采购合同中确定的付款方式、付款金额，经由政府采购资金专户直接向中标或成交供应商付款结算的过程。

《政府采购法实施条例》第五十一条规定：采购人应当按照政府采购合同规定，及时向中标或者成交供应商支付采购资金。政府采购项目资金支付程序，按照国家有关财政资金支付管理的规定执行。

二、政府采购项目结算应当遵循的基本程序

第一，由中标方或成交供应商提出结算申请，经由采购人同意后，连同政府采购项目检测机构证明、验收结算书、接受履行报告、质量验收报告、合同约定的付款条件所要求的全部文件副本等有关文件一并报送政府采购管理机构备案。

第二，政府采购管理机构对采购人报送的拨款申请书及有关文件进行审核。审核无误后应当按照合同约定的金额和政府采购（付款）进度，经由政府采购资金专户直接向中标或成交供应商付款。

三、加强政府采购结算工作的基本要求

第一，明确和优化采购资金监管体系，实现不相容岗位相互分离，并强化印鉴分设制度。其具体做法为：在政府集中采购机构和采购中心分别制定采购资金监管、审核、预算把关与审查（稽核）等相关岗位职责，在政府采购监督管理部门和政府有关行政主管机关制定严密的采购资金拨付及审核制度上力求更完善的机制，并可实施由纪检、监察、审计、财政等组成的委派监督（监察）采购资金支付跟踪问效工作机制，以确保政府采购资金支付环节的不相容职务的彻底分离。

第二，进一步强化采购资金监管财务审核制和“一把手”负责制，即所有的政府采购项目资金付款必须先经过内部财务主管审核，然后经总会计和中心主任审核无误后方可办理付款手续。

第三，建立月末或季末采购资金集中审查核对制度，要求采购监管部门、采购人、采购代理机构在月末或季末将采购已支付款项与采购实际中标、成交签订采购合同应付款项进行一一对照，绝不允许多付、超付、扣付供应商采购资金的现象出现。

第四，坚持每月月底对采购预算的执行情况、资金拨付情况和采购年度计划执行情况进行检查，并写出采购资金支出分析，对发现的不规范行为应进行及时通报批评并责令其整改。

第五，精细化采购资金支出监管责任制，按照采购资金支出管理的规定和要求，抓好对采购资金使用和拨付等各个环节权限与职责的监督管理，做到各个环节之间信息共享、分权制衡，形成采购资金的环式监控与监督体系。

第六，进一步细化采购资金支出的管理层次，加大采购资金支出规范化约束力度，不断提高经办人员各方面的素质，从而增强对采购资金拨付时的管控能力，强化实际签订采购合同与应付采购项目款项的核对工作，力求各方利益和合法权益不受损害并能得到有效保护。

本章小结

1. 合同是指买卖双方达成的具有法律效力的承诺。政府采购合同是采购人与供应商之间依照一定的法定程序，遵循平等自愿、协商一致的原则，就各自的权利与义务所达成的协议的法律文本。协议签订后，政府采购双方当事人应当按照合同约定的内容履行各自的义务，享受各自的权利。

2. 政府采购合同的内容由当事人约定，一般包括以下条款：当事人的名称或者姓名和住所，标的，数量，质量，价款或报酬，履行期限、履行地点和方式，违约责任，解决争议的方法，特殊条款，其他条款。

3. 政府采购招标投标或者非招标投标采购过程结束后，采购方与中标方或成交供应商需要进行会谈和签订具体的合同。合同一经签订，没有特殊情况难以变更。合同的谈判和签订在政府采购中处于一种特别重要的地位。

4. 政府采购项目在确定中标或成交供应商后，采购人与供应商应当订立政府采购合同。合同一经双方签字同意，其对签约双方都有法律效力，成为双方履行各自职责、保证采购项目顺利实施并圆满完成的有力保证。合同的订立是确定政府采购双方经济往来关系的重要依据。

5. 合同的履行，是指合同的双方当事人正确、适当、全面地完成合同中订立的各项义务的行为。政府采购合同签署并完成各种手续以后，便产生了法律效力，从此开始便进入政府采购合同的履行阶段。在此阶段，中标或成交供应商必须按政府采购合同的各项规定，向采购人提供货物、工程或服务，采购人和中标或成交供应商都不得单方面修改政府采购合同的条款，否则属于违约。

6. 政府采购合同是双方当事人通过要约、承诺的方式，经协商一致达成的。政府采购合同成立后，当事人应当按照合同的约定履行合同。任何一方未经对方同意，都不得改变合同的内容。但是，当事人在订立政府采购合同时，有时不可能对涉及合同的所有问题都做出明确的规定；政府采购合同签订后，当事人在合同履行前或者履行过程中也会出现一些新的情况，需要对双方的权利和义务重新进行调整与规范，因此，需要当事人对政府采购合同的内容重新进行修改或者补充。

7. 合同的中止是指在采购过程中采购单位发现供应商存在欺骗、贿赂、提供虚假证明等行为时，为了保护采购人的利益，在完成调查或法律审查之前根据充分的证据而采取的一种紧急措施。

8. 政府采购合同的终止是指依法生效的政府采购合同，因具备法定情形和当事人约定的情形，政府采购合同的债权、债务归于消灭，债权人不再享有政府采购合同的权利，债务人不必再履行政府采购合同的义务。

9. 政府采购项目验收是指按照法定的程序和人员组成验收小组，在政府采购合同执行过程中或执行完毕后对合同执行的阶段性结果或最终结果实施情况进行现场检查、检验，综合评定项目实施结果的格次，并客观、公正地做出验收结论的一种政府事务性活动。

10. 政府采购项目结算是指采购人在政府采购项目完成并验收后，由财政部门按照采购人的验收结算手续和政府采购合同中确定的付款方式、付款金额，经由政府采购资金专户直接向中标或成交供应商付款结算的过程。

思考题

1. 什么是政府采购合同？政府采购合同条款的内容包括哪些？

2. 政府采购合同条款中规定的解决争议的方法有哪些？

3. 政府采购合同订立的一般程序包括哪些？合同履行应遵循的原则和规范要求包括哪些？

4. 政府采购合同发生中止与终止的情况有哪些？

5. 政府采购项目验收的依据和验收工作的阶段划分是怎样的？

6. 政府采购结算工作的程序是怎样的？应遵循哪些要求？

课外阅读材料

1. 马海涛，陈福超，李学考. 政府采购手册. 北京：民主与建设出版社，2002. 第 2.5，2.6 节.

2. 方芳，赵海洋，方强. 政府采购招标投标指南. 上海：上海财经大学出版社，2001. 第九章.

3. 胡家诗，杨志安. 政府采购研究. 沈阳：辽宁大学出版社，2002. 第八章第二节.

4.《中华人民共和国政府采购法》。

5.《中华人民共和国政府采购法实施条例》。

即测即评

扫描二维码，进行本章在线测试。

第九章 政府采购市场进入管理

在政府采购项目的实施过程中，供应商与政府及其所属机构构成采购市场的供需双方，政府采购中介机构是衔接政府与供应商的主要媒介之一。世界各国及我国政府采购的实践已经证明，政府采购制度化、规范化运作是确保政府采购能公开、公平和公正进行，提高采购效率，节约财政资金的保证，同时也是政府采购各方的共同要求。因此，对政府采购中介机构及供应商的管理是尤为重要的。一方面，只有通过加强与两者的沟通和交流，才能使政府对市场有更深入的了解，掌握充分的市场信息，从而为政府采购的决策提供依据；另一方面，由于政府采购涉及方方面面的利益，一旦形成采购决策就会对市场产生很大的影响，因此必须确保政府采购在公开透明的环境下，严格按既定制度和程序运行，确保中介机构、供应商有足够的能力和资信承担和履行相应的政府采购责任。本章介绍政府采购中介机构和采购商的市场进入管理。

第一节 政府采购中介机构市场进入管理

一、政府采购中介机构概述

中介机构主要是指依法设立的介于政府、企业、个人之间，从事服务、协调、评价等活动的经济组织。它具有独立性、服务性、营利性的特征。中介机构就其性质来说，既不是政府机构，也不是政府机构的附属物，而是为市场主体服务、为市场服务、为消费者服务的服务性机构。大部分中介机构是营利性质的企业单位、法人实体，独立经营、自负盈亏、自我发展、自担风险。小部分中介机构不收费，提供无偿服务，或者收取少量管理费，具有非营利性。政府采购单位在进行政府采购时涉及服务、协调、评价等方面的具体事务，可以委托给中介机构，这些中介机构也就是政府采购中介机构，但是它们必须具备政府采购业务的代理资格。

（一）政府采购中介机构的含义与分类

政府采购中介机构是指依法接受采购人委托，从事政府采购货物、工程和服务的招标、竞争性谈判、询价等采购代理业务，以及政府采购咨询、培训等相关专业服务（以下统称代理政府采购事宜）的中介机构。政府采购中介机构为购买方与供货商提供了一个良好的交流、沟通和交易的机制，既有效地降低了由于权力集中而出现政府腐败的可能性，同时也为供应商提供了一个公平竞争的平台。

与政府采购有关的中介机构具体包括以下四大类：

第一，为保证政府采购市场公平竞争的中介机构，如会计师事务所、审计师事务所、资产评估机构等。

第二，为调节政府采购商务纠纷的中介机构，如律师事务所、公证机构、计量和质量检验机构等。

第三，为促进政府采购市场发展提供专业技术服务的中介机构，如招标代理机构、计算中心等。

第四，提供信息咨询、管理预测的咨询机构等。

（二）政府采购中介机构的作用

中介机构参与政府采购对于进一步规范政府采购行为、提高政府采购效率、增加政府采购的透明度、维护当事人各方的正当利益都具有极其重要的意义，在一定程度上弥补了采购人自行采购或委托政府集中采购机构进行采购的不足，中介机构在政府采购活动中的作用主要体现在以下三方面：

1. 保证政府采购公平、公正、公开

第一，中介机构的行业法规体现了公平、公正、公开的原则。关于设立招标代理机构、会计师事务所、审计师事务所、律师事务所等中介机构的法规文件都明确提出了公平、公正、公开的原则，也就是说中介机构在从事政府采购业务活动时必须遵循这一基本准则。

第二，中介机构的工作程序和要求保证了政府采购活动得以在公平、公正、公开中进行。在组织招标采购的过程中，中介机构不仅要接受委托人和投标人的监督，还要受到政府和社会的监督。例如，招标机构要按照国际惯例及我国相关的规定程序组织招标活动，招标人必须将采购意图向社会公开，并在所有有意向供货的供应商投标后，公开评标、定标过程和评标结果，确保竞争的公开性和充分性；招标活动从开标到评标结束，都要有由技术、经济和法律等方面的专家组成的评标委员会参与、决策，不受行政干扰。

第三，中介机构自身的工作职责是保证政府采购公平、公正、公开的关键。中介机构依据国家法律和政策办理政府采购事务，指导当事人在政府采购法律、政策允许的范围内活动，对不正确或违规、违法行为及时给予纠正，保护各方的合法权益，使政府采购市场在公平、公正、公开的原则下健康发展。

2. 为政府采购活动提供多方面的服务

政府采购工作具有政策性、知识性、全面性、复杂性、多样性等特点，它涉及多个专业和领域，涉及社会各方的利益分配，是一个系统工程。在实际操作中，由于政府受诸如专业、技术、信息、社会身份等各种因素的制约，由此带来成本偏高和缺乏效率等问题，因此，由政府机构独立完成政府采购工作是不明智的。中介机构是社会分工细化的产物，在社会主义市场经济条件下，它所从事的服务恰恰能弥补政府的这些缺陷。这主要体现在以下三个特点上：

第一，服务专业性很强。随着市场经济的发展，政府采购所涉及的产品、服务也越来越广泛，相应地，对采购机构的专业化程度的要求也越来越高。为适应市场发展的需要，中介机构对其成员的文化素质都提高了要求，其成员大多具有较多的市场经济专业知识以及政策法规知识，拥有进行中介服务的现代技术手段，并具备从事商业活动的知识和经验，懂得谈判技术与技巧的运用，唯有如此，才能进行有效的中介服务活动。现代的中介机构以高智能、高技术服务于社会。

第二，服务成本低。一方面，中介机构能够降低社会交易成本。市场经济条件下，信息是决定市场交易成败和效率的关键因素，为了降低市场交易中的信息成本，各种专业中介组织应运而生并逐渐发展壮大。另一方面，中介机构的运转成本较低，其成本主要由两方面构成：一是其建立机构初始投入的固定资产成本，主要是用于购买计算机等现代化技术工具和租用办公场地，这部分成本相对较低；二是人力资源成本，中介服务主要是为客户提供专业咨询、顾问、谈判、组织等服务性工作，这些工作主要凭借其员工自身的知识和掌握的信息来完成，这部分成本主要以员工的工资、福利的形式体现。

第三，服务效率高。一方面，从事中介服务的人员有丰富的知识，精于业务，善于管理，能够比较熟练地为中介双方提供服务，成功率高，产生的效益也比较高；另一方面，中介机构掌握着大量的专业市场信息资料，包括商品的价格、规格、质地、技术含量、成本、售后服务等，并能够根据上述信息资料的动态变化做出迅速的反应。

基于上述特点，中介机构中的招标代理机构在招标投标、会计师事务所在财务咨询和管理、律师事务所在法律服务等方面积累了宝贵的市场经验，这些都可以在技术、人才、管理、信息咨询等方面为政府采购活动提供服务。如在信息服务方面，中介机构的专业人员对信息进行收集、甄别、分析，通过自己的信息或信息咨询网络，向采购单位和供应商提供有关的政府采购政策信息、采购商品市场信息等。

3. 沟通、协调政府采购市场中各主体之间的关系

在政府采购市场，各种不同的经济主体成为不同的利益主体，即供应商、采购单位

和政府，它们有着各自的利益，在政府采购市场中成为相互博弈的主体。当然，随着政府采购制度的健全、发展，市场主体之间的联系也必将越来越广泛，要想使多种多样、纷繁复杂的市场经济主体形成一个有序、和谐的整体，必须在各种关系中进行协调。

在各种主体之间进行协调，单靠企业或政府是做不到的。政府除制定规则和实施宏观调控外，不再直接干预企业的经营活动，企业也不可能发挥这种作用。实际上，市场主体之间的多种联系都需要依靠中介机构。中介机构通过政府、供应商、采购单位的协商、对话、谈判、利益协调来进行相互之间的分割与联系，进而取得各主体之间行为的组合和协调。也就是说，中介机构能够在比较和谐的情况下处理各方的关系，它既是企业的帮手，向政府部门反映企业的愿望和呼声，为企业提供决策咨询；也是政府的助手，接受政府的指导，按照国家的法律法规行动，发挥着桥梁和纽带作用。

（三）集中采购机构与其他采购代理机构的区别

政府采购中介机构中，采购代理机构非常重要。采购代理机构包括集中采购机构和集中采购机构以外的其他采购代理机构，但二者有着明显的区别。

1. 目的不同

《政府采购法》规定，集中采购机构是非营利性事业法人，即该机构的人员工资是由国家开支的，并且，它的运行和从事集中采购活动的费用都由财政承担，不需要在招标投标活动中收取各种费用来维持。它的工作性质是为党政机关服务，不以营利为目的。这就决定了该机构在招标投标活动中不受任何采购人和供应商左右，其工作目的是为供应商创造一个公开竞争的平台，以确保在采购活动中做到公开、公平、公正。

集中采购机构以外的其他采购代理机构，是非生产经营性企业法人，它作为一个市场经济条件下的理性经纪人，追求利润最大化是其根本目的。由于社会中介机构是通过收取采购人招标代理费来获取利润的，因此，难免会存在中介机构向采购人提出不合理要求的动机，在经济效益和社会效益关系的问题上难以平衡，很难像政府集中采购机构那样做到公平、公正地对待所有供应商。因此，需要政府通过制定相应的法律法规来规范这些中介机构的代理行为。

2. 属性不同

政府集中采购机构是各级政府依据《政府采购法》的规定成立的，负责本级政府机关、事业单位和社会团体纳入集中采购目录项目采购的非营利性事业单位。政府采购活动是政府行政职能的延伸，政府集中采购机构实际上是一种准行政组织，即行政性事业单位，它不具备国家行政机关的性质，但实际上是经政府设立和授权，承担着一定行政管理职责的机构。中央国家机关政府采购中心是 2003 年 1 月由中央机构编制委员会办公室批准成立的中央国家机关政府集中采购执行机构，是经注册的独立事业法人。经人事部、财政部和中央编办批准，中央国家机关政府采购中心列入依照公务员管理的范围，这就是说，中央国家机关政府采购中心虽然是事业单位，但其基本管理制度与国家行政机关并无原则区别。

集中采购机构以外的其他采购代理机构既不是一级行政机关，也不是从事生产经营的企业。从法律角度来说，政府集中采购执行机构是事业法人，而社会中介代理机构是非生产经营的企业法人，二者的法律基础完全不同，不能相提并论。

3．职能不同

集中采购机构的采购活动，不仅仅是招标，还包括落实采购计划、组织招标、制定采购操作规程、集中采购人员培训、催促合同履约、评估分析采购效益等。这些职能是一个有机整体，环环相扣，哪一个环节做得不好都会影响整个招标结果。而集中采购机构以外的其他采购代理机构则不具备这些职能，它和采购人之间是一种单纯的民事主体关系。委托代理行为是建立在完全平等自愿基础上的，它只需在委托代理人的授权范围内，以代理人的身份办理招标业务，通过民事合同来约定双方的权利和义务。《政府采购法》规定：采购人采购纳入集中采购目录中的政府采购项目，必须委托集中采购机构代理采购。这是具有法律强制性的，采购人没有选择权，不能擅自将纳入集中采购目录的项目委托集中采购机构以外的其他采购代理机构办理，任何单位或个人都不能以“特殊要求”为由规避集中采购而由社会招标代理机构采购，否则属于违法行为。

4．作用不同

依托集中采购代理机构进行的政府集中采购是深化财政支出体制改革的组成部分，它能够有效规范采购行为，防止腐败，提高采购资金的使用效益，有效地实现国家宏观调控的目标，其意义十分深远重大。特别是现在，美国和欧盟一再要求我国兑现加入世界贸易组织的承诺，尽快开放政府采购市场。这就使得政府集中采购的作用更加重要。《政府采购法》规定，设区的市、自治州以上人民政府要设立集中采购机构，由该机构办理集中采购事宜，服务对象是本级机关、事业单位和社会团体组织。集中采购机构的设立为政府采购制度改革提供了组织保障。而集中采购机构以外的其他采购代理机构面向社会上的各类市场主体，更多的是为企业和个人提供代理服务，其行为准则是参与市场活动，遵守市场活动的基本原则。

二、中介机构代理的政府采购事务

中介机构可以代理的政府采购事务主要有：

（一）具体组织采购工作

采购单位在确定了采购项目和采购方式后，可以将采购的具体组织工作委托给专业的中介机构。专业的中介机构接受委托，按照《政府采购法》及相关法律法规的规定，研究招标方案，制定招标文件，发布招标公告，协调供应商投标，主持开标大会，组织合同的签订，甚至督促合同的履行。

（二）法律顾问

在政府采购活动中，采购管理机构、采购机构、供应商由于经济的、行政的原因，往往会发生纠纷或诉讼，需要法律方面的服务。中介机构如律师事务所在这方面可以提供法律咨询、诉讼代理、法律顾问、代理调解仲裁，以及代理政府采购法律事务等。

（三）审计监督

根据《中华人民共和国注册会计师法》的规定，注册会计师执行的审计业务包括：审查企业会计报表，出具验资报告；办理企业合并、分立、清算事宜中的审计业务，并出具有关的报告；办理法律、行政法规规定的其他审计业务，如会计报表的某一特殊事项等，并出具相应的审计报告。会计师事务所对出具的审计报告的真实性、合法性要承担相应的法律责任，无须经任何单位和部门审定，具有法定证明效力。因此，采购管理机关或采购机构在审批供应商进入采购市场资格、定期检查供应商执行采购政策或履行采购合同时，可以委托会计师事务所等中介机构对供应商的资质、财务状况，以及履行合同的情况进行审查；为了评价某一已经或正在实施的具体采购项目，总结成功的经验，发现存在的问题，也可以委托会计师事务所等中介机构对采购项目的运行情况和效果进行效益评估。

（四）咨询服务

咨询服务在现实生活中往往是与其他服务如信息服务、策划服务等交织在一起的，其业务范围包括：解答疑难问题，向服务对象传播有关方面的知识；根据委托方的要求，向委托方提供某个问题的专题报告；可行性研究；为委托方提供解决方案；为委托方解决技术难题；为委托方充当一个时期或常年的顾问；帮助委托方进行人员培训。咨询服务的类型分为综合咨询、管理咨询、工程咨询、技术咨询、专业咨询。在政府采购活动中，综合咨询机构可以为政府采购主管部门制定政府采购政策、进行中长期规划提供综合性咨询；管理咨询机构可为各方提供政府采购市场信息，如采购政策法规、市场行情等；专业咨询机构可为采购资金的管理提供财务咨询服务；技术咨询机构可提供计算机应用等方面的专业技术咨询。

（五）其他政府采购方面的具体事务

例如，公证机构为签订采购合同提供公证书；会计师事务所通过对供应商财务状况的分析，提供供应商资信证明，等等。

三、政府采购代理机构资格管理

政府采购代理机构（简称代理机构）是指集中采购机构以外、受采购人委托从事政府采购代理业务的社会中介机构。2014 年 8 月 31 日前，我国代理政府采购事宜的机构，应当依法取得财政部或者省级人民政府财政部门认定的政府采购代理机构资格。2014 年 8 月 31 日第十二届全国人民代表大会常务委员会第十次会议决定，自 2014 年 8 月 31 日起，取消财政部及省级人民政府财政部门负责实施的政府采购代理机构资格认定行政许可事项。

2018 年 1 月 4 日，财政部发布《政府采购代理机构管理暂行办法》，对政府采购代理机构的名录登记、从业管理、信用评价及监督检查等进行了规定。

（一）代理机构名录登记

代理机构实行名录登记管理。省级财政部门依托中国政府采购网省级分网（以下简称省级分网）建立政府采购代理机构名录（以下简称名录）。名录信息全国共享并向社会公开。代理机构应当通过工商登记注册地（以下简称注册地）省级分网填报以下信息申请进入名录，并承诺对信息真实性负责：代理机构名称、统一社会信用代码、办公场所地址、联系电话等机构信息；法定代表人及专职从业人员有效身份证明等个人信息；内部监督管理制度；在自有场所组织评审工作的，应当提供评审场所地址、监控设备设施情况；省级财政部门要求提供的其他材料。

登记信息发生变更的，代理机构应当在信息变更之日起 10 个工作日内自行更新。代理机构登记信息不完整的，财政部门应当及时告知其完善登记资料；代理机构登记信息完整清晰的，财政部门应当及时为其开通相关政府采购管理交易系统信息发布、专家抽取等操作权限。代理机构在其注册地省级行政区划以外从业的，应当向从业地财政部门申请开通政府采购管理交易系统相关操作权限，从业地财政部门不得要求其重复提交登记材料，不得强制要求其在从业地设立分支机构。代理机构注销时，应当向相关采购人移交档案，并及时向注册地所在省级财政部门办理名录注销手续。

（二）代理机构从业管理

代理机构代理政府采购业务应当具备以下条件：具有独立承担民事责任的能力；建立完善的政府采购内部监督管理制度；拥有不少于 5 名熟悉政府采购法律法规、具备编制采购文件和组织采购活动等相应能力的专职从业人员；具备独立办公场所和代理政府采购业务所必需的办公条件；在自有场所组织评审工作的，应当具备必要的评审场地和录音录像等监控设备设施并符合省级人民政府规定的标准。

采购人应当根据项目特点、代理机构专业领域和综合信用评价结果，从名录中自主择优选择代理机构。任何单位和个人不得以摇号、抽签、遴选等方式干预采购人自行选择代理机构。代理机构受采购人委托办理采购事宜，应当与采购人签订委托代理协议，明确采购代理范围、权限、期限、档案保存、代理费用收取方式及标准、协议解除及终止、违约责任等具体事项，约定双方权利义务。代理机构应当严格按照委托代理协议的约定依法依规开展政府采购代理业务，相关开标及评审活动应当全程录音录像，录音录像应当清晰可辨，音像资料作为采购文件一并存档。

代理费用可以由中标方、成交供应商支付，也可由采购人支付。由中标方、成交供应商支付的，供应商报价应当包含代理费用。代理费用超过分散采购限额标准的，原则上由中标方、成交供应商支付。代理机构应当在采购文件中明示代理费用收取方式及标准，随中标方、成交结果一并公开本项目收费情况，包括具体收费标准及收费金额等。

采购人和代理机构在委托代理协议中约定由代理机构负责保存采购文件的，代理机构应当妥善保存采购文件，不得伪造、变造、隐匿或者销毁采购文件。采购文件的保存期限为从采购结束之日起至少15年。采购文件可以采用电子档案方式保存。采用电子档案方式保存采购文件的，相关电子档案应当符合《中华人民共和国档案法》《中华人民共和国电子签名法》等法律法规的要求。

（三）代理机构信用评价及监督检查

财政部门负责组织开展代理机构综合信用评价工作。采购人、供应商和评审专家根据代理机构的从业情况对代理机构的代理活动进行综合信用评价。综合信用评价结果应当全国共享。采购人、评审专家应当在采购活动或评审活动结束后5个工作日内，在政府采购信用评价系统中记录代理机构的职责履行情况。供应商可以在采购活动结束后5个工作日内，在政府采购信用评价系统中记录代理机构的职责履行情况。代理机构可以在政府采购信用评价系统中查询本机构的职责履行情况，并就有关情况做出说明。

财政部门应当建立健全定向检查和不定向检查相结合的检查机制。对存在违法违规线索的政府采购项目开展定向检查；对日常监管事项，通过随机抽取检查对象、随机选派执法检查人员等方式开展不定向检查。财政部门可以根据综合信用评价结果合理优化对代理机构的监督检查频次。

财政部门应当依法加强对代理机构的监督检查，监督检查包括以下内容：代理机构名录信息的真实性；委托代理协议的签订和执行情况；采购文件编制与发售、评审组织、信息公告发布、评审专家抽取及评价情况；保证金收取及退还情况，中标或者成交供应商的通知情况；受托签订政府采购合同、协助采购人组织验收情况；答复供应商质疑、配合财政部门处理投诉情况；档案管理情况；其他政府采购从业情况。

对代理机构的监督检查结果应当在省级以上财政部门指定的政府采购信息发布媒体上向社会公开。

受到财政部门禁止代理政府采购业务处罚的代理机构，应当及时停止代理业务，已经签订委托代理协议的项目，按下列情况分别处理：一是尚未开始执行的项目，应当及时终止委托代理协议；二是已经开始执行的项目，可以终止的应当及时终止，确因客观原因无法终止的应当妥善做好善后工作。

代理机构及其工作人员违反政府采购法律法规的行为，依照政府采购法律法规进行处理；涉嫌犯罪的，依法移送司法机关处理。代理机构的违法行为给他人造成损失的，依法承担民事责任。

财政部门工作人员在代理机构管理中存在滥用职权、玩忽职守、徇私舞弊等违法违纪行为的，依照《中华人民共和国政府采购法》《中华人民共和国公务员法》《中华人民共和国行政监察法》《中华人民共和国政府采购法实施条例》等国家有关法律规定追究相关责任；涉嫌犯罪的，依法移送司法机关处理。

四、社会中介机构的工作程序（以招标代理机构为例）

（一）获得采购人合法授权

由于招标代理机构是受采购人委托，以采购人名义组织招标，因此，在开展招标活动之前，必须获得采购人的正式授权，这是招标代理机构开展招标业务的法律依据。授权的范围由采购人确定，招标代理机构也应根据工作的需要提出相应的要求。经过采购人和招标代理机构协商一致后，双方签订委托招标合同（或协议）。其主要内容包括：采购人和招标代理机构各自的责权利、委托招标采购的标的和要求、采购的周期、定标的程序和招标代理机构收费办法等。这里特别强调的是定标程序问题，这关系赋予招标代理机构的权限范围和招标代理机构所承担的责任。定标程序可分为以下几种主要程序：一是委托招标代理机构评出优选方案，排出前三名的顺序，由采购人最终确定中标商；二是采购人委托评标委员会负责定标；三是采购人委托招标代理机构负责定标；四是招标代理机构提出中标的意见，经采购人同意后报有关主管机关最终确定中标商。由于不同的定标程序授权的范围不同，有关各方承担责任的大小也不一样，因此，委托方和招标代理机构在开始招标前，就应商定定标程序。

（二）为采购人编制招标文件

招标文件（或称标书）是整个招标过程所遵循的法律性文件，是投标和评标的依据，而且是合同的重要组成部分。一般情况下，招标人和投标人之间不进行或进行有限的面对面的交流。投标人只能根据招标文件的要求，编制投标文件。因此，招标文件是联系、沟通招标人与投标人的桥梁。能否编制出完整、严谨的招标文件，直接影响招标的质量，是招标成败的关键。由于招标代理机构专门从事招标业务，拥有较丰富的经验和大量的投标商信息，可以编制更加完善的招标文件，因此，招标代理机构应注重以下几个方面的工作：一是对投标人做出严格的限制，在保证充分竞争的前提下，尽量使合格的供应商和承包商参加投标，以避免投标人过多，给各方面造成不必要的负担。这项工作建立在掌握投标商大量信息的基础上，而专职招标机构有条件做到这一点。二是对招标文件的制作做出详细的规定，使投标人按照统一的要求和格式编写投标文件，达到准确响应招标文件要求的目的。三是为采购人当好技术规格和要求的参谋，使采购者获得合乎要求和经济的采购品。四是保证招标文件的科学、完整，防止漏洞，不给投标人以可乘之机。

（三）严格按程序组织评标

一般情况下，采购人与一些供应商和承包商有各种业务往来，很难以超脱者的身份组织评标，且容易被投标者误会。专职招标机构能够做到客观评价，可以较好地避免问题的发生，并严格按招标文件的要求和评标标准组织评标，以维护招标的公正性，保证招标的效果。

（四）做好采购人与中标人签订合同的协调工作

采购人处于主动地位，因此容易将招标以外的一些条件强加给中标人，产生不平等的协议，使招标流于形式；有时中标者也找各种理由拒绝或拖延签订合同。上述问题如果没有一个中间人从中协调是很难解决的。由于招标机构是招标的组织者，因此承担此角色最为适宜。

（五）监督合同的执行，协调执行过程中的矛盾

有些招标合同的履行需要较长的时间，在履行合同过程中，当事人双方难免遇到一些纠纷，不愿意诉诸法律，希望有一个中间人从中协调解决。在实际工作中，招标代理机构组织签订合同后，可以说已完成了招标代理工作，但在执行合同过程中当双方出现矛盾时，往往需要求助于招标代理机构来解决。招标代理机构出于对双方负责和提高自身信誉的目的，会尽最大努力使矛盾得到解决。

第二节 政府采购供应商市场进入管理

在政府采购的实施过程中，采购人与供应商是构成采购需求和产品供给的两个方面。政府采购人与供应商是相对独立的利益主体，是平等互利的贸易伙伴。因此，对于供应商的管理，应从两方面入手：一方面，从政府作为市场交易主体的角度来看，供应商与政府在政府采购中的地位是平等的，政府是供应商的客户，双方是一种买卖关系，应该加强政府采购人与供应商的交流及合作，为政府采购营造良好的市场气氛；另一方面，从政府作为管理者的角度来看，由于供应商的经营资格、经营实力、财务状况以及信誉与履约能力等，都直接关系政府采购的质量和效果，因此，政府采购管理机构要对参加政府采购市场的供应商提出资格要求并建立相应的管理制度。

一、供应商是政府采购的重要力量

（一）政府采购为供应商创造了商机

第一，政府是社会最大的采购主体，其巨大的购买能力，无疑为企业创造了巨大的商机。在各种社会主体中，政府为了提供社会公共物品和服务，集中了大量的社会财富，形成数额巨大的公共支出。按照世界贸易组织的统计，政府采购通常占 GDP 的 10%~15%。就我国的情况而言，2022 年 GDP 已达到 121.02 万亿元，如果按照这个比例测算，政府采购的数额应在 12 万亿元以上，而实际上 2022 年全国政府采购规模还不到 3.5 万亿元。但随着社会经济的进步、国家财政实力的不断增强，以及社会对政府集中采购方式认识的加深和习惯上的认同，政府采购数额的增加已成为必然趋势。显然，对于如此巨大的政府采购需求，无动于衷只能是坐失“商机”。

第二，政府采购有利于促进商业公正，为企业创造公平的商业竞争环境。在建立政府采购制度之前，政府采购通常是分散、零星进行的。政府采购权主要掌握在少数人手里。只有少数人知道政府有关部门的采购信息，也只有极少数企业与个人能及时从政府那里了解这种信息。对于众多的企业而言，既缺乏政府采购的知情渠道，又缺乏公开、公正、透明的竞争机会。政府采购实现制度化运作以后，对于超过一定数量的政府采购项目，必须按照法定程序，在公开、公正、平等的条件下进行。政府采购必须在指定的媒体上发布采购公告，从而使所有企业都享有知情权，都可以依据采购法律法规赋予的权利平等地参与政府采购竞争，获得公正的商业机会。在世界许多国家，政府采购项目被认为是社会公众的采购项目，一是一般要通过招标投标的方式公开进行；二是必须使所有相关企业都拥有平等参与竞争的权利。有些国家甚至把政府公开采购促进商业公正的作用，看得比提高政府采购效率、节省政府采购资金更为重要。

第三，政府采购属于以政府为主体的商业行为，拥有较高的商业信誉和较强的兑现能力，这为企业提供了良好的机会。政府采购以政府为主体，既有法律规范，又在社会各方面的严格监督下进行。因此，相对于一般社会主体的采购而言，政府采购具有更高的商业信誉、更强的支付兑现能力、更畅通的申诉渠道，也更容易引起社会和媒体的关注。因此，在目前我国市场经济环境还不完全成熟，市场上不讲信誉、不守合同、拖欠货款现象时有发生的情况下，政府采购的这些特点决定了政府必然是较为理想的贸易伙伴。

第四，政府采购制度化对企业提供了更新、更高的要求，有利于促进企业加强内部管理，提高竞争能力。为了搞好政府采购工作，世界上许多国家都建立了供应商资格评审制度，只有那些具有经营资格、财务状况良好、市场资信度高的企业才能获得政府采购项目投标的资格。一旦投标企业在政府采购中有违规行为，政府可以通过降低其资信度、取消投标资格等方式对供应商给予警告与惩罚。因此，政府采购中这种供应商的准入评价措施，在实践中，必然会促进企业加强管理、诚实经营，努力提高自身的竞争能力。

此外，政府采购对于中标的供应商而言，还有一种重要的广告宣传作用。企业在政府采购招标中中标，意味着得到了政府部门的认可。而通过媒体公布政府采购中标结果，更可以起到难得的广告传播效果。此外，企业参与政府采购投标，还可以通过投标行为和过程，了解市场行情，了解竞争对手的情况。即使不能中标，也可以对照中标单位，找出自身的不足，为进一步改进工作奠定基础。

（二）供应商的积极参与有利于政府采购事业的发展

企业在政府采购市场中的积极参与是促进政府采购事业健康发展的重要条件。事实上，在政府采购运作中，只有众多供应商积极参与政府采购招标投标，参与政府采购工作的监督，政府采购事业才有可能得以不断发展和完善。一方面，只有众多供应商的关注和参与，政府才有可能在更广泛的范围内通过竞争的方式，选择质量更好、成本更低的产品和服务，从而更好地实现政府采购的目标。另一方面，众多企业参加政府采购市场竞争，必然要求政府采购切实按照法定的程序、法定的方式与方法，公开、公平、公正地进行。一旦供应商发现政府采购过程中有违规行为，或者有明显的不合理现象，出于对自身利益的维护，供应商可以按政府采购相关法律规定的渠道揭露问题，提出抗议、申诉与索赔。因此，供应商的监督是对政府采购最好的也是最有效的监督方式，是促进政府采购健康发展的重要保证。

（三）采购人或采购代理机构应加强与供应商的交流与合作

以上分析表明，在政府采购事业中，采购人或采购代理机构与供应商之间应该是平等合作、互惠互利的关系。因此，发展和完善政府采购事业，需要政府与供应商双方共同的努力。采购人或采购代理机构应该充分尊重供应商的正当、合法权益，供应商也应该相信采购人或采购代理机构能够把政府采购工作做好。为了共同的事业，需要加强双方的交流及合作。

第一，加强采购人或采购代理机构与供应商之间法律制度方面的交流。供应商参与政府采购市场竞争，必须学习和研究政府采购的相关知识与法律法规，包括政府采购的范围、程序、方式和方法，政府采购涉及的各利益主体的权利、义务和责任，特别是《政府采购法》中关于供应商的权利和义务。只有学好政府采购的法律法规，才能依法做好投标、竞标工作，才能更好地保护自身的合法权益，尽到自身应尽的义务。也只有如此，才能有效地监督政府采购部门的工作，促进政府采购事业的规范发展。就目前的情况看，我国政府采购制度的建立还处于初期阶段，虽然不少企业正在积极地学习和了解政府采购方面的知识与法规，但是，也有不少企业和供应商，或者不了解政府采购知识，或者没有认识到政府采购的商机，或者从原有的某些主观认识出发，对政府采购不信任，等等。总之，还有相当一部分企业对政府采购制度与法规缺乏了解和信任，由此妨碍了政府采购工作的普及与发展。因此，作为政府采购部门来说，一方面，由于政府采购直接涉及与供应商的权利与义务关系，在起草、制定政府采购法规、政策时，应该广泛征求供应商的意见，增加这方面的沟通和交流；另一方面，当政府采购有关政策、法规出台以后，采购人或采购代理机构应该与供应商建立良好的咨询、培训渠道，大力宣传政府采购政策、法规，帮助供应商掌握政府采购的基本知识、主要的法律和政策，解决具体操作中的政策与法规问题，增强供应商参与政府采购市场竞争的积极性并促使其提高竞争能力。

第二，加强采购人或采购代理机构与供应商之间采购信息的交流。采购人或采购代理机构应该在国家指定的全国性报纸、杂志或网络上发布采购信息。为了降低政府采购部门的成本，对于政府部门的采购公告，一般都免费刊登。同时，各类企业和供应商为了获得更多的商业机会，应该积极关注政府采购的动向，甚至成立专门的部门，收集和整理政府采购信息，研究政府采购规模、数量、结构的变化，参加政府采购部门举办的各种产品展示会，就政府采购招标的要求交换看法，帮助政府采购部门提供新的产品信息，协助政府采购部门改进工作，提高政府采购质量和效率。值得说明的是，在现代科技高度发展的今天，以互联网为主体的电子信息技术，为政府采购管理部门与企业间信息的沟通和交流创造了极好的条件。

第三，加强采购人或采购代理机构与供应商之间具体技术和过程方面的交流及合作。就目前的情况来看，无论是对政府采购执行人员来说，还是对企业与供应商来说，政府采购制度化操作都是一项刚刚起步的新事业。因此，在一些具体操作技术方面，还需要加强政府与供应商之间的沟通和交流。对于供应商来说，除掌握政府采购方面的法律、政策知识以外，还应该研究政府采购招标、投标中的技术、技巧，诸如认真研究招标文件，把握好政府采购的实际需求、采购中的评标方式与评标标准，以及投标文件填写的要求，遇到不明白的问题，及时咨询采购人或采购代理机构。对于采购人或采购代理机构而言，为了更准确地确定政府部门的实际需求，提高政府采购质量，需要与供应商进行广泛的联系，掌握最新的产品技术信息。特别是对于一些标的物不是十分明确或者技术十分复杂的采购项目，更应该多征求相关供应商的意见，或者更多地采取谈判采购的方式，在与供应商的谈判过程中，增强政府采购的针对性和有效性。

第四，加强政府与供应商之间在政府采购过程中产生的意见、分歧、纠纷的沟通和交流。在市场经济条件下，政府采购作为一种购买行为，直接涉及采购人、采购代理机构、供应商、政府采购代理商等不同方面的利益关系。政府采购在采购操作中不可避免地会因主、客观方面的原因或由于一些部门出于单方面的利益要求而出现意见分歧，严重的还会出现违纪、违法行为。这些情况的出现，如果处理不当，必然会导致政府或企业的利益受到损失，甚至影响政府采购的声誉和形象。因此，在政府采购操作中，必须建立政府与供应商之间良好的沟通桥梁。供应商有权维护自己的利益不受侵犯，对政府采购过程中出现的问题要敢于反映与申辩；政府则应该设立专门的政府采购申诉与纠纷仲裁机构，为供应商提供畅通的监督、申诉、抗议渠道；仲裁机构应重视供应商反映的问题，及时受理并公正裁决。只有这样，才能既有利于保护供应商的正当利益，又能提高政府采购的信誉，最终促进政府采购事业的发展和完善。

二、建立供应商资格审查与管理制度

供应商资格审查制度，是指采购人或其委托的采购代理机构对投标供应商或潜在供应商参与政府采购的资格进行审查或登记的制度。

（一）政府采购供应商资格审查的必要性

采购人或采购代理机构按照特定的程序和指标对供应商的情况进行审查，确定其是否有参与政府采购竞争的资格。一般情况下，为了保障政府采购的顺利进行及政府的利益不受损害，采购人或采购代理机构应该有及时、准确地了解供应商各种信息的畅通渠道，包括供应商的合法经营资格、经营能力、财务状况、资信程度等。建立供应商资格审查制度，其客观必要性主要体现在以下三个方面：

第一，资格审查是保质保量完成政府采购任务的重要保障。政府采购项目一般金额大、数量多，且事关采购的合法性，关系国家和社会公众的利益，也关系政府的声誉。作为政府采购工程、货物和服务提供者的供应商，其行为和实际能力，则直接关系政府采购的结果。我国政府采购供应商的概念十分广泛，按照《政府采购法》的规定，不仅法人和相关组织可以是供应商，连自然人也可以成为政府采购的供应商。对于不同的供应商而言，其资质，提供工程、货物、服务的能力以及信誉度都会有很大的差别。因此，为确保政府采购的质量，采购人或采购代理机构有必要对供应商提出资格要求，并对供应商的资格进行审查，不符合资格的供应商不能参加政府采购市场的竞争。

第二，资格审查是了解和评估供应商，制定招标计划与招标文件的重要手段。在制定政府采购计划时，必须了解市场供应和供应商的情况。对潜在供应商进行资格审查，可以了解达到采购要求的潜在供应商数量与其所能提供的政府采购货物、工程和服务的大概价格、实力，从而能够更有效地寻找政府采购的目标供应商，并做到知己知彼、百战不殆。

第三，资格审查可以提高招标机构的工作效率，降低成本。在具体的采购操作中，当发出采购信息和标书后，可能有许多潜在供应商准备前来参加招标和采购。如果招标机构对这些供应商一一进行评估，会大大增加招标采购的工作量，同时也会增加招标的成本。经过资格要求和审查，可以淘汰部分不可能中标的投标人，使有资格参加本次采购活动的供应商的数目缩小到合理范围，从而提高工作效率，降低采购成本。

（二）政府采购供应商资格审查的方式

根据不同情况，政府采购供应商资格审查主要有三种不同的方式。

1．事前预审

所谓事前预审，是指在采购人或采购机构需要采购之前，就对潜在供应商发出政府采购供应商预审公告，在公告中明确提出对供应商的要求，向采购人或采购代理机构提出供应商资格审查要求。采购人或采购代理机构在进行审查以后，如果供应商符合要求，就列入合格供应商名单，在正式的政府采购过程中，只对审查合格的供应商发出采购邀请函，而没有参加供应商资格预审和预审不合格的供应商则不能参与政府采购项目的竞争。

2．开标或询价前审查

开标或询价前审查是指在政府采购公告发布以后，所有有兴趣的供应商都可以参加投标，并缴纳投标保证金，采购机构在开标或询价前，需要供应商按照相关要求出示资质证明，并通过采购机构的审查。在审查过程中，供应商对自身出示的证明要承担法律责任。对于审查不合格的供应商则取消其参与本次采购竞争的资格。

3．供应商资格注册登记制度

政府采购供应商资格注册登记制度，是指对政府采购的潜在供应商进行系统的注册登记的制度。这种制度的核心内容在于，凡是有意向加入政府采购供应商行列的供应商，都可以向政府采购专门机构申请政府采购注册资格。政府采购相关管理机构公布政府采购供应商的条件，凡符合条件的供应商都可以提出申请，采购人或采购代理机构按照规定的条件，对提出申请的供应商进行资格审查，审查合格的供应商，将被纳入政府采购供应商储备库。只有进行了政府采购供应商资格注册登记的供应商，才能成为政府采购投标供应商。供应商资格注册登记制度有两个基本要求：一是如果供应商的情况发生变化，相应的注册登记资料必须进行调整；二是在政府采购过程中，如果供应商不讲信誉，有明显的违规行为，政府采购相关管理机构可以取消供应商的注册资格。

以上三种资格审查方式，在现实操作中各有利弊。事前预审可以针对每次招标的需要，首先提出对供应商资格的审查，使各种潜在的供应商接受资格审查，并只对资格预审合格的供应商发出采购邀请。这种方法可以减少一些不合格供应商的投标，进而减少供应商不必要的时间、精力和财力浪费，同时提高政府采购的效率和质量。但是，这种方法所需要的时间较长，所花费的精力较大，而且仅凭供应商提供的资料进行审查，可靠性很难把握。因此，此种方法除非是针对规模较大的或者对供应商有特殊要求的项目，否则一般不会使用。

建立政府采购供应商资格注册登记制度，其优势表现为：

第一，有利于政府采购单位及时、准确地了解政府采购供应商与政府采购有关的各种情况，提高政府采购的质量和效率。由于各供应商的情况已经过政府有关部门的审查和验证，政府采购单位可以以此为依据，没有必要再单独对各供应商的情况做详细调查，从而大大节省了政府采购工作的时间和精力，并降低了由于供应商不正当行为带来的风险，确保政府采购的顺利进行，提高政府采购的效率。特别是在我国市场经济规则还不是十分完善、供应商经营中违规操作及非法经营的现象还比较普遍、供应商分散在全国各地的现实情况下，通过政府部门对供应商进行直接审查和注册登记更有特殊意义。

第二，有利于建立政府对供应商的制约机制。对于供应商而言，政府采购市场显然具有很强的吸引力，因此它们必然十分珍惜政府采购供应商的资格。对于不遵循政府采购法规，在政府采购过程中采取不正当手段、违规操作的供应商，采购人或采购代理机构可以通过取消供应商参与政府采购活动的资格、对供应商给予处罚等手段，形成对供应商的特殊制约。

第三，有利于促进供应商加强内部管理，增加和采购人或采购代理机构的合作与交流。由于供应商参与政府采购市场竞争需要政府部门不断地审查和考察，如有不法或违规行为，都将记录在案，并受到政府部门的处罚，从而有利于促进企业注重自身的形象，加强内部管理。同时，政府部门在审查供应商资格的时候，需要对企业参与政府采购市场的行为给予指导和咨询，如供应商怎样参与政府采购投标、需要遵循哪些规则，这个过程本身对供应商进入政府采购市场、增强政府与供应商的交流及合作具有积极意义。

第四，有利于供应商信息库的建立和完善。将所有具有政府采购供应商资格的企业和经济组织，纳入全国统一的供应商信息库，便于政府采购单位开展工作。

但是，建立供应商资格注册登记制度在实际操作中也存在着一定的缺陷：一是供应商由什么机构进行登记，什么机构登记的才能在全国范围内有效，登记中出了问题由谁负责，等等；二是在全国范围甚至世界范围内，企业有数十万乃至数百万家，完成登记注册工作量非常大，是否能够真正完成；三是市场经济条件下，供应商的情况瞬息万变，也许今天合格的供应商明天就面临着破产的结局，因此，这种登记管理方式的可靠性也是值得怀疑的。在我国近年来优化营商环境的大背景下，尤其要防止一些部门通过设立“供应商库”方式违背政府采购公平竞争原则。

实际上，对于政府采购供应商资格的审查和管理，更多的是使用开标或询价前审查的方式。按照这种方式，凡是愿意投标和参与政府采购市场竞争的供应商，统一在开标或询价前参与资格审查，对不合格的供应商采取废标的做法。这种方法最具有针对性，既能够实现政府采购对供应商资格要求的目标，又能避免其他方法的弊端。特别是在我国目前政府采购刚刚起步的情况下，这种方式更适合现实情况。因此，目前我国对供应商资格的审查和管理，主要就是采取第二种方式——开标或询价前的资格审查方式。

三、供应商资格审查的程序

以上阐述了对供应商进行资格审查的三种方法。不同的审查方式，其审查的程序和方法显然是不一样的。但是普遍而言，对供应商的资格审查包括三个基本步骤。

（一）收集信息

政府需要经常采购各种各样的物资，因而有必要尽可能地收集有关供应商的信息。信息内容主要包括供应商的名称、地点、经营范围、注册资金、经营能力与现状、曾经的业绩、资信程度、财务状况，等等。对供应商信息收集的方式可以多种多样，一般来说，主要有以下渠道：

第一，采购人定期在有关刊物上发布消息，宣布对某些产品的生产厂商进行资格审查，供应商在得知消息后将有关材料送交采购人，审查合格者将有资格参加审查有效期限内的政府采购活动。这种方法能集中时间和人员对申请审查的企业进行检查，效率较高且节省财力，因此是采购人收集信息的主要途径之一。但此种方式一般用于已知将要采购的商品物资以及政府采购中经常购买的物资。

第二，直接向供应商发出询问单。询问单的内容包括供应商的财务、商务、生产、技术设施等方面的情况，以协助采购人对供应商的信誉做出判断。此种方法也常被用来收集政府采购中经常购买的物资和技术的厂家的信息。

第三，利用公开的资料库。公开的资料库包括：商业目录、商业分类目录、供应商名单或指南，还有一些是企业自身的宣传材料。政府可以利用包含商业目录、商业分类目录等资料的公开的资料库获取信息。许多商业公会及技术团体，都编制了该行业在采购时运用的商业规格与标准，如美国标准协会（American Standards Association）、美国材料与试验学会（American Society for the Testing of Material）等，以及供应商名单或指南，内容包括生产各种产品及提供各种服务的供应商名单及各供应商的有关情况，如美国的托马斯制造商名单（Thomas Register of American Manufacturers）、康柏斯指南（Kompass Directories），后者在英国、德国、澳大利亚等十多个国家和地区被广泛使用。

第四，利用外交途径获得信息。各国驻外代表和使节的任务之一就是促进国际经济合作，因此，涉及国外供应商信息的收集，可通过各国外交代表和商务代表的协助而获得。

第五，采购人本身的信息来源。采购人经常进行各种采购活动，每次采购都可能接触大量的供应商。通过与供应商接触，可以获得不少关于供应商的信息。

如果事关重大，需要对供应商进行实地、详细的了解才可能确定，可以选派专门的人员进行实地收集。

对于收集到的信息，采购人应该建立资料库。资料库包含供应商档案、产品规格合格者档案和有关产品价格档案等。供应商档案应收集有关供应商生产的产品种类、生产经营管理、技术、道德、履约等多方面的资料，以便采购人对其资信进行审查。产品规格合格者档案是指生产某一产品并达到某一标准的合格生产商或供应商名单。

需要说明的是，采购机构对供应商的信息收集，必须不断更新内容，因为市场不断变化，很多新情况、新问题不断产生，一些产品价格的变动极快，一些质量更高、更适用、成本更低的产品不断问世。在这种情况下，信息收集工作必须注重信息的及时性。

（二）进行资格审查

进行资格审查的过程实际上就是依据审查的标准对一定范围内的供应商进行审核的过程。因此，在进行供应商的资格审查时，首先应制定统一的审查标准。

审查标准应该包括以下的内容：供应商是否具有完成采购项目所需要的充足的资金来源，或者具有获得这种资金的能力；是否具备必要的组织经验、财会与业务控制技术，或者获得这些技术的能力；是否具有必要的生产施工和技术设备设施，或者获得它们的能力；是否具有良好的从业行为记录、良好的合同履行记录；是否具有按照采购计划按期交货的能力。对于大型的工程项目和特殊的采购项目，采购人员必须在有关专家技术人员的帮助下制定特殊的标准。

确定好审查标准后，采购人便开始对一定范围内的供应商进行资格审查。在考虑供应商的范围时，应根据采购计划和有关法律的规定来办理：第一，确定在全国范围内还是在某一地区内进行采购。某些具体的采购项目可能跟各地区的特殊利益相关，因而在资格审查时要根据采购计划对确定范围内的供应商进行审查。第二，对所需采购产品或技术仅能由国外供应商提供或国外市场提供的，应根据有关国际政府采购规则、政府间相关协议和国内法律法规的有关规定，对国外相关供应商进行审查。如世界银行规定，凡利用世界银行贷款项目的采购，其机会对所有成员国及瑞士开放，因此在进行政府采购时，就应对来自这些国家的所有供应商进行审查。第三，根据有关采购法律的规定不可以参加购买项目竞争的供应商，如被禁止的合同人、被暂停营业的供应商、被提议暂停营业的公司，或被宣布为能力不合格的人员，应被排除在资格审查的供应商名单之外。

从联合国的《公共采购示范法》以及世界贸易组织的《政府采购协定》有关国民待遇与非歧视性的规定中可以看出，在根据审查标准对供应商进行审查时，也可以实施一些优惠政策。概括起来，可以分为以下三类：

一是对本地或本国供应商的优惠规定。根据有关国际协议如世界贸易组织的《政府采购协定》及其他有关国际经济组织机构的规定和政府间协定的要求，国际招标中，在进行资格审查，确定资金担保、技术资格，以及确定供应商的资金、商业和技术能力等方面的标准时，不得在本国供应商与外国供应商及外国供应商之间实行差别待遇。但这些国际协议及国际经济组织同时也规定，在采购中，本国供应商可以享受某些优惠待遇。各国政府最普遍规定的优惠待遇之一是规定本国供应商在价格上可以享受一定比例的优惠。根据这些优惠条件，在审查某些标准尤其是价格标准时，对本国供应商的条件就要适当放宽。

二是对中小企业的优惠规定。一些国家为了保护中小企业、完善市场竞争机制，制定了对中小企业的优惠规定。在政府采购活动中进行资格审查时应该考虑到这些规定。

三是其他优惠规定。如对高失业地区及不发达地区供应商的优惠。英国于1971年规定，在价格、质量、交货条件同等的情况下，应优先考虑将合同授予不发达地区的供应商。在第一次投标未果后，应再给这些供应商一次投标机会，并可以高于要求25%的价格进行投标。因此在资格审查时也应对这些地区的供应商给予优惠和照顾。

（三）确定供应商资格

通过审查，供应商如果达到资格审查机构所确定的供应商能力的各项指标要求，并且出具了所规定的有关资信证明，即可以被认为是合格的供应商。具体的合格供应商确定后，即可以公开通告，或以分别告知的方式通知供应商，邀请其参加政府采购。

供应商资格审查是一项重要的工作，它关系着政府采购的成功与否，决定着政府采购活动能否顺利完成。在供应商的选择上，既要注重选择合格的供应商，又不能形成对供应商的排挤和歧视，而是要严格按相关法律法规行事。

本章小结

1. 政府采购中介机构是指依法接受采购人委托，从事政府采购货物、工程和服务的招标、竞争性谈判、询价等采购代理业务，以及政府采购咨询、培训等相关专业服务的社会中介机构。

2. 中介机构参与政府采购对于进一步规范政府采购行为、提高政府采购效率、增加政府采购的透明度、维护当事人各方的正当利益都具有极其重要的意义，在一定程度上弥补了采购人自行采购或委托政府集中采购机构进行采购的不足。

3. 我国目前对政府采购代理机构的资格管理包括名录登记、从业管理、信用评价及监督检查等。

4. 供应商资格审查制度，是指采购人或采购代理机构对投标供应商或潜在供应商参与政府采购的资格进行审查或登记的制度。

5. 政府采购供应商审查根据不同的情况主要有三种不同的方式：事前预审、开标或询价前审查、供应商资格注册登记制度。

6. 普遍而言，对供应商的资格审查包括三个基本步骤：收集信息、进行资格审查、确定供应商资格。

思考题

1. 为什么要对政府采购供应商进行市场进入管理?

2. 政府采购中介机构在政府采购过程中发挥了什么作用?

3. 政府集中采购机构与招标代理中介机构有什么区别？它们各自在政府采购活动中发挥着怎样的作用?

课外阅读材料

1. 马海涛，徐焕东，李燕，等.政府采购管理.北京：经济科学出版社，2003：116–129.

2. 杨灿明，李景友.政府采购问题研究.北京：经济科学出版社，2004：217–219.

3. 谷辽海.法治下的政府采购.北京：群众出版社，2005：48–51.

即测即评

扫描二维码，进行本章在线测试。

第十章

政府采购信息管理

政府采购是一种市场交易行为，与其他市场主体一样，政府也需要对采购信息进行收集和整理，以避免由于信息不完全和不对称而带来较高的交易成本进而影响政府采购的效率；但政府采购又与一般的市场交易不同，它所形成的需求会对市场产生尤为重要的影响，因此，政府采购又需要政府披露采购信息，为供应商提供一个市场化、法治化甚至国际化的营商环境。

第一节　政府采购信息管理概述

一、政府采购信息的含义

政府采购信息是指与政府采购活动相关的信息，我国《政府采购信息发布管理办法》第三条规定，政府采购信息，是指依照政府采购有关法律制度规定应予公开的公开招标公告、资格预审公告、单一来源采购公示、中标（成交）结果公告、政府采购合同公告等政府采购项目信息，以及投诉处理结果、监督检查处理结果、集中采购机构考核结果等政府采购监管信息。也就是说，政府采购信息主要分为两大类，一类是政府采购项目信息，另一类是政府采购监管信息。

二、政府采购信息管理的相关要求

政府采购信息管理主要包括信息收集、信息发布、信息记录、信息储存与信息查阅等内容。采购信息往往能够直接影响采购活动的效率与质量，因此，加强信息管理是搞好政府采购工作的基本环节，特别是在以计算机和互联网为主导的信息时代，充分运用灵活的信息手段，是政府采购科学化的必然选择。因此，政府采购信息管理是政府采购管理制度中的一个重要组成部分。其中，政府采购信息的发布是信息管理的核心，世界各国（地区）及国际组织的政府采购信息管理相关规定都主要是围绕着这个方面展开的。

世界贸易组织的《政府采购协定》中，涉及信息管理的规定主要集中于发展中国家的特殊与差别待遇、招标程序、供应商资格审查程序、参与意向采购的邀请、招标和交货期限、招标文件、透明度、资料提供与实体义务的审议、资料提供和缔约方义务的审议等相关条款，以及附录二、三、四各成员方发布政府采购信息的刊物。从主体上看，这些规定不仅涉及采购实体的信息披露义务，如《政府采购协定》第六条第一款规定："本协议所涉及的有关政府采购的任何法律法规、司法决定及广泛适用的行政裁决，以及任何程序办法（包括标准合同条款在内），应由各缔约方在附件四所提到的适当刊物上及时予以公布，务使其他缔约方及供应者了解其内容。各缔约方应随时准备在收到请求时向其他缔约方解释各该政府采取的程序。各实体应随时准备在收到请求时向本协议缔约方的任一供应者解释其采购办法和程序。"而且，还涉及政府采购信息的统计，如《政府采购协定》第六条第九款中要求各缔约方收集并向该委员会提供有关其购买的年度统计资料。

联合国的《公共采购示范法》中，与采购信息披露有关的规定主要集中于公众获取法律文本、通信的形式，授予采购合同的公告，关于货物、工程或服务说明的规则、语言，征求投标或资格预审申请的程序，投标邀请书和资格预审邀请书的内容，招标文件的内容、提供、澄清和修改，征求建议书通知，邀请服务建议书的内容、澄清和修改，两阶段招标、限制性招标、邀请建议书、竞争性谈判及邀请报价等相关条款。这些规定明确了所有政府采购都应当遵循的信息披露义务，并对不同的采购方式所涉及的信息披露规则做出了具体的规定。

欧盟为了确保成员国供应商能广泛参与联盟体内的公共采购，并促使采购过程能够在供应商与公众的监督之下进行，进而实现采购的公开和透明，在《公共指令》有关采购过程的信息披露方面给予了高度的重视。欧盟的公共采购在不同采购进程中发布的公告主要包括：定期合同预告、招标公告、合同授予公告、使用合格供应商名单公告等。

三、政府采购信息发布的意义

现代社会是信息社会，政府采购工作的有效开展，除了需要完备的制度基础和高素质的专业人员准备等硬件要素外，还需要对政府采购信息进行有效管理。

政府采购信息管理中，信息发布是提高政府采购工作的公开性和透明度，开展政府采购工作的基础。政府采购是一种市场交易行为，遵循市场等价交易的规则，但它又与一般的市场交易不同，其原因在于它涉及的采购量大、品种多，对市场有相当大的影响力。因此，必须确保采购过程在公开、公平和公正的原则下进行，否则会对市场产生消极的影响。通过发布信息，可以使尽可能多的潜在供应商和参加政府采购的当事人掌握商机，全面了解采购活动的动态，也便于纳税人进行监督。同时，它还可以促进潜在供应商之间的竞争，从而达到降低采购成本、提高采购质量的目的。此外，通过采购信息的发布也宣传了政府采购工作，扩大了政府采购的影响力，有利于社会各界提高对政府采购工作的认识。进一步说，政府发布采购信息的意义主要体现在以下几点：

首先，政府采购本身需要发布信息。通过发布信息，可以使尽可能多的供应商参加投标、供货，促进供应商之间的竞争，从而达到降低采购成本、提高采购质量的目的。

其次，政府调控经济需要通过信息发布引导资源的配置。各国政府为了促进竞争，并使有关的小型企业、处于劣势的企业以及劳动力过剩地区的企业在获得合同及分包合同方面得到帮助，其采购法规均要求政府采购公开发布信息。

最后，国际经济合作也要求政府公开发布采购信息。在世界贸易组织的《政府采购协定》以及国际金融组织机构贷款使用的有关规定中，也提出了公开发布政府采购信息的要求。如世界贸易组织的《政府采购协定》规定，各成员应在该协议所规定的刊物上公布每一条拟采购的通知，及早公布参加投标程序的条件，公告资格合格者名单，等等。

第二节 政府采购信息收集

政府采购的信息收集工作是一项基础工作，是政府采购主管机关的义务和责任。尽管我国目前并没有法律法规做出这样的明确规定，但是从服务型政府的角度，则应该是政府职责的应有之义。由于政府发布的信息对市场具有很强的引导作用，因此，必须确保其信息来源的可靠性、信息内容的真实性和更新的及时性。政府采购信息收集内容主要包括：国内外政府和国际组织采购法律法规资料、产品信息、供应商信息、采购代理机构信息、采购案例信息等。

一、政府采购信息收集的内容

政府采购信息收集的内容主要包括以下几个方面。

（一）国内外政府和国际组织采购法律法规资料

政府采购工作必须在一定的制度框架内进行，以确保其公开性、公平性和公正性。为规范政府采购行为，引导供应商参与政府采购，世界各国和地区、国际性组织以及我国中央和地方政府，都制定了关于政府采购的法律法规，如世界贸易组织的《政府采购协定》。无论是采购人、采购机构还是供应商，都应该学习和掌握政府采购方面的法律法规，这样才能确保政府采购工作的顺利开展。因此，政府采购主管部门应该注意收集全球性国际组织、区域性国际组织、发达国家等相关的政府采购法律法规和政策。我国政府虽然没有签署世界贸易组织的《政府采购协定》，但为了规范政府采购行为，财政部先后制定、颁布了多项政府采购管理办法和相关规则，各地方也相应出台了不少的政府采购地方性法规。对于从事采购的单位和机构而言，掌握和贯彻这些法规与政策，是必然的选择。进一步地看，如果我国在时机成熟的情况下签署了《政府采购协定》，关于政府采购方面的法律法规的收集工作就不能仅仅限于国内，而是必须放宽到国际范围，政府采购管理机构的设立和政府采购工作的开展，必须遵循相关的国际规则。目前，我国的政府采购主要在国内市场上进行，在这种情况下，各级政府的采购人和采购机构都要认真学习和研究政府采购方面的法律法规，掌握相关政策，准确地按照法律和规则办事。

（二）产品信息

科学的政府采购必须建立在及时掌握各种产品不断变化的信息的基础之上。其原因有：一方面，随着经济的发展和科学的进步，政府采购所涉及的产品与服务也会不断地更新和丰富；另一方面，由于现代社会生产能力的飞速发展，产品品种、生产技术不断更新，产品的功能结构与成本也在不断地变化。采购人或采购机构需要建立产品跟踪系统，随时掌握产品信息的变化动态，并且按照产品的类别、功能、成本、寿命周期、发展状态等内容进行统计和记录，特别是要给予新产品信息充分的关注。

（三）供应商信息

供应商信息是政府采购信息库中必不可少的重要内容。作为政府采购的供应商，其经营资格、提供货物和服务的履约能力、市场资信程度等，都直接关系政府采购的成败。因此，为了保障政府采购的良好效果，政府采购不仅需要有一个对供应商的评价和管理体系，而且还必须不断跟踪和了解供应商的信息，包括供应商的分类，供应商实力的调查，供应商是否转产、破产，供应商的资信记录，等等。对供应商的信息进行管理所采用的普遍方法是在收集到供应商的各种信息后，建立相关的供应商信息库进行集中管理。

（四）采购代理机构信息

市场经济国家的政府采购有相当比例是通过中介机构代理完成的，中介机构能够提供低成本、高效率的服务，这也已经为社会所认同。政府在选择中介机构时需要对其资质、代理能力、代理经验、信誉等方面进行考察，如果选择了能力较差的中介机构，不但会提高政府采购成本，降低采购效率，甚至会影响政府的社会信誉。因此，有必要在事前和事后做好有关采购代理机构的信息采集工作。在我国，除了政府设立的集中采购代理机构外，社会代理机构实行名录登记管理。省级财政部门依托中国政府采购网省级分网（以下简称省级分网）建立政府采购代理机构名录。名录信息全国共享并向社会公开。

（五）采购案例信息

政府采购过程同时也是一个经验积累的过程。采购人或采购机构在采购中，可能既有成功的经验，又有失败的教训，通过对政府采购案例建立档案，可以不断从案例中吸取成功的经验，避免不必要的失误。实际上，世界上许多国家都十分注重政府采购案例的资料整理工作，如美国《商业日报》政府采购网络版中，就有专门的政府采购案例的内容，以供社会和政府采购专业人士查阅与参考。

在我国，财政部作为全国政府采购监督管理部门，先后发布了三十余个政府采购指导案例，对政府采购各方主体起到了很好的规范引导甚至警示作用。

二、政府采购信息收集的方式

政府采购信息收集工作涉及面广、专业性强、工作量大，应该配备专门的人员和队伍，充分利用采购业务活动的机会与现代化的技术手段来收集相关的采购信息，主要方式有以下四种。

（一）建立新产品信息调查队伍，开展行业与新产品信息研究

通过专门人士长期跟踪调查各种行业的新产品以及新供应商的发展动向，掌握各类产品的最新进展，包括其功能、技术规格、适用范围、成本等情况。这种方式对工作人员的专业要求较高，且由于政府采购所涉及的产品范围广泛，因此，如果由政府直接雇佣专业人员来开展这项工作会花费大量的成本，这与政府采购的初衷是相违背的，可以考虑通过委托中介组织或研究机构来承担这项工作。

（二）定期征集关于供应商和新产品的消息，或直接向供应商发出询问单

在现代市场经济社会，媒体在收集信息方面具有强大的功能。因此，一种方法是通过媒体征集，凡是对政府采购有兴趣的供应商，都会积极主动地向采购人或采购机构提供其新产品的相关信息，从而有利于采购人扩大其信息收集渠道。另一种方法则是直接向供应商发出询问单，这种方式的优点在于，它能够使政府只需要付出很小的代价就能较准确地掌握供应商和新产品的有关信息，其缺点在于供应商出于商业机密等原因往往不愿意向政府提供过多的商业信息，因此，政府通过这种方式所获得的信息往往是不全面的。

（三）利用社会信息资料

政府采购的某些信息直接来源于政府统计资料和向社会公开的各种资料。例如，通过政府对供应商情况的统计、政府相关的资格认证、政府各种检查的结果、政府部门组织评选出的优秀产品或企业、良好的市场评价和社会评价等，都可以了解并掌握相关采购产品和服务的信息及其生产企业的信息。此外，政府采购部门还可以通过媒体、互联网等方式获得国际市场各方面产品和供应商的信息。这种方式较上种方式成本更低，但

它同样存在信息不完整的缺陷。

（四）采购人本身的信息来源

采购人经常进行各种采购活动，在采购活动中必然获得大量的关于产品和供应商的信息。对于这些信息也应该加以整理并充分利用。

第三节 政府采购信息公开发布

一、政府采购信息公开发布的概念

所谓政府采购信息公开发布，就是将政府采购的相关信息通过公开的方式在报刊和网络等有关媒介上公开披露，以告知社会公众和有关供应商。

不少国家颁布了信息公开法，从主动公开和依申请公开的角度规定了政府应公开的信息内容以及信息公开的例外条款等。比如美国的《信息自由法案》(1967)、俄罗斯的《俄罗斯联邦信息、信息化和信息保护法》(1995)、英国的《英国信息自由法》(2005)等。这为政府采购信息的公开提供了法律依据。

为了保证政府采购的公开透明，我国在2008年实施的《中华人民共和国政府信息公开条例》第二十条明确规定，政府集中采购项目的目录、标准及实施情况必须主动公开。

信息公开发布制度是政府采购管理制度中的重要内容和组成部分，自产生以来，在保护政府采购当事人合法权益、保证政府采购交易市场的高效运营、提高公共支出管理水平以及公共资金使用效益等方面都起到了巨大的推动作用，在实践中主要表现为发布政府采购公告。只有建立完善的政府采购信息发布制度，政府采购公开、平等、透明、规范地进行才有可能实现。按照我国政府采购法律制度的规定，凡是按法律法规规定进行的招标采购，都需要在政府指定的媒体上发布招标信息。其他有关采购有的也要求公开发布采购信息，有的则可以采取邀请招标和询价采购的方式。

二、政府采购信息发布的内容

根据《政府采购法》《政府采购法实施条例》以及财政部《政府采购信息发布管理办法》的规定，政府采购信息发布主要包括以下内容：

第一，各级人大、政府或财政部门制定颁布的政府采购法律法规和制度规定。

第二，集中采购目录与分散采购限额标准、公开招标数额标准。国务院以及省、自治区、直辖市人民政府或者其授权的机构有权规定政府集中采购目录及分散采购限额标准和公开招标数额标准，并将其公开。

第三，采购意向。采购意向公开的内容主要包括采购项目名称、采购需求概况、预算金额、预计采购时间等。其中，采购需求概况应当包括采购标的名称，采购标的需实现的主要功能或者目标，采购标的数量，以及采购标的需满足的质量、服务、安全、时限等要求。

第四，公开招标公告。采购人及其委托的采购代理机构的名称、地址和联系方法；采购项目的名称、预算金额，设定最高限价的，还应当公开最高限价；采购人的采购需求；投标人的资格要求；获取招标文件的期限、地点、方式及招标文件售价；公告期限；投标截止时间、开标时间及地点；采购项目联系人姓名和电话。

第五，资格预审公告。资格预审公告应包括采购人和采购项目名称、采购需求、对供应商的资格要求以及供应商提交资格预审申请文件的时间和地点。

第六，单一来源采购公示。单一来源采购都有既定的使用条件，我国《政府采购法实施条例》规定，“达到公开招标数额标准，符合政府采购法第三十一条第一项规定情形，只能从唯一供应商处采购的，采购人应当将采购项目信息和唯一供应商名称在省级以上人民政府财政部门指定的媒体上公示，公示期不得少于 5 个工作日”。公示的内容包括：采购人、采购项目名称和内容；拟采购的货物或者服务的说明；采用单一来源采购方式的原因及相关说明；拟定的唯一供应商名称、地址；专业人员对相关供应商因专利、专有技术等原因具有唯一性的具体论证意见，以及专业人员的姓名、工作单位和职称；公示的期限；采购人、采购代理机构、财政部门的联系地址、联系人和联系电话。单一来源采购公示使符合这一条件的单一来源采购完全置于公众的监督之下，确保“只能从唯一供应商处采购”合法合理。

第七，中标（成交）结果公告。采购结束以后，采购人或其委托的招标代理机构，有义务向社会公布中标（成交）结果，对于招标采购而言，要发布中标结果公告；对于非招标采购而言，要发布成交结果公告。中标（成交）结果公告应当包括：采购人和采购代理机构的名称、地址、联系方式，项目名称和项目编号，中标或者成交供应商名称、地址和中标或者成交金额，主要中标或者成交标的的名称、规格型号、数量、单价、服务要求，中标公告期限以及评审专家名单。对于非招标采购方式中采用书面推荐供应商参加采购活动的，还应当公告采购人和评审专家的推荐意见。项目采购采用最低评标（审）价法的，公告中标、成交结果时应当同时公告因落实政府采购政策等原因进行价格扣除后中标、成交供应商的评审报价；项目采购采用综合评分法的，公告中标、成交结果时应当同时公告中标、成交供应商的评审总得分。

此外，《政府采购法实施条例》第四十三条规定，“招标文件、竞争性谈判文件、询价通知书随中标、成交结果同时公告”。《政府采购竞争性磋商采购方式管理暂行办法》也规定，磋商文件随成交结果同时公告。这实际上要求将公开招标、邀请招标、竞争性谈判、询价竞争性磋商采购方式中的“采购文件”与中标（成交）结果同时公告，从而使中标（成交）结果不是孤立地呈现，而是能够让监督者对比采购需求和采购结果，结合其他采购信息的公开，看清整个采购的过程，从全过程推断中标（成交）结果是否公正合理，更加有利于各方监督。

第八，违规通报信息。在政府采购过程中，经常会出现不同方面的违规。按照政府采购相关法律法规的规定，对于严重的违规现象，要通报批评，发布批评或处罚信息。

第九，投诉处理信息。在对违规行为进行通报的同时，对于政府采购过程中的投诉，要及时处理，并公布投诉处理信息，内容主要包括：采购人、采购代理机构名称，采购项目名称及采购日期，投诉人名称及投诉事项，投诉处理机关名称，处理决定的主要内容。

第十，信息变更公告和信息更正公告。对于政府采购中发生的信息改变，采购人或其委托的采购代理机构有义务及时发布变更公告，向供应商或潜在的供应商说明信息修正的内容及原因，通知新的事项。如果采购人或采购代理机构发布的消息有错误，则必须发布更正信息公告。

第十一，政府采购合同及合同变更公告。《政府采购法实施条例》第五十条规定，采购人应当自政府采购合同签订之日起 2 个工作日内，将政府采购合同在省级以上人民政府财政部门指定的媒体上公告，但政府采购合同中涉及国家秘密、商业秘密的内容除外。政府采购合同的双方当事人依照《政府采购法》确需变更政府采购合同内容的，采购人应当自合同变更之日起 2 个工作日内在省级以上财政部门指定的媒体上发布政府采购合同变更公告，但涉及国家秘密、商业秘密的信息和其他依法不得公开的信息除外。政府采购合同变更公告应当包括原合同编号、名称和文本，原合同变更的条款号，变更后作为原合同组成部分的补充合同文本，合同变更时间，变更公告日期等。

第十二，公共服务项目验收报告公告。《政府采购法实施条例》明确规定，服务包括政府自身需要的服务和政府向社会公众提供的公共服务，这有效地衔接了政府采购与政府购买服务改革。对于政府购买公共服务的项目，《政府采购法实施条例》第四十五条中规定，“政府向社会公众提供的公共服务项目，验收时应当邀请服务对象参与并出具意见，验收结果应当向社会公告”。与《政府采购法实施条例》第十五条中提及的“政府向社会公众提供的公共服务项目，应当就确定采购需求征求社会公众的意见”相呼应。因为公共服务项目与社会公众密切相关，提出确定需求要征求社会公众的意见，验收要吸收服务对象的意见，并将验收结果及时公开，这一方面将“参与式预算”执行推向深入，另一方面也强化了基于需求方的公共服务项目绩效评价体系的构建。

三、政府采购信息发布方式与媒介

供应商获取采购信息的成本也是政府采购信息公告制度设计中必须考虑的一个重要因素，信息公开发布的方式可以说是多种多样的，包括各种新闻媒体，如报刊、电视、广播、网络等。如果政府采购信息通过商业性报纸、杂志发布，则一般是有偿的，要支付适当的费用。如果通过政府发行的《公报》等刊物发布，有的国家是免费提供的，有的国家则采取有偿订阅的方式。

随着信息技术的推广和运用，大部分国家和地区的政府采购信息都可以通过互联网免费获取，很多国家或地区开设了专门的政府采购网站，如墨西哥专门建立了名为CompraNet的政府采购电子系统；新加坡政府设立了政府网上招标信息服务网，用于发布招标公告、招标信息和中标情况等信息；中国香港特别行政区政府也设立了政府信息网用于发布各政府部门的信息，同时，与政府采购有关的信息也可以在政府资料供应处网页上获取。此外，还有的国家或地区专门开发了电子采购系统，如澳大利亚和新西兰的政府电子市场服务系统（Government Electronic Marketplace Service，GEMS）、加拿大公开招标投标系统（Open Bidding Service，OBS）、日本外贸组织政府采购数据库系统（Government Procurement Database System，GPDS）、韩国金星信息网络服务系统（Goldstar Information Network Services，GINS）、新加坡政府招标投标服务系统（Government Tender Service，GTS）。其中，澳大利亚采购和建设委员会（Australian Procurement and Construction Council，APCC）还针对电子商务与政府采购的关系，编写了一部指南。

对于国际招标，根据国际惯例应至少在招标国家主要媒体上刊登。招标通知的发送可以直接送交采购机构熟悉的卖方，在国际招标中可以向各国使馆及驻采购国机构发出通知。在邀请招标中，一般不对外公开发出招标广告，而是直接向供应商发出邀请。

随着科技的进步和市场经济的发展，各种新闻媒体也迅速壮大起来，同时，越来越快的生活、工作节奏也使人们无暇查看或翻阅所有的媒体，这就给政府采购信息的发布带来了较大的困难。如果要求采购人在所有的媒体上发布信息势必会提高采购成本，给采购单位增加麻烦，甚至抵消了政府采购的效果，而且在现实生活中，这也是行不通的。如上所述，世界各国及相关国际组织，在政府采购信息发布的方式方面，都选择了在政府指定的媒体上发布信息这样一种方式，即采购人的信息必须通过政府采购管理部门指定的媒体发布，而供应商和其他人也主要通过这些媒体来获取各种政府采购信息。

在我国，《政府采购法》第十一条规定，“政府采购的信息应当在政府采购监督管理部门指定的媒体上及时向社会公开发布”。《政府采购法实施条例》进一步规定，政府采购项目信息，“唯一供应商”情况下单一来源采购项目信息，供应商名称、中标、成交结果，政府采购合同，均需在“省级以上人民政府财政部门指定的媒体”上发布、公示或公告。同时规定，采购项目预算金额达到国务院财政部门规定标准的，政府采购项目信息应当在“国务院财政部门指定的媒体”上发布。

根据《政府采购信息发布管理办法》第八条的规定，中央预算单位政府采购信息应当在中国政府采购网发布，地方预算单位政府采购信息应当在所在行政区域的中国政府采购网省级分网发布。2023 年财政部发布通知，规定自 2024 年 4 月 1 日起，所有省级分网信息应推送至中国政府采购网中央主网。除中国政府采购网及其省级分网以外，政府采购公告和公示信息可以在省级以上人民政府财政部门指定的其他媒体（以下统称指定媒体）同步发布。需要说明的是，指定媒体应当向采购人或者其委托的采购代理机构免费提供信息发布服务，不得向市场主体和社会公众收取信息查阅费用。

政府采购的信息公布，除了上述方式外，对于供应商或有关机构、个人提供信息的请求，采购机构应在不违背法律的前提下尽量予以帮助，回答其咨询。例如，美国《联邦政府采购法》（FAR）中就有对公众和国会议员及有关机构要求提供信息的具体规定。世界贸易组织的《政府采购协定》中除了对公开发布信息做了具体规定外，还要求采购方应对参加投标程序的供应商在关于提供有关资料的合理请求方面予以立即答复，只要这些资料不会使该供应商在签订合同的过程中处于优于其他竞争者的地位。

第四节　政府采购信息的记录与保存

在政府采购过程中，必然会产生大量程序、过程方面的具有法律效力的文件与资料信息，具体包括政府采购活动记录、政府采购预算、招标文件、投标文件、评标标准、评估报告、定标文件、合同文本、验收证明、质疑答复、投诉处理决定及其他有关文件、资料等。政府采购文件是整个政府采购过程的客观反映，涉及政府采购当事人的权利、义务和切身利益，反映采购活动的实质性内容，并且经过采购当事人一方或双方的认可，有的还经过监督管理部门的批准或者由其直接做出，因此一经做出就具有法律效力。按照政府采购“公开、公平、公正”的原则要求，政府采购中产生的文件与资料，应当依法保存，以备监督检查、处理纠纷、履行合同和进行评估时使用。只有将政府采购文件保存下来并依法应有关方面的要求向其公开，才能使采购当事人特别是采购人的行为置于监督之下，促使其严格依照法律法规的规定办事，公平、公正地对待每个供应商，实现政府采购市场充分有效的竞争，进而提高政府采购的质量和效率。

一、信息记录与保存的内容

政府采购信息的记录主要包括政府采购文件与政府采购过程记录两方面。其中政府采购文件包括：政府采购计划、政府采购预算的原件与批复资料、招标文件、投标文件、评标标准、评估报告、定标文件、合同文本、验收证明、质疑答复、投诉处理决定及其他有关文件、资料等。统计、记录信息是推行政府采购制度的基础性工作，是分析和决策的重要依据。采购记录信息的内容非常多，如美国联邦采购数据中心收集的采购信息包括：按采购对象性质分类的采购合同及金额，按采购方式分类的采购合同及金额，按采购对象来源地（各州）分类的采购合同及金额，按部门分类的采购合同及金额，全国100名最大合同商的合同及金额等。韩国的采购记录中不仅包括一般的采购信息，还包括与政府采购有关的本年新增国有资产、本年处理国有资产、本年净增国有资产等有关国有资产的信息。通过对政府采购各项信息的收集和处理，可以对采购进行地域分析、市场分析以及政府有关政策目标落实情况的分析，从而对政府采购制度进行评价。

为了能够有效地监督和管理政府采购活动的过程，至少应当记录、保存下列内容：

（1）政府采购项目的类别、名称以及采购的功能要求、规格和数量等。

（2）政府采购项目预算、资金构成和合同价格、采购合同的签约人。

（3）采用的政府采购方式及选择这种方式的依据与原因。

（4）邀请、审查和选择供应商的条件及原因。

（5）评标标准及确定中标人的原因。

（6）如果有废标情况，记录废标的情况与原因。

（7）采用招标以外其他采购方式的，应进行专门的记录，并说明原因。

此外，为了加强政府采购工作的责任感，应该将政府采购活动的主持人、相关参与人员，特别是评委会的组成人员等，都记录在案并予以保存。

《政府采购法》对政府采购信息、文件的记录和保存有明确的规定："采购人、采购代理机构对政府采购项目每项采购活动的采购文件应当妥善保存，不得伪造、变造、隐匿或者销毁。采购文件的保存期限为从采购结束之日起至少保存十五年。"

二、信息存储与查阅

政府采购之所以要记录各种相关信息，就是为了有效地保存，为社会各方面的监督和查阅提供便利条件。因此，对政府采购信息进行存储并建立方便快捷的查询系统是十分必要的。在现代科学技术高度发达的当今社会，政府采购最重要的信息存储和查阅方式就是电子信息网络系统。

政府采购信息管理部门通过建立政府采购专业网站，可以充分发挥网络收集信息、存储信息、发布信息的功能。同时，由于政府采购的信息具有相当的公开性，因此，可以为政府采购管理部门的监督检查和社会公众的查阅提供方便。随着电子技术的发展和普及，采购人和采购机构不仅可以实时进行网上资料的查阅，还可以直接实现网上采购。

本章小结

1．政府采购信息，是指依照政府采购有关法律制度规定应予公开的公开招标公告、资格预审公告、单一来源采购公示、中标（成交）结果公告、政府采购合同公告等政府采购项目信息，以及投诉处理结果、监督检查处理结果、集中采购机构考核结果等政府采购监管信息。

2．政府采购信息管理主要包括信息收集、信息发布、信息记录、信息储存与信息查阅等内容，其中，政府采购信息发布是信息管理的核心。

3．政府采购信息收集内容主要包括：法律法规资料、产品信息、供应商信息、采购代理机构信息和采购案例信息等几方面。

4．政府采购信息公开发布，就是将政府采购的相关信息通过公开的方式在报刊和网络等有关媒介上公开披露，以告知社会公众和有关供应商。

5．供应商获取采购信息的成本也是政府采购信息公告制度设计中必须考虑的一个重要因素，信息公开发布的方式可以说是多种多样的，包括各种新闻媒体，如报刊、电视、广播、网络等。

6．政府采购中产生的文件与资料，应当依法保存，以备监督检查、处理纠纷、履行合同和进行评估时使用。政府采购信息记录主要包括政府采购文件与政府采购过程记录两方面。

思考题

1．什么是政府采购信息？政府采购信息公开发布的含义是什么？

2．为什么政府需要开展政府采购信息收集？

课外阅读材料

1．马海涛，徐焕东，李燕，等．政府采购管理．北京：经济科学出版社，2003：129–136.

2．杨灿明，李景友．政府采购问题研究．北京：经济科学出版社，2004：213–214.

3. 谷辽海. 法治下的政府采购. 北京：群众出版社，2005：32–34.

4. [冰岛] 思拉恩·埃格特森. 经济行为与制度. 吴经邦，译. 北京：商务印书馆，2004：60–61.

5.《政府采购信息发布管理办法》(中华人民共和国财政部令第 101 号)。

即测即评

扫描二维码，进行本章在线测试。

第十一章

政府采购监督机制

政府采购作为政府支出当中的一项重要内容理应置于财政监督的框架之下。与其他财政支出不同，政府采购制度实质上是一种规范和约束政府支出行为的机制，通过规范的支出程序和严格的监督管理机制，确保在政府采购的过程中实现公开、公平、公正，以节约财政支出，提高资金使用效率，规避政府采购过程中的腐败行为。

第一节　政府采购监督概述

一、政府采购监督的含义

所谓政府采购监督，即对政府采购法律法规的执行程度，采购项目的立项、招标，采购合同的有效性及其履行情况，采购资金拨付，采购商品实际使用及效果评价等诸环节的全过程、全方位的监督以及对采购人员采购行为的约束。建立和健全由财政、审计、监察、供应商和社会共同构成的多方位的政府采购监督约束机制是提高政府采购活动透明度的关键环节，也是实现政府采购“公开、公平、公正”原则的切实保证。

二、建立政府采购监督约束机制的必要性

（一）政府采购制度的内生需要

政府采购制度是对政府采购行为的规范化、具体化、制度化和法治化，其重要作用就是在法律规范的范围内，通过严密有力的制度监督，保证政府采购行为健康有效运行，实现节约财政资金、促进反腐倡廉、提高使用效率等目标。从本质上讲，政府采购制度本身就是政府对其购买性支出实施监控的一种有效形式，但政府采购行为在运行过程中易于发生偏差，因此，必须在政府采购制度内部建立一种监督约束机制。

（二）政府采购制度的外生需要

有人认为，只要将政府采购活动公开化、集中化，采购过程中的价格、回扣、质

量等问题都会迎刃而解。其实不然，政府采购有其自身的局限性，需要许多外部条件和制度相配合才能充分体现其效益，如政府采购需要建立完整的采购信息库，以确保采购当局能够及时、有效地对供应商、代理机构进行资格和信用评价，从而对它们实施有效的监督。但是，采购信息库的建立需要大量的人力、物力和财力的投入，即使在西方发达国家，政府也难以获得全面且充分的信息资源。因此，实施政府采购制度并不能完全解决采购管理中存在的各种问题，规范和完善政府采购制度离不开严密有力的监督约束机制。

目前我国推行的政府采购工作，由于监督约束机制不健全，已暴露出很多问题。如政府采购制度的推行尚存在“空白”点，相当多的采购行为没有纳入统一规范的政府采购范围之内；在政府采购实施过程中，违规操作现象时有发生，公开、公平、公正原则没有充分体现；现行制度缺乏对违规行为进行处理的法律依据和政策基础，对政府采购的监督力度不够，等等。这些问题的存在，在很大程度上影响了政府采购制度的健康运行，以致有些单位和部门对推行政府采购制度不理解，甚至误以为政府采购制度是由“分散腐败”变成“集中腐败”。所以克服政府采购制度的局限和缺陷，建立与之相适应的监督约束机制，不论是从完善政府采购制度本身考虑，还是从推行政府采购工作的实际出发，都是非常必要的。

三、建立政府采购监督机制的基本原则

构建政府采购的监督约束机制必须坚持以下原则。

（一）监督者与操作者相互分离

在政府采购过程中，需求方与供给方通过采购经办机构或招标中介组织在依据政府给定的制度框架所构建的采购市场中进行交易。政府采购一般有四个当事主体：管理监督者、操作者、使用者和供应商。管理监督者主要是财政部门；操作者一般指政府采购经办机构或者其他招标中介组织；使用者主要是采购单位，即政府采购的需求方；供应商是产品或劳务的提供者，即政府采购的供给方。管理监督者与操作者必须相互分离，不能既当裁判员，又当运动员，否则将很难保证监督工作的客观公正性，监管效率必然低下。

（二）依法监督

政府采购本身是依法运作的，对其监督也要依法进行。经济手段、行政手段虽是不可缺少的监督手段，但也必须强化法律这个主要手段。无论是从国外的成功经验，还是从我国政府采购的发展趋势看，建立健全必要的政府采购法律法规和政策制度体系，依据法律开展监督工作，都应当成为政府采购监督工作的努力方向。

（三）专业监督和社会监督相结合

加强对政府采购的监督，除主要依靠政府采购主管部门——财政部门外，还必须发

挥现有的纪检、监察、审计等部门的监督作用，建立以财政监督为主，其他部门监督为辅，社会中介机构监督为补充的监督体系，做到内外结合、专兼结合。

（四）事前、事中和事后监督相结合

对政府采购活动的监督，要从编制政府采购预算和计划环节就开始实施。同时，在采购实施过程中，要保证有相应的监督力量参与采购活动全过程，注重“防”和“堵”，使监督的关口前移，要坚持以事前和事中监督为主的原则，以防患于未然为主要目的。当然，事后监督也有其不可替代的作用，一般来说，在实施政府采购制度的初期，应以事后监督为主；而在政府采购制度规范运行后，则应以事前、事中监督为主。

总之，政府采购制度本身的局限决定了必须建立、完善监督约束机制，尤其在推行和实施政府采购制度的初期，建立一套相互制衡、约束有力的监督机制就显得更为迫切。如果没有严密有效的政府采购监督体系（尤其是法律监督机制），就极易造成权力的相对集中和采购的暗箱操作。也就是说，具有监督缺陷的政府采购制度不仅不能防范和消除腐败行为，反而会产生更大的腐败行为。同时也应看到，即使建立了比较完备的政府采购制度，没有相应的监督约束机制，在实际执行中也难免出现问题。因此，作为财政制度重要组成部分的政府采购制度，只有通过一整套的监督约束机制加以规范、协调和制约，才能发挥其应有的功效。

第二节　政府采购监督机制的主要内容、环节及方式

一、政府采购监督机制的主要内容

在某种程度上，政府采购制度是各种采购参与主体及其相互关联、相互影响的关系的总和，各主体之间的相互关联构成了一个完整的有机系统。为此而建立的监督机制必然是以各相关主体及其活动为监督对象的。

从理论上讲，监督机制是通过提高相关责任人的违规风险成本或预期风险损失，来促使政府采购规则得到应有的尊重和有力的执行。在政府采购制度中，监督机制在各相关主体间的有效设定和合理分布，则是保证政府采购制度健康运行的重点和关键。政府采购的监督机制主要包括内部监督机制，法律监督机制，各级纪检、监察、审计等专门监督机制以及社会监督机制等。

（一）内部监督机制

内部监督，主要是指贯彻于政府采购活动始终的、各参与主体间的相互监督。构建良好的内部监督机制，应考虑：

第一，财政部门对采购人的监督。在实施政府采购制度的初期，政府采购主管部门

（即财政部门）对采购人的监督应侧重于采购预算和计划的编制，即其采购性支出是否都按规定纳入政府采购预算内。但随着政府采购改革不断深入，特别是随着采购人主体责任地位的不断确立，财政部门对采购人监督的范围也在不断扩大，涵盖采购预算和计划、采购需求管理、采购方式选择、采购方式执行、采购合同签订、采购绩效评价等政府采购全过程。

第二，财政部门对采购代理机构的监督。作为政府采购主管部门的各级财政部门，根据政府采购法规、政策、原则、采购预算和计划、采购反馈信息等对采购代理机构进行监督，侧重于对采购计划的执行、采购资金的使用、采购方式的运用、采购过程的规范进行监督，同时对采购代理机构和供应商准入政府采购市场的资格及其遵守政府采购相关法规的情况进行监管。

第三，供应商对财政部门、采购代理机构和采购人的监督。供应商依据有关政府采购的法规、政策，对政府采购主管部门进行监督，重点监督其采购过程的公开性、公正性，以及采购活动是否依法规范运作；对采购代理机构的监督，主要是监督其采购活动是否公开、公平、公正；对采购人的监督，主要是监督其是否存在变相指定品牌的行为。

此外，在财政部门内部还应充分发挥财政监督机构及相关业务处室对政府采购的监督作用。上述一系列监督和制约，使得政府采购过程环环相扣，有条不紊，促进了政府采购行为的规范化。

（二）法律监督机制

完善和配套的政府采购法律体系是政府采购制度的法律保障及行为依据。它从政府采购制度运行的外部，以高于内部监督机制的形式对政府采购全过程进行监督，从而在推进政府采购制度健全的过程中实现依法行政、依法理财。政府采购的法律监督体系主要包括三个层次：第一，国家制定统一的政府采购法，政府采购是政府在国内和国际市场开展的采购活动，需要一个全国性的、与国际接轨的法律来对它进行规范和监督；第二，地方各级人民政府根据国家的政府采购法制定相应的管理办法，地方政府可以根据政府采购法制定相应的地方性政策法规；第三，财政部门制定政府采购监督检查工作的配套法规。从目前情况看，与政府采购相关的立法工作尚在实践摸索中不断完善，由地方政府或财政部门制定相应的政策法规，是当前建立政府采购监督法规体系工作中的主要任务。健全法律监督机制可以大大提高政府采购规则的权威性，有效遏制和预防潜在的违规行为。

西方发达国家在政府采购领域建立起了较完善的法律体系，对政府采购行为形成较有效的制度性约束。如在美国，与政府采购直接或间接相关的法规制度有500多个，涉及政府采购行为的方方面面。主要包括《联邦政府行政服务和财产法》《联邦财产管理法》《联邦采购合理化法案》《合同竞争法》《小型企业法》《贸易协定法》《公共工程法案》《服务合同法案》《反回扣法案》《联邦政府采购条例》《武装部队采购条例》等。这些法律法规对政府采购程序和方式做了详细、严格的规定，不仅约束了政府自身的采购行为，也维护了政府采购信誉，保持了政府采购制度的透明与公正，同时保证了政府实现其社会和经济目标。

（三）各级纪检、监察、审计等专门监督机制

《政府采购法》明确规定了各级财政部门在政府采购活动过程中开展监督的权利和义务。但是，由于政府采购涉及的范围很广，监督者不仅需要有财政与财会业务知识，而且需要有工程预算、国际贸易等方面的专业知识，然而目前财政部门内部往往缺乏这些专门人才，以致无法开展有效的监督。更重要的是，政府采购的监督不仅是对钱的监督，还包括对事和人的监督，因此，必须借助有关部门和社会的力量来充实与加强政府采购监督队伍。在政府采购的具体实施过程中，应主动邀请审计监察、技术监督等部门参与政府采购活动的监督，同时，还可以发挥社会中介组织的作用，加强对政府采购效益的评估和跟踪检查。

（四）社会监督机制

社会监督机制主要借助于社会舆论的力量来监督政府采购行为。在政府采购制度的运行中，政府采购主管部门应制定对外发布信息的制度和办法，定期将有关采购信息、采购法规、政策及原则等内容向社会公开，通过媒体的传播，客观上接受社会舆论监督，从而形成有效的社会监督机制。对违反政府采购管理规定的单位和个人，不仅要严肃处理，还要敢于公开曝光，以保证政府采购工作逐步走上正轨。社会监督机制的介入，不仅能保证政府采购的高透明度，推进反腐倡廉，维护政府部门的形象，还能强化社会公众的公共参与和公共监督意识。

此外，还须强化政府采购监督机制的相关配套措施，主要包括：第一，建立政府采购定期报告制度。财政部门可以设计一套专门的政府采购辅助账表，印发各采购单位。采购单位必须按规定建立政府采购辅助账，逐笔记录纳入政府采购范围内的每项采购项目的完成情况，定期向同级财政部门报送政府采购统计情况表，为财政、审计等部门开展日常监督检查提供必要的资料。第二，建立政府采购定期检查制度。政府采购经办机构要定期向财政部门报告年度采购计划完成情况。财政部门可以根据掌握的情况，选择部分重点项目开展检查，并保证每年的检查项目达到一定比例。下级财政部门定期向上级财政部门报告本地区的政府采购活动情况，上级财政部门可以根据各地情况，决定是否对下级开展检查。同时结合政府采购工作不同运作阶段的特点，也可以不定期地在全国或地区范围内开展全面检查，以保证政府采购制度得到全面的贯彻落实。第三，建立政府采购举报奖励制度。公开接受群众监督是防止腐败的有力武器，各级财政部门应将政府采购作为政务公开的主要内容，建立必要的举报奖励制度，发动社会监督力量对政府采购进行监督检查。

二、政府采购监督的主要环节

在规范政府采购操作程序的基础上，采购监督的重心应放在对重点采购环节的监督上。政府采购的操作程序是否科学规范，直接影响政府采购活动能否客观公正地开展，因此对政府采购程序中的每一个环节，如编制政府采购预算、审查供应商的资格、选择和执行采购方式、履行采购合同、验收商品以及结算货款等，都必须有相应的监督措施来保证其客观公正性。当前，政府采购制度正处于由初创时期向全面推进时期转化的阶段，应重点把握好对以下四个主要环节的监督：

（一）建立政府采购预算制度，提高采购计划的约束力

建立政府采购预算制度是实施政府采购首要的、基本的环节。这一制度要求采购单位所有的购买性支出都要通过编制政府采购预算来体现，没有预算的不能安排支出。对采购预算编制环节的监督应做到“三要”：一要监督采购单位预算编制的全面性，保证各采购单位将应该实行政府采购的项目全部纳入采购预算；二要监督采购预算编制的合理性，采购需求应与政府的预算政策相一致，与单位所承担的职能相匹配，与财力相衔接；三要监督采购预算编制的有效性，政府采购预算一经确定，不得随意更改，如遇特殊情况确需调整，必须按规定重新履行审批程序。只有列入政府采购预算的采购项目，财政部门才能下达给有关部门操作实施。

（二）建立供应商市场进入制度，加强对竞标主体的监督

要保证政府采购活动健康有序地开展，供应商对政府采购制度的各项规定的遵守十分重要。当前，需要建立供应商资格审查制度，规定进入政府采购市场的供应商必须具备一定的条件。对在政府采购活动中有违法违规行为的供应商，可以视其情节轻重，采取记录违法情况、限制其在一定的年限内进入政府采购市场、吊销其资格证书等处罚手段。

（三）建立评标专家库制度，加强对招标投标环节的监督

公开招标是政府采购的主要方式，加强对招标工作的监督管理是抓好政府采购监督工作的重要环节。当前，要保证招标工作做到客观、公正，除需要认真执行招标投标现有的各项法规外，还需建立评标专家库，即政府采购监督管理部门聘请有一定资格水平的各类专业技术人员，并对其进行归类建档，形成专家评委库，作为评标的候选人员。评标时，从评委库中随机抽取一定数量的评委，以此减小供应商事前与评委接触的可能性。与此同时，要提高开标、评标、定标的透明度，在开标、评标、定标过程中，邀请监督部门、公证机构现场监督，防止出现徇私舞弊行为。

（四）建立采购与付款相分离的制度，加强政府采购结算环节的监督

在政府采购活动过程中，如果政府采购经办机构既负责采购的具体组织工作，又直接支付货款，便会失去必需的外部监督，很容易产生违规行为。因此，必须使商品的采购、验收、付款三个环节相互分离，建立财政、政府采购经办机构和采购单位相互制约的机制，即财政部门负责采购计划审批，但不直接参与具体采购事务；政府采购经办机构负责组织招标等采购工作，但无权支付货款；采购单位不直接采购，但有最后的验收签单权。财政部门只能凭采购单位的验收结算单及采购合同支付货款，这样就使采购、验收、付款三权分离，形成了相互制约的监督机制。

应当强调的是，完善政府采购制度，必须构筑一体化的监督网、严明采购法规纪律。就财政部门而言，必须强化财政支出控制力度，使财政监督从过去的资金分配环节延伸到资金使用环节，让财政资金的用途和流向始终处于财政部门的监控之下，从而达到细化预算、强化预算约束的目的，提高资金管理的透明度。同时，各部门应树立全局观念，承担起各自的监督职责，加大对各单位执行政府采购制度的监督检查力度。此外，还应广泛发动群众，调动社会力量监督政府采购的各个环节，从而提高监督的整体效能。通过完善各种制度，最终为政府采购制度的深入开展构筑一张主体层次化、方式多样化的一体化监督网。

三、政府采购监督的主要方式

政府采购监督方式按不同标准可以划分为不同的种类，按其开展的持续性和目的性，可以将其划分为日常监督和专项监督两种。

（一）日常监督

日常监督是指财政管理和监督部门在正常业务活动中所开展的监督工作。政府采购是一项数额巨大的财政支出，为了保证采购支出能有较好的支出效益，需要经常对其实行有效的监督，以保证政府采购全过程的健康有序。因此，日常监督是采购管理工作的重要组成部分，也是政府采购监督活动中最基本、最主要的部分。日常监督的手段主要有财政监督、审计监督、中介机构监督、舆论监督、群众监督等。

日常监督的形式尽管多种多样，但其本质特性都是共同的，一是广泛性与普遍性，即对政府采购活动全过程、全方位的监督；二是经常性与连续性，即对政府采购项目的每一个环节都实行有效的监督。

（二）专项监督

专项监督是由政府采购监督机关就政府采购项目的某一个问题综合运用各种监督手段所进行的监督。它是政府采购监督的重要组成部分，也是一种行之有效的监督形式。它的主要特征有：

第一，监督目的的专项性和单一性。通常是就政府采购的某一项或某一个问题而展开的，一般不延伸，体现其针对性强的特点。

第二，监督落实的即时性和时效性。一般是没有计划的，根据情况随时安排进行。同时，专项监督由于内容专项单一，所以布置起来相对较容易，落实较快，时效性很强。

第三节 政府采购的监督机构及监督对象

一、政府采购监督管理机构

政府采购监督管理机构是国家设立的，负责政府采购法规和政策的制定、修订及管理监督的机构。它履行监督采购机关组织实施政府采购的全过程及各采购主体的采购行为的职能。

我国《政府采购法》第十三条规定，各级人民政府财政部门是负责政府采购监督管理的部门，依法履行对政府采购活动的监督管理职责。各级人民政府其他有关部门依法履行与政府采购活动有关的监督管理职责。也就是说，在我国，各级人民政府财政部门是政府采购的监督管理部门，同时各级人民政府其他有关部门也负有一定的监督管理职责。

（一）各级人民政府财政部门

中华人民共和国财政部是国务院政府采购监督管理部门，具体而言，财政部国库司加挂全国政府采购管理办公室牌子，下设政府采购处，负责拟订全国政府采购制度并监督管理，同时承担政府采购市场开放谈判工作。地方各级人民政府采购部门一般设政府采购处或政府采购科，负责所辖区域政府采购监督管理工作。

（二）各级人民政府其他有关部门

审计机关应当对政府采购进行审计监督。政府采购监督管理部门、政府采购各当事人有关政府采购活动，应当接受审计机关的审计监督。

监察机关应当加强对参与政府采购活动的国家机关、国家公务员和国家行政机关任命的其他人员实施监察。

二、政府采购的监督对象

（一）采购单位

采购单位，即采购人，是使用货物、工程和服务的具体行政机关、事业单位或社会团体。由于政府采购的资金来源为财政拨款和需要由财政偿还的公共借款，这些资金的最终来源为纳税人的税收和政府公共服务收费，因此，使用这些财政性资金进行采购的单位就成为政府采购监督的主要对象。

对采购单位的监督重点主要放在以下方面：一是监督其预算收支情况，主要是检查采购单位是否坚持专款专用的原则，有无截留、坐支、转移、挪用的现象；检查预算支出是否符合规定的原则和有关财务制度；检查决算收支平衡的情况，等等。二是检查是否“应采尽采”，即采购单位是否将符合《政府采购法》范围的采购均纳入单位采购计划进行采购。三是监督其非计划采购的部门，检查其各项采购是否都已列入政府采购计划，检查非计划采购所占的比重，等等。

（二）采购资金

采购资金指实施政府采购所使用的资金，包括采购单位的采购资金以及集中采购机构、采购管理机关的采购费用。政府采购实质上仍是财政性资金使用的过程，管好用好这些资金是政府采购的最终目的，对采购资金进行监督有利于实现政府采购经济效益和社会效益的最大化。

对采购资金的监督包括政府采购资金预算的监督、政府采购资金使用的监督及资金使用效果的监督等。

（三）采购参与人员

采购参与人员指具体从事政府采购的各种人员，包括采购单位的有关人员、采购代理机构人员等。对采购人员进行必要的监督，是保证政府采购规范、公正的关键。

对采购参与人员的监督，一是监督其构成，看其是否符合采购监督管理部门规定的标准，如社会代理机构代理政府采购业务，其是否拥有不少于 5 名熟悉政府采购法律法规、具备编制采购文件和组织采购活动等相应能力的专职从业人员等；二是监督采购参与人员的素质，看其专业知识和业务能力能否胜任政府采购工作；三是监督采购参与人员遵纪守法的情况，看其是否存在采购过程中的违规违法行为。

（四）采购代理机构

采购代理机构包括集中采购机构和集中采购机构以外的采购代理机构。

采购代理机构应建立完善的政府采购内部监督管理制度，具备开展政府采购业务所需的评审条件和设施；提高确定采购需求，编制招标文件、谈判文件、询价通知书，拟订合同文本和优化采购程序的专业化服务水平；根据采购人委托在规定的时间内及时组织采购人与中标或者成交供应商签订政府采购合同，及时协助采购人对采购项目进行验收。承担具体采购业务的代理机构是政府采购的直接操作者，直接面对供应商的激烈竞争，对其实行有效的监督检查，才能保证政府采购的公正和高效。

对采购代理机构监督检查的内容包括：代理机构名录信息的真实性；委托代理协议的签订和执行情况；采购文件编制与发售、评审组织、信息公告发布、评审专家抽取及评价情况；保证金收取及退还情况，中标或者成交供应商的通知情况；受托签订政府采购合同、协助采购人组织验收情况；答复供应商质疑、配合财政部门处理投诉情况；档案管理情况；其他政府采购从业情况。

监督检查结果在省级以上财政部门指定的政府采购信息发布媒体向社会公开。

（五）供应商

供应商也是重点监督的对象，一般来说，政府采购是否成功与供应商有着直接的联系，这是因为供应商是货物、工程的直接提供者和采购中的当事人，如果对其的监督不力，其中漏洞很可能使腐败有机可乘，致使采购目的难以实现。对供应商的监督主要应注意以下五个方面：

（1）是否提供虚假企业材料，骗取政府采购资格。

（2）是否提供虚假投标材料。

（3）是否与采购机关或者社会中介机构违规串通。

（4）是否向采购主管机构、采购单位、社会中介机构行贿或提供其他不正当利益。

（5）是否以不正当手段排挤其他供应商。

第四节 对政府采购过程的监督

对具体的政府采购过程的监督是政府采购监督的重点，主要包括对采购方式的选用和具体采购程序的监督。对采购程序的监督，若以公开招标为例，主要包括对招标、投标、开标、评标、定标及合同履行等的监督。

一、对采购方式的监督

对政府采购方式的正确选择，将直接决定着政府采购的效果。因此，监督政府采购方式的选择，是监督的一项重要内容。

政府采购的方式有很多种，每一种方式都有其特定的条件。对采购方式的监督，主要就是监督其是否符合特定的条件。

按照规定，单项或批量采购项目的金额达到一定标准的，必须采用招标的方式采购。监督部门要监督其是否存在符合标准而不采用招标采购的情况。

非招标方式都有其特定的条件。比如，采用竞争性谈判方式的，监督部门要监督其是否已经实行公开招标而没有供应商投标或无合适标；是否出现了不可预见的急需情况；是否无法按招标方式得到所需的货物、工程或服务；是否供应商资格审查条件过于复杂；是否对高新技术含量有特别的要求，等等。采用询价采购方式的，要监督其采购的是否为现货商品，是否属于价值较小的设备或者小型、简单的土建工程等。再如，采用单一来源采购方式的，要监督其采购的是否属于专利、艺术品、独家制造或供应、秘密咨询，且无其他合适替代标；是否属于原采购的后续维修、零配件供应、更换或扩充，由于兼容或统一规格的需要，在一定时期内必须向原供应商采购；是否属于原形态或首次制造、供应的物品，而且经采购管理机关的批准，等等。

如果发现政府采购的方式有违反标准而不符合规定的，政府采购监督管理机关应责成采购机关改正。

二、对招标的监督

（一）对招标公告的监督

招标采购单位在正式招标之前，必须在指定的媒体上刊登公告，以便让所有的潜在投标人知悉。同时，发布招标公告也是政府采购公开、公平、公正原则的体现。监督部门对招标公告的监督，一是监督公开招标是否已发布招标公告；二是监督从发布公告到投标是否留有足够的时间以便投标人准备投标文件；三是监督招标公告的内容是否详细、真实、合法，有无明显的倾向性。

我国的《政府采购货物和服务招标投标管理办法》第十三条规定，公开招标公告应当包括以下主要内容：采购人及其委托的采购代理机构的名称、地址和联系方式；采购项目的名称、预算金额，设定最高限价的，还应当公开最高限价；采购人的采购需求；投标人的资格要求；获取招标文件的时间期限、地点、方式及招标文件售价；公告期限；投标截止时间、开标时间及地点；采购项目联系人姓名和电话。招标公告的公告期限为5个工作日。

（二）对招标文件的监督

招标文件是招标人介绍情况、指导工作、履行一定程序所使用的一种实用性文书。它是供应商准备投标文件和参加投标的依据，也是评标的重要依据。因此，对招标文件的监督，是招标监督的一项重要内容。

对招标文件的监督，主要是对文件内容的监督。一是监督招标文件的内容是否详尽、真实、合法，以方便投标人投标；二是监督文件内容是否存在针对某一潜在供应商或排斥某一供应商的内容；三是监督技术规格的制定是否明确、全面，有无增加评标难度的因素；四是监督招标文件是否存在违背国家有关政策、规定的内容，等等。

我国的《政府采购货物和服务招标投标管理办法》第二十条规定，采购人或者采购代理机构应当根据采购项目的特点和采购需求编制招标文件。招标文件应当包括以下主要内容：投标邀请；投标人须知（包括投标文件的密封、签署、盖章要求等）；投标人应当提交的资格、资信证明文件；为落实政府采购政策，采购标的需满足的要求，以及投标人须提供的证明材料；投标文件编制要求、投标报价要求和投标保证金交纳、退还方式以及不予退还投标保证金的情形；采购项目预算金额，设定最高限价的，还应当公开最高限价；采购项目的技术规格、数量、服务标准、验收等要求，包括附件、图纸等；拟签订的合同文本；货物、服务提供的时间、地点、方式；采购资金的支付方式、时间、条件；评标方法、评标标准和投标无效情形；投标有效期；投标截止时间、开标时间及地点；采购代理机构代理费用的收取标准和方式；投标人信用信息查询渠道及截止时间、信用信息查询记录和证据留存的具体方式、信用信息的使用规则等；省级以上财政部门规定的其他事项。

（三）对招标程序的监督

政府采购招标必须按照一定的程序进行。只有依程序招标，招标的结果才是有效的。因此，对招标程序的监督，直接影响政府采购的效果和质量。

招标采购的程序包括发布招标公告、进行资格预审、发售招标文件。对招标程序的监督，就是要监督采购招标是否严格按照程序进行、是否发布了招标通告、是否进行了资格预审、是否按规定发售招标文件。

三、对投标的监督

（一）对投标资格的监督

进入政府采购市场的供应商，必须具备一定的资格条件，才可以参加投标。一般来说，这些条件包括：合法的法人身份和独立承担民事责任的能力；良好的履行合同的记录；完备的生产或供货能力；良好的资金、财务状况；履行缴纳社会保险、税收的义务；生产环境及产品符合国家环境标准；法人代表及高级管理人员在申请资格前五年内没有职务犯罪和刑事犯罪记录；无走私犯罪记录；无歧视妇女及歧视残疾人就业的记录；其他条件。

对投标人资格的监督，就是要监督供应商是否具备上述条件，其中最重要的是审查供应商履行合同的记录、生产和供货能力，以及资金、财务的状况，以便把不符合资格的供应商排除在外，提高政府采购的效率。

（二）对投标文件的监督

投标文件是投标人依照招标书中提出的条件和要求撰写，并交给招标委员会以说明自己投标的有关情况及意愿的文字材料。它是招标、投标活动的中心文书，也是中标后制定实施方案和签订合同的基础。

对投标文件的监督，一是要检查投标文件的制作是否符合招标文件的要求；二是检查投标文件的内容是否真实可靠，有无弄虚作假；三是检查投标文件中的报价与技术规格等重要条款是否与投标人的能力相一致，有无夸大或隐瞒关键条件的行为；四是检查投标文件的有效性，看其是否符合规定格式、是否加盖了公章、是否在有效期内交投、是否密封，等等。

（三）对投标过程的监督

一个完整的投标过程，应该包括申请资格预审、索取招标文件、研读招标书、调查、定价、制作投标文件和提供投标保证金、交递投标文件等步骤。对投标过程的监督，就是要监督其过程的完整性和公正性。一是检查投标人是否经过了资格预审；二是检查投标人的询价定价是否与招标人有幕后交易；三是检查投标人是否提供了足额的投标保证金；四是检查投标文件是否在交投截止日前交投。通过对投标过程的监督检查，确保投标过程公正、规范。

四、对开标、评标、定标的监督

（一）对开标的监督

开标是招标投标活动的重要环节，开标应当在招标文件确定的提交投标文件截止时间的同一时间公开进行。对开标的监督，主要是监督以下内容：

第一，开标日期。监督其是否在规定时间内进行。

第二，开标方式。监督其是否采用公开的方式。

第三，参加者。监督参加开标的人是否符合要求，一般来说，参加开标的人员应有招标单位代表、评标委员会代表、投标人、使用人等人员。

第四，开标程序。监督其是否严格按程序进行，一般来说，开标包括验标、拆标、唱标等步骤。

第五，开标记录。检查记录是否完整、真实地记述了开标情况，同时，要监督投标人与招标人在开标后的活动，严禁投标人与招标人在开标后进行任何形式的协商谈判。

《政府采购货物和服务招标投标管理办法》第三十九至四十二条对开标进行了相应的规定：开标应当在招标文件确定的提交投标文件截止时间的同一时间进行。开标地点应当为招标文件中预先确定的地点。采购人或者采购代理机构应当对开标、评标现场活动进行全程录音录像。录音录像应当清晰可辨，音像资料作为采购文件一并存档。开标由采购人或者采购代理机构主持，邀请投标人参加，评标委员会成员不得参加开标活动。开标时，应当由投标人或者其推选的代表检查投标文件的密封情况；经确认无误后，由采购人或者采购代理机构工作人员当众拆封，宣布投标人名称、投标价格和招标文件规定的需要宣布的其他内容。投标人不足3家的，不得开标。开标过程应当由采购人或者采购代理机构负责记录，并存档备查，等等。

（二）对评标的监督

开标后，评标委员会要按照准确、公正和保密的原则对各投标文件进行评标，其目的就是对每家投标商的标书进行评价和比较，以评出最低投标价的投标商。由于评出的结果直接决定谁能中标，因此，对评标的监督就有着特别重要的意义。

对评标的监督，一是监督评标委员会的组成是否符合规定。评标委员会应由采购单位的代表和受聘的技术、经济、法律等方面的专家组成，总人数为 5 人以上的单数，其中受聘专家不得少于 2/3，而且与投标人有利害关系的人员不得担任评标委员会的成员。采购数额在 1 000 万元以上，技术复杂或者社会影响较大的项目，评标委员会成员应为 7 人以上的单数。除国务院财政部门规定的情形外，采购人或者采购代理机构应当从政府采购评审专家库中随机抽取评审专家。二是监督评标的依据和标准。评标必须以招标文件为依据，不得采用招标文件规定以外的标准和方式进行评标。价格应该是评标的主要因素，但不应该作为唯一因素，招标文件中应考虑其他有关因素。三是监督评标的过程。评标分为初步评定和详细评定，如果是两阶段招标，则要先评技术标，再评商务标。评标结束后，应编写评标报告，上报政府采购主管部门。

（三）对定标的监督

评标结束后，招标代理机构应当将评标结果通知招标采购单位，经招标采购单位确认后定标。定标是招标投标活动的最后环节，也是衡量招标投标活动是否存在腐败的最重要的环节。政府采购监督部门的监督，必须把定标作为一个重点。一是审查中标者的资格条件，中标人与招标采购单位之间是否存在非正当的关系。二是审查定标的条件，中标人的投标是否为众多投标中的最优标。三是审查定标结果是否公开。

五、对政府采购合同履行的监督

对政府采购的监督要坚持全过程监督。除了事前监督和事中监督，还必须对政府采购进行事后监督，以提高政府采购的经济效益。

对政府采购的事后监督，主要是监督政府采购合同的履行情况。经过公开招标的政府采购，在确定中标者后就要签订政府采购合同，采购进入实质性阶段。为了保证采购单位能及时地获得所采购的货物，就要对合同的履行情况进行全面的监督。

监督政府采购合同的履行情况，主要是由财政部门进行的。一是监督供应商是否按合同规定的时间交货；二是监督供应商所提供的货物规格是否与招标文件的要求相符；三是监督采购单位是否按合同规定及时足额付清货款；四是监督采购单位对所采购货物的使用情况，等等。

对在政府采购合同履行过程中出现违约情况的，财政部门应根据有关规定加以处理。供应商出现严重违约的，除按有关规定处罚外，还可以取消其政府采购市场准入资格，并在一定的时期内严禁其进入政府采购市场。

本章小结

1. 政府采购监督是对政府采购法律法规的执行程度，采购项目的立项、招标，采购合同的有效性及其履行情况，采购资金拨付，采购商品实际使用及效果评价等诸环节的全过程、全方位的监督以及对采购人员采购行为的约束。

2. 构建政府采购的监督机制必须坚持监督者与操作者相互分离的原则、依法监督的原则、专业监督和社会监督相结合的原则，以及事前、事中和事后监督相结合的原则。

3. 政府采购监督机制是通过提高相关责任人的违规风险成本或预期风险损失，来促使政府采购规则得到应有的尊重和有力的执行。

4. 在政府采购制度中，政府采购监督机制在各相关主体间的有效设定和合理分布，是保证政府采购制度健康运行的重点和关键。

5. 内部监督，是指贯穿于政府采购活动始终的、各参与主体间的相互监督。全过程中，涉及财政部门、政府采购办、政府采购中心、采购单位及供应商之间的相互监督关系。

6. 完善和配套的政府采购法律体系是政府采购制度的法律保障和行为依据。它从政府采购制度运行的外部，以高于内部监督机制的形式对政府采购全过程进行监督，从而在推进政府采购制度运行的过程中实现依法行政、依法理财。

7. 在政府采购制度的运行中，政府采购主管部门应制定对外发布信息的制度和办法，定期将有关采购信息、采购法规和政策及原则等内容向社会公开，通过媒体的传播，客观上接受社会舆论的监督，从而形成有效的社会监督机制。

8. 政府采购应重点把握好对以下四个主要环节的监督：建立政府采购预算制度，提高采购计划的约束力；建立供应商市场进入制度，加强对竞标主体的监督；建立评标专家库制度，加强对招标投标环节的监督；建立采购与付款相分离的制度，加强对政府采购结算环节的监督。

9. 政府采购监督方式按不同标准可以划分为不同的种类，按其开展的持续性和目的性，可以将其划分为日常监督和专项监督两种。

10. 政府采购监督管理机构是国家设立的，负责政府采购法规和政策的制定、修订及管理监督的机构。它履行监督采购机关组织实施政府采购的全过程及各采购主体的采购行为的职能。

11. 对具体的政府采购过程的监督是政府采购监督的重点，主要包括对采购方式的选用和具体采购程序的监督，对采购程序的监督，若以公开招标为例，主要包括对招标、投标、开标、评标、定标及合同履行等的监督。

思考题

1. 为什么需要对政府采购进行监督？
2. 构建政府采购监督机制的基本原则有哪些？
3. 各政府采购监督机构如何在采购过程中发挥作用？
4. 对政府采购合同履行的监督包括什么内容？

课外阅读材料

1. 中华人民共和国财政部国库司. 政府采购. 北京：中国方正出版社，2004：70–71.

2. 马海涛，徐焕东，李燕，等. 政府采购管理. 北京：经济科学出版社，2003：109–129.

3. 杨灿明，李景友. 政府采购问题研究. 北京：经济科学出版社，2004：207–211.

4. 谷辽海. 法治下的政府采购. 北京：群众出版社，2005：170–172.

5. 赵勇，陈川生. 招标采购管理与监督. 北京：人民邮电出版社，2013：43–54.

即测即评

扫描二维码，进行本章在线测试。

第十二章

政府采购质疑投诉机制

政府采购质疑投诉机制是各国政府采购立法中的重要内容。本章对政府采购质疑投诉机制的概念、质疑投诉主体、质疑投诉机制的调整范围等进行介绍，并以政府采购合同订立为节点，对我国政府采购合同授予阶段的质疑投诉机制及政府采购合同履行阶段争议解决机制的内容进行了介绍。

第一节　政府采购质疑投诉机制概述

从各国政府采购立法的初衷来看，虽然在政府采购活动中采购主体与供应商都属于政府采购当事人，在法律上享有平等的民事主体地位，但客观上，政府采购关系中的主体，一方为代表采购实体的政府部门、政府机构或其他直接或间接接受政府管理的单位和企业；另一方则是以供应商为代表的普通民事主体，两者之间存在先天的不平等性。因此，通过政府采购质疑投诉机制的建立，能够有效地保障处于弱势地位的供应商的合法权益，这是各国在政府采购法制建设中的一条重要经验。

一、政府采购质疑投诉机制的概念

借用我国对质疑投诉制度定义的一些要素，我们可以将政府采购质疑投诉机制定义为：在政府采购的过程中，由于当事人一方的故意或过失而导致另一方的财产或权益损失时，另一方所采取的补救措施。具体而言，政府采购质疑投诉机制就是供应商与政府采购实体发生争议时，所寻求的能够对其受到的损失进行赔偿或补偿的行政或民事方法的总和。质疑投诉机制也被称为救济机制，建立政府采购质疑投诉机制的目的，主要是规范政府采购质疑和投诉行为，保护参加政府采购活动当事人的合法权益。

二、政府采购质疑投诉中的质疑投诉主体

政府采购的质疑投诉主体是合法权益受到侵害的供应商。根据世界贸易组织《政

府采购协定》第二十条第二款的规定，能够行使质疑权的人是其利益或曾经所有的利益受到采购过程中可能存在的违反协议情况损害的供应商。《政府采购法》规定的享有异议权的人为供应商，《招标投标法》规定的异议权人为投标人和其他利害关系人。我国 2018 年 3 月 1 日起施行的《政府采购质疑和投诉办法》（财政部令第 94 号）第十条第一款规定，“供应商认为采购文件、采购过程、中标或者成交结果使自己的权益受到损害的，可以在知道或者应知其权益受到损害之日起 7 个工作日内，以书面形式向采购人、采购代理机构提出质疑”；第十七条规定，“质疑供应商对采购人、采购代理机构的答复不满意，或者采购人、采购代理机构未在规定时间内作出答复的，可以在答复期满后 15 个工作日内向本办法第六条规定的财政部门提起投诉”。可见，在我国，政府采购质疑投诉的主体是供应商。事实上，无论是国际条约还是大多数国家的相关法律，在构建政府采购质疑投诉制度时所界定的质疑投诉主体的范围明显要比我国更广，随着我国与国际政府采购制度的进一步接轨，我国对政府采购质疑投诉主体的界定需要进一步科学化。

三、政府采购质疑投诉机制的调整范围

从各国实施政府采购制度的实践来看，供应商在政府采购活动中权利遭受损害的情况主要有两种：一种是在寻找合适的供应商并授予其合同的过程中，政府采购主体的某些程序、采用的规则违反规定或有失公允，侵害了特定或非特定供应商的合法权益；另一种是在合同授予后的履行过程中，政府采购主体的违约行为侵害了特定供应商依据合同享有的权利。按照国际惯例，可将政府采购争议划分为政府采购合同授予争议和政府采购合同履行争议。

政府采购合同授予争议指政府采购合同成立前，从决定采购方式、选择供应商、竞标、开标至定标为止的采购过程中所发生的争议。它主要集中在采购方式的选择和操作阶段，即在政府采购的招标、开标、评标、定标阶段发生的争议。其最大的特点就在于采购当事人双方还没有建立合同关系，而且争议的发生是由政府采购机构或其代理机构单方面的行为所引起的。由于在这一阶段是政府采购机构或其代理机构依据其行政职能所展开的采购行为，具有明显的行政性质，采购主体在选择何种采购方式、选择与谁合作等事项中被赋予了极大的自由裁量权，所以这一阶段的质疑投诉主要是针对采购机关违反采购程序、损害供应商合法权益的行为。

政府采购合同履行争议是指在政府采购合同的履行阶段及履行完毕后的验收阶段所发生的争议。它的特点主要是双方当事人已经建立了合同关系，权利义务关系已经确定，与合同授予阶段的争议相比，这个阶段争议的发生既可能是政府采购机关的问题，也可能是供应商的问题。

第二节 我国政府采购质疑投诉机制的内容

从质疑投诉的内容与政府采购流程的关系看，以政府采购合同订立为节点，可以将质疑投诉机制划分为两个阶段：一是政府采购合同授予阶段质疑投诉机制，二是政府采购合同履行阶段争议解决机制。

一、政府采购合同授予阶段质疑投诉机制

我国在借鉴国外政府采购立法的基础上，结合我国的具体国情，在政府采购立法中确立了供应商质疑与投诉的制度。在我国2002年颁布的《政府采购法》中，政府采购供应商“质疑与投诉”制度被单列一章做了专门的规定，这标志着我国政府采购的行政权力质疑投诉机制的正式建立，并且使得供应商能够从法律的高度来谋求其自身合法权益的保障，从而为解决政府采购当事人之间发生的各种矛盾或争议提供了一个合法渠道；2004年9月11日起施行的《政府采购供应商投诉处理办法》（财政部令第20号）进一步做出了规定；2015年颁布的《政府采购法实施条例》也在第六章“质疑与投诉”中做出了详细的说明；自2018年3月1日起施行的《政府采购质疑和投诉办法》（财政部令第94号）替代了2004年施行的财政部令第20号，进一步完善了质疑投诉机制。

《政府采购法》与《政府采购法实施条例》对于供应商的质疑投诉主要做了如下的规定。

（一）询问

《政府采购法》在第五十一、五十四条中明确规定了供应商的询问权和采购人或其采购代理机构及时予以答复的义务。按照规定，供应商对政府采购活动事项有疑问的，可以向采购人或者采购代理机构提出询问，采购人或者采购代理机构应当及时做出答复，但答复的内容不得涉及商业秘密。由于在政府采购活动中，供应商处于被动的地位，有可能会受到不利的影响，因此有必要从维护供应商合法权益的角度出发，赋予供应商以询问权。《政府采购法实施条例》在第五十二条中进一步规定了采购人或者采购代理机构应当在3个工作日内对供应商依法提出的询问做出答复，供应商提出的询问或者质疑超出采购人对采购代理机构委托授权范围的，采购代理机构应当告知供应商向采购人提出，政府采购评审专家应当配合采购人或者采购代理机构答复供应商的询问和质疑。

1．询问的范围和形式

所有供应商都可以享有对政府采购活动事项进行询问的权利。只要供应商对于政

府采购活动事项有疑问，就可以向采购人或其代理机构提出询问。供应商提出询问以及采购人做出答复的方式，既可以采取书面形式，也可以采取口头形式。采购人或其代理机构应对供应商的询问做出及时的答复，不得以任何借口和手段对供应商的询问权进行限制。

2. 对询问的处理

采购人或者采购代理机构应重视供应商的询问，应对供应商的询问做出认真、及时、实事求是的答复。需要注意的是，采购人或者采购代理机构在答复供应商的询问时，不应当涉及商业秘密。同时，采购代理机构在对供应商提出的询问进行答复时，只限于采购人委托授权范围内的事项，对于采购人委托授权范围以外的事项，仍应由采购人负责答复。

（二）质疑

1. 质疑的提出

按照《政府采购法》的规定，供应商认为采购文件、采购过程和中标、成交结果使自己的权益受到损害的，可以在知道或者应知其权益受到损害之日起 7 个工作日内，以书面形式向采购人提出质疑。《政府采购法》第五十二条规定的供应商应知其权益受到损害之日，是指：① 对可以质疑的采购文件提出质疑的，为收到采购文件之日或者采购文件公告期限届满之日；② 对采购过程提出质疑的，为各采购程序环节结束之日；③ 对中标或者成交结果提出质疑的，为中标或者成交结果公告期限届满之日。给予供应商对政府采购活动事项提出质疑的权利，充分体现了供应商的知情权和监督权。

《政府采购质疑和投诉办法》（财政部令第 94 号）第七条规定："采购人、采购代理机构应当在采购文件中载明接收质疑函的方式、联系部门、联系电话和通讯地址等信息。"

为了充分保障供应商正确行使这项权利，同时也防止供应商不恰当地使用质疑的权利，《政府采购法》对供应商提出质疑的范围、条件、时限和形式做出了以下明确的规定：

第一，质疑的范围。供应商提出质疑的范围，只包括采购文件、采购过程和中标、成交结果等事项。政府采购活动所涉及的事项范围广泛，供应商对于这些事项如果有疑问，都可以行使其询问的权利。但是，如果供应商要提出质疑，质疑的范围只能包括采购文件、采购过程和中标、成交结果三个方面的事项。

第二，质疑的条件。《政府采购法》规定，供应商提出质疑的前提条件是，必须有认为采购文件、采购过程和中标、成交结果使自己的权益受到损害的事实与理由。相反，如果采购文件、采购过程和中标、成交结果与质疑供应商没有关系，或者供应商没有提出采购文件、采购过程和中标、成交结果使自己的权利受到损害的事实与理由，则供应商不宜提出质疑；即使提出质疑，采购人也可以不受理该质疑。

第三，质疑的时限。供应商如果认为采购文件、采购过程和中标、成交结果使自己的权益受到损害，就应该及时提出质疑，否则就将破坏政府采购过程的连续性。按照规定，供应商应当在知道或者应当知道其权益受到损害之日起 7 个工作日内，向采购人提出质疑；若超过这一时限，采购人可以不接受质疑。

第四，质疑的形式。按照《政府采购法》的规定，供应商对采购文件、采购过程和中标、成交结果提出质疑，必须采用书面形式。供应商如果采用口头形式提出质疑，将不具备法律效力，采购人或者采购代理机构可以不给予书面答复。

《政府采购质疑和投诉办法》（财政部令第 94 号）对此进行了进一步的规定，为提高质疑效率，第十条第二款规定："采购文件可以要求供应商在法定质疑期内一次性提出针对同一采购程序环节的质疑。"第十一条规定了提出质疑的主体的资格条件："提出质疑的供应商（以下简称质疑供应商）应当是参与所质疑项目采购活动的供应商。潜在供应商已依法获取其可质疑的采购文件的，可以对该文件提出质疑。"第十二条规定，供应商提出质疑应当提交质疑函和必要的证明材料。质疑函应当包括下列内容：供应商的姓名或者名称、地址、邮编、联系人及联系电话；质疑项目的名称、编号；具体、明确的质疑事项和与质疑事项相关的请求；事实依据；必要的法律依据；提出质疑的日期。供应商为自然人的，应当由本人签字；供应商为法人或者其他组织的，应当由法定代表人、主要负责人，或者其授权代表签字或者盖章，并加盖公章。

2. 对质疑的处理

《政府采购法》第五十二、五十三、五十四条规定了供应商的质疑权和采购人或其代理机构必须在法定时限内做出书面答复的义务。《政府采购法实施条例》在第五十二条、五十四条、五十五条也做出了相关规定。采购人或其采购代理机构应当在收到供应商的书面质疑后 7 个工作日内做出答复，并以书面形式通知质疑供应商和其他有关供应商，但答复的内容不得涉及商业秘密。采购代理机构进行答复的，不得超越采购人委托授权的范围。《政府采购法实施条例》第五十二条规定："供应商提出的询问或者质疑超出采购人对采购代理机构委托授权范围的，采购代理机构应当告知供应商向采购人提出。政府采购评审专家应当配合采购人或者采购代理机构答复供应商的询问和质疑。"

《政府采购质疑和投诉办法》（财政部令第 94 号）第十五条规定，质疑答复应当包括下列内容：质疑供应商的姓名或者名称；收到质疑函的日期、质疑项目名称及编号；质疑事项、质疑答复的具体内容、事实依据和法律依据；告知质疑供应商依法投诉的权利；质疑答复人名称；答复质疑的日期。

3. 质疑与采购活动开展

《政府采购质疑和投诉办法》(财政部令第 94 号)第十六条规定，采购人、采购代理机构认为供应商质疑不成立，或者成立但未对中标、成交结果构成影响的，继续开展采购活动；认为供应商质疑成立且影响或者可能影响中标、成交结果的，按照下列情况处理：对采购文件提出的质疑，依法通过澄清或者修改可以继续开展采购活动的，澄清或者修改采购文件后继续开展采购活动；否则应当修改采购文件后重新开展采购活动。对采购过程、中标或者成交结果提出的质疑，合格供应商符合法定数量时，可以从合格的中标或者成交候选人中另行确定中标、成交供应商的，应当依法另行确定中标、成交供应商；否则应当重新开展采购活动。此外，质疑答复导致中标、成交结果改变的，采购人或者采购代理机构应当将有关情况书面报告本级财政部门。

除《政府采购法》对质疑进行相关规定外，《招标投标法》第六十五条也规定，投标人和其他利害关系人认为招标投标活动不符合本法有关规定的，有权向招标人提出异议或者依法向有关行政监督部门投诉。

(三)投诉

《政府采购法》第五十五、五十六、五十八条规定了供应商的投诉权和政府采购监督管理部门处理其投诉的权力及职责。《政府采购法实施条例》第五十五、五十六、五十七和五十八条也做出了相关规定。《财政部关于加强政府采购供应商投诉受理审查工作的通知》也进一步做出了补充和说明。按照规定，质疑供应商对采购人、采购代理机构的答复不满意或者采购人、采购代理机构未在规定的时间内做出答复的，可以在答复期满后 15 个工作日内向同级政府采购监督管理部门投诉。政府采购监督管理部门应当在收到投诉后 30 个工作日内，对投诉事项做出处理决定，并以书面形式通知投诉人和与投诉事项有关的当事人。投诉人对政府采购监督管理部门的投诉处理决定不服或者政府采购监督管理部门逾期未做处理的，可以依法申请行政复议或者向人民法院提起行政诉讼。

为了确保政府采购供应商的利益，《政府采购法》第五十七条还特别规定，政府采购监督管理部门在处理投诉事项期间，可以视具体情况书面通知采购人暂停采购活动，但暂停时间最长不得超过 30 日。

一般地，在供应商向采购人、采购代理机构提出质疑后，采购人、采购代理机构都会及时做出答复。但是，由于受各种因素的影响，采购人、采购代理机构所做出的答复未必能令供应商满意，或者未按照规定的时间做出答复。这种情况下，质疑供应商就可以在法定期限内向同级政府采购监督管理部门提出投诉。供应商投诉是政府采购法赋予供应商的权利，是发挥供应商监督，促进政府采购活动公开、公平、公正，维护政府采购当事人合法权益的有效措施。各级财政部门要高度重视供应商投诉，不得阻碍供应商投诉，不得无故拒绝供应商投诉，要指导供应商投诉，及时办理受理审查工作，从源头上提高投诉处理工作效率。

1. 投诉的提出

供应商投诉的事项仅限于可以提出质疑的事项范围内，即采购文件、采购过程和中标、成交结果。供应商质疑、投诉应当有明确的请求和必要的证明材料。供应商认为采购文件、采购过程和中标、成交结果使自己的权益受到损害的，必须先向采购人、采购代理机构提出书面质疑。供应商只有在对采购人、采购供应商所做出的答复不满意或是采购人、采购代理机构未在规定时间内做出答复的情况下，才能提出投诉。而且，在《政府采购法》中也明确规定了供应商投诉的法定期限是在质疑答复期满后的15个工作日内，投诉受理机构是同级政府采购监督管理部门。供应商既不能超过规定时限投诉，也不能越级或向其他部门投诉。

《政府采购质疑和投诉办法》（财政部令第94号）规定，投诉人投诉时，应当提交投诉书和必要的证明材料，并按照被投诉采购人、采购代理机构（以下简称被投诉人）和与投诉事项有关的供应商数量提供投诉书的副本。投诉书应当包括下列内容：投诉人和被投诉人的姓名或者名称、通信地址、邮编、联系人及联系电话；质疑和质疑答复情况说明及相关证明材料；具体、明确的投诉事项和与投诉事项相关的投诉请求；事实依据；法律依据；提起投诉的日期。投诉人为自然人的，应当由本人签字；投诉人为法人或者其他组织的，应当由法定代表人、主要负责人，或者其授权代表签字或者盖章，并加盖公章。

投诉人提起投诉应当符合下列条件：提起投诉前已依法进行质疑；投诉书内容符合《政府采购质疑和投诉办法》的规定；在投诉有效期限内提起投诉；同一投诉事项未经财政部门投诉处理；财政部规定的其他条件。供应商投诉的事项不得超出已质疑事项的范围，但基于质疑答复内容提出的投诉事项除外。不符合上述条件的投诉应当认定为无效投诉，不予受理，并及时书面告知投诉人不予受理的理由。

2. 对投诉的处理

处理投诉是政府采购监督管理部门的法定职责，政府采购监督管理部门在收到供应商的投诉后，应当及时进行研究处理。在处理投诉过程中，需要组织人员对投诉事项的相关情况进行深入的调查、取证、审查和核实，在此基础上再依法做出处理决定。在处理中，应该对所有当事人都不偏不倚，既不能对采购人、采购代理机构有所偏向，也不能对供应商有所偏向。

政府采购监督管理部门在处理投诉过程中，由于面对的是不同的投诉事项、不同的采购环节等复杂情况，因此，对有些涉及重大问题的投诉事项，需要一定时间的研究，这个研究时间如果过短则不利于慎重地解决问题，但过长又不利于保持政府采购活动的连续性及保护供应商的权益。因此，《政府采购法》专门规定，政府采购监督管理部门应当在收到投诉后 30 个工作日内，对投诉事项做出处理决定。需要强调的是，政府采购监督管理部门在对投诉事项做出处理决定后，应当以书面形式通知投诉人及其他与投诉事项有关的当事人。财政部门处理投诉事项采用书面审查的方式，必要时可以进行调查取证或者组织质证。对财政部门依法进行的调查取证，投诉人和与投诉事项有关的当事人应当如实反映情况，并提供相关材料。投诉人捏造事实、提供虚假材料或者以非法手段取得证明材料进行投诉的，财政部门应当予以驳回。财政部门受理投诉后，投诉人书面申请撤回投诉的，财政部门应当终止投诉处理程序。财政部门处理投诉事项，需要检验、检测、鉴定、专家评审以及需要投诉人补正材料的，所需时间不计算在投诉处理期限内。财政部门对投诉事项做出的处理决定，应当在省级以上人民政府财政部门指定的媒体上公告。

作为政府采购监督管理部门的一项法定义务，政府采购监督管理部门应本着实事求是、认真负责的精神，对供应商提出的投诉进行处理；否则，按照《政府采购法》第八十一条的规定，政府采购监督管理部门对供应商的投诉逾期未做处理的，将给予直接负责的主管人员和其他直接负责人员行政处分。

3．投诉处理期间采购活动的暂停

投诉人对采购文件、采购过程和中标、成交结果向采购人或采购代理机构提出质疑以后，不满意质疑答复的或是逾期未得到答复的，可向政府采购监督管理部门投诉，但投诉事项有可能使其权益受到很大的损害，因此暂停活动显得很有必要。暂停的目的是在做出投诉处理之前避免采购合同生效，以维护投诉供应商获得合同的机会。我国法律对暂停措施做出了相关规定，赋予了投诉受理机关在暂停采购中较大的自由裁量权。政府采购监督管理部门在处理投诉事项期间，不能随意行使甚至滥用暂停采购的权力。因为暂停措施会造成采购活动的中断，因此暂停措施必须在供应商和采购人之间寻求平衡。在某些情况下，暂停措施的使用应当受到限制。联合国的《采购示范法》规定，出于紧急的公共利益考虑，经采购人证实采购进程必须毫不犹豫地继续进行时，可不采用暂停方法。需要注意的是，虽然暂停时间可以由政府采购监督管理部门视具体情况而定，但也不意味着可以无限期暂停，根据《政府采购法》的规定，政府采购监督管理部门在处理投诉事项期间，决定采购人暂停采购活动的时间最长不得超过 30 日，而且这项决定必须以书面形式通知采购人。

（四）供应商不服投诉处理决定的质疑投诉机制

政府采购监督管理部门对投诉人的投诉事项做出处理决定，是一项具体的行政行为，但法律并没有规定这种具体的行政行为可以成为最终裁决。相反，我国《政府采购法》第五十八条规定了投诉与行政复议及行政诉讼的衔接，按照规定，投诉人对政府采购监督管理部门的投诉处理决定不服或者政府采购监督管理部门逾期未做处理的，可以依法申请行政复议或者向人民法院提起行政诉讼。

1．政府采购行政复议

在对投诉处理结果不服或者政府采购监督管理部门对投诉人的投诉事项逾期未做处理的情况下，投诉人可以依法申请行政复议。

第一，申请行政复议的期限。申请人必须在法定期限内提出复议申请。根据《中华人民共和国行政复议法》(简称《行政复议法》)第二十条的规定，公民、法人或其他组织认为行政行为侵犯其合法权益的，可以自知道或者应当知道该行政行为之日起60日内提出行政复议申请；但是法律规定的申请期限超过60日的除外。因不可抗力或者其他正当理由耽误法定申请期限的，申请期限自障碍消除之日起继续计算。

第二，申请行政复议的形式。《行政复议法》第二十二条规定，申请人申请行政复议，可以书面申请；书面申请有困难的，也可以口头申请。

第三，行政复议的受理。首先，行政复议的受理机构是做出投诉处理的政府采购监督管理部门的本级人民政府，或者是上一级政府采购监督管理部门。如果投诉处理决定是由财政部门做出的，则行政复议的受理机构应当是财政部门。其次，作为关系到行政复议程序能否继续的关键环节，对于行政复议的受理在《行政复议法》中做了如下明确的规定：行政复议机关收到行政复议申请后，应当在5日内进行审查并决定是否受理，对不予受理的，应当书面告知申请人；对符合《行政复议法》规定的，应当及时进行审查、研究并提出处理意见；对符合《行政复议法》规定但不属于本复议机关受理的行政复议申请，则应当告知申请人有管辖权的行政复议机关。

第四，行政复议的审理。《行政复议法》规定行政复议机构应当自受理行政复议申请之日起7日内，将行政复议申请书副本或者行政复议申请笔录复印件发送给被申请人，被申请人应当自收到申请书副本或申请笔录复印件之日起10日内，提出书面答复，并提交做出行政行为的证据、依据及其他有关材料。按照法律规定，在行政复议过程中，被申请人不得自行向申请人和其他有关组织或个人搜集证据。

第五，行政复议决定。根据《行政复议法》的规定，行政复议的结果应当以行政复议决定的形式表现出来。行政复议机关应当自受理行政复议申请之日起60日内做出行政复议决定，但是法律规定的行政复议期限少于60日的除外。行政复议机关负责人可以根据申请复议案件情况的复杂程度，批准适当延长做出行政复议决定的期限，但延长期限最多不得超过30日。行政复议决定包括以下几种：维持决定，限期履行决定，撤销、变更决定，确认违法决定。

第六，行政复议决定的效力与执行。行政复议机关做出复议决定后，应当依法送达当事人才能产生法律效力。申请人如果不服行政复议决定，可依法提起行政诉讼。法律规定复议为终局决定的，行政复议决定一经送达即发生法律效力。

2. 政府采购行政诉讼

《政府采购法》关于行政诉讼的规定，为人民法院对政府采购活动进行司法审查提供了法律依据，同时也赋予参与政府采购活动的投诉人以行政诉讼权。按照规定，投诉人对政府采购监督管理部门做出的投诉处理决定如有不服，或者政府采购监督管理部门逾期未做处理的，可以不经行政复议程序而直接向人民法院提起行政诉讼。

第一，行政诉讼的期限。投诉人不服投诉处理决定直接向人民法院提起行政诉讼的，应当在收到投诉处理决定之日起 3 个月内，向做出投诉处理决定的政府采购监督管理部门所在地的基层人民法院提出。如果投诉处理决定是由财政部门做出的，投诉人应当向财政部门所在地的中级人民法院提出。

第二，行政诉讼的处理。人民法院接到起诉状后，经审查在 7 日内立案或者做出裁定不予受理。7 日内不能决定受理的，应当先予受理；受理后经审查不符合起诉条件的，裁定驳回起诉。起诉人对不予受理和驳回起诉的裁定不服的，可以提起上诉。受诉人民法院在 7 日内既不立案，又不做出裁定的，起诉人可以向上一级人民法院申诉或者起诉。上一级人民法院认为符合受理条件的，应予以受理；受理后，可以移交或者指定下级人民法院审理，也可以自行审理。

第三，行政诉讼的审理和判决。一经立案，人民法院将及时进行审理，并根据不同情况，在立案之日起 6 个月内分别做出维持、撤销或者部分撤销原投诉处理决定的第一审判决。投诉人若对第一审判决不服，有权在判决书送达之日起 15 日内向上一级人民法院提出上诉。人民法院审理上诉案件，一般在收到上诉状之日起 3 个月内做出终审判决。

二、政府采购合同履行阶段争议解决机制

现行政府采购法律体系下的质疑投诉范围仅限于采购文件、采购过程和中标、成交结果三个方面的内容，并未规定在政府采购合同订立后，政府采购合同的履行阶段发生的争议如何进行质疑投诉。不过，《政府采购法》第四十三条规定，政府采购合同适用合同法（《合同法》废止后，适用《民法典》“合同编”）。采购人和供应商之间的权利和义务，应当按照平等、自愿的原则以合同方式约定。既然政府采购合同适用合同法，那么，在履行合同过程中发生的争议属于民事纠纷，应当适用民事诉讼程序。

在合同履行阶段，任何一方不履行合同义务，除不可抗力等免责事由外，都应承担违约责任。当事人可以通过和解或者调解解决合同争议。当事人不愿和解、调解或者和解、调解不成的，可以根据仲裁协议向仲裁机构申请仲裁。涉外合同的当事人可以根据仲裁协议向中国仲裁机构或者其他仲裁机构申请仲裁。当事人没有订立仲裁协议或者仲裁协议无效的，可以向人民法院起诉。当事人应当履行发生法律效力的判决、仲裁裁

决、调解书；拒不履行的，对方可以请求人民法院执行。因此，总的来说政府采购合同履行争议有四大解决途径：协商和解、调解、仲裁和民事诉讼。实际上，调解是仲裁和诉讼机制中的必经程序。

（一）协商和解

协商和解是指采购人和供应商发生民事纠纷后，双方当事人以平等协商的方式，通过相互说服、讨价还价等方法，相互妥协以和平解决纠纷。协商和解作为一种非诉讼的纠纷解决方式，有着诉讼难以比拟的优势，如成本低、后遗症少、不至于引起矛盾的激化和二次纠纷的发生等。

（二）调解

调解是指第三者依据一定的社会规范（包括习惯、道德、法律规范等），在纠纷主体之间沟通信息，摆事实、讲道理，促成纠纷主体相互谅解和妥协，达成解决纠纷的合意。政府采购合同争议在调解中达成协议的，人民法院应当制作调解书，写明诉讼请求、案件的事实和调解结果，送达双方当事人。调解书经双方当事人签收后，即具有同生效判决书相同的法律效力，诉讼就此终结，当事人不得上诉。

政府采购当事人在通过协商和解解决纠纷时，常常会偏重己见，很难接受对方当事人的不同意见，这往往导致协商的搁浅。由参与政府采购活动的第三人（包括政府采购监督管理部门或者中介机构）出面以调解的方式解决政府采购纠纷，虽然节省了大量的人力、物力和财力，但是由于调解机制是建立在双方当事人自愿的基础上的，因此调解必须以双方"合意"为前提，而且调解机构的人员编制、调查手段又有限，致使在实践中调解成功率不高，很多纠纷仍然要通过仲裁和诉讼解决。

（三）仲裁

仲裁，又称公断，是指争议双方在纠纷发生前或者纠纷发生后达成协议，根据有关法律规定，将纠纷交给中立的民间组织进行审查，并做出约束纠纷双方的裁决的一种解决纠纷的机制。

仲裁以其公正、专业、裁决易于接受等优势在纠纷解决中扮演着重要的角色。同诉讼相比，仲裁实行一裁终局原则。尽快建立完善的政府采购纠纷仲裁解决途径，是推进政府采购法治化的重要内容。为推动更多的政府采购争议案件进入仲裁程序，应当鼓励采购人、采购代理机构自愿向供应商承诺将其未来可能发生的政府采购争议提交特定的仲裁机构。这种承诺，一旦被供应商接受，就构成了仲裁协议，供应商就可将纠纷提交给仲裁机构，无须再与采购人或者采购代理机构另订仲裁协议。采购人是否愿意做出这样的承诺，是评价一个采购人的诚信度和效率意识的重要指标。

（四）民事诉讼

民事诉讼，是指人民法院在当事人和其他诉讼参与人的参加下，依照法定程序，以审理、裁决、执行等方式解决民事纠纷的活动，以及由这些活动产生的各种诉讼关系的总和。民事诉讼是政府采购合同履行阶段解决纠纷的最后途径，当事人可以选择对该争议有管辖权的人民法院提起诉讼。

政府采购活动中，在供应商与政府采购机关签订采购合同后，合同因故无法继续履行的，合同的双方当事人可以向有管辖权的人民法院提起民事诉讼，请求法院判决解除政府采购合同，或判决被告履行政府采购合同或承担某种违约责任。

本章小结

1. 政府采购质疑投诉机制就是供应商与政府采购实体发生争议时，所寻求的能够对其受到的损失进行赔偿或补偿的行政或民事方法的总和。

2. 政府采购质疑投诉的主体主要是供应商。

3. 在政府采购活动中，供应商权利遭受损害的情况主要有两种：一种是在寻找合适的供应商并授予其合同的过程中，政府采购主体的某些程序、采用的规则违反规定或有失公允，侵害了特定或非特定供应商的合法权益；另一种是在合同授予后的履行过程中，政府采购主体的违约行为侵害了特定供应商依据合同享有的权利。

4. 按照国际惯例，政府采购争议可以划分为政府采购合同授予争议和政府采购合同履行争议。政府采购合同授予争议指政府采购合同成立前，从决定采购方式、选择供应商、竞标、开标至定标为止的采购过程中所发生的争议。政府采购合同履行争议是指在政府采购合同的履行阶段及履行完毕后的验收阶段所发生的争议。

5. 我国政府采购合同授予阶段质疑投诉机制主要包括询问、质疑、投诉、行政复议以及行政诉讼五个程序。

6. 政府采购合同履行争议主要包括四大解决途径：协商和解、调解、仲裁和民事诉讼。

思考题

1. 简述政府采购质疑投诉机制的含义。其在政府采购活动中的主要作用是什么？

2. 试论述中国政府采购质疑投诉机制的基本方式及质疑投诉程序。

3. 简述政府采购质疑投诉机制中质疑程序的条件、范围、时限。

4. 政府采购合同履行阶段争议解决机制有哪些？

课外阅读材料

1. 李进 . 政府采购实务 . 南京：江苏科学技术出版社，2006：63-68，172-178.

2. 曹富国，何景成 . 政府采购管理国际规范与实务 . 北京：企业管理出版社，1998：96-97.

3. 国家税务总局集中采购中心 . 政府采购工作文件选编 . 北京：中国税务出版社，2005：11，17-47.

4. 马海涛，陈福超，李学考 . 政府采购手册 . 北京：民主与建设出版社，2002：353-354，366-367，376，397-399，453-455，462-465，468-471.

5. 于安，宋雅琴，万如意 . 政府采购方法与实务 . 北京：中国人事出版社，2012.

即测即评

扫描二维码，进行本章在线测试。

第十三章

政府采购绩效评价

政府采购绩效评价是全面实施财政预算绩效管理的重要内容。对政府采购项目进行绩效评价，不但有助于提高财政资金使用效益，而且有助于更好发挥政府采购政策功能。2022年7月发布的《中华人民共和国政府采购法（修订草案征求意见稿）》，将“讲究绩效”作为政府采购的基本原则之一，并在采购全过程中贯穿绩效理念。这种绩效导向，将助推政府采购在全面预算绩效管理的道路上越走越远、越走越实。依据绩效评价开展环节的不同，政府采购绩效评价分为事前绩效评估、事中绩效运行监控以及事后绩效评价三大类。本章在介绍政府采购绩效评价的含义、原则和意义的基础上，重点对三类绩效评价以及绩效目标管理等进行阐述。

第一节　政府采购绩效评价概述

一、政府采购绩效评价的含义

绩效是结果与过程的统一，是在一定时期、一定环境下的工作行为和工作结果的综合。绩效评价是指运用一定的评价方法、量化指标及评价标准，对单位为实现其职能所确定的绩效目标的实现程度，以及为实现这一目标所安排预算的执行结果所进行的综合性评价。

对于政府采购绩效评价的概念，当前暂无统一的表述。有学者认为，政府采购绩效评价是运用科学的评价方法对政府采购支出的全过程进行相关评估和分析的管理活动；也有学者认为，政府采购绩效评价是运用科学、规范的绩效评价方法，比照统一的评价标准，按照绩效的原则，对政府采购活动及其效果进行的科学、客观、公正的衡量和评判；还有学者认为，政府采购绩效评价是运用科学的评价方法对政府采购支出的全过程进行相关评估和分析，将考评结果融入整个采购预算编制，使采购资金的分配和使用更加经济与高效，以提高政府采购活动效率、资金使用效益和政治、社会效益的管理活动。我国各级政府出台的政府采购绩效评价管理办法中对政府采购绩效评价的定义也不尽相同。如有的地方政府认为，政府采购项目绩效评价是指省财政部门和省直各部门依据预先设定的绩效目标，运用一定的评价指标、标准和方法，对省级政府采购项目实施全过程进行科学、客观、公正的评价；有的地方政府认为，政府采购执行情况绩效评价是指运用一定的评价方法和标准，对政府采购活动组织实施全过程进行全面、客观、科学的评价，形成绩效评价结果，为规范政府采购相关当事人及参与者的行为提供信息参考，为实施政府采购监督管理提供依据。还有的地方政府认为，政府采购项目绩效评价是指在政府采购预算项目管理中融入绩效理念和要求，将事前绩效评估、绩效目标管理、绩效运行监控、绩效评价及结果应用纳入政府采购项目全过程，加强政府采购项目规范管理，提高政府采购资金使用效益。

从以上各种定义可以看出，政府采购绩效评价的主体界定是比较确定的，政府采购绩效评价的主体是公共机构，具体包括财政部门、预算单位的主管部门、预算单位；尽管有的定义没有明确提到，但对政府采购绩效评价的资金来源也没有太大的分歧，都认为政府采购绩效评价资金的来源具有公共性，主要是“财政性资金”；同时，这些观点均认为政府采购绩效评价应涵盖政府采购的全过程，且有一套科学、合理、统一的评价体系。我们认为，政府采购绩效评价是指运用科学、规范的绩效评价方法，比照统一的评价标准，按照绩效的原则，对政府采购活动及其效果（包括经济绩效及社会绩效）进行的科学、客观、公正的衡量和评判。政府采购绩效评价是政府采购绩效管理不可或缺的组成部分，也是政府采购监督管理的重要内容。

二、政府采购绩效评价主体及评价范围

政府采购绩效评价主体包括财政部门、预算单位的主管部门、预算单位，由于本书主要为采购人提供操作指南，本章所述评价主体定位为预算单位（采购人）。

按照2018年《中共中央 国务院关于全面实施预算绩效管理的意见》关于“构建全方位预算绩效管理格局”中的表述，要实施“政策和项目”“部门和单位”“政府”三个层面的预算绩效管理，对于政府采购而言，是以“项目”形式存在的，因此本章将政府采购绩效评价范围限定在政府采购“项目”层面。

三、政府采购绩效评价的原则

政府采购活动是预算执行工作的重要环节，开展政府采购绩效评价工作，首先要有明确的绩效评价原则作为实践工作的基础和依据。政府采购绩效评价的原则，应充分考虑政府采购政策的初衷、各方利益体的要求以及社会公众的期待等因素，可综合归纳为经济性原则、效率性原则、效益性原则和公平性原则。

（一）经济性原则

经济性原则是指完成政府采购绩效评价目标的同时实现采购支出最小，即为获得特定水平的投入时，如何使成本降低到最低水平，其追求的是充分利用现有资金获得最大规模和最佳比例的投入。采购绩效评价的成本存在着最低成本和最优成本两个概念。最低成本是指为了满足绩效评价需求而花费的最小成本。从经济学的角度来看，以最低的成本满足需求是最优的。但是政府采购绩效评价不能单纯从经济学角度分析，因为政府采购可能附加了多重政策目标，例如，促进民族工商业的发展、保护生态环境、促进节能环保技术的应用等。所以，在政府采购领域，最低成本可能并不是最优的。最优成本应是既能满足采购绩效评价需求，又能实现政府政策目标的最小支出。

在政府对采购绩效评价工作分配资源一定的条件下，绩效评价的经济性主要体现在政府采购绩效评价支出结构的合理性上。因此，政府在采购项目绩效评价前应当了解采购任务所要求采购对象的具体价格水平，根据现有的资金和人力物力分配采购的资源，规避采购过程中可能出现的浪费资金、人力分配不均导致采购成本增加的现象。政府遵循经济性原则完成采购绩效评价目标，促进采购资源的充分调配和利用，使投入比例达到最佳水平。

（二）效率性原则

由于效率性能够清晰地反映出政府采购的水平，其在世界范围内的政府采购绩效评价工作中都发挥出了极大的作用，是四大原则中最主要的原则。在一般情况下，效率是指单位时间内完成的工作量，政府采购绩效评价效率性是指政府采购项目的资金效率和行政效率。资金效率是政府采购项目所投入的资金与政府采购结果的比率，而行政效率是指政府为采购项目投入的物力和人力与采购结果的比率。二者的计算方式有所不同，但政府采购绩效评价以效率性原则为指导思想，必须提高资金效率和行政效率，尽可能在支出人力、物力和财力最小的情况下，实现采购项目结果的利益最大化。

政府应当通过数学模型进行资金效率和行政效率的预算估计，并建立采购绩效管理部门对采购工作进行过程分析和风险预测，根据计算所得出的结果对采购资源做出合理的分配和使用。采购的资金、负责采购的人员和采购的时间得到了具体的控制和规划，政府将会极大提升采购工作的效率，并节省了原本预计投入的成本资源，使政府采购能够以最大的效率顺利达成采购目标。

（三）效益性原则

政府采购绩效评价应包含经济效益、社会效益等多方面的衡量标准，政府采购项目最终达到的结果需要实现经济效益与社会效益的统一，符合初始阶段的预期水平，才是具有效益性的采购。我国政府应当在采购前制定预期达成的采购目标，综合考虑社会各界及采购主管单位的心理预期和要求，得出指导采购的具体计划。在采购计划的指导下有序、高效地完成采购目标，政府才能够提高采购的质量及效果。效益性采购不仅提高了政府利用资金的效率和合理性，也满足了采购所服务的目标单位及社会公众的硬性需求和心理期待，使政府采购能够呈现出完美的结果。在综合经济和社会效益、直接和间接效益、近期和远期效益的情况下，政府采购绩效评价遵循效益性原则能够帮助政府在节约采购资金的同时，完成更大规模的采购，提高主管单位和社会公众对采购对象的满意度，增强政府采购项目的实施效益，提高政府行政水平，极大地提升政府公信力。

（四）公平性原则

在政府采购绩效评估工作中应该充分体现公平性原则，政府采购过程中涉及的主体具有多元性和复杂性，社会公众、各大供应商以及各政府部门作为采购中的主体和互动对象，应当受到公平、公正的对待。公平性政府采购绩效评价意味着供应商能够在透明化的采购工作制度中进行公平的价格竞争，要求政府应提高采购工作的透明度，避免寻租现象的发生，通过采购行为助力良好营商环境的形成，为供应商创造平等、公平竞争的机会，提升供应商的内生动力。遵循公平性原则的政府采购绩效评价还对政府采购的信息公示程度提出要求，政府应做好采购需求公示、采购公告发布、采购结果公告、采购合同及时公开等工作，使社会工作能够在公开的采购结果中完成对政府采购工作的监督和评价。

四、政府采购绩效评价的意义

（一）推进国家治理体系和治理能力现代化

党的十八届三中全会把完善和发展中国特色社会主义制度，推进国家治理体系和治理能力现代化确立为全面深化改革的总目标。国家治理的现代化，很大程度上体现为政府治理能力的现代化。政府采购绩效评价是运用科学的标准、程序和方法对政府采购项目做出客观公正的评估，是评判政府治理水平和运作效率的重要依据，是落实政府责任、改进政府管理、提高公共服务能力和政府运行效能、增强政府治理能力的重要工具，也是推进国家治理体系和治理能力现代化的重要途径之一。

以政府采购绩效评价推进国家治理体系和治理能力现代化有三层含义：其一，政府采购绩效评价是国家治理体系和治理能力现代化的内在要求。随着我国政府职能的转变和财政收支规模的逐年扩大，公众对财政资金使用的透明化、资金使用的产出绩效以及资金使用的合理性、合规性等有了更细化的要求，也对政府部门的管理效能提出了更高要求。政府采购绩效评价通过对货物、工程、服务等各类采购项目进行评价，成为各级政府治理能力提升的动力，对国家治理体系和治理能力现代化起到推动作用。其二，政府采购绩效评价是深化改革的迫切需要。政府采购绩效评价是深化政府行政管理改革、提高政府行政效率的切入点，是落实公共利益、广泛接受社会民众监督的有效途径。随着政府采购绩效评价工作的开展，相当数量的具体问题暴露出来，为进一步开展有针对性的、前瞻性的、系统性的改革方案提供了思路和方向。其三，政府采购绩效评价是提升国家治理能力的有效途径。政府采购绩效评价在我国“五位一体”总体布局中发挥着重要作用，通过它可以检验公共政策、政府部门、财政资金使用等的效果、效率和效益，从而提升国家治理能力的科学化和民主化水平，监督公共资源的有效配置，推进公共部门自身对政策制定和实施绩效的重视，提高政府服务质量和行政效能。

（二）促进构建现代财政制度

《中共中央 国务院关于全面实施预算绩效管理的意见》（中发〔2018〕34号）指出，“全面实施预算绩效管理是推进国家治理体系和治理能力现代化的内在要求，是深化财税体制改革、建立现代财政制度的重要内容”。政府采购作为财政预算支出的重要方式，对其强化绩效管理，有利于完善政府采购工作，加快现代财政制度构建步伐。根据现代财政制度改革进程，各级预算单位将绩效理念和方法深度融入政府采购全过程，逐步建立起绩效评价结果与预算安排和政策调整挂钩机制，稳步推动采购预算和项目绩效管理一体化，强化政府采购绩效评价结果应用。根据绩效监控和绩效评价结果改进资金管理、完善政策、优化预算安排，提升全过程政府采购绩效管理水平，有利于构建现代政府采购制度主体框架，提高政府采购效率、绩效和满意度，促进我国现代财政体制改革的不断深化。

（三）推动政府采购由程序控制型向绩效型转变

政府采购绩效评价的发展对推动政府采购制度由程序控制型向绩效型转变具有重要意义。近年来，我国就推动政府采购制度向绩效型转变的改革进行了重要探索。2016年11月，财政部发布的《关于进一步加强政府采购需求和履约验收管理的指导意见》（财库〔2016〕205号）提出，“推动在政府采购评审中应用履约验收和绩效评价结果”；2018年11月，中央全面深化改革委员会第五次会议审议通过的《深化政府采购制度改革方案》提出，“改进政府采购代理和评审机制”“健全政府采购监督管理机制”，为系统地进行政府采购制度改革提供了重要经验。

政府采购制度设计的初衷是规范政府采购行为，提高政府采购资金的使用效益，维护国家利益和社会公共利益，保护政府采购当事人的合法权益，促进廉政建设。程序导向的政府采购制度更多注重的是采购执行过程程序合法合规，强调对供应商权利的保护和市场竞争的公平性，尤其是合同缔结方面的竞争性制度，而忽略了事实上是否有效率地实现了政府采购的政策功能目的。随着经济社会的发展，现阶段追求政府采购过程的合规性只是最基本的要求，更多的是追求采购对象的物有所值，强调结果的最终评价功能，以实现其调控经济发展、发挥政策功能的目的。绩效型政府采购制度是政府采购制度现代化的一个标志，构建这一制度是我国建立具有全球竞争力的政府采购制度的重要步骤。

第二节 政府采购事前绩效评估

政府采购事前绩效评估对项目决策及实施具有重要指导意义：一方面有利于财政部门全面把握行业前景、预算部门组织管理、项目实施计划等情况，进而合理安排预算资金，提高预算资金分配决策的科学性；另一方面通过明确绩效目标、定位受益群体及预期项目效果，也有利于预算部门宏观把控项目，提高财政资金使用效益。

一、政府采购事前绩效评估的含义

当前，对于事前绩效评估的含义，各界尚无统一的表述。部分学者认为，事前绩效评估通过将预算绩效管理由事后引入事前，对公共部门是否设定有明确的战略目标、可否确保部门绩效目标如期实现等内容进行评估，促进公共部门将稀缺的财政资源用于"做正确的事"，帮助公共部门实现向"负责任地做事"模式的转变；也有学者认为，事前绩效评估是根据部门战略规划、事业发展规划、项目申报书等内容，运用科学、合理的评估方法，对预算申报项目立项必要性、投入经济性、绩效目标合理性、实施方案可行性、筹资合规性等方面进行客观、公正的评估；还有学者认为，事前绩效评估是采用专门方法对政府计划安排的支出项目的项目内容、预期目标与实施方案、相关投入与资金筹集等从必要性、合理性、可行性、经济性、合规性等方面进行预估，以做出支持与否的判断，是预算编制阶段纳入项目库的前置性环节。

具体到政府采购领域，政府采购事前绩效评估是指，各级预算单位根据国家和地方法律法规政策文件等内容，运用科学、合理的评估方法，在政府采购项目实施前，对其进行全面、客观、公正的评定和估算。

二、政府采购事前绩效评估的内容和指标

政府采购事前绩效评估应重点对政府采购项目的必要性、可行性、经济性、效率性和效益性进行评定。以下以北京市市级财政支出事前绩效评估指标为例说明。

参考我国政府采购实践，可设置政府采购事前绩效评估一级指标 5 个，二级指标 19 个。其中立项必要性包括立项相关性、职能相关性、需求相关性、财政投入相关性、目标明确性和目标合理性，共 6 个二级指标；项目可行性包括实施条件可行性、实施方案可行性和经济的可行性，共 3 个二级指标；项目经济性包括投入合规性、成本可控性和成本节约性，共 3 个二级指标；项目效率性包括产出效率性、时间效率性、经济效率性和指标可评价性，共 4 个二级指标；项目效益性包括效益明确性、效益可评价性和利益相关者满意度，共 3 个二级指标。政府采购项目事前评估评分指标体系具体内容可参考表 13–1。

表 13-1　政府采购项目事前评估评分指标体系

一级指标 / 个	二级指标	评估要点	分值 / 分
立项必要性（30）	立项相关性	立项是否与国家、省内、相关行业宏观政策相关	5
	职能相关性	是否与主管部门职能、规划及当年重点工作相关	5
	需求相关性	是否具有现实需求，需求是否迫切；是否有可替代性；是否有确定的评估对象和范围；是否与其他项目或政策交叉重叠	5
	财政投入相关性	是否具有公共性，是否属于公共财政支持范围	5
	目标明确性	绩效目标设定是否明确；与部门长期规划目标、年度工作目标是否一致；项目受益群体定位是否准确；绩效目标和指标设置是否与项目高度相关	5
	目标合理性	绩效目标与项目预计解决的问题是否匹配；绩效目标与现实需求是否匹配；绩效目标是否具有一定的前瞻性和挑战性；绩效指标是否细化、量化，指标值是否合理、可考核	5
项目可行性（15）	实施条件可行性	实施条件是否可行，包括项目的组织机构是否健全，职责分工与管理制度、风控机制是否明确	5
	实施方案可行性	项目实施方案是否可行，包括计划进度安排是否合理可行，技术方案是否成熟、先进、经济、高效；行业备案信息等是否齐备，未来实施是否具备可持续的条件和环境保障	5
	经济的可行性	项目投入是否可行，是否在不同方案中有技术标准经济性的比较	5
项目经济性（15）	投入合规性	项目投入资源及成本是否与预期产出及效果相匹配；投入成本是否合理，成本测算依据是否充分；资金来源渠道是否符合相关规定；资金筹措是否体现权责对等，财权和事权是否匹配；财政资金支持方式是否科学合理	5
	成本可控性	项目是否采取相关成本控制措施，成本控制措施是否有效；各级财政资金配套方式和承受能力是否科学合理；各级财政部门和其他部门是否有类似项目资金重复投入；财政资金是否有明确资金使用进度安排，资金使用周期与目标任务预期完成周期是否相符	5
	成本节约性	预算安排是否符合相关标准和管理要求；是否考虑替代方案成本节约情况；对筹资风险认识是否全面；是否针对预期风险设定应对措施，应对措施是否可行、有效	5

续表

一级指标 / 个	二级指标	评估要点	分值 / 分
项目效率性（25）	产出效率性	项目预期产出是否清晰明确，是否与项目密切相关；项目预期产出是否提供了明确的公共产品或公共服务	10
	时间效率性	项目实施的时间效率是否清晰明确；实施周期是否具有时效性	5
	经济效率性	是否反映了既定投入水平下的最大产出；产出数量与质量是否与预算申请相符	5
	指标可评价性	产出指标值是否合理、细化、量化、可考核；产出质量预期指标值是否符合行业或业务标准，是否有明确的质量达标率	5
项目效益性（15）	效益明确性	项目预期效益（经济、社会、生态和可持续影响）是否清晰明确、具体，与绩效目标是否匹配；是否反映了既定投入水平下的最优经济效益、社会效益和环境效益	7
	效益可评价性	各项目预期效益（经济、社会、生态和可持续影响）是否与预算申请相符，是否量化、可实现、可评价	3
	利益相关者满意度	可实现的效益是否得到利益相关者的认可；实施主体、社会公众或受益对象对项目（政策）预期效果的满意程度是否合理、可评价	5

资料来源：《北京市市级财政支出事前绩效评估管理办法》（京财绩效〔2021〕1837号）。

三、政府采购事前绩效评估方式和方法

政府采购事前绩效评估方式主要包括专家咨询、现场调研、问卷调查、召开座谈会等；政府采购事前绩效评估方法主要包括成本效益分析法、对比分析法、因素分析法、公众评判法等。

（一）政府采购事前绩效评估方式

（1）专家咨询。对于专业性较强、评估难度较大的项目，对相关问题存在疑难点时，可邀请业务、管理、财务等专家参与评估论证和咨询工作，提供专业技术支持。

（2）现场调研。对于有一定物质基础的项目，在资料收集过程中，可进行现场调研，实地勘查和了解项目真实情况。

（3）问卷调查。对于利益相关方涉及对象多、作用范围广的项目，在资料收集过程中，可采用问卷调查的方式，向利益相关方了解情况或征询意见。

（4）召开座谈会。对于涉及工作主体多、人员分散的项目，在现场调研、召开评估

会时，可组织特定人员开展座谈，了解项目情况，集中收集各方意见和建议。

（二）政府采购事前绩效评估方法

（1）成本效益分析法。这是指通过开展成本核算，对全部成本和效益进行对比来评估项目的投入价值，以实现投入最小的成本获得最大的收益为目标的分析方法。该方法的应用需要项目单位提供同一技术方案下，按不同技术标准计算的成本－效益比率，来比较原有方案与替代方案的效益，选择经济性最优的支出方案，以体现成本控制要求。

（2）对比分析法。这是指通过将绩效目标与预期实施效果、历史情况、不同部门和地区同类财政支出新增安排情况进行比较，对项目进行评估。

（3）因素分析法。这是指通过全面统计影响绩效目标实现和实施效果的内外因素，综合分析内外因素对绩效目标实现的影响程度，对项目进行评估。

（4）公众评判法。这是指通过专家评估、抽样调查等方式，对相关情况提供咨询意见和结论支撑的评估方法。

四、政府采购事前绩效评估流程

政府采购事前绩效评估流程主要包括事前评估准备、事前评估实施、事前评估总结三个阶段。①

（一）准备阶段

（1）预算单位项目申报。各级预算单位按照年度预算编制时间安排，完成本单位事前评估及项目录入工作，并按预算编制流程将拟新增重大项目报送本级财政部门预算管理处室，开展事前评估。预算执行过程中，预算单位申请预算调整，需将拟新增重大项目报送本级财政部门。

（2）各级财政部门预算管理处室审核把关。各级财政部门预算管理处室对预算单位申报的项目进行初审，就项目的必要性、可行性、经济性等方面提出初步审核意见，并明确事前评估中应关注的重点问题，将拟列入预算安排的事前评估对象清单及初步意见送本级财政部门绩效处。

（3）确定事前评估对象。各级财政部门绩效处汇总本级各预算管理处室提交的评估项目、政策，报财政部门领导审批同意后，通知预算管理处室。预算管理处室通知预算单位按事前评估资料清单准备相关材料，并对申报材料进行指导。

（4）组建事前评估工作组和专家组。事前评估工作组由各级财政部门绩效处、预算管理处室、第三方机构相关人员组成，绩效处相关项目负责人担任工作组组长。根据需

① 资料来源：《北京市市级财政支出事前绩效评估管理办法》（京财绩效〔2021〕1837号）。

要组建不少于5人的专家组，参与预审、调研及评估论证。专家组通常包括业务专家、财务专家、绩效管理专家。

（5）确定参加评估的人大代表和政协委员。各级财政部门绩效处将事前评估对象清单报送各级人大、各级政协相关部门，确定参与事前评估监督工作的人大代表和政协委员。

（二）实施阶段

（1）收集整理资料。预算单位按照要求在规定的时间内提交评估资料。工作组对照资料清单对收集的资料进行分类整理，根据需要开展现场调研，实地勘测、核实、了解评估对象的具体内容。

（2）召开预审会。事前评估工作组视情况组织开展预审会，邀请人大代表、政协委员参加。预审会主要由专家组、人大代表、政协委员和事前评估工作组共同听取预算单位的汇报，对提交的资料进行审核，并出具补充资料清单。

（3）补充完善资料。预算单位按照评估工作组出具的补充资料清单，在10个工作日内补齐评估资料。逾期未按要求补充资料的项目、政策将退回预算管理处室，不进入下一评估环节。提交评估资料达到评估条件的项目，进入正式评估环节。进入正式评估环节的项目，在30日内完成事前评估工作。

（4）准备正式评估会。将评估资料提前发专家组及人大代表、政协委员审阅，征求意见确定正式评估会时间，并通知专家组、人大代表、政协委员、预算单位。根据评估需要，事前评估工作组可安排实地调研、问卷调查、座谈会等，对评估资料进一步丰富和完善，调研可根据需要邀请专家、人大代表及政协委员等参加。

（5）召开正式评估会。正式评估会由工作组组长主持，预算单位就项目内容进行汇报，汇报时间不超过20分钟。专家组、人大代表、政协委员就具体问题与预算单位进行沟通交流。在此基础上，专家组对照事前评估指标体系，独立客观地进行评分，出具评估意见。人大代表、政协委员需单独出具评估意见，包括对事前评估工作的意见或建议、对事前评估项目的意见或建议。

（三）总结阶段

（1）撰写评估报告。事前评估工作组汇总专家组意见，形成最终评估结论和评分，并撰写事前绩效评估报告。

（2）形成评估报告。事前评估工作组将评估报告和评估结论征求预算管理处室意见，进行修订，形成正式评估报告，报各级财政部门绩效处。

（3）结果应用。预算管理处室将事前评估结论为“予以支持”和“部分支持”的项目纳入各级财政项目库管理，按照预算决策程序，安排预算评审，进行预算批复工作。

第三节 政府采购绩效目标管理和事中绩效运行监控

一、政府采购绩效目标管理

政府采购绩效目标管理旨在将预算单位的使命和战略目标转换为明确的、具体的和可衡量的绩效目标，是建立全过程预算绩效管理链条的第一步，也是整个预算绩效管理工作的最关键环节。[①]政府采购绩效目标管理，是指财政部门或各部门及其所属单位依照职责，设定、审核、批复绩效目标的政府采购预算管理活动。政府采购绩效目标管理的对象是纳入各部门各单位预算管理的全部资金。我国各地区各部门自2018年起，根据《中共中央 国务院关于全面实施预算绩效管理的意见》，强化绩效目标管理，分解细化各项工作要求，结合本地区本部门实际情况，全面设置部门和单位整体绩效目标、政策和项目绩效目标。政府采购各相关部门应明确政府采购绩效目标的含义与设定方式、申报与审核、批复与应用，做好政府采购绩效目标管理。

（一）政府采购绩效目标的含义

政府采购绩效目标是指政府采购预算资金计划在一定期限内实现的预期效果和产出，包括绩效内容与绩效指标。政府采购绩效目标是建设采购项目库、编制采购部门预算、实施采购绩效监控、开展采购绩效评价等的重要基础和依据。财政部门作为政府采购政策的制定者，其更关注的是预期效果，即通过政府采购政策的实施，能否对产业发展、政治稳定、社会进步起到促进作用；采购人是政府采购行为的具体执行者，其关注的是预期产出，即在确保政府采购产品质量的前提下，通过政府采购行为花费的资金成本越少，时间越短，微观绩效越高，预期的产出效果就越高。[②]

政府采购绩效目标可根据预算支出内容和预算支出时效性分类。按照预算支出的内容划分，可分为采购的基本支出绩效目标、采购项目支出绩效目标和部门（单位）整体支出绩效目标。按照预算支出时效性划分，可分为中长期绩效目标和年度绩效目标。

（二）政府采购绩效目标设定

政府采购绩效目标设定，是指各部门或其所属单位按照部门预算管理和绩效目标管理的要求，编制绩效目标并向财政部门或各部门报送绩效目标的过程。预算单位在编制下一年度采购预算时，要根据本级政府编制预算的总体要求和财政部门的具体部署、国

---

① 刘国永，熊羽．全面实施预算绩效管理视角下政府购买服务绩效评价体系构建．财政监督，2019（4）：10-20.

② 张秋华．如何设立政府采购绩效评价指标．中国招标，2021（6）：87-89.

民经济和社会发展规划、部门职能及事业发展规划，科学、合理地编制政府采购绩效目标并测算财政资金需求。编制的绩效目标应与部门目标高度相关，并且是具体的、可衡量的、一定时期内可实现的。

政府采购预算绩效目标的设置工作不仅仅是政府采购预算绩效管理工作能否更好开展的基础，也是预算绩效监督管理、审核评价和结果应用的关键先决条件。按照“谁申请资金，谁设定目标”的原则，政府采购绩效目标由各部门及其所属单位设定。采购项目支出绩效目标，在该项目纳入各级政府部门预算项目库之前编制，并按要求随同各部门项目库提交至财政部门；采购人整体支出绩效目标，在申报部门采购预算时编制，并按要求提交至本级财政部门。

《中央部门项目支出核心绩效目标和指标设置及取值指引（试行）》（财预〔2021〕101号）强调要分解细化指标，设置绩效指标应“根据任务内容，分析投入资源、开展活动、质量标准、成本要求、产出内容、产生效果”，还应“避免选用难以确定具体指标值、标准不明确或缺乏约束力的指标”。政府采购绩效指标是政府采购绩效目标的细化和量化描述，主要包括成本指标、产出指标、效益指标和满意度指标等内容，具体如下：① 成本指标包括经济成本指标、社会成本指标和生态环境成本指标等二级指标，分别反映项目实施产生的各方面成本的预期控制范围；② 产出指标是对预期产出的描述，包括数量指标、质量指标、时效指标、成本指标等；③ 效益指标是对预期效果的描述，包括经济效益指标、社会效益指标、生态效益指标及可持续影响指标等；④ 满意度指标是反映服务对象或项目受益人认可程度的指标。总之，要积极探索构建政府采购绩效评价指标体系，围绕政府采购目标的科学性、资金投入的经济性、资金支出效率、采购结果、合同履行、支持中小微企业政策落实和社会公平目标设置评价标准，为以后年度开展绩效管理工作提供指导。

各部门、各单位设定项目或部门的政府采购绩效目标时，可以参考相关历史或横向的绩效标准。绩效标准是设定绩效指标时所参考的标准。一般包括：① 历史标准，是指同类指标的历史数据等；② 行业标准，是指国家公布的行业指标数据等；③ 计划标准，是指预先制定的目标、计划、预算、定额等数据；④ 财政部门认可的其他标准。

各部门设定政府采购绩效目标的依据包括：①《中华人民共和国政府采购法》《中华人民共和国预算法实施条例》等国家相关法律、法规和规章制度，国民经济和社会发展规划；② 部门职能、中长期发展规划、年度采购工作计划或采购项目规划；③ 部门中期财政规划；④ 财政部门中期和年度预算管理要求；⑤ 相关历史数据、行业标准、计划标准等；⑥ 符合财政部门要求的其他依据。

（三）政府采购绩效目标申报

政府采购绩效目标申报应与部门预算编制同时进行，经财政部门审核，由地方人大批复后进入预算执行阶段。在设定科学的绩效目标时，按照政府—部门—项目级次，自上而下分层确定目标。因此，采购单位需要在各级政府制定宏观目标的基础上，制定本部门的采购目标，从而制定并申报各部门的采购项目具体实施计划。政府采购项目资金的绩效目标要以部门总体目标为基础，结合部门职能及年度采购计划、采购重点设立合理的采购总体绩效目标和分项绩效目标，充分明确单个采购项目的产出指标（产出数量、产出质量、产出时效、产出成本指标）和效益指标（社会效益、可持续影响、服务对象满意度等），以具体项目的执行结果，全力支撑部门整体绩效目标的实现。

总体而言，政府采购绩效目标的申报要经过调查研究和科学论证，坚持指向明确、具体细化、合理可行的要求，通过立项论证评价采购项目绩效目标的明确性，如产出数量是否量化、产出质量是否达标、产出时效是否实现、成本效益是否匹配、社会主体和公众的预期满意度、购买服务项目实施后续预期效益等，减少目标设定的随意性，增强立项的科学性，保证评价决策的有效性，以最终确定实施的绩效目标为参照，清晰反映预算资金的预期产出和效果，以相应的绩效指标予以细化、量化描述，并实现信息化技术对绩效目标申报工作的全方位支撑，从而保障政府采购绩效目标申报工作顺利进行。

（四）政府采购绩效目标审核

采购人报送的政府采购绩效目标由财政部门或各部门进行审查与核实并将审核意见反馈至相关单位，在其指导下采购人对绩效目标加以修改完善。按照“谁分配资金，谁审核目标”的原则，采购人报送的政府采购绩效目标必须由财政部门或各部门按照预算管理级次进行审核，审核依据是国家相关政策、各地财政支出方向和重点、部门职能及事业发展规划等，包括政府采购绩效目标与部门职能的相关性、绩效目标的实现所采取措施的可行性、绩效指标设置的科学性、实现绩效目标所需财政资金的合理性等。

采购人报送的政府采购绩效目标审核类型分为以下两类：第一类是对一般性采购项目，由财政部门结合部门预算管理流程进行审核，提出审核意见。第二类是对社会关注程度高、对经济社会发展具有重要影响、关系重大民生领域或专业技术复杂的重点采购项目，财政部门可根据需要将其委托给第三方，组织相关部门、专家学者、科研院所、中介机构、社会公众代表等共同参与审核，提出审核意见。财政部门对采购项目支出绩效目标的审核采用“项目支出绩效目标审核表”方式，其中，对一般性采购项目采取定性审核的方式，对重点项目采取定性审核和定量审核相结合的方式。财政部门在填报“项目支出绩效目标审核表”时将充分参考部门职能、项目立项依据、项目实施的必要性和可行性、项目实施方案以及以前年度绩效信息等内容，因此采购人应注意上述内容的达标。

（五）政府采购绩效目标的批复、调整与应用

经批复的政府采购绩效目标为采购预算执行过程中进行绩效运行监控和事后绩效评价提供了可靠的对照标准。绩效目标确定后，一般不予调整。预算执行中因特殊原因确需调整的，应按照政府采购绩效目标管理要求和预算调整流程报批。各部门及其所属单位应按照批复的绩效目标组织预算执行，并根据设定的采购绩效目标开展采购绩效监控与绩效自评。

政府采购绩效目标的设置是为了保证采购项目的经济性、效率性、效益性和公平性，而应用与反馈机制则是给出了政府采购项目的具体完成进度。为了更好地开展预算绩效目标管理工作，可以在建立健全应用管理制度和加强结果反馈等方面进一步创新。例如，采购人可以通过实地考察、问卷调查等方式，进一步落实采购绩效目标的完成情况，并将其作为下一年度预算编制时的关键参照物，帮助政府建立起以采购人为责任主体的政府采购预算绩效管理系统。

二、政府采购事中绩效运行监控

（一）政府采购事中绩效运行监控的含义

为加强中央部门预算绩效运行监控（简称绩效监控）管理，提高预算执行效率和资金使用效益，根据《中共中央　国务院关于全面实施预算绩效管理的意见》的有关规定，财政部预算司于 2019 年 7 月 26 日发布了《中央部门预算绩效运行监控管理暂行办法》（财预〔2021〕136 号）。

据此，政府采购事中绩效运行监控是指在采购项目实施过程中，财政部、中央部门及其所属单位、地方各级预算单位，依照职责，按照“全面覆盖、突出重点，权责对等、约束有力，结果运用、及时纠偏”的原则，对项目绩效目标实现程度、预算资金支出进度和项目实施进程进行绩效运行跟踪监控，及时发现和纠正政府采购绩效运行中的问题，促进绩效目标顺利实现，以确保资金使用效率和项目管理效益的提高。

绩效监控是全过程预算绩效管理的重要环节，是确保各预算单位实现预算绩效目标、落实绩效主体责任的重要手段。为确保政府采购活动达到绩效期望，采购单位要负责采购项目的绩效运行跟踪工作，组织专人按照规定进行采购项目绩效运行全程跟踪，报送绩效监控资料，落实绩效运行监控整改意见，包括跟踪年初设定的政府采购绩效目标完成情况、纠正采购执行工作中的偏差、查找财政资金使用和采购业务管理中的薄弱环节、及时弥补管理“漏洞”等。尤其要建立健全履约验收管理机制，明确验收量化标准，对供应商的履约实行全过程跟踪监督。

（二）政府采购事中绩效运行监控范围和内容

1. 政府采购事中绩效运行监控范围

各预算单位对政府采购重点政策和重大项目，以及巡视、审计、有关监督检查、重点绩效评价和日常管理中发现问题较多、绩效水平不高、管理薄弱的采购项目予以重点监控，并逐步开展部门整体支出绩效监控。

预算单位（采购人）按照预算绩效管理有关规定，对照采购项目绩效目标，对所负责项目采购执行过程以及资金使用和管理情况进行自行跟踪监控。采购人通过绩效监控工作，掌握采购项目绩效目标的完成情况和实施进程，以及财政资金的支出进度，并采取措施尽可能避免采购项目执行绩效与采购绩效目标发生偏离。

2．政府采购事中绩效运行监控内容

（1）绩效目标完成情况。一是预计产出的完成进度及趋势，包括采购数量、质量、时效、成本等。二是预计效果的实现进度及趋势，包括采购的经济效益、社会效益、生态效益和可持续影响等。三是跟踪政府购买服务对象满意度及趋势。

（2）预算资金执行情况。包括政府采购预算资金拨付情况、预算执行单位实际支出情况、资金流向以及预计结转结余情况。

（3）重点政策和重大项目绩效延伸监控。定期向社会公布重大项目资金使用明细表，必要时，可对政府采购重点政策和重大项目支出具体工作的任务开展、发展趋势、实施计划调整等情况进行延伸监控。

（4）其他情况。除上述内容外其他需要实施政府采购绩效监控的内容。

（三）政府采购事中绩效运行监控方法

政府采购事中绩效运行监控采用目标比较法，用定量分析和定性分析相结合的方式，将绩效实现情况与预期绩效目标进行比较，对采购目标完成、预算执行、组织实施、资金管理等进行分析评判。

政府采购绩效监控包括及时性、合规性和有效性监控。其中，及时性监控重点关注上年结转资金较大、当年新增采购预算且前期准备不充分，以及预算执行环境发生重大变化等情况。合规性监控重点关注政府采购预算管理制度落实情况、政府采购项目预算资金使用过程中的无预算开支、超预算开支、挤占挪用预算资金、超标准配置资产等情况。有效性监控重点关注政府采购项目执行是否与绩效目标一致、执行效果能否达到预期等，如保护环境、扶持不发达地区和民族地区、促进中小企业发展等政策功能的实现。

绩效监控工作是全流程的持续性管理，具体采取采购人日常监控和财政部定期监控相结合的方式。采购科研类项目可暂不接受年度内的绩效监控，但应接受在实施期内结合项目检查等方式强化绩效监控，因此应更加注重采购项目绩效目标实现程度和可持续性。

（四）政府采购事中绩效运行监控流程

政府采购绩效监控的具体工作程序如下：

（1）收集政府采购绩效监控信息。预算单位对照批复的政府采购绩效目标，以绩效目标执行情况为重点收集绩效监控信息。

（2）分析政府采购绩效监控信息。预算单位在收集上述绩效信息的基础上，对偏离政府采购绩效目标的原因进行分析，对全年政府采购绩效目标完成情况进行预计，并对预计年底不能完成目标的原因及拟采取的改进措施做出说明。

（3）填报绩效监控情况、报送绩效监控报告。各部门年度集中绩效监控工作完成后，及时总结经验、发现问题、提出下一步改进措施，形成本部门绩效监控报告，报送财政部门对口业务部门和预算部门。

（4）绩效监控结果应用。绩效监控结果可作为以后年度预算安排和政策制定的重要参考，绩效监控工作情况可作为各部门预算绩效管理工作考核的内容。

各部门通过绩效监控信息深入分析预算执行进度慢、绩效水平不高的具体原因，对绩效监控中发现的绩效目标执行偏差和管理漏洞，应及时采取分类处置措施予以纠正：① 对于因政策变化、突发事件等客观因素导致预算执行进度缓慢或预计无法实现绩效目标的，要本着实事求是的原则，及时按程序调减预算，并同步调整绩效目标。② 对于绩效监控中发现严重问题的，如预算执行与绩效目标偏离较大、已经或预计造成重大损失浪费或风险等情况，应暂停项目实施，相应按照有关程序调减预算并停止拨付资金，及时纠偏止损。已开始执行的政府采购项目应当按照相关程序办理。

财政部门要加强绩效监控结果应用，对主管部门绩效监控结果进行审核分析，对发现的问题和风险进行研判，督促相关部门改进管理，确保预算资金安全有效，保障党中央、国务院重大战略部署和政策目标如期实现。

对绩效监控过程中发现的财政违法违规行为，依照《中华人民共和国预算法》《财政违法行为处罚处分条例》等有关规定追究责任，报送至同级政府和有关部门，作为行政问责参考依据。如发现重大违纪违法问题线索，应及时移送纪检监察机关。

预算单位应加强采购绩效管理机制建设，可以通过设立专门评价组织，促进评价结果落到实处：① 建立完善的政府采购绩效评估信息交流和沟通机制，将政府采购绩效评价信息通过现行的政府采购信息化手段进行披露，让广大受益对象广泛了解其整体采购活动，并对政府采购做出整体评价。② 加强绩效监控结果的应用，将绩效监控结果推广应用于项目建设，建立奖惩机制，形成激励机制。③ 充分体现国家政策导向性，严格执行国库集中支付对政府采购合同的约束政策，最大限度地节约预算资金，保障财政资金的安全，实现财政资金使用的最大效益。

第四节　政府采购事后绩效评价

一、政府采购事后绩效评价的含义

（一）政府采购事后绩效评价的内涵

政府采购事后绩效评价工作将政府采购的执行规范、采购效率、政策目标等纳入绩效目标管理，是绩效监控和评价的重要内容。2014年《河北省省级政府采购项目绩效评价管理办法（试行）》首次对政府采购绩效评价做出定义：“本办法所称政府采购项目绩效评价，是指省财政部门和省直各部门依据预先设定的绩效目标，运用一定的评价指标、标准和方法，对省级政府采购项目实施全过程进行科学、客观、公正的评价。”此后河南、辽宁、山东等省份及其地级市陆续出台政府采购绩效评价管理办法。总结起来，政府采购事后绩效评价的概念如下：政府采购事后绩效评价，是指政府采购项目完成后，财政部门、业务主管部门和单位，依据预先设定的绩效目标，运用科学、合理的绩效评价指标、评价标准和评价方法，对政府采购活动组织实施全过程进行全面、客观、科学的评价，形成绩效评价结果，为规范政府采购相关当事人及参与者的行为提供信息参考，为实施政府采购监督管理提供依据。

根据《项目支出绩效评价管理办法》（财预〔2020〕10号），绩效评价分为单位自评、部门评价和财政评价三种方式。据此，政府采购的事后绩效评价工作也分为上述三种方式。其中，单位自评是指预算部门组织部门本级和所属单位对预算批复的采购项目绩效目标完成情况进行自我评价。部门评价是指预算部门根据相关要求，运用科学、合理的绩效评价指标、评价标准和方法，对本部门的采购项目组织开展的绩效评价。财政评价是财政部门对预算部门的采购项目组织开展的绩效评价。

（二）政府采购事后绩效评价的原则

财预〔2020〕10号文件明确提出，绩效评价应当遵循科学公正、统筹兼顾、激励约束、公开透明四个基本原则。在该文件发布后，威海市、郑州市、南陵县等地方政府采购项目绩效评价管理（暂行）办法还增加了目标导向、结果应用等原则，总结如下：

（1）科学公正。绩效评价应当运用科学合理的方法，按照规范的程序，对政府采购项目绩效进行客观、公正的反映。

（2）统筹兼顾。采购单位自评和财政重点评价应职责明确，各有侧重，相互衔接。采购单位自评应由项目单位自主实施，即“谁支出、谁自评”。部门评价和财政评价应在采购单位自评的基础上开展，必要时可委托第三方机构实施。

（3）激励约束。绩效评价结果应与预算安排、政策调整、改进管理实质性挂钩，体现奖优罚劣和激励相容导向，有效要安排、低效要压减、无效要问责。

（4）公开透明。绩效评价结果应依法依规公开，并自觉接受社会监督。

（5）目标导向。以绩效目标为核心，对政府采购项目支出进行监控，对偏离绩效目标的支出及时采取纠偏措施，保证绩效目标如期实现。

（6）结果应用。绩效评价结果应运用于对采购人、采购代理机构、供应商、政府采购评审专家的监督管理。

（三）政府采购事后绩效评价的主要依据

一般而言，政府采购事后绩效评价的依据分为以下几个方面：国家相关法律、法规和规章制度；党中央、国务院重大决策部署，经济社会发展目标，地方各级党委和政府重点任务要求；部门职责相关规定；相关行业政策、行业标准及专业技术规范；预算管理制度及办法，项目及资金管理办法、财务和会计资料；项目设立的政策依据和目标，预算执行情况，年度决算报告、项目决算或验收报告等相关材料；本级人大审查结果报告、审计报告及决定，财政监督稽核报告等；其他相关资料。

（四）政府采购事后绩效评价的对象

单位自评对象包括纳入政府采购预算管理的所有项目支出。

部门评价对象应根据工作需要，优先选择部门履职的重大改革发展项目，随机选择一般性项目。原则上应在一定的时间内实现部门评价重点项目全覆盖。

财政评价对象应根据工作需要，优先选择贯彻落实党中央、国务院重大方针政策和决策部署的项目和覆盖面广、影响力大、社会关注度高、实施期长的项目，对纳入财政重点绩效评价项目范围内的政府采购项目，应周期性组织开展绩效评价。

二、政府采购事后绩效评价的内容和指标

目前财政部并没有统一的政府采购事后绩效评价内容和指标。以财预〔2020〕10号文件为基础，并结合河北、河南、四川、浙江、山东等省及部分市出台的政府采购项目绩效评价管理办法与实践，总结出政府采购事后绩效评价内容和指标如下。

（一）政府采购事后绩效评价的内容

政府采购事后绩效评价主要包括以下内容：政府采购法律法规和相关政策、制度的执行情况；政府采购活动的专业性、效率性、公开性、公平性和公正性；政府采购结果的需求相关性、经济性、效益性和有效性；政府采购当事人和服务对象满意度；政府采购当事人诚实信用情况；其他需要绩效评价的内容。

1. 部门单位自评内容与范围

部门单位自评以年度预算绩效目标完成情况为主要内容，包括项目总体绩效目标、各项绩效指标完成情况以及预算执行情况。对未完成绩效目标或偏离绩效目标较大的项目要分析并说明原因，研究提出改进措施。

部门单位自评的范围包括纳入预算管理的所有政府采购项目。对本部门资金量大、覆盖面广、具有明显社会和经济影响的政府采购项目的绩效自评，业务主管部门可以有计划地采取自上而下直接组织重点评价的方式进行。

2. 财政和部门评价的内容

财政和部门评价的内容主要包括：决策情况、资金管理和使用情况、相关管理制

度办法的健全性及执行情况、实现的产出情况、取得的效益情况以及其他相关内容。业务主管部门采取重点评价方式进行绩效自评的，应根据工作需要，优先选择部门履职的主要项目，并与财政重点评价计划相衔接，避免不必要的重复。部门重点评价要体现牵头组织与项目实施主体相分离的原则，一般由主管财务的机构组织牵头，确保评价的独立、客观、公正。

财政重点评价对象应根据工作需要，优先选择覆盖面广、影响力大、社会关注度高、效果呈现形式多样的项目，逐步实现政府采购项目绩效评价全覆盖。

政府采购项目财政绩效评价由财政部门自行组建评价小组或委托第三方机构组织实施。“第三方机构”是指依法设立、具有独立法人资格和良好商业信誉、具备开展绩效评价工作专业能力的企业式其他社会组织。第三方机构与被评价项目之间存在利害关系的，应当回避。

（二）政府采购事后绩效评价的指标

政府采购事后绩效评价指标是衡量和评价政府采购活动的公开透明性、公平竞争性、公正性和诚实信用程度，以及政府采购资金支出的经济性、效率性和有效性的考核工具，是对绩效目标的细化和量化描述。绩效评价指标的确定应当遵循相关性、重要性、可比性、系统性、经济性原则。

1. 部门单位自评指标

部门单位自评指标是指预算批复时确定的绩效指标，包括项目的产出数量、质量、时效、成本，以及经济效益、社会效益、生态效益、可持续影响、服务对象满意度等。

部门单位自评指标的权重由各单位根据项目实际情况确定。原则上预算执行率和一级指标权重统一设置为：预算执行率10%、产出指标50%、效益指标30%、服务对象满意度指标10%。如有特殊情况，一级指标权重可做适当调整。二、三级指标应当根据指标重要程度、项目实施阶段等因素综合确定，准确反映项目的产出和效益。

2. 财政和部门重点评价指标

财政和部门绩效评价指标的确定应当符合以下要求：① 与评价对象密切相关，全面反映项目决策、项目和资金管理、产出和效益；② 优先选取最具代表性、最能直接反映产出和效益的核心指标，精简实用；③ 指标内涵应当明确、具体、可衡量，数据及佐证资料应当可采集、可获得；④ 同类项目绩效评价指标和标准应具有一致性，便于评价结果相互比较。

财政和部门评价指标的权重根据各项指标在评价体系中的重要程度确定，应当突出采购规范、结果合理，原则上过程指标权重不低于35%，产出、效益指标权重不低于50%。同一评价对象处于不同实施阶段时，指标权重应体现差异性，其中，实施期间的评价更加注重决策、过程和产出，实施期结束后的评价更加注重产出和效益。

无论是部门单位自评还是财政和部门重点评价，评价指标体系主要从决策、过程、产出、效益四个方面，对采购项目进行全流程的绩效评价。如表 13–2 所示。

表 13–2　政府采购项目绩效评价指标体系（参考示例）

<table>
<tr><th>序号</th><th>一级指标</th><th>二级指标</th><th>三级指标</th><th>分值</th><th>三级指标说明</th></tr>
<tr><td>1</td><td rowspan="3">决策
（10 分）</td><td>绩效目标
（4 分）</td><td>绩效目标合理性</td><td>4</td><td>① 项目是否编制了绩效目标申报表
② 项目绩效目标是否设置了数量、质量和时效绩效指标，绩效指标是否明确、清晰、可衡量
③ 项目预期产出和效益（或效果）是否符合正常的业绩水平
④ 项目绩效目标是否与预算批复的项目投资额或资金量相匹配</td></tr>
<tr><td>2</td><td>采购需求
（3 分）</td><td>采购需求明确性</td><td>3</td><td>① 项目是否编制了采购需求
② 项目采购需求编制是否符合规范
③ 项目编制的采购需求是否与绩效目标相匹配</td></tr>
<tr><td>3</td><td>采购预算
（3 分）</td><td>预算编制科学性</td><td>3</td><td>① 预算编制是否经过科学论证
② 预算额度测算依据是否充分，是否按标准编制
③ 是否纳入政府采购预算编制</td></tr>
<tr><td>4</td><td rowspan="7">过程
（35 分）</td><td rowspan="3">采购方式和程序合规性
（10 分）</td><td>采购程序规范性</td><td>4</td><td>采购程序执行是否合法规范</td></tr>
<tr><td>5</td><td>采购公告公示</td><td>3</td><td>① 采购公告和采购文件是否按相关规定发布
② 采购文件是否免费获取</td></tr>
<tr><td>6</td><td>采购方式合规性</td><td>3</td><td>项目政府采购方式选择是否合规</td></tr>
<tr><td>7</td><td rowspan="4">采购政策性
（15 分）</td><td>采购节能产品情况</td><td>2</td><td>采购文件是否提及、是否执行政府采购节能产品政策</td></tr>
<tr><td>8</td><td>采购环保产品情况</td><td>2</td><td>采购文件是否提及、是否执行政府采购环境标志产品政策</td></tr>
<tr><td>9</td><td>促进中小企业发展情况</td><td>6</td><td>采购文件是否提及、是否执行政府采购促进中小企业发展政策</td></tr>
<tr><td>10</td><td>落实监狱企业、残疾人福利性单位政策采购政策</td><td>2</td><td>采购文件是否提及、是否执行政府采购促进支持监狱企业、残疾人福利性单位政策</td></tr>
</table>

续表

序号	一级指标	二级指标	三级指标	分值	三级指标说明
11	过程（35分）	采购政策性（15分）	政府采购合同融资	3	是否按照规定加强合同账户及资金支付管理，配合贷款银行更改、确认合同账户，确保合同资金准确支付到贷款银行确认的回款账户
12		保证金收退管理（6分）	保证金收取规范性	3	① 投标保证金是否免收 ② 履约保证金是否按规定的标准收取，有无超标准或违规收取
13			保证金退还及时性	3	履约保证金是否按时退还，或无故逾期退回，或未足额退还
14		采购内控管理（2分）	采购执行规范性	2	① 是否按照有关规定建立单位内控制度 ② 是否委派本单位人员作为采购单位代表参加评审 ③ 是否公平公正参与评审 ④ 是否因评审中存在倾向性或指定性情形导致举报、质疑和投诉等
15		评审专家（2分）	专家聘用合规性	2	① 专家组是否按法定程序抽取组成 ② 专家是否与项目、专业相匹配
16	产出（25分）	采购执行效率（15分）	开评标情况	2	① 是否按照法定程序开标、评标 ② 是否对代理机构开展履职评价
17			中标（成交）结果公示	3	是否在中标（成交）供应商确认之日起2个工作日内进行公示
18			合同签订	4	是否在中标（成交）通知书发出之日起10个工作日内进行合同签订
19			合同公示	4	是否在合同签订之日起2个工作日内进行公示
20			合同备案	2	是否在合同签订之日起7个工作日内进行备案
21		合同履约效率（10分）	合同履约验收	3	合同履行达到验收条件时，供应商向采购单位发出项目验收申请后，采购单位是否在7个工作日内组织项目验收
22			履约验收公示	1	政府向社会公众提供的公共服务项目是否于出具验收报告之日起5个工作日内向社会公告
23			供应商履约	1	是否对供应商开展履约验收评价
24			履约付款及时性	5	满足合同约定支付条件的，是否在收到发票后10个工作日内申请资金支付到合同约定的供应商账户

续表

序号	一级指标	二级指标	三级指标	分值	三级指标说明
25	效益（30分）	采购经济性（6分）	采购资金节支率	6	采购资金节支率 =（采购项目预算金额 - 当年采购成交金额）÷ 采购项目预算金额 × 100%
26		采购公平性（8分）	供应商质疑	4	是否存在采购单位或代理机构因采购文件、采购程序等违反相关法律法规或制度规定导致供应商提出有效质疑
27			供应商投诉	4	是否存在采购单位或代理机构因采购文件、采购程序等违反相关法律法规或制度规定导致供应商提出投诉，处理决定投诉事项成立，或者要求重新采购的有效投诉
28		采购公开性（10分）	采购信息的可获得性	3	① 是否按规定在指定网站进行公开 ② 是否方便参与采购活动的各方及时获取信息
29			意向公开	3	是否在采购计划申报前30日公开采购意向
30			采购信息的透明度	4	是否按照《政府采购信息发布管理办法》等有关规定，将应公开信息全部公开
31		满意度（6）	采购单位满意度	3	采购单位对政府采购项目实施效果满意程度
32			社会公众或服务对象满意度	3	社会公众或服务对象对采购项目实施效果满意程度
合计		100		100	——

注：1. 评分结果分为优（S ≥ 90）、良（90>S ≥ 80）、中（80>S ≥ 70）、差（S<70）四档，其中S代表分数。

2. 政府采购项目绩效评价指标体系作为通用模板予以参考，具体采购项目绩效评价指标可根据实际进行调整。

资料来源：参考《南陵县县本级政府采购项目绩效管理办法（试行）》（财监〔2021〕11号）。

三、政府采购事后绩效评价方法

政府采购事后绩效评价的方法主要包括成本效益分析法、比较法、因素分析法、最低成本法、公众评判法、标杆管理法等。方法的选用应当坚持简便有效原则，根据评价对象的具体情况，可采用一种或多种方法进行评价。

（1）成本效益分析法，是指将投入与产出、效益进行关联性分析以评价项目效率与效果的方法。

（2）比较法，是指将项目实施情况与绩效目标、历史情况、不同部门和地区同类项目情况进行比较的方法。

（3）因素分析法，是指综合分析影响项目绩效目标实现、实施效果的内外因素的方法。

（4）最低成本法，是指对预期效益不易计量的项目，在绩效目标确定的前提下，以成本最小者为优的方法。

（5）公众评判法，是指通过专家评估、公众问卷及抽样调查等方式进行评判的方法。

（6）标杆管理法，是指以国内外同行业中较高的绩效水平为标杆进行评判的方法。

四、政府采购事后绩效评价流程

（一）部门单位自评

部门单位是绩效评价的责任主体，应根据评价指标体系对本单位政府采购项目进行自评打分，依照自评要求形成自评结果，并配合财政部门开展政府采购项目绩效评价工作。政府采购项目绩效评价一般在项目执行完毕后进行。各部门全覆盖自评，根据财政部门统一要求，部门单位自评结果于评价工作完成后按规定时间将自评结果报送财政部门。

部门单位应切实加强自评结果的整理、分析，将自评结果作为完善政策和改进管理的重要依据。对自评结果差的项目，要单独说明原因，提出整改措施。部门单位自评流程如图 13-1 所示。

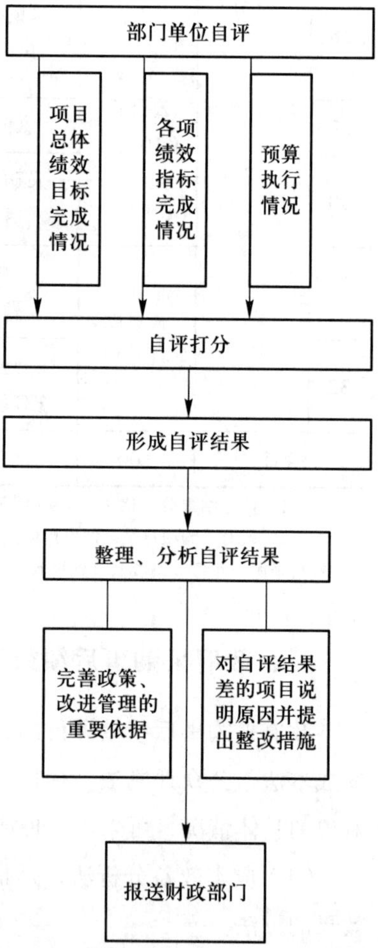

图 13-1 部门单位自评流程

财政部门对未按要求开展自评、评审结果为差、自评和抽评结果差异较大的项目予以通报，将自评工作开展情况以及自评质量抽查结果纳入市直部门预算绩效管理工作考核。

（二）财政和部门重点评价

财政部门组织对部门单位自评结果进行复核、评审，可结合实际抽取一定比例项目进行财政绩效评价，委托第三方机构进行抽评，形成绩效抽评结论，涉及重点项目的部门还需填报《政府采购项目基本情况表》。以某市为例，财政和部门重点绩效评价流程如图 13-2 所示。

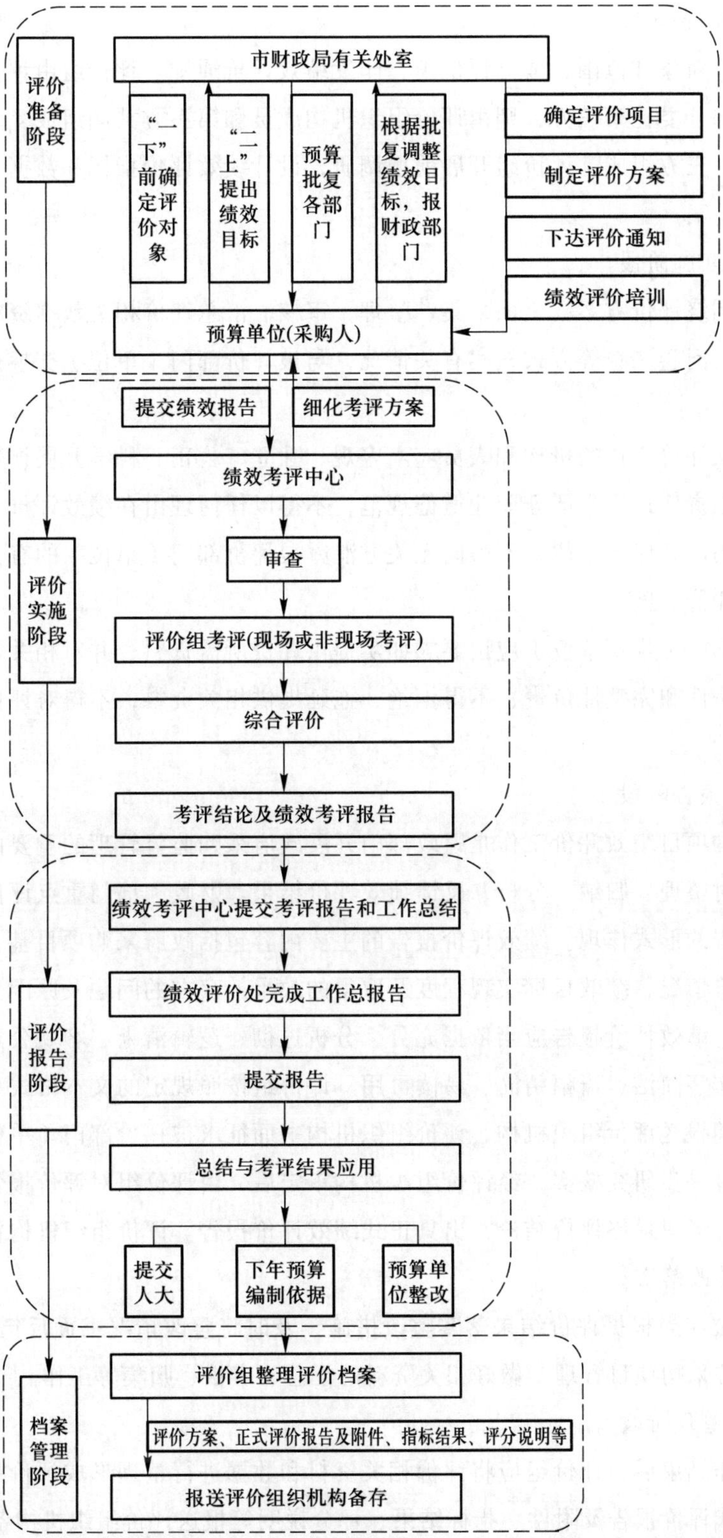

图 13-2　财政和部门重点绩效评价流程（以某市为例）

1. 评价准备阶段

确定评价对象和范围，成立评价组，印发绩效评价通知。评价组由评价组织机构成员组成，若部分委托第三方，则由评价组织机构成员和第三方共同组成，若全部委托第三方，则由第三方组成。评价组开展前期调研，设计绩效评价指标和数据表式，编制绩效评价工作方案。

2. 评价实施阶段

评价组围绕评价方案，全面采集、整理、审核、汇总评价相关数据资料，通过现场查勘、座谈、问卷调查等方式核实有关情况，与被评价部门（单位）交换意见，分析形成初步结论。

参与绩效评价工作的机构和人员应当客观、独立、公正、科学开展评价工作，并对评价结果承担责任；应当严守职业道德规范，不得以任何理由在绩效评价过程中获取不当利益；应当严守保密纪律，不得向无关方泄露被评价部门（单位）的有关数据、业务资料和绩效评价信息。

被评价部门（预算单位）应按要求如实提供评价所需资料，并对相关资料和数据的真实性、合法性和完整性负责，不得拒绝、拖延提供相关资料，不得对评价结果施加倾向性影响。

3. 评价报告阶段

政府采购项目绩效评价工作是财政部门开展政府采购监督管理的重要内容之一，财政部门将及时整理、归纳、分析、反馈绩效评价结果。财政和部门重点评价结果主要以绩效评价报告的形式体现。绩效评价报告的主要内容包括政府采购项目基本情况，组织实施绩效评价情况，绩效目标实现程度及取得的效果，存在的问题及原因分析，改进意见和建议等。绩效评价报告应当依据充分、分析透彻、逻辑清晰、客观公正，尽量做到重点突出、文字简洁、篇幅精简、易读可用。评价组按照规定的文本格式和要求撰写评价报告初稿并报送评价组织机构，评价组织机构书面征求被评价部门（单位）意见，针对所提意见进一步研究核实，经评价组织机构审定后，由评价组对评价报告做出必要的修改和完善，形成最终评价结论，出具正式绩效评价报告。评价组织机构督促被评价部门（单位）整改落实。

采购单位应当根据评价结果落实整改措施，及时将整改情况书面反馈至财政部门，并加强本单位采购项目管理，做好相关资料的汇总、审核、归集等工作。

4. 档案管理阶段

评价工作结束后，评价组应将评价相关资料和数据进行整理形成评价档案，并将评价方案、正式评价报告及附件、指标结果、评分说明等报送评价组织机构备存。

在绩效评价工作中发现政府采购当事人存在违法违规行为的，由财政部门及相关主管部门依法追究责任。同时，将绩效评价结果作为完善政府采购制度、改进预算管理、安排项目预算的重要依据。对于绩效评价优良率较高的预算单位，财政部门将进行通报表扬，并在预算安排等方面优先给予支持；对于绩效评价中存在问题较多、不合格率较高的预算单位，财政部门将进行通报批评，并责令限期整改。不进行整改或整改不到位的，根据情况调整项目或调减、取消项目预算。绩效评价结果应当作为采购人制定采购需求、完善内控制度以及财政部门加强预算管理、强化预算执行的重要参考。在政府采购代理机构选择方面，采购人应当优先选择绩效评价优良率较高的采购代理机构代理政府采购项目。

本章小结

1. 政府采购绩效评价是指运用科学、规范的绩效评价方法，比照统一的评价标准，按照绩效的原则，对政府采购活动及其效果（包括经济绩效及社会绩效）进行的科学、客观、公正的衡量和评判。政府采购绩效评价是政府采购绩效管理不可或缺的组成部分，也是政府采购监督管理的重要内容。

2. 政府采购绩效评价的原则，应充分考虑政府采购政策的初衷、各方利益体的要求以及社会公众的期待等因素，可综合归纳为经济性原则、效率性原则、效益性原则和公平性原则。

3. 政府采购绩效评价具有重要意义，有助于推进国家治理体系和治理能力现代化，有助于促进构建现代财政制度，有助于推动政府采购由程序控制型向绩效型转变。

4. 政府采购事前绩效评估是指，各级预算单位根据国家和地方法律法规政策文件等内容，运用科学、合理的评估方法，在政府采购项目实施前，对其进行全面、客观、公正的评定和估算。政府采购事前绩效评估应重点对政府采购项目的必要性、可行性、经济性、效率性和效益性进行评定。

5. 政府采购事前绩效评估方式主要包括专家咨询、现场调研、问卷调查、召开座谈会等；政府采购事前绩效评估方法主要包括成本效益分析法、对比分析法、因素分析法、公众评判法等。政府采购事前绩效评估流程主要包括事前评估准备、事前评估实施、事前评估总结三个阶段。

6. 政府采购绩效目标是指政府采购预算资金计划在一定期限内实现的预期效果和产出，包括绩效内容与绩效指标。政府采购绩效目标是建设采购项目库、编制采购部门预算、实施采购绩效监控、开展采购绩效评价等的重要基础和依据。政府采购绩效目标管理，是指财政部门或各部门及其所属单位依照职责，设定、审核、批复绩效目标的政府采购预算管理活动。政府采购绩效目标管理包括绩效目标设定、绩效目标申报、绩效目标审核，以及绩效目标的批复、调整与应用。

7. 政府采购事中绩效运行监控是指在采购项目实施过程中，财政部、中央部门及其所属单位、地方各级预算单位，依照职责，按照“全面覆盖、突出重点，权责对等、约束有力，结果运用、及时纠偏”的原则，对项目绩效目标实现程度、预算资金支出进度和项目实施进程进行绩效运行跟踪监控，及时发现和纠正政府采购绩效运行中的问题，促进绩效目标顺利实现，以确保资金使用效率和项目管理效益的提高。

8. 政府采购事后绩效评价，是指政府采购项目完成后，财政部门、业务主管部门和单位，依据预先设定的绩效目标，运用科学、合理的绩效评价指标、评价标准和评价方法，对政府采购活动组织实施全过程进行全面、客观、科学的评价，形成绩效评价结果，为规范政府采购相关当事人及参与者的行为提供信息参考，为实施政府采购监督管理提供依据。

9. 政府采购的事后绩效评价工作分为三种方式，即单位自评、部门评价和财政评价。单位自评是指预算部门组织部门本级和所属单位对预算批复的采购项目绩效目标完成情况进行自我评价。部门评价是指预算部门根据相关要求，运用科学、合理的绩效评价指标、评价标准和方法，对本部门的采购项目组织开展的绩效评价。财政评价是财政部门对预算部门的采购项目组织开展的绩效评价。

10. 事后绩效评价指标体系主要从决策、过程、产出、效益四个方面，对政府采购项目进行全流程的绩效评价。

11. 政府采购事后绩效评价的方法主要包括成本效益分析法、比较法、因素分析法、最低成本法、公众评判法、标杆管理法等。

思考题

1. 政府采购绩效评价的含义是什么？

2. 政府采购绩效评价的原则和意义分别有哪些？

3. 政府采购事前绩效评估的含义是什么？方式有哪些？

4. 什么是政府采购绩效目标？政府采购绩效目标管理的含义是什么？

5. 政府采购事中绩效运行监控的含义是什么？监控范围和具体监控内容有哪些？

6. 政府采购事后绩效评价的含义是什么？评价内容有哪些？评价指标体系从哪些方面设定？

7. 政府采购事后绩效评价的方法有哪些？各自的含义是什么？

课外阅读材料

1．刘汉平，李安泽．政府采购理论与政策研究．北京：中国财政经济出版社，2004：179–210.

2．张得让．政府采购支出综合效益分析．北京：经济科学出版社，2004：1–273.

3．朱志刚．财政支出绩效评价研究．北京：中国财政经济出版社，2003：1–330.

4．马国贤．政府绩效管理．上海：复旦大学出版社，2005：1–402.

5．姜爱华．关注政府采购绩效．中国财经报（理论版），2004–10–20.

6．马海涛，姜爱华．我国政府采购制度研究．北京：北京大学出版社，2007：105–170.

7．姜爱华．政府采购“物有所值”制度目标的含义及实现——基于理论与实践的考察．财政研究，2014（8）：72–74.

8．中央财经大学预算绩效管理研究课题组，北京市财政局．预算绩效管理“北京模式”．北京：中国财政经济出版社，2021：27–109.

即测即评

扫描二维码，进行本章在线测试。

第十四章

国际经济组织政府采购管理介绍

随着世界经济相互依存、相互渗透的程度日益加深，政府采购被要求进一步融入世界经济自由化的进程中。但由于各国的政府采购发展水平不一、贸易保护程度较高，直接影响了正常的国际竞争，损害了发展中国家和发达国家的利益。贸易自由化的呼声也日趋高涨，一些工业化国家为开拓海外市场，纷纷将政府采购纳入国际协议。因此，一些国际性组织和地区性组织从促进贸易自由化的角度出发，制定了一系列政府采购协议和规则。本章将重点介绍和说明六个最具代表性的规则，分别是世界贸易组织制定的《政府采购协定》、联合国国际贸易法委员会制定的《公共采购示范法》、世界银行制定的《采购规则》、欧盟制定的《公共指令》、亚太经济合作组织制定的《政府采购非约束性原则》以及《全面与进步跨太平洋伙伴关系协定》下的政府采购规则。这些国际组织政府采购规则对于规范各国的政府采购行为起到了指导性作用。

第一节　世界贸易组织《政府采购协定》

一、产生背景和过程

世界贸易组织成立于1995年1月1日，前身是关税与贸易总协定，总部设在瑞士日内瓦。世界贸易组织是目前世界上最大的多边贸易组织，截至2024年2月已经拥有166个成员，成员间的贸易量占世界贸易总量的95%以上。世界贸易组织与世界银行、国际货币基金组织并称为当今世界经济体制的“三大支柱”。关税与贸易总协定至今共主持了八个回合的多边贸易谈判，持续时间最长的一轮是乌拉圭回合谈判，该回合从1986年开始，前后长达七年半之久，其重要成果之一就是创立了世界贸易组织。2001年12月11日，中国正式加入世界贸易组织，中国在世界贸易组织中占有四个席位——中国内地、中国香港、中国澳门、中国台北。

无论是在国内市场还是在世界市场，大多数国家的政府都是各种货物的最大买主。

然而，许多国家的政府在采购中，通过优先、优惠价格和限制性采购等其他条件，给本国的供应商以优惠待遇，把采购市场基本限定在了国内供应商范围内。其实施手段多种多样：

第一，由国内立法强行规定。美国早在1933年就制定了《购买美国产品法案》，规定凡用美国联邦基金购买供政府或建设公共工程使用的商品，除了违反公共利益，或国内产量不足，或质量不合标准，或价格过高等情况以外，均应购买本国产品。根据此法案，仅在美国商品价格高于外国同类商品5%以上时才能向国外购买。该法案在1954年、1962年和1988年曾三度修改。同时，该法案对于外国政府在政府采购中对美国产品的歧视性政策和行为，制定了严格的报复程序。

第二，通过行政决定或封闭式招标之类的做法进行政府采购。欧盟和加拿大等常采用此办法，它们通过各种手段，使外国供应商不熟悉或不易达到产品规格或技术标准，从而使本国供应商在政府采购合同的投标竞争中处于有利地位。

第三，鼓励采购国产货。如日本虽无上述规定，但日本政府长期习惯于鼓励国民购买和使用本国生产的产品。

政府采购的国际化是伴随着国际贸易的发展而发展的。在1947年起草关税与贸易总协定的时候，并没有将政府采购问题列入议程，但这并不是因为关税与贸易总协定对政府采购未来发展造成的贸易歧视预计不足，而是由于当时政府采购的市场规模较小，对国际贸易的影响不大，而且当时各国在政府采购中都不同程度地实行保护民族产业的特定政策。最终使得当时的关税与贸易总协定框架将政府采购的相关内容排除在外，政府采购的歧视性政策也就越来越成为国际贸易中非关税限制进口的重要措施之一。

随着经济全球化和世界贸易自由化进程的加快，潜力巨大的政府采购市场日益引起世界各国的关注。早在20世纪60年代初期，关税与贸易总协定率先开始就政府采购问题进行谈判。由于各方的利害冲突很大，谈判未能取得实质性结果，只起草了一份《关于政府采购政策、程序和做法的文件草案》。为消除国际贸易的采购壁垒，关税与贸易总协定的多数缔约方都感到有必要对政府采购政策予以约束和监督。在第七轮多边谈判中，政府采购问题被正式纳入东京回合谈判议题，并于1976年7月成立了政府采购的分题组，专门谈判政府采购问题。在各缔约方的共同努力下，东京回合多边贸易谈判于1979年4月12日在日内瓦签订了世界上第一个关于政府采购的协议——《政府采购协定》，1981年1月1日起生效。该协议将关税与贸易总协定的一些基本原则延伸到了政府采购领域。但此时《政府采购协定》包括的范围非常有限，性质也是非强制性的，由各缔约方在自愿的基础上签署，通过相互谈判确定政府采购开放的程度。至此，政府采购已从一项财政政策延伸为国际贸易政策。

在乌拉圭回合谈判后期,《政府采购协定》的成员为了进一步扩大政府采购的开放程度,开始就新的政府采购协定进行谈判。1987 年 2 月 2 日,协议的缔约方对 1979 年的《政府采购协定》进行了修改,自 1988 年 2 月 14 日起开始实施。此次修改的内容主要有:受协议管辖的采购合同的起始金额由 15 万特别提款权降到 13 万特别提款权;将租赁合同包括在协议管辖范围内;增加了在交换资料、信息方面的透明度;将公开选择招标的结标时间由原来的 30 天改为自招标通知公布之日起的 40 天。1993 年 12 月 15 日,各缔约方在乌拉圭回合上又就制定新的《政府采购协定》达成基本意向,最终形成了关税与贸易总协定乌拉圭回合《政府采购协定》,即之后所称的世界贸易组织的《政府采购协定》。

正式的《政府采购协定》于 1994 年 4 月 15 日在马拉喀什签署,于 1996 年 1 月 1 日生效实施。世界贸易组织内建立了政府采购委员会,负责与《政府采购协定》有关的事宜,包括对申请加入者进行审查和批准。《政府采购协定》由 1 个序言、24 项条款、4 项附录和 1 个原文注释组成。《政府采购协定》的宗旨是确认政府在一定采购金额的基础上,实现采购贸易自由化。根据 1994 年协议的规定,参加方在协议生效后 3 年内,继续就协议文本和扩大出价开展新一轮谈判。经过近 15 年的谈判和协商,2012 年 3 月,世界贸易组织政府采购委员会召开会议,颁发了《政府采购协定》的新文本和各方新一轮的出价,标志着《政府采购协定》的日趋成熟。2012 年的《政府采购协定》在内容上充分反映了全球经济、社会管理和科技进步对政府采购的影响,更加全面地完善了《政府采购协定》的功能,它不仅是《政府采购协定》参加方必须严格遵循的行为准则,而且影响并牵引着全球政府采购的发展走势。2012 年的《政府采购协定》已于 2014 年 4 月 6 日开始正式生效。

二、特点

与 1979 年的《政府采购协定》相比,1994 年以来的《政府采购协定》具有以下特点:

第一,扩充了政府采购的内涵。1979 年的《政府采购协定》规定,政府采购是指中央政府部门的货物采购;1994 年的《政府采购协定》则将政府采购定义为中央及地方政府部门及其他公共部门的货物、工程和服务采购,从而使政府采购的内涵得到了扩大。2012 年的《政府采购协定》在序言中对协议框架下的政府采购职能进行了规划和定位,它在"适用范围"上比旧文本有了更详尽的约定,明确规定:"就本协议而言,被涵盖采购是指为了政府目的而进行的以下采购",包括货物、服务或者它们的任意组合,以及购买租赁和租约、超过列明门槛价的采购和由采购实体进行的采购等,同时也对一些特定范围的采购进行了排除。适用范围作为政府采购的定义,约定凡出于政府目的和公共事业的采购都是政府采购行为，同时涉及国家安全或有关公共道德、秩序、人类和动植物生命健康、知识产权保护、残疾人和慈善事业，以及出价清单中用备注予以排除的项目均属例外。新版文本在继承旧版文本关于政府采购职能内涵的基础上，更加准确、更加完整、更加精练地表达了《政府采购协定》职能的基本架构。①

第二，扩大了政府采购的适用范围。1979年的《政府采购协定》规定，仅规范和约束合同价值不少于15万特别提款权的中央政府机构进行的货物采购；1994年以来的《政府采购协定》则适用于合同价值不少于13万特别提款权的中央政府货物和服务采购、不少于20万特别提款权的地方政府货物和服务采购、不少于40万特别提款权的其他公共部门货物和服务采购，以及不少于500万特别提款权的上述各部门的工程采购，从而使政府采购的适用范围得到了扩大。

第三，对合同的定价做了严格的规定。1994年以来的《政府采购协定》对合同的估价做了更进一步的严格规定，如当单项采购要求签订一个以上的合同或分几部分签订合同时，应以前一个财政年度所重复签订的实际价值，或是对以后12个月内预计发生的数量和价值的变化进行调整后的价值，或是本财政年度获首批合同后12个月内重复签订合同的价值，作为估价基础。即单项采购项目在价值估算时，不得采取分割的形式，如果确有必要将采购项目分次或分项办理，应以一年为期限计算采购总额，并以此作为是否属于政府采购范围的依据。

第四，对招标方式的适用范围和相关程序期限进行了合理的调整。如《政府采购协定》规定，进行公开招标时，从招标公告发布之日起到招标截止之日的期限不得少于40天，而1979年的《政府采购协定》规定为30天。涉及使用合格供应商永久名单的有限投标，1994年以来的《政府采购协定》规定从投标邀请书发出之日起到投标截止之日的期限不得少于40天，而1979年的《政府采购协定》规定为30天。同时，《政府采购协定》还规定，在紧急情况下，上述各期限可以缩短为不少于10天。如果再次对同类合同进行招标，从招标通告发布之日或投标邀请书发出之日起到投标截止之日的期限，可以缩短为不少于24天。

第五，健全了缔约各方争端的协商解决机制。《政府采购协定》规定，《建立世界贸易组织的协议》中“关于争端解决规则和程序之谅解”的相关规定、原则适用于本协议。同时规定，当任何缔约方认为其从本协议直接或间接享有的利益受损时，或者其实现本协议的目标因其他缔约方未履行本协议规定的义务或实施任何有悖于本协议的措施

① 祝尔坚．从2012版GPA文本论政府采购发展走势．工程研究——跨学科视野中的工程，2013，5（3）．

而受阻时，该缔约方可以向其认为有关的其他缔约方提出书面陈述和建议。世界贸易组织的争端解决机构受理争议后，有权成立专家组进行调查和审议，提出建议，做出裁决，并对执行情况进行监督。争端解决机构还有权中止协议项下的减让和其他义务，或者当不可能撤销与协议相抵触的措施时，授权进行相关补偿问题的协商，此外，《政府采购协定》对争端解决的时限也做了相关规定。

三、主要内容

（一）《政府采购协定》的性质

《政府采购协定》是世界贸易组织协定附录四中的四个单项贸易协定之一。但不同于世界贸易组织的《货物贸易协议》《服务贸易协议》那样的“一揽子”协议，世界贸易组织的《政府采购协定》属于诸边协议，它仅对签字成员有约束力，对世界贸易组织的其他成员没有约束力。

（二）《政府采购协定》的基本目标

第一，通过建立一个有效的关于政府采购的法律、规则、程序和措施等方面的权利与义务的多边框架，实现世界贸易的扩大和更大程度的自由化，改善和协调世界贸易运行的环境。

第二，通过扩大政府采购中的竞争因素，消除各国法律对国内供应商的保护，加强采购的透明度和客观性，促进政府采购程序的经济性和高效率。

第三，建立磋商、监督和解决争端的国际程序，以确保有关政府采购的法规能得到公正、迅速和有效的执行，维持权利和义务的平衡。

（三）《政府采购协定》的一般原则

第一，国民待遇原则和非歧视原则。国民待遇原则和非歧视原则是指政府采购方面的法律法规、程序和措施的制定及实施，不得对国内外供应商和产品实行差别待遇，不得对本国的供应商和产品提供保护而对外国的供应商和产品予以歧视。

第二，公开原则。公开原则要求有关政府采购的法律、规则、程序和做法都应公开，以确保各实体授予合同的透明度。

第三，公平原则。公平原则是指要建立完善的有关通知、磋商、监督和争端解决方面的国际程序，以确保有关政府采购的规定得以公正、迅速和有效的实施，最大限度地维持权利与义务的平衡。

第四，对发展中国家的优惠待遇原则。这一原则要求各缔约方，尤其是发达程度较高的缔约方，要考虑到发展中国家的经济和社会发展目标、国际收支状况等，应向发展中国家，尤其是最不发达国家提供特殊的优惠待遇，以照顾其发展、资金和贸易的要求。

（四）《政府采购协定》的适用范围

《政府采购协定》适用于各签署成员方承诺开放的中央政府、省级政府和其他单位所办理的达到一定金额的货物、工程（基本建设工程特许合同除外）和服务采购。

第一，采购主体是指直接或基本上受政府控制的实体或其他由政府指定的实体。即不仅包括政府机构本身，还包括其他实体，如政府代理机构；不仅包括中央一级的政府实体，还包括地方政府采购实体。只有各缔约方加入《政府采购协定》时提供的采购实体清单上所罗列的采购实体才受《政府采购协定》的约束。

第二，采购对象分为货物、工程和服务三大类。各签署成员方货物项目的适用范围，除国防及其他少数不适用本协议的产品外都包括在内；工程的适用范围，要求以联合国中央物品分类第五十一章所列的建筑工程为准；服务项目的适用范围，没有强制性的规定，由各成员方分别列出开放的服务项目，如咨询服务、建筑设计服务、广告服务等，并经谈判确定。但对于涉及国家安全的采购（包括武器、弹药、战略物资的采购），或与国家安全及国防密切相关的连带采购，以及涉及维护公共道德、公共秩序、公共安全、人民与动植物的生命或健康、保护残疾人组织、知识产权、慈善机构或劳改产品等方面的采购，不适用《政府采购协定》。

第三，门槛金额以双边谈判确定为主。一般而言，中央政府采购限额不低于13万特别提款权，地方政府的采购限额则依谈判结果各有不同。如美国，地方政府的货物和服务的采购限额为35.5万特别提款权，其他公共团体的采购限额为40万特别提款权；日本地方政府的采购限额为20万特别提款权，其他公共团体的采购限额为13万特别提款权；以色列地方政府的采购限额为25万特别提款权，其他公共团体的采购限额为35.5万特别提款权。以上各项采购项目的门槛金额，是指采购前的估算值，估算值应包括需要支付给供应商的各种费用。

第四，契约形式多样，具体包括购买、租赁、租卖以及产品和服务的采购。

第五，除外范围主要为国家安全所需物资采购。《政府采购协定》规定，各缔约方政府在采购国家安全所需物资时可以不适用该协议，但对国家安全的标准则没有明确解释。《政府采购协定》也不禁止缔约方为维持公共道德、秩序与安全，保护人类和动植物的生命与健康、知识产权、残疾人、慈善机构和劳改产品及服务所采取的必要措施。

（五）《政府采购协定》对采购方法的规定

《政府采购协定》规定，政府采购方法应为公开招标采购、选择性招标采购和限制性招标采购，此外，该协议还规定了以谈判采购作为补充。

第一，公开招标。通过公告程序，邀请所有感兴趣的合格供应商进行投标。

第二，选择性招标。只有在《政府采购协定》规定的情况下，由实体邀请的供应商才可进行投标。各采购实体在与采购制度的有效实施相一致的情况下，对每一意向采购都应最大限度地邀请供应商参加招标。各实体应以公正和非歧视原则选择参加招标的供应商。

第三，限制性招标。在《政府采购协定》第十三条规定的条件下，采购实体可以使用限制性招标。比如，在公开招标或选择性招标时，出现无人投标、勾结投标、投标不符合要求或不符合本协议规定的情形；对于艺术作品，或因保护知识产权，或因技术优势无竞争者的产品和服务，只能由某个特定的供应商供应；由于改变供应者会影响设备互换性，因此采购实体在对现有设备进行换件或扩充时，会向原供应商增加订货；未预见到的紧急情况出现；重复合同；在商品市场上采购的产品；只有短时间内出现的条件极为有利的采购；与设计竞赛获胜者签署的合同等。

第四，谈判采购。《政府采购协定》第十二条允许在严格的限制条件下，一缔约方在授予合同程序中同投标人进行谈判。这些条件包括：采购方在发出招标邀请时已表达这种意图；通过评估，没有一个投标明显优于其他投标。采购实体应当保证依照公告或招标文件规定的评价标准，进行对参加谈判供应商的淘汰；谈判结束后，对剩余的参加供应商提交新的或经修改的投标，规定一个共同的截止期限。

（六）国民待遇和向发展中国家实行的差别待遇

1．国民待遇和非歧视性待遇

《政府采购协定》规定，在有关政府的一切法律、规章、程序和措施中，各缔约方应立即无条件地向来自另一缔约方的海关辖区（包括自由区）的产品和供应商给予不低于以下对象所享受的待遇：

第一，本国货物、服务及其供应商；

第二，任何其他参加方的货物、服务及其供应商。

2．向发展中国家提供特殊的差别待遇

各缔约方在实施和执行《政府采购协定》时，应当根据规定适当地考虑发展中国家（特别是最不发达国家）在发展、资金和贸易方面的需要。各方应关心最不发达国家和经济发展水平低的国家的特殊问题，在拟订和实施影响政府采购的法律、规则和程序时，应当充分考虑如何有利于发展中国家进口的增长。发展中国家加入该协议后还可以根据本国经济发展情况享有适当的过渡期、调整开放清单、设立较高的门槛价等，但需要政府采购委员会的一致同意。

（七）《政府采购协定》对招标程序的规定

《政府采购协定》第七条至第十六条规定了严格的基于非歧视原则的招标投标程序，包括：

1．供应商资格审查程序

《政府采购协定》规定，审查供应商的资格时，在条件上不得在外商之间或内外商之间实行差别对待；对审查的条件和时间也有原则上的规定。

2．采购邀请

《政府采购协定》规定，除选择性招标程序外，各实体应公布邀请参与各种意向采购的招标通知；招标邀请的方式多种多样，以通知方式邀请投标者参加投标，采购事宜应在有关报刊上公布拟采购的通知，以构成对公开或选择投标的邀请；各实体还可采取拟购通知、计划采购通知或资格审查制度通知来作为参加招标的邀请，对每种招标邀请的内容做出详细规定。此外，还应最大限度地鼓励和邀请国内外供应商参加投标，以达到充分的国际竞争要求。

3．招标文件

《政府采购协定》对招标文件的内容、解释以及招标文件的提供，做出了详细规定；并强调，在用多种语言发出招标书时，其中一种语言应是世界贸易组织的官方语言之一。除去为招标应付的金额和支付条件之外，招标文件还应包含使供应商准备和提交响应性投标所必需的全部信息。

4．产品技术规格

《政府采购协定》规定了产品和服务的技术规格问题。技术规格是指规定将被采购的货物或服务的特征，包括质量、性能、安全性和体积，或者它们的生产或者供应的过程和方式；说明将被应用到货物或者服务上的术语、符号、包装、标志或者标签要求。在拟订招标技术规格时，不应以独特的技术规格妨碍国际贸易。在可行的情况下，所列技术规格应按国际或国家标准说明拟采购产品的性能，而不应详细描述细微特征。对于可能与采购项目有利害关系的供应商，采购机构不应采纳其提供的有碍竞争的意见和建议。

5．投标、接标、开标、授予合同和期权条款

第一，投标。除特殊情况外，投标呈递的时间一般为40天。投标一般应邮寄或专人送达。如果准许使用电传、电报或传真电报，则投标必须载有投标所必需的全部资料。不允许以电话提出投标。

第二，接标。若因实体处理不当，致使指定的办事机构逾期收到投标书，则供应商不应受罚。

第三，开标。由实体按公开或选择性招标程序收到的一切投标，应依据保证正常开标和可得到开标资料的程序和条件，予以接受和开标。接标和开标的程序及条件，应确保符合国民待遇和非歧视原则。

第四，授予合同。合同只能授予在开标时符合通知和招标文件的基本要求、符合参加招标条件的供应商。

第五，期权条款。期权购买条款不得用来规避《政府采购协定》的规定。

6．补偿

《政府采购协定》规定，采购实体在对供应商及其产品或服务进行审查时，或在评

估投标或授予合同时，不得规定、寻求和考虑补偿。发展中国家签署本协议时，与其他成员方协商适用补偿交易的条件，仅作为选择供应商的条件，不得作为评标的重要条件。补偿交易的内容，包括规定投标供应商承诺采购招标国家的产品、技术转让、协助外销和前来投资等。

（八）《政府采购协定》对质疑程序的规定

1．磋商

《政府采购协定》首先建立了鼓励磋商解决质疑的制度。《政府采购协定》规定，当某一供应商对一项采购违反《政府采购协定》的有关要求而提出质疑时，采购实体应积极与供应商通过磋商来解决，各缔约方应鼓励供应商以此方式解决质疑问题。

2．质疑程序

质疑程序是《政府采购协定》对各缔约方行为的要求与约束，包括以下五个方面：

第一，质疑程序应是非歧视、及时、透明和有效的。每一缔约方应书面提供一套非歧视、及时、透明且有效的程序，以使各供应商对其有或曾有利益关系的采购过程中可能存在的违反本协议的情况提出质疑。

第二，质疑程序的提供。每一缔约方应以书面形式提供其质疑程序并使其可以广泛获得。

第三，质疑程序的时间规定。有关供应商应在规定的时限内开始质疑程序，并通知采购实体，时限一般从知道或合理地应该知道该质疑时算起，但不得少于10天。另外，为维护商业和其他有关各方的利益，质疑程序应及时结束。

第四，文件的保留。缔约方应确保《政府采购协定》范围内与采购过程相关的文件能保留三年。

第五，质疑的审议。各项质疑应由一家法院或与采购结果无关的独立、公正的审议机构进行审议，该审议机构的成员在任职期间应免受外界干扰，只有当审理机构不是法院或独立、公正的审议机构时，才接受司法审查，也就是说，质疑还应当接受司法审查，否则质疑程序不是终局程序，因而质疑不是向法院提起诉讼的前置程序。

（九）《政府采购协定》对透明度的规定

签署成员方应鼓励其采购机构在一定条件下接受非签署成员方供应商的投标，以促进这些成员方政府采购措施的透明化，但签署成员方给予非签署成员方供应商的特殊待遇，仍应与本协议的规定有所区别。

（十）议事机构：政府采购委员会

政府采购委员会由签署成员方代表组成，选举主席及副主席，每年至少召开一次会议，共同讨论与本协议有关的事务。委员会应就特定的事项，组成工作小组进行研究处理。

四、对我国的启示

《政府采购协定》虽只对签字方产生约束力，但从风云变幻的国际贸易环境来看，国际政府采购市场越来越受到各成员方的重视，协议由诸边走向多边化只是时间问题而已。为此，我国需要完善政府采购制度，使其与国际接轨，迎接未来政府采购市场的开放。

（一）政府采购制度要满足未来开放的需要，积极与国际惯例相接轨

将我国的政府采购同世界贸易组织的《政府采购协定》进行比较，可以发现我国的政府采购制度还不够完善，与《政府采购协定》存在较大差距。与《政府采购协定》相比，我国的《政府采购法》在起草法案的过程中，没有考虑短时间内开放政府采购市场。世界贸易组织的《政府采购协定》要求设置质疑、采购、招标、管理四个机构，确保缔约方政府采购的实施。相比之下，我国政府采购的管理体系和监督机制还不够健全，这些差异也是日后我国加入《政府采购协定》过程中最大的障碍。

（二）政府采购法规建设要贯彻公开性和非歧视性原则

政府采购法规是政府采购制度建设的基础。《政府采购协定》主要强调两点基本原则：一是公开，二是非歧视。我国自政府采购体制改革以来，出台了一系列促进政府采购信息公开的规范性文件，2019年专门出台了《财政部关于促进政府采购公平竞争优化营商环境的通知》（财库〔2019〕38号），政府采购的公开透明和公平竞争原则得到不断强化，政府采购营商环境得到持续改善。但政府采购公开力度仍需进一步加大，政府采购的公平竞争性特别是确保中小企业在政府采购竞争中得到公平对待，仍需进一步改进。

（三）政府采购制度要发挥出支持和保护民族弱势产业发展的作用

政府采购市场规模巨大，在保护民族产业方面可以大有作为。世界上许多国家利用立法，强制性地要求政府采购本国产品以保护民族产业。美国是一个典型的例子，其国防部、能源部、航空航天局的国内订货价格明显高出国外订货，商务部也以维持国际收支平衡为由优先选购国货。因此，我们应利用《政府采购协定》对发展中国家的特殊条款和例外规则，结合他国实践经验，对国际采购中的本地采购量、优先购买本国产品、禁止购买外国产品、本国企业的价格优惠等方面做出具体的规定和解释，以保护我国的弱势产业，使我国的经济法规逐步与国际接轨。

第二节　联合国《公共采购示范法》

一、产生背景和过程

联合国国际贸易法委员会（简称贸易法委员会）成立于1966年，是联合国大会的一个政府间机构，是联合国大会为促进协调和统一国际贸易法，消除因贸易法的差别而对国际贸易造成不必要的障碍而设立的专职机构，该机构的成员包括所有区域和经济发展处于不同水平的国家及地区，我国已于1983年加入该委员会。贸易法委员会的使命是制定法律文件，促进国际贸易的发展，并给那些准备改革其国际贸易方法的国家提供指导。贸易法委员会所制定的法律文件具有国际协议或条约的形式，或具有示范法的性质，因此，其规定为许多国家所认可。

贸易法委员会自成立以来，拟订了一系列国际公约，包括《联合国货物销售合同公约》《国际货物销售时效公约》《国际海上货物运输公约》(又称《汉堡规则》)《国际贸易运输港站经营人赔偿责任条约》及《国际汇票和国际本票条约》。贸易法委员会还拟订了《贸易法委员会公共采购示范法》(原为《贸易法委员会货物、工程和服务采购示范法》)《贸易法委员会国际商业仲裁示范法》《贸易法委员会国际贷记划拨示范法》《贸易法委员会仲裁规则》《贸易法委员会调节规则》及一些法律指南等。

各国和地区政府采购制度的发展程度良莠不齐，法规建设的差异也很大，这种局面直接导致了两大问题：第一，降低了政府采购支出的效益，有些国家和地区没有制定政府采购方面的法规，或采购法规体系不完备，或已不适应国内外贸易的要求，致使采购活动很不规范，在公共采购中公共资金的支出得不到应有的经济和社会效益，导致采购效率低下，采购资金浪费，腐败滋生，权力滥用；第二，客观上形成了不利于国际贸易的一道非关税壁垒，采购法规的差异使得很多优秀的供应商在竞标过程中受阻，从而影响各国政府在国际采购市场中获得价廉物美的商品和服务。

考虑到政府采购与国际贸易密不可分，贸易法委员会在1986年第19届会议上决定进行采购立法工作。认识到劳务或服务采购与货物、工程采购存在很大的不同，贸易法委员会决定首先制定货物和工程采购方面的法规，并于1993年7月5日至23日在维也纳召开了贸易法委员会第26届会议，通过了《贸易法委员会货物和工程采购示范法》及其《立法指南》，作为各国和地区评价、更新及拟订其政府采购法的主要蓝本。但在《贸易法委员会货物和工程采购示范法》中，对服务采购未做规范。为了促进各国政府采购立法的统一，以及帮助正在进行政府采购立法的国家建立一个经济有效的政府采购法律体系，1994年5月31日至6月17日在纽约召开的贸易法委员会第27届年会上，贸易法委员会对《贸易法委员会货物和工程采购示范法》进行了完善，讨论了《贸易法委员会货物和工程采购示范法》规定的补充和修改问题，并重点讨论了服务采购问题，将服务采购纳入其中，随后通过了《贸易法委员会货物、工程和服务采购示范法》，并同时通过了它的配套文件《立法指南》，但并没有废止先前的《贸易法委员会货物和工程采购示范法》文本，先前文本的范围只限于货物与工程采购。2004年贸易法委员会召开第37届会议，对1994年通过的《贸易法委员会货物、工程和服务采购示范法》加以完善增补，加入了在公共采购法领域中电子商务的使用，以及在相关法律改革方面所获得的经验。2004 年 8 月至 2008 年 8 月，贸易法委员会在维也纳和纽约持续组织召开了九次会议，深入审议了电子发布采购相关信息、在采购过程中控制使用电子通信、电子逆向拍卖、供应商名单的使用、框架协议、服务采购、投标书的评审与比较以及采购推进工业社会和环境政策等议题，并于 2009 年 2 月 2 日至 6 日在纽约联合国总部召开政府采购工作组第 15 届会议，根据关于修订《贸易法委员会货物、工程和服务采购示范法》的各项提议，逐条审议《贸易法委员会货物、工程和服务采购示范法》修订文案的完整文本，并在 2011 年贸易法委员会第 44 届会议上正式审议通过。与 1994 年的《贸易法委员会货物、工程和服务采购示范法》相比，2011 年提出的修订文案改动较大，除了将原《贸易法委员会货物、工程和服务采购示范法》更名为《公共采购示范法》外，在结构上还做了简化调整，内容上也提出了重要修订建议。

联合国的《公共采购示范法》由序言和正文两部分组成。序言部分列明了制定政府采购法规的目的；正文部分由 69 个条款组成，分为总则，采购方法及其使用条件、招标办法以及采购通知，公开招标，限制性招标程序、询价程序、不通过谈判征求建议书程序，两阶段招标程序、通过对话征求建议书程序、通过顺序谈判征求建议书程序、竞争性谈判程序、单一来源采购程序，电子逆向拍卖，框架协议程序，质疑程序八大部分，对整个政府采购制度做了较为详细的规定。

二、特点

第一,《公共采购示范法》是迄今为止联合国贸易法委员会关于货物、工程和服务采购方面制定得较为完善的示范性法律文件，为各国提供了公共采购领域的范本。它使得在这一领域已经立法的国家可以参照这一文本对其法律和惯例进行评价与调整，也为发展中国家及其他没有采购立法的国家在立法时提供了参照的范本。

第二,《公共采购示范法》规定了非常全面和完善的采购方法，在采购方法上实现了创新，在原来采购方式基础上又提出了电子逆向采购、框架协议程序两种新的采购方式。

第三,《公共采购示范法》非常注重节省开支和提高采购效率、促进贸易自由化、发展廉洁采购以及培养公众对政府采购的信心。通过普遍协调、统一各国采购立法，减少了国际公共采购贸易的障碍，实现了采购过程中的竞争、透明、公平、经济和效率。

第四，确认了有关国家将政府采购作为执行国内公共政策工具的事实。为各国国内一般性政府采购立法和制度构建提供了范本，显示了联合国国际贸易法委员会对各成员国实际做法的包容性，提高了国际示范法及其作用的普遍性和影响力。

三、主要内容

（一）《公共采购示范法》的性质

联合国《公共采购示范法》并不是真正意义上的“法”，不具有任何的法律效力，对贸易法委员会各成员方的行为不具有约束力。其条款集中反映了采购法律框架服务于《政府采购协定》的总目标，并成为执行《政府采购协定》的核心部分。在有关使用标准技术规范和评估投标商的规则上，两个文件是统一的，术语和定义的界定是相似的，招标文件也是一致的。

《公共采购示范法》虽然规定了政府采购所必不可少的程序和原则，但它只是一部法律框架，本身并未提供一个颁布国为执行那些程序所必需的全部细则和条例，还有待于进一步补充。《公共采购示范法》所涉及的采购程序自身存在的缺陷可能会引起在该法中无法找到答案而需要在其他法律中寻求答案的一些法律问题，实施《公共采购示范法》时要与颁布国的其他法律接轨，使之成为一个有机的政府采购法律体系。

（二）《公共采购示范法》的基本目标

《公共采购示范法》序言中规定，宜对货物、工程和服务的采购加以管制，以促进下列目标的实现：

第一，采购尽量节省费用，提高效率。

第二，不论国籍，促进及鼓励供应商及承包商参加采购程序，从而促进国际贸易。

第三，促进供应商和承包商为供应采购标的进行竞争。

第四，规定对所有供应商和承包商给予公平、平等及公正待遇。

第五，提高采购程序的廉正、公平和公信度。

第六，采购相关程序具有透明度。

这些目标对于节约财政资金、提高采购效率、杜绝腐败和促进国际贸易都有着积极的意义。

（三）《公共采购示范法》的一般原则

一般原则包括竞争性原则、公平性原则（非歧视性原则）、公开性原则（透明度原则）。

（四）《公共采购示范法》的适用范围

《公共采购示范法》的适用范围指本国从事政府采购的任何政府部门、机构、机关或其他单位及其任何下属机构以任何方式进行的货物、工程或服务的采购，包括购买、租赁、租购甚至易货采购。

第一，采购实体。系本国从事采购的任何政府部门、机构、机关或其他单位或其任何下属机构或联合体。颁布国也可列入其他实体或企业，联合国《公共采购示范法》只规定了采购法所适用的采购实体的最低限度。

第二，采购客体及类型。《公共采购示范法》适用于以任何方式进行的货物、工程或服务的采购，包括购买、租赁甚至易货采购。

第三，所覆盖的采购过程的阶段。《公共采购示范法》的范围仅限于采购活动中选择中标人、最终签订采购合同所使用的程序和规则。它不涉及合同履行或执行阶段，也不包括采购活动发生之前的采购计划阶段。因此，在联合国《公共采购示范法》之内找不到合同执行阶段中对相关问题的有关规定，如合同管理、履约争端的解决或合同的终止等问题。颁布国须有充分的法律和机构来确保采购过程的履行。

第四，咨询服务采购的特别条款。《公共采购示范法》为智力或咨询服务提供了一种明确的采购方法。因为服务采购不同于货物和工程采购，它通常涉及一种无形商品的供应，其质量和精确内容可能难以量化，所提供服务的确切质量主要视供应商或承包商的技术和专门知识而定。在货物和工程的采购中，货物和工程的价格是评审过程的主要标准，但服务采购在评审和选择过程中，人们往往并不把服务价格看作与供应商或承包商的素质和能力同样重要的一种标准。

第五，例外范围。《公共采购示范法》规定将关系国防和安全的采购排除在外，并允许采购条例规定将某一类型的采购排除在外，或颁布国在其采购法及实施条件中规定某一类型的采购可以不适用条款，但不宜做出过多的限制。但是，若采购实体在征求供应商或承包商参与采购过程之初就声明《公共采购示范法》将予以适用，则《公共采购示范法》也将在声明范围内适用于以上例外类型的采购。

第六，本国所承担的与采购有关的国际义务和本国之内的政府间协定。《公共采购示范法》规定了其与本国根据或由于下列任何条约或协定而承担的义务发生冲突的，应当以该条约或协定的规定为准。即本国与一国或多国订立的条约或其他形式的协定；本国与一国政府间国际金融机构订立的协定；联邦政府与任何一个或多个地方政府之间订立的协定，或者两个或多个此种地方政府之间订立的协定，但在其他方面，采购事宜仍应由《公共采购示范法》管辖。

（五）《公共采购示范法》对供应商或承包商资格审查的规定

为确保采购能够顺利履行，供应商或承包商必须在资格上符合采购实体认为适合于特定采购的下列标准：

第一，具有履行合同所需的专业、技术和环境方面的资格、专业和技术能力、财力资源、设备和其他物质设施、管理能力、可靠性、经验和人员。

第二，供应商或承包商符合本国所适用的道德标准和其他标准。

第三，供应商或承包商具有订立采购合同的法律能力。

第四，供应商或承包商不是处于无清偿能力、财产被接管、破产或结业状况，其事务目前不是由法院或司法人员管理，其业务活动未被中止，并且供应商或承包商未因上述任何状况而成为法律诉讼主体。

第五，供应商或承包商履行了缴纳本国税款和社会保障款的义务。

第六，在采购过程开始之前一定年限（各国制定）内，供应商或承包商及其董事或主要成员未曾被判犯有涉及职业操守或涉及假报虚报资格订立采购合同的任何刑事犯罪，也未曾因中止或暂停资格的行政程序而被取消其他资格。

在不损害供应商或承包商及其知识产权和商业秘密权利的前提下，采购主体可要求供应商或承包商提供适当的书面证据和其他资料。对于需要资格审查的，可按资格预审程序进行资格审查，以使该实体得以确认该供应商或承包商的有关资格。

（六）《公共采购示范法》对采购方法的规定

此部分规定了货物和工程采购的方法及其适用条件。联合国《公共采购示范法》提出的多种采购方法以及各国实践中已在采用的多种方法，使采购实体得以解决可能遇到的各种不同问题。

一般情况下，规定公开招标方法作为主要和原则性的采购方法。采购实体只有根据《公共采购示范法》的明确规定才可以使用招标以外的采购方法，而且应当选择符合既定采购情况的最具竞争性的方法，《公共采购示范法》提出了公开招标以外的其他方法，包括两阶段招标、征求建议书、竞争性谈判、限制性招标、询价、不通过谈判征求建议书、电子逆向拍卖、框架协议、单一来源采购等。

1．公开招标

《公共采购示范法》规定采购实体一般情况下采用公开招标方法进行采购，此方法被普遍认为能最有效地促进竞争、节约财政支出和促进廉政建设。此方法具有以下一些条件：

第一，一般情况下，邀请供应商或承包商的参与是无限制的。

第二，招标文件须对拟采购的货物、工程或服务做出详细的说明，使供应商和承包商有共同的依据来编写标书。

第三，向供应商或承包商充分透露评价和比较标书以及选定中标者的标准，严格禁止采购实体与供应商或承包商就标书的实质性内容单独谈判。

第四，在提交标书的最后截止日公开开标。

第五，公开采购合同生效所需的手续。

2．两阶段招标、征求建议书（通过对话、通过顺序谈判）、竞争性谈判

如不可能对采购标的做详细说明且不可能规定可以量化的或以货币值表示的评审标准，采购实体可在满足条件的情况下，适用两阶段招标、征求建议书和竞争性谈判方法。

两阶段招标的适用条件是：第一，采购实体经评价认定，为了使采购主体的采购需要达到最满意的解决，需要与供应商或承包商进行讨论，细化采购标的说明的各个方面，并按照《公共采购示范法》要求的详细程度拟订采购标的说明；第二，进行了公开招标而无人投标，或者采购实体根据《公共采购示范法》规定取消了采购，并且根据采购实体的判断，进行新的公开招标程序或者使用限制性招标程序、询价程序和不通过谈判征求建议书程序将不可能产生采购合同。

两阶段招标分两个阶段完成：第一阶段，采购实体可以就其初步投标书的任何方面与其进行讨论。采购实体与任何供应商或承包商进行讨论时，应当给予所有供应商或承包商平等参加讨论的机会。第二阶段，采购实体应当邀请初步投标书未在第一阶段被否决的所有供应商或承包商根据一套已经修订的采购条款和条件递交列明价格的最后投标书。在修订有关采购条款和条件时，采购实体不得修改采购标的，但可用一定方式细化采购标的说明的各个方面。

通过对话征求建议书适用条件：一是采购实体根据《公共采购示范法》规定拟订采购标的详细说明不可行，而且采购实体经评价认定需要与供应商或承包商对话才能使其采购需要达到最满意的解决；二是采购实体寻求为科研、实验、研究或开发目的订立一项合同，但合同所涉及的货品产量足以确立该货品的商业可行性或足以收回研发费用的除外；三是采购实体认定，所选择的方法是最适合保护国家基本安全利益的采购方法；进行公开招标而无人投标，或者采购实体根据《公共采购示范法》规定取消了采购，并且根据采购实体的判断，进行新的公开招标程序或者使用《公共采购示范法》第四章的采购方法将不可能产生采购合同。

通过顺序谈判征求建议书，要求采购实体在建议书的质量和技术方面审查及评审完成之后才能对建议书的财务方面单独进行审查，而且采购实体经评价认定需要与供应商或承包商进行顺序谈判才能确保采购合同的财务条款和条件为采购实体接受的，采购实体可以根据《公共采购示范法》规定使用通过顺序谈判征求建议书的方式进行采购。

竞争性谈判与前两者不同，它在性质上是相对无序的采购方法，在下列情况下，采购实体可以根据《公共采购示范法》规定进行竞争性谈判：

第一，对采购标的存在紧迫需要，使用公开招标程序或者其他任何竞争性采购方法都将因使用这些方法所涉及的时间而不可行，条件是，造成此种紧迫性的情形既非采购实体所能预见，也非采购实体办事拖延所致。

第二，由于灾难性事件而对采购标的存在紧迫需要，使用公开招标程序或者其他任何竞争性采购方法都将因使用这些方法所涉及的时间而不可行。

第三，采购实体认定，使用其他任何竞争性采购方法均不适合保护国家基本安全利益。

3. 限制性招标、询价、不通过谈判征求建议书

如果可能对采购标的做详细说明并规定可以量化的或以货币值表示的评审标准，但由于经济效率等原因不宜采用招标程序，采购实体可在满足条件的情况下，适用限制性招标和询价方法。

适用限制性招标方式进行采购的采购方法与招标的不同之处在于，它允许采购实体向有限数目的供应商或承包商发出投标邀请。《公共采购示范法》允许对两种特殊情况进行限制性招标：一是采购标的因其高度复杂性或专门性只能从数目有限的供应商或承包商处获得；二是审查和评审大量投标书所需要的时间及费用与采购标的价值不成比例。

所采购的现成货物或服务并非按采购实体特定说明专门生产或提供，并且已有固定市场的，采购实体可以根据《公共采购示范法》规定使用询价方式进行采购，但采购合同的估计价值必须低于采购条例列明的阈值。

采购实体需要在建议书的质量和技术方面审查及评审完成之后才能对建议书的财务方面单独进行审议的，采购实体可以根据《公共采购示范法》规定使用不通过谈判征求建议书的方式进行采购。

4. 电子逆向拍卖

电子逆向拍卖是一种新的采购方式，既可以单独使用，也可以与其他采购方式配合使用。符合下列条件的，采购实体可以使用电子逆向拍卖方式进行采购：

第一，采购实体拟订的采购标的详细说明是可行的。

第二，存在着供应商或承包商的竞争市场，预期有资格的供应商或承包商将参加电子逆向拍卖，从而可确保有效竞争。

第三，采购实体确定中选提交书所使用的标准可以量化，且可用金额表示。

电子逆向拍卖的基本程序是：采购实体刊登电子拍卖通知，明确确定中选提交书的标准、进入电子逆向拍卖的方式以及有关所使用的电子设备及联网技术规定的信息、拍卖登记方式和截止日期、拍卖结束的标准和起始时间、拍卖为单阶段还是多阶段、进入拍卖的规则等。在电子逆向拍卖期间，所有竞标人为提交其提交书都应享有同等和连续的机会，根据电子逆向拍卖通知中所载的标准和其他有关信息，对所有提交书进行自动评审。在拍卖期间，每个竞标人都必须即时连续地收到充分的信息，使其能够确定其提交书相对于其他提交书的排序位置，除此之外，采购实体和竞标人之间不得进行通信。在拍卖期间，采购实体也不得披露任何竞标人的身份。在拍卖结束时确定的价格最低的提交书或估价最低的提交书，应当是中选提交书。

5. 框架协议

采购实体认定有下列情形之一的，可以进行框架协议程序：

第一，对采购标的的需要预计将在某一特定时期内不定期出现或重复出现。

第二，由于采购标的的性质，对该采购标的的需要可能在某一特定时期内在紧急情况下出现。

采购实体应当在要求的记录中载列关于采购实体使用框架协议程序以及所选择的框架协议类型所依据的理由和情形的说明。框架协议程序是一种分两个阶段进行的采购：第一阶段甄选将与采购实体签订框架协议的供应商或承包商，第二阶段将框架协议下的采购合同授予签订框架协议的一个供应商或承包商。在框架协议实施期间，不得对采购条款和条件做出任何实质性修改，包括评审标准相对权重的变动。

6. 单一来源采购

单一来源采购的适用条件为：① 采购标的只能从某一供应商或承包商那里获得，或者某一供应商或承包商拥有与采购标的相关的专属权，所以不存在其他合理选择或替代物，并且因此不可能使用其他任何采购方法；② 由于灾难性事件而对采购标的存在极端紧迫的需要，使用其他任何采购方法都因使用这些方法所涉及的时间而不可行；③ 采购实体原先向某一供应商或承包商采购货物、设备、技术或服务的，现因为标准化或者需要与现有货物、设备、技术或服务配套，在考虑到原先采购能有效满足采购实体需要，拟议采购与原先采购相比规模有限、价格合理且另选其他货物或服务代替不合适的情况下，采购实体认定必须从原供应商或承包商那里添购供应品；④ 采购实体认定，使用其他任何采购方法均不适合保护国家基本安全利益；⑤ 向某一供应商或承包商采购系实施本国社会经济政策所必需，条件是向其他任何供应商或承包商采购不能促进该政策实施，但须经本国指定的审批机关批准，并且事先发布公告并有充分机会进行评议。

（七）《公共采购示范法》对采购程序的规定

与采购方法相对应，《公共采购示范法》对招标采购方法和招标采购方法以外的采购程序做了相应的详细规定。包括：征求投标或资格预审申请的程序、投标邀请书和资格预审邀请书的内容、招标文件的语种及提交、投标有效期、投标的修改和撤回、投标担保、开标、投标书的审查和评审比较、接受投标和采购合同生效等。

无论采取哪种招标采购方法，采购实体与供应商之间都不得就投标文件进行谈判。这条规定是为了避免出现拍卖效应，即利用一个投标商的投标对另一个投标商施加压力，迫使其降低报价或提供较先前更为有利的投标。为了体现公平原则，供应商都不希望在招标程序中出现报价的规定。

（八）《公共采购示范法》对质疑程序的规定

为确保妥善执行采购规则，保证采购活动的正常进行，加强对政府采购的监督，任何由于未遵守采购法规定而受到或可能受到损失或损害的供应商或承包商，均可依法要求进行质疑，并可按照相关法规对此类审查做出的任何决定向适当机构提出异议。《公共采购示范法》规定了三类递进式的质疑程序，即采购实体或审批机关提出重新审议申请、向独立的行政机构提出复议申请和向法院提出申请或上诉。首先是向采购实体或审批机关提出重新审议申请；如对采购实体的答复不满意，可以向独立的行政机构提出复议申请；供应商或承包商不服质疑程序中所做决定的，可以向法院提出司法审查要求。

一方面为了维护投标商的权利，确保采购过程的公正无私，另一方面为了限制对采购过程的干预，《公共采购示范法》对质疑程序又做了一系列限制，以免投标商滥用质疑程序。此限制包括：限制供应商和承包商根据《公共采购示范法》要求质疑的权利；对申请质疑和案件处理的限制，包括在行政质疑级别上的暂停采购进程；留给采购实体自行做出的决定，如不直接涉及对供应商和承包商的公平待遇问题（如选定某一采购方法，限制某些国籍的人参与投标），则这些决定可排除在质疑程序之外。

（九）采购的一般原则和保护性规定

1．一般原则

为促进国际贸易发展，消除贸易壁垒，根据《公共采购示范法》的立法宗旨，越是广泛的公平竞争，越能提高财政公共支出的效率。为此，《公共采购示范法》要求，公平竞争和透明度作为一条总的规则，无论任何国籍的供应商或承包商均应被允许参与采购进程，不得对外国供应商或承包商有所歧视，即使采用招标以外的采购方法，也应向外国供应商公开采购信息，并使其能准确理解一切采购信息。

2．保护性规定

在有些情况下，《公共采购示范法》也允许有条件地限制外国供应商的参与，目的在于保护本国某些关键性经济部门，使本国的工业能力避免因过多的竞争而受到损害。具体情况包括以下几点：

第一，在采购实体与供应商或承包商的通信或者与其他任何人的通信中，如果不披露信息是保护国家基本安全利益所必需的，或者披露信息将违反法律、妨碍执法、损害供应商或承包商的正当商业权益，或妨碍公平竞争，则采购实体不得披露任何此种信息。

第二，按本国采购条例或其他法律规定，根据国籍限制确定供应商的参与。

第三，可以适用优惠幅度的办法，优先考虑本国供应商，即本国供应商与外国供应商报价相差在一定幅度范围内可以优先选用本国供应商，从而使颁布国无须单纯采用国内采购方法，就可以兼顾参与国际采购过程和促进本国工业能力提升两大目标。

第四，允许采购实体在采购价值低、外国供应商不可能感兴趣的情况下，在招标过程中，取消那些向国际招标的程序，但不应对此加以鼓励，因为即使是在低价值的采购中，排除外国供应商或承包商的竞争机会并不会给采购实体带来任何法律和经济上的利益。排除外国供应商或承包商也许会使采购实体错过获得更为便宜的价格及更好的服务的机会。

但是，此种限制必须以遵从有关规定为前提，即采购实体只能根据采购条例具体规定的理由来施加限制，或遵照其他法律规定办事，防止滥用对外国人的限制政策。

（十）采购管理机构

颁布国应拥有或建立适当的体制和必要的行政管理机构，并安排必要的人力资源，执行和管理联合国《公共采购示范法》所制定的各种采购程序。同时，也可将采购的审批职能、监督和控制职能单独赋予某个机构，或分别分配给两个或两个以上的机构来实现对颁布国采购事宜的统一管理。

四、对我国的启示

联合国《公共采购示范法》是以国际惯例为基础而制定的，一方面是帮助没有政府采购法的国家按国际惯例制定本国的政府采购法；另一方面是帮助政府采购制度不健全的国家按市场经济的要求来完善本国的政府采购制度。我国需要根据《公共采购示范法》的规定，遵循国际惯例，从政府采购的适用范围、采购实体、采购方法及其适用条件、采购程序、质疑程序、保护性条款等方面进行规定。特别是结合我国国情，充分利用保护性条款，对我国的民族工业给予扶持，以提高其在国际贸易中的竞争力，从而提高我国整体的经济实力。

第三节　世界银行《采购规则》

一、产生背景和过程

世界银行是世界银行集团的简称，它由国际复兴开发银行（IBRD）、国际开发协会（IDA）、国际金融公司（IFC）、多边投资担保机构（MIGA）和国际投资争端解决中心（ICSID）组成。通常所说的世界银行就是指国际复兴开发银行，它成立于1945年12月，是联合国的专门机构；国际开发协会成立于1960年9月，是国际复兴开发银行的一个附属机构；国际金融公司成立于1956年7月，也是国际复兴开发银行的一个附属机构，它拥有自己的业务和法律人员，但由国际复兴开发银行承担其行政管理和其他服务工作；多边投资担保机构成立于1988年，通过向投资者和贷款方提供政治风险担保履行其使命；国际投资争端解决中心提供针对国际投资争端的调解和仲裁机制。世界银行是为经济发展服务的多边性质的国际开发银行，其主要功能是为发展项目提供资金贷款，并为借款的成员提供技术援助。

其中，项目采购是世界银行的一种主要的贷款形式，它是指对一项基本建设或社会性项目的采购，包括设备、原材料的采购和土木工程的采购。其特点是：采购往往涉及相当大的金额；不重复采购；采购时间与整个项目实施进度相适应；不仅考虑最初的采购价格，还要考虑项目整个寿命期的费用。交通运输部门的铁路、公路、港口建设改造，电力部门的水电站、火力发电站建设改造，工业部门各种类型工厂的建设改造，学校、医院、城市设施等社会公共性项目的设备和工程采购，都是项目采购。由于这些投资在短期内很难收到明显的经济效益，国际上的商业银行以及发展中国家的私人部门往往不愿涉足，因此，世界银行在这些领域的投资贷款，对借款方的经济起着巨大的推动作用。

世界银行的项目采购，从确定项目阶段开始，其贷款周期一般包括以下六个阶段：确定项目需求、进行项目准备、项目评估、项目谈判、项目实施和监督、审核及总结评估。由世界银行项目的贷款周期可以看出，世界银行对项目采购的整个阶段十分重视，所制定的监督程序也相当周密和完整。

世界银行的主要活动就是为发展项目提供资金，它的资金主要来自各成员以及世界银行从国际资本市场上筹集的资金。虽然项目的采购及采购合同的实施情况最终责任在于借款人，但是在世界银行方面，根据《国际复兴开发银行协定条款》的规定，世界银行必须保证其贷出的款项只能用于最初提供贷款的目的，在使用时也要充分考虑资金使用的经济性和效率性。这就要求世界银行需要有一份正式文件来支持这些贷款资金的监督管理，于是世界银行在1964年制定了《国际复兴开发银行贷款和国际开发协会贷款采购指南》(即世界银行的《贷款采购指南》)，随后，不断对其进行修改和完善，并于1985年做了最大的一次修改，1996年1月和8月又做了两次补充修改，修订后的《贷款采购指南》分为三个部分，另外还有四个附件。2006年10月又进行了进一步的修改，主要涉及合格性和欺诈与腐败条款。

2011年，世界银行对《贷款采购指南》进行了比较大的修改，将其名称改为《国际复兴开发银行贷款和国际开发协会信用、资助的货物、工程和非咨询服务采购指南》(简称《采购指南》)，2014年又对此进行了细微的修改。总的来说，修订和完善的主要变化集中体现在以下三点：一是采购范围的扩大，新增了项目筹备垫款（PPA）与由世界银行管理由受益人实施的信托基金资助这两类款项，同时，更加明确地将非咨询服务与工程项目分开，使表述更为清晰；二是采购程序的进一步透明化、细化，采购计划的制定、资格审查、采购合同管理等都有更加细化的规定；三是采购方式的灵活性增加，两阶段招标的使用范围得到明确，新增多种采购方式，包括框架协议（FA）、自营、从联合国采购、PPP项目等。

2016年6月28日，世界银行正式公布了新版采购规则——《项目新采购框架和规章》(简称《采购规则》)并于当年7月1日起生效。《采购规则》将世界银行支持下的公共采购、政府贷款提升到了前所未有的高度，从整体愿景、核心原则、采购安排到项目执行、技术跟踪、合同管理等公共采购制度的全框架，都被赋予了更现代化的意义，以更好地与国际规则和发展趋势接轨，采购过程的灵活性、透明度和效率得到了大幅度的提升。

二、特点

总体来讲，《采购规则》具有如下特点：

第一，《采购规则》以四个主要部分为总框架，以指导说明、标准采购文件、替代性采购安排为补充，形成了刚性与灵活性兼顾的高效采购体系。

第二，《采购规则》引入许多更加现代化的概念和内容，如可持续发展、物有所值、诚信原则、咨询类服务、电子化采购等，更符合现代政府采购的要求。

第三，《采购规则》有较强的标准化趋势，标准采购文件的使用与采购规则的不断细化，都使得采购程序标准更加趋于统一，以更好地满足跨国跨区域的沟通协作。

第四，《采购规则》进一步推进了采购透明性，对于“公开”提出了更规范更严格的要求。

三、主要内容

《采购规则》的总框架包含四个主要部分，分别是《世界银行政策：投资项目融资下的采购以及其他操作性采购事项》(简称《世界银行采购政策》)、《世界银行对于投资项目融资借款人的采购规章》(简称《世界银行采购规章》)、《世界银行指令：投资项目融资下的采购以及其他操作性采购事项》(简称《世界银行采购指令》)，以及《世界银行程序：投资项目融资下的采购以及其他操作性采购事项》(简称《世界银行采购程序》)。下面针对这四个部分的主要内容予以整理和说明。

(一)《世界银行采购政策》的主要内容

《世界银行采购政策》是一份宏观意义上的世行采购政策，它将原先采购指南中的目的原则等内容单独列成一份政策性纲领，规定了通过世行投资项目融资支持下采购货物、工程、非咨询服务和咨询服务的愿景、核心原则、管理办法，但不包括通过合格金融中介取得世行担保或贷款而最终接受者为私人借款人的采购活动。主要内容如下：

1.《采购规则》的愿景

“支持借款人在传递可持续发展理念下以诚信的原则实现物有所值”是新版采购规则的愿景，是世界银行修订采购规则的核心理念。

2.《采购规则》的核心采购原则

“物有所值、经济、诚信、适用性、效率、透明、公平”是七大核心原则，比较之下，新增添的“物有所值”和“诚信”原则恰恰符合新版采购规则的愿景，也表明了世界银行将“物有所值”作为首要采购原则的不可动摇性。可见，世界银行在政策层面不是把公共采购看成简单的商业采购，特别强调采购不能单纯考虑价格因素，而是以生命周期视角考虑所有的可能的成本、效益以及采购所承载的社会责任和公共利益。

3.《采购规则》的治理理念

第一，责任制。责任制的概念，适用于世界银行和借款人，结合了透明度和职责要求，在整个采购过程中要对他们的行动（或不行动）负责任。

第二，利益冲突。世界银行要求所有的采购过程参与者不存在利益冲突，除非这种冲突已经被世界银行所认可的方式妥善解决。

第三，合格性。世界银行允许来自所有国家或地区的企业和个人在符合合格性和参与者等其他世界银行规则的前提下为世界银行融资项目提供货物、工程、非咨询服务和咨询服务。

第四，投诉和合同相关的沟通。采购相关的投诉及合同事项相关的沟通在采购过程的合适阶段会引起借款人和世界银行的注意。在公平透明的情况下竭尽全力客观及时地处理此类投诉和沟通。

第五，不服从情形。如果在采购过程中借款人或其他参与方没有遵从适用的采购要求，除了在相关法律协议中设定的契约性补救措施外，世界银行可以采取其他适当的和法律协定条款及状况一致的措施，以及执行支持和监督任务。

从以上五大治理理念看，这是确保公共采购活动公平、公开、公正进行的基础。

（二）《世界银行采购规章》的主要内容

《世界银行采购规章》是在《世界银行采购政策》下的细化条例，遵从于政策规定的愿景及原则，用以支持一个现代化采购框架。为了配合核心采购原则，规章为借款人提供了很多市场方法的选择并且细化了很多选择项来指导采购过程以满足操作需要，从而，借款人可以更好地理解采购过程并达到理想的结果。《世界银行采购规章》分七大部分、242 项条款和 15 个附件，以下是其主要内容。

1. 关于采购范围的规定

世界银行采用《世界银行采购规章》管理全部或部分由世界银行融资支持的货物、工程、非咨询服务和咨询服务采购。相比 2011 年《采购指南》，咨询服务被纳入了采购范围。

2. 关于采购方法的规定

《世界银行采购规章》将采购对象划分为两大类：一类是货物、工程及非咨询服务，另一类是咨询服务。

（1）对于货物、工程及非咨询服务的采购。

《世界银行采购规章》明确定义了四大类选择方式：提案邀请、投标邀请、要求报价、直接选择。具体含义如下：

提案邀请（RFP）：RFP是请求提供一个带价格或不带价格提案的竞争性方法。如下情况应予以使用：由于被采购货物、工程、非咨询服务的性质和复杂性，通过允许提案人提供多种不同方式的定制解决方案或提案，借款人的业务需求得到了更好的满足，达到或超过RFP文件的要求。RFP通常是一个多阶段的过程。

投标邀请（RFB）：RFB是请求提供一个带价格投标的竞争方法。如下情况应予以使用：由于被采购货物、工程、非咨询服务的性质，借款人能够对提供标书的投标人说明详细要求。RFB下的采购是一个单阶段的过程。

要求报价（RFQ）：RFQ是基于公司的报价进行比较的竞争性方法。这个方法可能比用更复杂的方法采购有限数量的现成商品、非咨询服务、标准规格商品或简单的低值土建工程更为有效。

直接选择：均衡、既定目的和物有所值的考虑可能需要直接选择方法，也就是说，只和一个公司接洽和谈判。这种选择方法在只有一个合适的公司或有理由使用某首选公司时可能适合。

同时，《世界银行采购规章》规定了所有可用的市场路径选择，包括：公开竞争、有限竞争、国际市场招标、国内市场招标、资格预审、资格后审、多阶段采购、初次选择、单步单信封、单步双信封、最佳和最终报价、谈判采购、使用类型评级评标标准。

四类选择方式与每种市场路径选择形成交叉表，《世界银行采购规章》在表中规范了可行与不可行的方案。

《世界银行采购规章》还列出了十大类典型选择安排，包括：公私合营、从联合国机构采购、单纯进口、农矿产品采购、社区主导型发展项目、自营、竞争性对话、商业惯例、电子反向拍卖、提供服务的承包商。

（2）对于咨询服务的采购。

《世界银行采购规章》明确定义了七大类选择方式：基于质量成本的选择、基于固定预算的选择、基于最低成本的选择、基于质量的选择、基于咨询商资质的选择、直接选择以及商业惯例。

同时，《世界银行采购规章》规范了六大类市场路径选择，包括：公开竞争、有限竞争、国际市场招标、国内市场招标、直接选择以及候选人名单。

《世界银行采购规章》还列出了五大类典型选择安排，包括：商业惯例、从联合国机构采购、从非营利组织采购、从银行采购、从采购代理人采购。

《世界银行采购规章》还提出了针对个人咨询商被支持的选择方式，包括：公开竞争、有限竞争以及直接选择。

3．关于采购投诉的规定

采购过程相关的投诉，重点关注投诉解决的时效性和透明性。例如，《世界银行采购规章》规定，采购相关的投诉应在采购过程的适当阶段及时向借款人提交，提交后，借款人应迅速、公正地处理。为避免不必要的延迟和项目的中断，时效性在投诉的提交和解决时都是至关重要的。借款人应当按世界银行和借款人之间的约定，在适当的跟踪和监控系统中记录所有的投诉。

借款人在使用世界银行标准采购文件中的合同时，应当在项目采购计划书中予以详述。投诉包括对欺诈或腐败的指控的，可能需要特殊处理。借款人和世界银行应协商以确定可能需要的任何额外行动。

4．关于代理机构的规定

在借款人缺乏必要的组织机构、资源和经验时，借款人可能希望或银行要求借款人聘请一家专门从事国际采购的公司作为代理。采购代理必须代表借款人严格遵循贷款协议中规定的所有采购程序，包括使用标准的招标文件、审查程序和文件要求。这一条也适用于联合国机构作为采购代理的情况。

5．关于国内优惠的规定

世界银行认可成员方可能对国内产品或者国内企业的优惠，但对这种优惠进行了最高限度的规定，且国内优惠不适用于设备的采购。对于国货，在评标时，允许对国外货物增加 15% 的运费和保险费价格；对于国外企业，则对其提供的价格增加 7.5%。

6．关于银行审查的规定

为了确保银行资金只用于融资被授予的既定目的，银行在以风险评估为基础的方法下执行其采购职能，包括实施支持、监测和采购监督。在此定位下，世界银行规定了事前审查和事后审查、独立采购审查、及时延伸执行支持三项具体职责。

世界银行对具有高价值和（或）高风险的采购活动进行事先审查，以确定采购是否按照法律协议的要求进行。世界银行还对借款人进行的采购活动进行事后审查，以确定他们是否符合法律协议的要求。世界银行可以使用第三方，如最高审计机构、可接受的银行等来进行事后审查。任何第三方进行事后审查时均要符合世界银行规定的授权调查范围。

独立采购审查是当银行根据其评估的风险确定需要这样的审查时，由银行指定的独立第三方进行的采购审计。借款人应与第三方合作并提供所有必要的访问。

在某些情况下，世界银行可能会同意提供借款人及时的延伸采购执行支持。

7．关于 PPSD 的规定

世界银行要求借款人为投资项目融资下的每一个项目进行旨在促进发展的项目采购战略（PPSD）分析。PPSD 将解决怎样的采购活动能支持项目的发展目标，在以风险分析为基础的方法下实现最佳的物有所值。在采购计划的选择方式中应提供足够的合理性。在 PPSD 细节和分析层面上，应与项目采购的风险、价值和复杂性成正比。最初的采购计划应至少包括项目实施的前 18 个月。

借款人在项目准备期间同时准备旨在促进发展的项目采购战略和采购计划，世界银行对其进行审查并在贷款谈判结束前同意采购计划。由世界银行在贷款谈判中批准的采购计划，在法律协议中被引用，使其对借款人具有法律约束力。借款人应向世界银行提交其审查和批准的采购计划的更新内容。

另外，对于紧急情况，世界银行允许借款人先提供一个简化的采购计划，在执行阶段再予以完善，一定程度上体现了采购的灵活性。

由于自然或人为的灾难或世界银行认可的冲突，在急需救助的情况下，借款人可以准备一个高水平的、简化的旨在促进发展的项目采购战略，只要该简化的采购安排与世界银行的核心采购原则一致。

8. 其他规定

《世界银行采购规章》中还阐述了关于电子采购、租赁资产、采购二手货物、可持续采购、价值工程、标准采购文件、缓冲期、合同管理、不服从处理等问题的相关规定，在此不做详细说明，具体内容可参考世界银行官网公布的《世界银行采购规章》全文。

（三）《世界银行采购指令》的主要内容

《世界银行采购指令》阐述了由世界银行投资项目融资操作支持下与采购活动相关的操作规则和一般角色，世界银行将在构建借款人采购能力和其他操作性采购事项上提供帮助。其主要内容包含以下几点：

1. 强化采购风险的评估与监督机制

在项目准备阶段，世界银行评估可能会影响项目和世界银行融资的采购相关风险，考虑所有适合于项目的采购安排，包括世界银行的执行支持和项目监督。事先审查和事后审查也引入了风险评级制，根据采购风险评级，银行设定预先审查的货币门槛。对于高风险高价值的采购活动通常需要采取事先审查。项目完成后，银行可能会依靠第三方，如最高审计机构、个人和公司、可以接受的银行，进行事后审查。

2. 明确了世界银行采购相关职能的分配

首席采购官负责对采购框架的总体监督，董事负责采购框架的实施，法律副主席负责提供法律采购事宜的咨询服务，任务团队负责提供项目层面的采购支持和采购监督活动。

3. 明确了需要考虑机构间的利益冲突

世界银行集团机构而不是银行可能与世界银行资助项目的货物、工程、非咨询服务以及咨询服务的潜在提供者有财务利益关系，或者是参与了与项目有关的借款人的咨询服务。在这种情况下，就必须考虑利益冲突。具体参考世界银行制定的《机构间因为利益冲突准则》。

4．采购相关的投诉或合同纠纷处理要及时、公平、透明

世界银行要求，与采购相关的投诉或合同纠纷处理要及时、公平、透明，同时借款人须记录所有投诉和合同纠纷。

5．对借款人在采购能力建设方面给予支持

在项目层面，在项目准备和实施期间，除了提供技术支持，世界银行会识别借款人采购能力建设的需要，以及提供人员、资金、咨询服务、培训和其他措施以满足这些需要的提出。

（四）《世界银行采购程序》的主要内容

《世界银行采购程序》阐述了由世界银行投资项目融资操作下的具体程序化操作指南和其他操作性采购事项。它用来补充《世界银行采购政策》和《世界银行采购指令》，是指令的细化。本书在这里不做详细阐述。

四、对我国的启示

第一，重视政府采购制度中政策功能的实现，提倡“可持续采购”。充分把握制定预算、确定要求、资格审查、综合评标、合同签订这几大环节，使采购过程达到可持续的政策目标。

第二，完善采购全过程评估机制，倡导“刚柔并济”“物有所值”。采购全过程的衡量，不一定以最低经济成本为标准，而是考虑所有成本后能获得的最大收益。

第三，增加采购人的采购裁量权。在保证公开透明的前提下，给予采购人增加保证金数额、要求投标人给予解释等权利，避免采购人过于被动地接受评标委员会的评标结果。

第四，推进政府采购制度的透明化、标准化建设。不断提高公开程度，既从横向扩大公开的范围，又从纵向增加公开的内容。在标准化建设方面，重视采购文件标准化与采购程序标准化两大核心方向，标准化建设的推进也有利于透明度的提升。

第五，发展电子化采购。电子化采购必定是大数据时代的发展趋势，要深度结合办公自动化系统、电子招投标系统、电子支付系统、信息公开系统等互联网工具，打造更为高效的政府采购。

第六，将采购程序管理延伸至合同管理。合同管理关系政府采购的最终目的，政府既应做好过程管理，又应重视结果管理，进一步完善政府采购制度体系。

第四节　欧盟《公共指令》

一、产生背景和过程

1957 年，法国、联邦德国、荷兰、意大利、比利时和卢森堡六国在意大利罗马签署了著名的《罗马条约》，即《欧洲经济共同体条约》。1958 年 1 月 1 日，该条约生效，欧洲经济共同体正式成立，旨在通过关税同盟、经济同盟、政治同盟，实现欧洲的经济一体化和政治一体化。至 1968 年，欧洲经济共同体的成员国间完全取消了关税和贸易限制，统一了对外贸易政策。1992 年 2 月，欧洲经济共同体 12 国外长在荷兰马斯特里赫特正式签署了具有里程碑意义的《欧洲联盟条约》（简称《马约》），它明确了建立欧洲经济联盟和政治联盟的最终目标，表明欧洲经济共同体将朝着一个具有经济、政治、外交和安全等全方位的联合体方向发展。1993 年 11 月 1 日，《马约》正式生效，欧洲联盟（简称欧盟）正式诞生。2004 年 1 月 1 日，10 个中东欧国家正式加入，实现了规模最大的一次扩张，使欧盟成员国增加到 25 个。2007 年 1 月，罗马尼亚和保加利亚两国加入欧盟。2013 年 7 月 1 日，克罗地亚正式加入欧盟，至此欧盟已成为一个涵盖 28 个国家的国际组织。2013 年，欧盟总人口超过 5.74 亿、GDP 高达 17.36 万亿美元，成为世界上经济实力最强、一体化程度最高的国家联合体和经济贸易集团。

欧洲经济共同体自成立以来，为了消除贸易壁垒，促进货物、资本和人员的流动，通过了一系列协议和指令，其中就包括政府采购的立法和协议。其政府采购协议远远超前于其他经济组织，早在 1966 年，欧洲经济共同体就通过了有关政府采购的专门规定，比世界贸易组织的《政府采购协定》还要早 13 年。但由于在执行欧洲经济共同体有关规定时，各国的严格程度存在较大差异，致使仅有一部分政府采购实行了国际招标，其余部分则是各国政府从本国企业那里直接购买。各国回避国际市场竞争所带来的价格的垄断以及采购成本的上升，无形中加重了纳税人的负担。

为了在欧洲经济共同体范围内彻底消除货物自由流通的障碍，欧洲经济共同体相继颁布了关于公共采购各个领域的公共指令，构成了目前欧盟的公共采购法律体系。在这个法律体系中有四部指令是实体性法律，有两部是程序性法律。这六部指令适用于欧盟范围内的公共采购的主要规则。其中，针对公共服务、公共供应品和公共工程的指令有四部，即《关于协调授予公共服务合同的程序的指令》（1992 年颁布，简称《公共服务指令》）、《关于协调授予公共供应品合同的指令》（1993 年颁布，简称《公共供应指令》）、《关于协调授予公共工程合同的程序的指令》（1993 年颁布，简称《公共工程指令》）和《关于协调有关对公共供应品合同和公共工程合同授予及审查程序的法律、规则和行政条款的指令》(1989年颁布，简称《公共救济指令》)，其中前三个是实体性法律，第四个是程序性法律；针对公用事业的有两部指令，即《关于协调有关水、能源、交通运输和电信部门采购程序的指令》(简称《公用事业指令》)、《关于协调有关水、能源、交通运输和电信部门的采购程序执行共同体规则的法律、规则和行政条款的指令》(简称《公用事业救济指令》)，其中，前一个是实体性法律，后一个是程序性法律。2004年，欧盟对上述针对政府采购的四部指令做了大的修改，一是将原来的《公共服务指令》《公共供应指令》和《公共工程指令》三大指令合并成一个指令，即《关于协调公共服务、供应和工程合同授予程序指令》(简称《公共部门指令》)。二是在原《公用事业指令》基础上进行大的修改，重新制定了《关于协调水、能源、交通运输和邮政服务部门经营实体采购程序指令》(仍简称为《公用事业指令》)。2010年4月，欧盟又对指令进行了修改，并于2014年3月正式在《欧盟官方公报》(Official Journal of the European Union，OJEU)上公布了新版的欧盟公共指令，即《公共采购指令》(2014/24/EU)、《关于协调水、能源、效能和邮政服务等公用事业采购程序的指令》(2014/25/EU)(仍简称为《公用事业指令》)，以及首次引入《特许经营合同采购指令》(2014/23/EU)。我们将这三个新指令统称为《公共指令》,《公共指令》已于2014年4月17日正式开始实施。

二、特点

《公共指令》的特点如下：

第一,《公共指令》是首个区域性政府采购规则，为建设其他区域范围内的政府采购规则提供了典范。

第二,《公共指令》除对货物、工程和服务进行了规定外，还对公用事业采购、特许经营合同进行了规定，具有覆盖范围广的特点。

三、主要内容

(一)《公共指令》的性质

《公共指令》是在充分考虑各成员国特殊情况下实施的一种较为灵活的法律形式，对各成员国具有约束力，但具体贯彻和执行的方式由各成员国自行确定。《公共指令》只规定了一个法律框架，要求其成员国在规定的期限内转换为国家法律，并自行选择转换的形式和方法。

(二)《公共指令》的目标

采取指令的形式对各成员国政府采购进行规范，具体包括：

一是促进成员国之间货物和服务的自由流动；

二是在共同体范围内增加采购程序和活动的透明度；

三是改善公共供应和服务合同有效竞争的条件；

四是推进创新，在不同层面考虑环境视角，推动清洁技术发展，充分利用公共采购市场满足欧盟其他的战略目标。

（三）《公共指令》的原则

为了实现这些目标，欧盟通过其制定的《公共指令》确立了三项基本原则，即透明度原则、非歧视性原则和竞争性原则。

（四）《公共指令》的适用范围

1．缔约机构

《公共采购指令》所适用的缔约机构通常是中央、地方或地方政府机构；公法所管理的具有法人资格的机构，为满足公共利益，应由国家、地区或地方当局资助或控制，并且不具有工业或商业性质，所有指令都包含各指令所适用的名单附件。与其他公共指令不同的是，《公用事业指令》的适用范围较广，它包括一些国有化产业以及交通、能源、水利和通信领域内提供公用事业服务的私营公司，通常此类公司都被授予特许权或专有权以更好地履行其职能。

法院有可能会在实践中解释签约机关的定义。为完成某项任务由立法授权设立的机构，即使不是正式的国家机关，也可以被认定为签约机关。

2．所适用的合同

《公共指令》适用于由签约机关和供应商签订的书面合同，包括公共工程合同、公共工程特许合同、补贴工程合同、公共供应合同、公共服务合同、公用事业许可合同、设计竞争合同、公用事业合同八大类，每部指令也都规定了免除适用指令的具体条件。

3．采购程序

（1）公告。

公共采购领域最重要的程序之一，就是所有受指令管理的合同必须在官方杂志上发布公告，邀请承包商进行投标，这就是竞争邀请。竞争邀请也必须公布在欧洲委员会计算机信息系统（即标讯电子日报，Tender Electronic Daily）中。现将欧洲委员会的采购指令所规定的最重要的四种公告介绍如下：

① 定期合同公告，即 PIN 公告。在公共领域，PIN 公告只是向投标人预告未来合同的一种方法。绝大多数缔约机构都必须发布 PIN 公告，列出其未来合同的细节。如果发布 PIN 公告，则在发布招标公告之后投标接受的期限就要被缩短。但供应合同是一个例外，因为《政府采购协定》规定禁止缩短接受投标的时间。

② 使用合格者名单公告。这一公告只适用于受 2014 年《公用事业指令》管理的合同。实行了资格预审制度的公用事业机关，必须每年将该制度公之于众。公共领域的采

购指令虽然没有正式规定可以使用合格供应商名单，但只要缔约机构选择合格供应商的标准与有关指令和欧洲委员会的法律保持一致，就可以在非正式的情况下使用该名单，没有必要将该非正式名单公之于众。

③ 招标公告。招标公告是最重要的采购公告，缔约机构将公布其即将授予的单个合同。即使已经发布了 PIN 公告，指令也仍要求缔约机构发布招标公告，除非在公用事业领域和在有限的情况下使用了非竞争性谈判程序。

④ 授予合同公告。一旦授予了某项合同，缔约机构必须将此结果公布在官方杂志上。公告必须详细说明合同授予的方式和对象，包括授予日期、使用的标准、投标商数量以及合同的最终价格。在公共领域，授予合同公告必须在授予合同的 40 天内公布在官方杂志上。

（2）招标。

缔约机构必须使用五种程序，即公开招标、限制性招标、有谈判的竞争性程序、竞争性对话程序和创新伙伴关系程序。

① 公开招标。根据这一程序，所有有兴趣的供应商、承包商或服务提供者都可进行投标，并且所有在适当的时间内向缔约机构呈递标书的投标人都应享有获得标的的平等机会。

② 限制性招标。只有那些受到了缔约机构邀请的供应商、承包商或服务提供者才能进行投标。在使用这一程序时，招标过程分为两个阶段，即投标申请和正式投标。

③ 有谈判的竞争性程序。缔约机构同一家或一家以上的供应商、承包商或服务提供者直接谈判以做出选择。如果缔约机构发出了邀请，该程序的前一阶段类似于限制性招标的第一阶段，具有严格的时间限制；如果没有发出竞争邀请，则没有时间限制。《公共采购指令》指出，在使用竞争邀请的谈判程序中，应至少有三个投标人，而《公用事业指令》只要求所选择的投标人数量能保证适当的竞争即可。除了《公用事业指令》外，所有的指令都鼓励使用公开和限制性招标，并对使用谈判程序的条件做出了规定。《公用事业指令》允许缔约机构选择使用任一招标方式。

④ 竞争性对话程序。缔约机构更应关注采购程序选择的自由程度，灵活使用这些采购程序将增加跨境采购交易量，通过谈判程序授予的采购合同在跨境招标中具有更高的成功率，当现有解决方案不能满足缔约机构的需求，项目包含设计与创新，合同因其性质、复杂度、法律或财务因素或风险而无法授予，或是项目细节无法详细定义时，可选择竞争性对话程序。

⑤ 创新伙伴关系程序。缔约机构应与供应商建立长期的创新伙伴关系，与供应商一同开发并持续购买创新产品或服务，而无须在研发或后续购买阶段单独启用采购程序。在这种全新的采购程序中，缔约机构可以与一个或多个供应商建立创新伙伴关系，

并分别执行项目研究与开发。

（3）等标期。

每部指令都规定了缔约机构必须允许投标人呈递标书以及在限制程序和谈判程序下申请投标的最短时间限制（等标期）。例如在公开招标中，由于供应商可电子提交投标申请，招标公告公布时间为 30 天，若项目使用 PIN 公告并符合相应条款，该时间期限可缩短至 15 天；在限制性招标中，提出应标申请与受邀供应商回复时间为 25 天，若项目使用 PIN 公告或符合相关条件，接受投标邀请供应商应标时间可缩减至 10 天；对于有谈判的竞争性程序，其选择阶段与初始招标阶段均为 25 天；对于竞争性对话程序与创新伙伴关系程序，选择阶段为 30 天。

（4）合同可否谈判。

欧盟《公共指令》的制定是建立在充分预计到缔约机构会使用不可谈判合同的基础之上的。虽然没有包含有关要求缔约机构在招标文件中详细列出拟授予合同的所有条款，缔约机构可以根据具体情况自行选择，但缔约机构需要在合同文本中说明要满足最经济有利标的原则。如果招标文件中确实包含合同草案，则欧盟《公共指令》的程序规则就要求投标人做出接受或放弃的决策。

（5）合同文件的提供。

根据公开采购程序，缔约机构必须在接到投标申请后的 6 天内，将合同文件提供给有兴趣的投标人，而与合同有关的其他信息必须在投标截止日前至少 6 天提供。如果不可能在 6 天内提供合同文件，或需要现场考察，或需要进一步提供文件，时间限制就必须有所延长。根据限制性程序和谈判程序，缔约机构必须同时以书面的形式将招标邀请、合同文本和其他信息提供给所有的投标候选人。其他与合同文本有关的信息也必须在投标截止日前至少 6 天由缔约机构提供（谈判程序中紧急情况除外）。在谈判程序中出现紧急情况时，额外信息必须在投标截止日前至少 4 天提供。

（6）技术规格。

为了避免对外国投标人的歧视，缔约机构必须使用欧洲的标准或规格，或实施欧盟委员会认同的国家标准；在得不到这些标准的情况下，必须参照欧洲通用的其他技术规格；在欧洲或通用技术规格都不存在的情况下，缔约机构应参照实施国际标准的国家标准、其他国家标准或其他标准（按优先顺序）来制定合同的技术规格。缔约机构必须将这些技术规格包括在合同文件中，并对没有使用欧洲标准或通用技术标准的原因做出记录。缔约机构只能在有限的情况下偏离这种原则：如果是创新工程且不适合使用现有标准，就存在技术标准与新工程不相容的问题，或者使用现有标准会造成不适当的成本或技术困难。《公共指令》也不允许缔约机构在它们的合同规格中要求使用特定的产品或工艺，如《公共指令》尤其禁止指定具体商标或专利，除非参照此类商标或专利是为了对合同本身进行说明且缔约机构已就合同的标的物使用了“或其相当物”的术语。

（7）选择标准。

希望投标的供应商、承包商和服务提供者需要满足具体的目标标准。这些标准包括他们的财物、经济或技术能力。若不能满足这些条件，缔约机构就会将其排除在考虑范围之外。在公用事业领域，缔约机构可以设定自己的标准，只要这些标准是客观的并且每个有兴趣的投标人都能得到。在公共领域，相关的指令详细列出了使用的资格标准，并在选择阶段引入了单一采购文件（ESPD），供应商可在供应商递交投标文件阶段同时提供ESPD，以此代替例外条款、商业或专业注册或其他特殊证明文件，用以说明其满足项目核心的投标标准，并确认未被任何强制性条款排除在外，而只有当企业成为中标者后才需提供所有的正式文件与证明。

（8）授予合同的标准。

最经济有利标的（MEAT）是欧盟采购授予合同的唯一标准，因此合同授予必须符合这一原则。缔约机构在考虑价格与采购全生命周期成本的同时，更注重采购的质量，并更多考虑采购行为对环境、社会与创新等诸多方面的影响。缔约机构也可以根据关于授予标准的详细清单决定货物或服务是否符合最优价格质量比，并计算生命周期成本，从而从多方面衡量合同是否符合最经济有利标的原则。

四、具体介绍

（一）《公共采购指令》

1．缔约机构

《公共采购指令》所适用的缔约机构前文已做介绍，详见“(四)《公共指令》的适用范围”。

2．采购门槛

当合同所涉及的金额符合以下限额的，适用于《公共采购指令》：

（1）公共工程要高于5 186 000欧元。

（2）中央政府合约要高于134 000欧元。

（3）地方和地区政府合约要高于207 000欧元。

（4）用于社会和其他特定服务合同要高于750 000欧元。

委员会每两年对这些阈值进行评估，以确定它们是否应根据欧盟的国际义务进行修改。

3．适用合同的例外

水、能源、运输和邮政服务部门被排除在该指令之外；此外，某些部门，如电子通信、研究开发以及国防安全在某种情况下被排除在外。会员国必须确保供应商及其分包商遵守欧洲国家的环境、社会和劳工要求、集体协议和任何有关的国际义务。

4. 采购程序

（1）公开程序。

公开程序中，任何感兴趣的供应商都可以提交投标书，时间限制为收到合同通知日起35天内。投标书须附有符合合同管理局要求的资料。

（2）限制程序。

任何供应商都可能会提出要求参与竞争，收到请求的最低期限为从发出合同通知起30天；受缔约方邀请的供应商对所提供的资料进行评估后，可提供投标书，缔约当局可以限制参加该程序的合适人选。招标投标的最低期限为收到招标投标邀请书的30天内。

（3）谈判。

在竞争激烈的谈判过程中，任何供应商都有可能会提出要求参加本次竞争，以应对本合同附件中所列的竞争信息，并对其提供的信息进行定性选择。承包部门应当通过采购文件确定采购标的、工程或服务采购和指定要授予合同的标准。所提供的资料须有足够的精确性，使供应商能够确定采购的性质和范围，并决定是否提出要求参加该程序。收到请求的最低期限为30天。

（4）竞争性对话。

在竞争激烈的对话中，任何供应商都可以对所提供的信息进行定性选择，收到请求的最低期限为合同通知日起30天。只有经缔约方对提供的资料进行评估后，收到邀请的供应商才可参加对话。缔约当局可以限制参加该程序的合适人选，也可以根据本合同的通知或说明文件中规定的奖励标准对投标书进行评估。

（5）创新伙伴关系。

创新伙伴关系适用于“存在开发创新型产品、服务或工程需求，并且市场上存在的解决方案不能满足采购创新型的产品、服务或工程的需求”的情形。在创新伙伴关系中，任何供应商都可以根据缔约权力机构所要求的信息提交申请。在采购文件中，缔约权力机构应确定一个创新型产品、服务或工程的具体标准，以及所有投标书所需的最低要求。所提供的资料须足够准确，以使供应商能够确定所需解决方案的性质和范围，并决定是否要求参加该程序。缔约权力机构可以决定建立一个创新伙伴关系，或与一个合作伙伴或几个合作伙伴进行单独的研究和开发活动。收到请求的最低期限为从合同通知的日期起30天。

5. 选择标准

服务提供者要满足完成招标服务所要求的具体标准，主要指完成服务所具有的实力和能力，包括财务状况和经济、技术能力等，并要求服务提供者提供与达到标准相关的各类信息，同时排除如破产、有不当行为的供应商。成员国可以保留知名服务提供者的官方名单，某机构如果被列入本国的官方名单，则其他成员国也必须认定该机构符合自己的入选名单。

6. 合同授予标准

最经济有利标的是欧盟采购授予合同的唯一标准，以确定在最优惠的价格质量比的基础上，该合同被授予最具经济性的招标投标。这一标准考虑到整体的成本效益、质量、环境和社会方面、贸易和交货条件等因素。

（二）《公用事业指令》

第一个《公用事业指令》于1990年9月开始采用，涵盖了能源、水利、交通和通信领域。大多数欧盟成员国被要求在1993年1月1日前必须实施；西班牙于1996年1月1日实施，希腊和葡萄牙于1998年1月实施。该指令在1993年6月修订时又加入了关于服务方面的规定，并要求各成员国必须在1994年7月1日实施。2004年，其他三个指令（《公共工程指令》《公共供应指令》和《公共服务指令》）合并为一个指令，而《公用事业指令》经修改后继续单独使用。2014年3月，欧盟又对《公用事业指令》重新进行了修订，形成了新《公用事业指令》①，相较原指令具有更大的灵活性。

1. 适用范围

（1）缔约机构。

《公用事业指令》的缔约机构包括：全国、地区和地方政府机构；公法所管理的机构，该机构具有法人地位，由国家资助或控制且不具有工商业性质；成员国以专营执照的形式授予特殊或专有权利的机构，这些机构常常被赋予进行特定经营活动的权利，包括征用或使用财产，或为高速公路安装、架设或铺设设备的权利；向另一具有特殊或专有权的实体供应可饮用水、能源或热暖的实体。

（2）适用的合同。

《公用事业指令》适用于由缔约机构签订的建筑或土木工程、产品供应以及与相关活动有关的服务提供合同。《公用事业指令》中有关货物、工程和服务合同的定义与公共领域的指令基本相同。其所适用的合同包括：

① 框架协议。框架协议是指缔约机构同一个或多个供应商谈判达成协议，确定可适用于其后特定时期内授予合同的标准的条款。缔约机构按指令的规定签订了框架协议后，根据该协议授予的合同不必遵守指令规定的广告要求。框架协议最长期限达8年，分订单框架协议在授予时须遵照框架协议采购文件中设置的目标规则或准则。缔约机构

① 如无特别说明，以下所述内容均为2014年的《公用事业指令》内容。

在公开招标时应明确一些特殊条款，当在多个供应商协议下授予合同时，在不适用迷你竞争（指有较少供应商参与）情形下直接授予合同的客观条件以及使用迷你竞争的授予准则都需要在原始框架协议中列出。

② 设计竞赛。设计竞赛的要求较《公共采购指令》增加了一定的限额，设计竞赛的采购门槛为41.4万欧元，其他特定服务为100万欧元。

③ 服务合同。和《公共采购指令》相类似，《公用事业指令》也区分了剩余服务和优先服务，后者适用所有采购规则，而前者只受限于有限的要求。

④ 工程管理合同。工程管理合同与《公共采购指令》适用的条件相同。

⑤ 工程特许合同。通常认为，缔约机构授予的工程特许合同适用于该指令，但非缔约机构特许权人授予的分包合同不适用于该指令。《公用事业指令》具体适用的合同包括四大类：第一类，提供或经营与饮用水、电力、燃气、热暖的生产、销售或运输有关的公共服务网络，或向公共服务网络供应此类产品；第二类，征用某一地理区域勘探或开采煤及其固体燃料，或向使用空、海或内陆航道的承运人提供机场、港口或其他重点设施；第三类，经营铁路、自动化系统、电车、汽车或缆车等公共运输网络；第四类，邮政服务，以及由这些邮政服务实体提供的邮政服务以外的其他服务。

（3）适用合同的例外。

一些合同不适用指令，最主要的是：与活动无关的合同或与任何成员国无关的合同；依据某一国际协定或由某一国际机构授予的合同；声明是秘密合同或必须采取特殊安全措施的合同；基于转售或向第三人出租而授予的合同，但条件是缔约机构享有从事此项活动的特殊或专有权利，并且其他机构在同等条件下不能自由从事此项活动；在电信领域，如果缔约机构同其他实体在同一地区和同等条件下竞争同一服务，旨在使缔约机构能独家供应电信服务的供应合同；授予另一个缔约机构的服务合同，该服务合同符合《公共指令》的规定，并且授予基础是签约机构根据国家规则所享有的专有权；缔约机构授予其附属机构的服务合同，或如果合资企业由几个缔约机构组成，那么在一定的条件下，该合资企业授予其中一个缔约机构或该缔约机构的附属机构的合同。

2. 采购门槛

《公用事业指令》规定适用于采购货物价值超过以下限额的公共供应合同：供应和服务合同以及设计竞赛为41.4万欧元；工程合同为518.6万欧元；为社会和其他特定服务的服务合同为100万欧元。欧盟委员会每隔两年会对采购门槛进行一次调整。

3. 采购程序

（1）公告。

公用事业合同一般应在官方指定媒体上发布公告，进行竞争邀请。公告必须采用以下形式：招标公告、定期合同预告、使用合格供应商名单体系的公告、合同授予通告。

（2）采购方式。

与《公共采购指令》规定不同的是，只要满足一定的条件，公用事业单位可以采用任何程序而不用竞争招标。这些条件是：发布竞争邀请后没有收到合适的投标，而且原合同的各项条款没有根本性改变；仅用于研究、实验、学习或开发，没有任何利益成分；基于技术、艺术原因或因为保护专有权，合同只能由特定的承包商完成；出现不可预见事件导致异常紧急情况，无法进行公开招标或限制招标的程序；原供应商的额外供应合同，该合同是对正常供应或安装部分的更换或延伸，更换供应商将会导致技术不相容等问题；未预见到的额外工程和服务，该工程和服务由于经济及技术原因不能与主合同分开，仍由原承包商完成；同类合同的重复，只要原合同的授予进行过了竞争邀请，该工程仍可授予原承包商或供应商；依据《公共采购指令》授予的框架协议。

（3）时间限制。

对于公开程序，接受投标的最短时间限制是发布采购通知后的 52 天，或者在发布定期合同预告后的 36 天。对于限制性招标和谈判程序，接受投标申请的最短时间限制一般是发出通知或邀请起的 5 周时间，但在任何情况下不得少于 22 天；接受投标在所有的候选人都有平等的机会递交投标书的情况下，由签约人和投标候选人共同决定。如果没有达成协议，签约机构必须规定一个时间限制，通常要有 3 周时间，至少不能少于发出投标邀请起的 10 天。没有规定紧急情况的时间限制。

（4）选择标准。

在缔约机构对所有的潜在投标人都是客观公正的情况下，采购机构可以自行决定选择供应商的标准。缔约机构对有兴趣的各方，也应提供这些标准。

（5）技术规格。

通常的情况下，公用事业合同应尽可能采用欧洲委员会制定的标准和技术规格，但是考虑到公用事业合同的技术特点，《公用事业指令》比其他领域的指令允许更多的免除适用。

（6）合同授予标准。

同其他领域一样，《公用事业指令》也规定合同授予需符合最经济有利标的原则。

（7）第三国产品。

《公用事业指令》专门制定了一个第三国条款，针对来自非欧盟国家并且也没有同欧盟成员国进行相互间市场准入安排的国家的产品和服务。在一项公共供应合同招标中，原产于第三国的产品比例超过投标产品总价值的 50%，公用事业机构可以拒绝该项供应合同的投标。这一规定仅对投标书所包含产品的原产地做出限制，而与供应商的国籍无关。此外，如果按照合同履行标准，两个以上的投标相当，那么应优先将合同授予投标中来自第三国产品的价值没有超过限额 50% 的投标人。在这种情况下，如果价格差异不超过3%，即可认为是适当投标。

（三）《特许经营合同采购指令》

为帮助成员国克服在欧盟层面上进行特许经营项目采购时遇到的障碍，减少歧视及成员国法规间的差异，同时为特许经营项目提供充分的竞争环境，欧盟出台了《特许经营合同采购指令》，将特许经营纳入公共采购法律体系中。欧盟对特许权合同的裁决，为公共部门和经济运营商创造了一个稳定的法律框架，以确保非歧视性、公平进入市场和欧盟范围内的更高效竞争的特许经营项目。该指令促进了新的投资，促进了可持续的经济增长的实现，并有助于基础设施和服务结构的长期创新发展。

1. 定义

特许经营也可称为特许权，即由政府提供给私营部门的经营权，由私营公司或外国法人作为项目的投资者安排融资、承担风险、开发建设，并在有限时间内经营项目以获取商业利润，最后将该项目转让给政府机构。政府保留价格核准权和监督管理权，费用由使用者承担。一般来说，特许经营是特许人与受许人之间的一种契约关系。

2. 分类

特许权协议按内容可分为特许建设协议和特许服务协议。特许建设协议是一种以经济利益为目的的合同，授权方将工程建设委托给授权经营者，使其获得该项工程的开发权或者在开发权的基础上获得相应的报酬；特许服务协议是授权方将提供和管理服务委托给授权经营者，使其获得该项服务开发权或者在开发权的基础上获得相应的报酬。区分二者的首要因素在于识别合同的目的，如果授予特许经营人开展工程建设，则该协议属于特许建设协议；若在特许协议中，授权工程建设的目的是提供更好的服务，则被认定为特许服务协议。

3. 起点价

特许经营项目门槛价为518.6万欧元。《特许经营合同采购指令》适用于所有价值超过518.6万欧元的工程或服务类特许经营合同。这些合同都需要在欧盟官方公报上刊登招标信息，并根据规定的采购目标、授予准则进行采购。

4. 经营范围

《特许经营合同采购指令》主要涉及基础设施领域，如铁路、道路、机场、桥梁、垃圾场等，还涉及公共服务领域，包括医疗服务、水利服务、监狱管理服务等。欧盟公共采购范围覆盖了水、能源、交通运输和邮政服务等公用事业领域。

5. 基本原则

（1）平等原则。在特许权协议中，所有申请人应处于平等地位，招标程序和标准平等地适用于所有申请者。平等原则实现了特许权授予的程序正义，在这一原则下，特许权授予必须严格遵照程序规则和授权标准进行。

（2）公平原则。授权机关不得歧视参与竞标的外国法人，也不得对其给予优先考虑。要严格遏制地方保护主义和权力寻租滋生，保护外国法人在特许权授予程序中受到公平对待。

（3）公开原则。公共机关在特许权授予程序中，必须建立信息公开制度，以保障公众的知情权和监督权。

6. 特许经营人的评估标准

鉴于特许经营项目的复杂性，欧盟并未强制规定特许经营人的选择程序，仅就评估标准给出说明。特许经营人的选择必须建立在客观的标准之上，不仅要符合平等、公平、公开原则，更要保障有效的竞争环境。授权机关在确立评估标准时，须考虑特许权的性质和目的，并不得对授予主体的选择权构成限制。由于特许经营项目是为公众提供公共产品，因而对采购结果的评定一般由购买主体、服务对象和第三方，围绕资金使用绩效、服务项目的数量和质量等指标综合评价项目的实施及管理效果。

7. 特许权协议的分包、变更和终止

（1）分包。各成员国可以依据自身情况制定更严格的分包规则。但是，欧盟委员会仍就一些特殊情况给予限制，如在总价超过 5 亿欧元的项目中，特许经营人至少应负责工程总量的 30%。一般说来，在特许权招标公告中，招标方可以（甚至有些国家强制）就分包事项询问竞标人，且询问结果不会影响竞标人的能力评估。在特许建设协议和某些特许服务协议中，特许经营人须在权利授予后、开始行使前，将转包方的名称、法定代表人以及转包合同相关内容等告知授权方，如转包人或相关信息发生变更，特许经营人应及时通知授权方。

（2）变更。指令以列举形式规定了 9 种允许变更的形式，同时放宽了特许权协议的修改条件，只要修改条款所涉金额不足原特许权价值的 10%，特许权就可以变更并无须重新进行授权。

（3）终止。欧盟议会虽然明确要求成员国应允许授权方单方面终止特许权协议，但是就该项形成权的行使条件进行了严格的限制。例如，在授权方未履行有关条约和指令规定的义务，导致该成员国被欧洲法院认定没有履行相应义务的情形下，特许权协议也可以宣告终止。

8. 合同授予标准

最经济有利标的是欧盟特殊经营采购授予合同的唯一标准，因此合同授予必须符合最经济有利标的原则。

五、对我国的启示

欧盟关于政府采购的最新修订，给我国的主要启示有：

第一，重视政府采购制度中政策功能的实现。包括遵守相关环境、社会或者劳动法律以及集体劳动合同所提及的义务以及反对贪污腐败，还要通过与企业建立创新伙伴关系来促进自主创新，要利用公共采购制度中标段的拆分、合同分包等来促进中小企业的发展。

第二，将采购规则向前延伸到采购准备阶段。通过建立采购前的市场咨询制度以及允许潜在投标人在采购准备阶段向采购人提供建议等机制，增加采购文件编制的科学性、提高采购的成功率和采购结果的适用性。

第三，树立“经济最有利标的”制度目标。欧盟修订规则时甚至考虑是不是要废除最低中标价法，虽然最终没有废除，但其态度表明，以价格作为唯一取舍标准显然不可取，特别是，要关注招投标采购中的全生命周期成本效益以及“异常低价”等现象，设立相应的甄别机制。

第四，对特许经营进行单独规制。特许经营虽然是公共采购的一种方式，但由于其特征与其他工程或者服务采购明显不同，所以不能完全适用于一般的招标采购规则，需单独设立规则。

此外，通过设立动态“实现信息公告”、增加分包信息公开等方式推动政府采购制度的透明化以及重视电子化采购手段的发展，也是值得我国借鉴的。

第五节 亚太经济合作组织《政府采购非约束性原则》

一、产生背景和过程

亚太经济合作组织（APEC）成立于1989年11月，秘书处设在新加坡，具有地域跨度大，社会制度、文化背景和经济发展水平各不相同等特点，既有美国、日本这样的发达国家，又有菲律宾、越南这样的发展中国家。从性质上看，它不是私人性的国际组织，而是旨在推动环太平洋经济合作的跨国官方组织，目标是建立亚洲－太平洋自由贸易投资区，其中贸易投资自由化和经济技术合作是其两大支撑。它不同于以往的区域经济一体化组织和多边贸易体制，而是采取了一种独具特色的经济合作方式，以贸易投资自由化为基础，通过关税减让等方式，减少贸易投资障碍，既与世界贸易组织的要求相一致，又不歧视非APEC成员，并且对采取对等措施的其他国家或地区也给予了同样的政策待遇。它带动了全球自由贸易和投资的模式，是前所未有的创新，对世界经济贸易的发展合作具有深远的示范意义。

20世纪80年代以来，亚太地区成为世界上经济增长最迅速和最有活力的地区，日益受到国际的关注，世界银行还专门发表了题为《东亚的奇迹》的报告，亚太地区经济的高速增长大大改变了世界经济格局。

政府采购被纳入 APEC 贸易投资领域的历史并不长，始于 1995 年年底。为了促进 APEC 各成员之间贸易市场的进一步开放，以及加快与世界贸易组织《政府采购协定》的接轨，1995 年 11 月，APEC 部长级会议和领导人非正式会议在日本的大阪举行，并通过了《大阪行动议程》，正式将政府采购列为 APEC 贸易投资自由化与便利化的 15 个具体领域之一，并制定了总目标，要求 APEC 各成员方最迟于 2020 年相互开放政府采购市场；要求实现阶段性目标，即在 2000 年前，制定 APEC 的《政府采购非约束性原则》，发达成员方于 2010 年开始执行非约束性原则，到 2020 年，《政府采购非约束性原则》成为约束性原则，各成员方必须统一执行。会后，APEC 投资贸易委员会成立了由各成员方组成的政府采购专家组，具体落实《大阪行动议程》中有关政府采购的相关工作。

所谓非约束性原则，即非强制性原则，类似于指导办法，指导对象可自行决定执行与否。制定非约束性原则，与发展中成员方的据理力争是分不开的。发展中成员方市场经济和各项制度都不够发达与完善，在政府采购方面，相比发达成员方悠久的历史、规范的市场、健全的制度，发展中成员方大都只将其作为一种新制度在尝试，有些成员方甚至还没有建立政府采购制度，在如此大的差距下，统一按发达国家的规则运作，实行“一刀切”，是不合适的。鉴于这些现实的差异以及发展中成员方的执着要求，APEC 开始展开成员方情况调查，举办培训活动以促进理解和交流，并制定了非约束性原则。非约束性原则的制定，可使发展中成员方进一步理解政府采购制度，找出本成员方现行制度与非约束原则之间的差异，并迅速采取措施以消除差异，尽快完成 APEC 各成员方政府采购制度的统一。

二、特点

《政府采购非约束性原则》的特点如下：

第一，为非约束性原则向约束性原则的过渡制定了明确的时间表，制定了总目标和阶段性目标。

第二，是约束 APEC 成员方的政府采购准则，包含了许多具体的原则和要求，其中对透明度的原则和要素进行了详尽的阐述。

三、主要内容

（一）《政府采购非约束性原则》的性质

《政府采购非约束性原则》是 APEC 准备在其成员方范围内建立的一套具有强制约束性原则的过渡性原则。它实际上是 APEC 的政府采购准则，由许多具体原则和要求组成。

（二）《政府采购非约束性原则》的目标

实现非约束性原则向约束性原则的过渡，推动各成员方逐步开放政府采购市场。

（三）《政府采购非约束性原则》的主要内容

《政府采购非约束性原则》是许多具体原则和要求的总称。其主要内容包括五个方面：透明度原则、公开和有效竞争原则、物有所值原则、公平交易原则、国民待遇原则。

APEC 政府采购专家组正式开始讨论非约束性原则，始于 1997 年 8 月 22—23 日在加拿大纽芬岛召开的 APEC 政府采购专家组第六次会议。在这次会议上，讨论并确定了 APEC 政府采购非约束性原则之透明度原则。在 1998 年 2 月的马来西亚专家组第七次会议上，讨论了非约束性原则的另外两大具体原则，即公开和有效竞争原则、物有所值原则。目前已讨论并确定的 APEC 政府采购非约束性原则只有透明度原则。透明度原则从基本原则和透明度原则的要素两方面进行了具体的阐述。由于后两个原则还未得到投资贸易委员会的确认，下面只简要介绍透明度原则的基本内容。

（四）透明度原则的基本内容

透明度原则描述的是有关采购的信息应通过各种稳定、广泛的媒介，持续、及时地向所有有兴趣的团体公布，覆盖了采购的全过程。

第一，有关采购的信息，是指有助于潜在的供应商做出非正式决策的信息。如潜在供应商必须事先获知参加的条件及采购要求，才能决定是否准备或参加报价。

第二，及时性，是指供应商收到的信息必须是在时间允许范围内有效的信息。

第三，所有有兴趣的团体，是指必须予以公正对待的所有参加者。

第四，稳定、广泛的媒介，是指拥有固定的、专门的发布渠道或影响力较大的传媒渠道，供应商在实践中容易获得信息。

第五，持续性，是指如果能长期保持制度的透明性，则可实现政府采购制度透明度的目标，并应及时将有关信息的更新及变化和附加信息通知有关团体。

尽管如此，下列信息可以保密：商业上的敏感信息，发布后将不利于公平竞争、妨碍法律的实施、违反公共利益或不利于经济安全的信息等。当因保密而不公布此类信息时，应说明原因。

（五）透明度原则的要素

透明度原则对政府采购的所有方面都是适用的，包括总体运行环境、采购机会、采购要求、评价标准、授予合同以及申诉途径等。

1. 总体运行环境

有关政府采购的法律、条例、司法决定、管理规则、政策（包括任何歧视或优惠待遇政策，如禁止某一类供应商等）、采购程序或其运作过程（包括采购方法的选择）等都应是透明的，目的是使供应商清楚地了解“游戏规则”。落实这一要素的措施包括：

第一，公开发布“游戏规则”。

第二，针对“游戏规则”，公开开放实体名单（准许进入的领域）或非开放实体名单（禁止进入的领域）。

第三，公开法规政策的任何变化。

第四，建立信息联系点。

第五，尽可能将以上信息输入互联网上的APEC政府采购子目录中。

2．采购机会

采购机会应当是透明的，以鼓励更多的供应商参与竞争，为采购实体提供更多的选择机会，提高资金的使用效率。落实这一要素的措施包括：

第一，一般应实行公开竞争的招标方法，如果采用其他采购方法，采购邀请信中应说明具体的采购方法。

第二，如果采用公开招标的方法，应在一家公开的媒体上公布采购公告（如官方杂志、政府公报、报纸、专业贸易刊物、网络）或通过大使馆、领事馆公布。

第三，留给有兴趣的供应商充足且合理的时间来准备和提交报价。

第四，公布采购实体的具体联系地点以及他们对所要采购商品或服务的要求。

第五，对于高价值、复杂的采购，可采用两阶段招标程序。在第一阶段，公开征询信息、征求建议或发送资格预审邀请书；在第二阶段，招标人向在第一阶段提交技术建议的投标人提供招标文件，投标人按照招标文件的要求提交包括最终技术方案和投标报价的投标文件。每一阶段都要留给有兴趣的供应商充足的时间使其来得及做出实质性的反应。

第六，公开资格预审的要求和程序。

3．采购要求

所有要求供应商做出实质性反应的信息都应对外公开。落实这一要素的措施包括：

第一，在采购须知中应包括下列内容：商品或服务的性质、数量、特点、交货时间、截止日期、招标文件的获得方式、投标地点及联系方式等。

第二，及时公布以上信息的变化情况。

第三，应投标人的要求，及时提供招标文件及其他信息。

第四，利用国际标准或其他标准，根据性能或运行特点，制定技术规格。

4．评标标准

所有评标标准都应是公开透明的，严格按评标标准授予合同，以确保其公正性和统一性。落实这一要素的措施包括：

第一，在采购须知或招标文件中明确评标标准，包括优惠条款。

第二，做好采购记录。

5. 授予合同

合同的授予应是透明的，这是政府向供应商及公众表明其信誉的方式。落实这一要素的措施包括：

第一，公布投标结果，包括中标供应商的名称和标的价值。

第二，将评标结果及时通知落标人，向其公布签约的时间和地点，并答复落标人的疑问。

6. 申诉途径

正当的程序和公众的信誉，是实现采购程序公正、公开和公平的重要因素，因此，处理申诉的途径也应是透明度的要素之一。落实这一要素的措施包括：

第一，指定一个团体或人员负责处理供应商对采购过程提出的申诉，并且可建立一个独立的机构处理申诉问题。

第二，处理申诉的程序应公开。

第三，申诉程序对国内外供应商应平等适用。

四、对我国的启示

虽然《政府采购非约束性原则》在2020年之前对各APEC成员来说是非强制性的，但2020年以后其所规定的原则是约束性原则，各成员必须贯彻执行。我国是APEC的成员方之一，因此，我国在制定有关政府采购的法规和制度时，应该使这些原则在我国政府采购的法规和制度中得以体现。

第六节 《全面与进步跨太平洋伙伴关系协定》下的政府采购规则

一、产生背景及过程

《全面与进步跨太平洋伙伴关系协定》(CPTPP)是当前最重要的区域自贸协定之一，它起源于《跨太平洋伙伴关系协定》(TPP)，美国曾计划将其发展为“重返亚太”战略的重要抓手，以主导经贸规则的制定权。CPTPP的签署不仅直接影响缔约国的经贸合作，还会从多方面影响亚太经济一体化格局和国际经贸规则。

2017年1月，美国宣布退出TPP，11国为继续维系和推进TPP，对原协定在最大程度保留基本内涵的基础上进行修改，将TPP更名为CPTPP。经过反复磋商，11个成员国于 2018 年年初完成 CPTPP 谈判，同年 12 月 30 日，CPTPP 正式生效，CPTPP 保留原 TPP 超过 95% 的项目，沿袭了 TPP 高标准、高质量的“下一代贸易规则”特征并保留了大部分 TPP 的原始文本，仍然是一个高标准、高水平的自由贸易协定。2023 年 7 月 16 日，《全面与进步跨太平洋伙伴关系协定》（CPTPP）成员国在新西兰奥克兰举行会议，英国正式签署了加入 CPTPP 的协议，成为 2018 年该协定生效后第一个新加入的成员国。

我国对加入 CPTPP 表达积极态度与坚定意愿。2020 年 11 月，习近平出席亚太经合组织（APEC）领导人非正式会议时发表讲话，首次在国际场合针对 CPTPP 做出表态，称中方将积极考虑加入《全面与进步跨太平洋伙伴关系协定》。同年 12 月，习近平在北京举行的中央经济工作会议上指出，要积极考虑加入《全面与进步跨太平洋伙伴关系协定》。2021 年 3 月，中国积极考虑加入 CPTPP 被写入十三届全国人大四次会议的《政府工作报告》中。“十四五”规划纲要中也明确提出，积极考虑加入《全面与进步跨太平洋伙伴关系协定》，推动商签更多高标准自由贸易协定和区域贸易协定。2021 年 9 月 16 日，中国正式提出申请加入 CPTPP。为顺利对接 CPTPP，中国已在国内部分自贸试验区先行先试 CPTPP 部分规则，加入 CPTPP 的基础工作已经成熟。

二、特点

第一，国民待遇更为平等全面。CPTPP 条款专门对国民待遇与非歧视原则做出规定，此外，对后续的技术规格、登记制度和资格审查程序也有相应条款规定，以落实国民待遇和非歧视原则。

第二，采购范围更为明晰。CPTPP 条款明确建设—经营—转让合同（BOT）和公共工程特许合同属于政府采购范围。

第三，信息披露标准高。CPTPP 条款对信息披露内容、方式、程序以及时限要求均做出详细说明，在制度层面、采购环节方面也加强了信息披露公开的标准。

第四，技术规格明确。CPTPP 条款规定技术规格应尽量采用“国际通用标准”，同时辅以“负面清单”的立法技术提升规则的明确性与可行性。

第五，积极维护供应商的采购异议处理机制。CPTPP 条款要求缔约方应以及时、有效、透明、非歧视的行政或司法方式赋予供应商对政府采购提出异议和提起投诉的权利，并形成系统的政府采购质疑机制。

第六，可持续发展贯穿采购全流程。CPTPP 的逐项规则中均纳入可持续发展考量指标，且制定了较为详细的实现方案。

三、主要内容

（一）性质

CPTPP 旨在构建一套全新、高标准的经贸规则，以主导亚太地区的自由贸易和区域经济一体化，为促进亚太区域经济增长和经贸合作提供了新标准，并继续引领全球贸易投资体系。

（二）目标

CPTPP 的主要内容之一是“开放政府采购”，要求成员方全面开放政府采购市场，以实现更高水平的全球贸易自由化。这对于出口需求大、产品竞争力强的国家及其跨国公司颇为有利。

（三）原则

1. 国民待遇和非歧视性原则

CPTPP 要求缔约方在进行政府采购项目招投标时，须平等对待其他缔约方供应商。CPTPP 政府采购章节第 15.4 条第一款规定，“对于有关涵盖采购的任何措施，每一缔约方，包括其采购实体，应立即无条件地给予任何其他缔约方的货物和服务及任何其他缔约方的供应商不低于该缔约方，包括其采购实体，给予下列货物、服务和供应商的待遇：（a）本国货物、服务和供应商；（b）任何其他缔约方的货物、服务和供应商”。

第 15.21 条和第 15.22 条对缔约方需便利中小企业参与提出明确要求，并要求缔约方交流相关经验信息、统计数据及监管框架等内容，开发和扩大电子手段在政府采购中的使用，强化政府在政府采购中的最优实践能力，加强机制建设以及提供多语种采购机会。第 15.21 条第三款规定，“为便利中小企业参加涵盖采购，每一缔约方应在可能的限度内并在适当情况下：（a）在单一的电子门户中提供与采购相关的全面信息；（b）争取免费提供所有招标文件；（c）通过电子方式或通过其他新型信息或通信技术开展采购；（d）考虑采购的规模、设计和结构，包括中小企业使用合同分包”。第 15.22 条第一款规定，“缔约方认识到其在合作促进政府采购市场国际自由化以增强对各自政府采购体制的理解并改善各自市场准入方面拥有共同利益”。

2. 允许过渡原则

鉴于部分缔约方之前未曾将政府采购市场开放给其他国家，形成了长久以来对本土供应商的保护。为使这些市场的开放平稳顺利地进行，CPTPP 政府采购章节第 15.5 条允许发展中国家采取过渡性措施，“属发展中国家的缔约方（发展中国家缔约方），经其他缔约方同意，可采取或保留下列一项或多项过渡性措施”。

（四）适用范围

CPTPP 政府采购章节规定了公开招标、选择性招标、限制性招标和谈判四种采购方式，以及一种采购安排，即常用名单。

1. 公开招标

此种采购方式采用资格后审。有意愿的供应商均可参加公开招标，对供应商资格的审查是在评标阶段进行。

2. 选择性招标

此种采购方式采用资格预审。资格预审的方法包括合格制和有限数量制。如采用合格制，所有符合采购实体预先采购通知中列明的资格条件的供应商均有资格进行投标。如果采用有限数量制，在符合资格的供应商数量超出预先采购通知中规定的最大数量时，应当按照预先采购通知中列明的排名标准和程序对符合资格的供应商进行排名，从而确定供应商是否有资格参加投标。

3. 限制性招标

此种采购方式下，采购实体可以直接向特定的一个或多个供应商进行采购。

4. 谈判

此种采购方式类似于我国《政府采购法》规定的竞争性谈判、竞争性磋商以及联合国《公共采购示范法》规定的竞争性谈判。但 CPTPP 框架下的政府采购章节对于谈判的内容规定较少。

5. 常用名单

类似于联合国《公共采购示范法》规定的框架协议安排，以及我国《政府采购法》规定的协议供货。常用名单不是一种采购方式，而是一种采购安排。

四、对我国的启示

当今世界，高标准、高水平的经贸规则成为世界各国，尤其是经济较为发达国家间贸易协定的发展方向，其中 CPTPP 则是高水平的自由贸易协定的现实体现。面对世界政治经济格局的深刻复杂变化，面对多种全球性危机叠加的严峻挑战，通过区域性全球化来推动经济发展加强合作，可能成为未来推进全球经济再平衡的重大战略抉择和新模式。近几年来，我国签署的多个自由贸易协定已开始讨论与政府采购有关的市场开放问题，未来可以采取更加积极的策略，以灵活和务实的策略加快融入政府采购国际市场的步伐。

本章小结

1. 世界贸易组织的《政府采购协定》是 1981 年 1 月 1 日生效的。该协议将关税与贸易总协定的一些基本原则，如最惠国待遇、国民待遇和透明度原则延伸到政府采购领域。该协议仅作为世界贸易组织的附属协议，由世界贸易组织成员自愿加入。2012年进行了最新一次的修订，新版本已于2014年4月6日开始正式生效。新版本在内容上充分反映了全球经济、社会管理和科技进步对政府采购的影响作用，更加全面地完善了《政府采购协定》的功能作用。它不仅是《政府采购协定》参加方必须严格遵循的行为准则，而且影响并牵引着全球政府采购的发展趋势。

2. 在1993年7月5日至23日的维也纳会议上，联合国贸易法委员会通过了《贸易法委员会货物和工程采购示范法》，并于1994年将服务采购的内容纳入其中，形成了《贸易法委员会货物、工程和服务采购示范法》及其配套文件《立法指南》。2011年贸易法委员会第44届会议上正式审议通过新版本，更名为《公共采购示范法》，新版本在结构上还做了简化调整，内容上也提出了重要修订建议。

3. 世界银行的《贷款采购指南》于1964年首次出版，其制定的目的是明确政府采购方式及适用条件，规定政府采购的程序规则，使借款方在利用世界银行贷款从事政府采购活动时，能够按统一规则来规范化运作。2016年6月28日，世界银行正式公布了最新版采购规则——《项目新采购框架和规章》，并于当年7月1日起生效。《采购规则》将世界银行支持下的公共采购、政府贷款提升到了前所未有的高度，从整体愿景、核心原则、采购安排到项目执行、技术跟踪、合同管理等公共采购制度的全框架，都被赋予了更现代化的意义，以更好地与国际规则和发展趋势接轨，采购过程的灵活性、透明度和效率得到了大幅度的提升。

4. 1992年欧盟成立后，相继颁布了关于公共采购各个领域的《公共指令》，形成了欧盟《政府采购指令》的法律体系。针对公共服务、公共供应品和公共工程的政府采购的有四部指令，即《公共服务指令》《公共供应指令》《公共工程指令》和《公共救济指令》，其中前三个是实体性法律，第四个是程序性法律；针对公用事业的又有两部指令，即《公用事业指令》和《公用事业救济指令》，其中，前一个是实体性法律，后一个是程序性法律。2010年4月，欧盟对指令进行了最新一次修改，并于2014年3月公布了新版的欧盟公共指令，即《公共采购指令》(2014/24/EU)、《关于协调水、能源、效能和邮政服务等公用事业采购程序的指令》(2014/25/EU)(简称《公用事业指令》)，以及首次引入《特许经营合同采购指令》(2014/23/EU)。

5.《政府采购非约束性原则》是APEC准备在其成员方范围内建立的一套具有强制约束性原则的过渡性原则，以此推动各成员方逐步开放政府采购市场。

6. CPTPP的主要内容之一是“开放政府采购”，要求成员方全面开放政府采购市场，以实现更高水平的全球贸易自由化。CPTPP坚持国民待遇和非歧视性原则、允许过渡原则。2021年9月16日，中国正式提出申请加入CPTPP。

思考题

1.《政府采购协定》是如何形成的？它有哪些特点？性质如何？它对基本原则和适用范围有哪些规定？

2.《公共采购示范法》是如何形成的？制定《公共采购示范法》的目的是什么？《公共采购示范法》对适用范围和采购方法有哪些规定？

3.《采购规则》是如何形成的？其目的和原则是什么？其对适用范围和采购方法有哪些规定？

4.《公共指令》是如何形成的？其目的和原则是什么？

5.《政府采购非约束性原则》是如何形成的？其中的透明度原则包括哪些内容？

6. CPTPP中有关政府采购的规定有哪些？

7. 在完善我国政府采购制度的道路上，我们可从这些国际采购规则中借鉴什么样的经验？

课外阅读材料

1. 马海涛，陈福超，李学考.政府采购手册.北京：民主与建设出版社，2002：347–459.

2. 孟春.政府采购：理论与实践.北京：经济科学出版社，2001：202–210.

3. 马志强，刁云薇.公共支出管理.天津：南开大学出版社，2005：262–269.

4. 刘汉屏，李安泽.政府采购理论与政策研究.北京：中国财政经济出版社，2004：213–230.

5. 高培勇.政府采购管理.北京：经济科学出版社，2003：159–199.

6. 王垂芳.新编国际商务公约与惯例.上海：上海科技教育出版社，

1992：121–143.

7. 刘东汶，邹振旅．经济管理国际惯例大全．北京：改革出版社，1994：360–373.

8.《中国政府采购年鉴》编委会．中国政府采购年鉴 2004. 北京：中国财政经济出版社，2005：154–159.

9.《中国政府采购年鉴》编委会．中国政府采购年鉴 2003. 北京：中国财政经济出版社，2004：172–178.

10. 赵勇．持续修订联合国采购方式增加到 11 种．政府采购信息报，2011–02–28. 第 004 版．

11. 何红锋，王洁．联合国《采购示范法》草案中的框架协议．中国政府采购，2010（2）.

12. 周芬．论欧盟公共采购指令群的现代化及其启示．中国政府采购，2015（2）.

13. 朱颖．欧盟公共采购指令修订聚焦七大革新．中国政府采购报，2013–11–15. 第 004 版．

14. 朱颖．特许经营纳入欧盟公共采购指令．中国政府采购报，2014–01–28. 第 004 版．

15. 李欣倩．欧盟公私合作关系中的特许权协议研究．西部法学评论，2015（4）.

16. 徐舟．GPA 规则与我国政府采购法律之比较．中国政府采购报，2015–04–10. 第 004 版．

17. 姜爱华，魏冕，石菁菁．如何应对政府采购市场开放对营商环境的挑战．中国招标，2023（6）：40–43.

18. 裴广一，陶少龙．海南自贸港建设视域下中国加入 CPTPP 路径思考．学术研究，2023（3）：92–100.

19. 陈虹睿，李苗苗．CPTPP 的政府采购制度：特点、挑战与中国因应．国际贸易，2022（12）：23–31.

20. 贺小勇，许梦婧．CPTPP 政府采购规则的检视及中国的因应．国际贸易，2022（3）：4–11.

21. 祝尔坚．从 2012 版 GPA 文本论政府采购发展走势．工程研究——跨学科视野中的工程，2013，5（3）：288–294.

22. 张婷．中国加入 WTO《政府采购协议》对策研究．沈阳工业大学，2015.

23. 姜爱华 . 国际政府采购规则新趋势 . 北京：经济科学出版社，2019：149-176，217-221.

即测即评

扫描二维码，进行本章在线测试。

第十五章

外国政府采购制度介绍

政府采购制度最早形成于1782年的英国，至今已有二百多年的历史，经过两个多世纪特别是20世纪30年代以来的实践和探索，相当一部分国家已经建立起一套较为完整和成熟的政府采购制度，尤其以英美两国的政府采购制度最为成熟和完善。就政府采购模式而言，国际上通行的采购模式主要有三种：分散采购，如美国等西方大部分国家的政府采购制度；半分散、半集中采购，如新加坡的政府采购制度；集中采购，如韩国的政府采购制度。本章将着重介绍美国、新加坡和韩国的政府采购制度以及它们对我国建立法治化、规范化的政府采购制度的借鉴意义。

第一节　美国政府采购制度及其借鉴意义

美国是世界上最早实行政府采购的国家之一，也是目前政府采购额最大的国家。美国政府采购法律框架结构，大体可划分为四个层面：基本法《联邦采购条例》（FAR），规定了联邦政府的采购计划、采购方式、合同类型、采购合同管理、采购合同条款及合同格式等，约束着各联邦机构与各级地方政府；基本程序法，具体规定了不同类型采购的相关程序，包括《武器装备采购法》《联邦财产和行政管理服务法》等；国际法，由于美国是《政府采购协定》的成员国，该协议成为美国对外协定法案的一个重要组成部分；其他相关法和司法判例，如《购买美国产品法》《小企业和劣势小企业分包合同法》等，以及大量的行政和司法判例。这些法律法规构成了体系复杂而又相对完善有效的政府采购体系，近年来，美国在政府采购制度及相关法律制度建设方面又有不少改革措施出台，使政府能够获得更好的产品和服务，进一步强化了政府采购的职能。

一、政府采购及监督机构

按照FAR等相关法律法规规定，美国成立了一系列机构负责政府采购的政策制定、执行和监管等。

白宫管理和预算办公室（OMB）下设联邦政府采购政策办公室（OFPP），与联邦总务署、国防部、航空航天局等部门共同拟订FAR，并指导督促各政府机构依法采购，同时还负责制定合同官的培训标准和内容。中小企业局负责与各采购单位磋商，确定各单位授予中小企业合同的份额，确保实现支持中小企业的政策目标。

联邦总务署（GSA）、各联邦机构等负责执行采购法规，依法实施采购。联邦总务署直属于白宫，是联邦政府的集中采购机构，主要负责联邦政府通用货物的采购，并为各个部门提供各种货物服务采购的合同范本。

联邦问责署（GAO）是受理供应商抗议（投诉）的权威机构，隶属美国国会，与采购行政机构没有行政隶属关系，独立性强。尽管联邦问责署做出的建议性决定书不具有司法判决的强制性，但其通常都会得到严格执行。此外，联邦问责署还有权力对行政机关的采购计划进行评估建议，以及对政府采购项目进行审计。

合同争议委员会是另一个处理政府采购抗议的机构，专门负责处理合同索赔争议。目前，美国有民用采购和军事采购两个合同争议委员会。

除了走抗议程序，供应商也可以选择向联邦索赔法院提起上诉，直至上诉至最高法院。

二、政府采购类别

联邦级政府采购的采购对象可分为以下三类：设备与器材、其他服务、开发研究。

按照采购对象的规模大小，可将政府采购划分为小额采购（3 000~100 000 美元）[①]和大额采购（100 000 美元以上）。凡金额超过 3 000 美元的采购，都须按正常的程序进行；采购金额等于或小于 3 000 美元，可使用采购卡方式，以减轻管理压力。

三、政府采购原则

美国政府采购制度的指导原则包括以下七个方面：

（1）法制原则。美国政府采购制度是建立在法律规范的基础上的。政府通过制定一系列法律法规来约束自身的采购行为，维护采购信誉，保证采购的透明度，使各级政府能快捷、有效地采购所需的商品和服务。

（2）公开竞争原则。公开竞争原则是美国政府采购制度的基本原则。竞争能使政府有效地利用商业竞争和财政刺激，从市场上采购到物美价廉的货物、工程和服务，实现政府采购的最佳价值。目前，在美国政府采购所采用的方式中，无论是政府不经协商而与报价最低、能满足公共需求的供应商签订合同的密闭投标法，还是政府与报价方进行

---

① 财政部国际司．美国政府采购制度．预算管理与会计，2014（11）．

协商并就价格、技术能力及其他质量问题进行协商的谈判投标法，都体现了竞争原则。

（3）经济原则。美国的政府采购制度是建立在市场经济基础上的，所以必须按照政府采购经济利益最大化的原则去从事政府采购活动。

（4）公共原则。美国的政府采购制度要求在保持公众信任和实现公共政策目标的同时，保证提供产品、工程和服务的及时性和优质性。政府采购的买卖双方应当作为一个整体去协同交易，并相应得到必要的授权，在全部的责任范围内进行交易。

（5）组织原则。美国政府采购的组织体系是一种社会化的组织体系。它不仅有技术方面的、供应方面的和购买机构方面的代表，而且包括为之服务的消费者以及提供货物、工程和服务的供应商或承包商。

（6）申诉原则。这是美国政府采购制度中的一条重要原则，其目的在于保证采购制度的公正性和透明度，任何认为自己受到不公正待遇的厂商都可以提出申诉。

（7）例外原则。如果为了政府的特殊战略和政策，政府采购部门不必一定受制于《联邦采购条例》和其他法律法规，可以根据实际情况，由政府通过制定适当的行政条例或部门规章来保证符合公共利益的政府采购活动得以顺利进行。

四、政府采购方法

在美国，政府采购所采用的方法归纳起来主要有采购卡采购法、框架协议采购法、报价竞争采购法、密封投标采购法、谈判投标采购法、相互协商采购法、单一渠道采购法及电子贸易采购法。究竟采用哪种方法取决于政府采购的性质、采购的数量、采购的频率以及竞争策略和法律法规的要求。

（一）采购卡采购法

如果政府采购的每笔金额不高于3 000美元，一般采用采购卡方式进行采购。这种方法简单易行、成本低，并能保证各政府机构从供应商那里获得价格合理的产品和服务。持卡人员在授权范围内，遵循规定程序并选择合理的价格，即可进行采购活动。

（二）框架协议采购法

框架协议采购又叫“一揽子”采购分期履行，适用于在特定期间与供应商签订大量合同，采购大量重复性产品的情况，类似于我国的协议、定点采购。美国主要的框架协议采购计划是联邦总务署推行的“GSA计划”，通过预先谈判的方式对一系列通用的货物或服务确定供应商名单，并签订框架协议，随后各部门通过该计划选择供应商并购买产品。框架协议中标供应商须承诺在协议期内提供的政府采购价格比商业客户价格更优惠，如有更低成交价格，差价部分应归还政府，给予其他可追踪客户（如银行等）优惠的，政府有权等比例享受该优惠。

（三）报价竞争采购法

报价竞争采购法又称公开竞价采购，适用于采购金额为 3 000~100 000 美元的采购。程序较为简单，一般从供应商目录中随机抽取 3~5 家企业，以及上次中标的企业，一起进行竞价。买方通常基于对当地贸易的了解，对小额产品报出有竞争力的优惠价格，并根据供应商的报价发出采购订单。

（四）密封投标采购法

金额超过 100 000 美元的大额采购项目，一般可采用这种采购方法。密封投标采购是指，凡有意参加政府采购的任何供应商均可以按照标书的要求向买方投标，投标的过程是严格按照法律程序进行的，政府必须选择标价最低、最负责任的供应商签约。而供应商同样必须满足采购的一切要求，投标一经开始，任何人不得更改相关内容。

（五）谈判投标采购法

对于一些较为复杂的政府采购项目，采用谈判投标采购法较为合理。谈判投标采购是指，在政府投标过程中，可以由招标投标双方讨价还价，或定价前给予投标人更改投标条件的机会。对政府采购方而言，可以改变其标书条款；对供应商而言，可以提出意见。这一过程应对所有供应商一视同仁，不得存在歧视。

（六）相互协商采购法

相互协商采购不采用招标投标方式，而是通过政府部门和供应商就货物、工程和服务的质量、价格进行协商，最终签订采购合同。这种方法适用于一些较复杂的采购项目，政府部门和供应商根据商品或服务的质量对价格进行协商，最终确定采购合同。这种方法为那些签约可能性不大的供应商节省了报价时间，同时也使政府避免了不必要的报价评估工作，既缩短了采购评估周期，又节约了经费。近年来，美国政府越来越重视这种方法，并制定了一些法律，为其应用提供了法律依据。

（七）单一渠道采购法

该方法不需要向社会发布公告，极少采用，适用情况只有三种：一是对政府最有利；二是确属于独家供应；三是法律或政府规定。

（八）电子贸易采购法

随着科学技术的高速发展，近年来美国政府开始采用电子技术来提高政府采购的效率。目前，政府机构主要使用电子贸易采购方式以创造良好的用户购买环境，使买方更简便、有效地进行交易，卖方更便捷、节约地推广产品，同时使采购更加合理化。

五、政府采购程序

美国政府的政府采购过程由三个阶段组成：

（一）确定采购需求

这个阶段由政府各部门来完成。在确定采购需求这一阶段，政府采购各部门应当拟订采购计划，对其所需的货物、工程和服务做出说明，其中还必须包括所有与货物、工程和服务价格相关的信息，如货物、工程和服务的功能或性能特点、采购总量、货物的交货期及服务的有效期。

（二）签订合同

这个阶段由各级政府集中采购机关或者政府各部门内设的采购机构来完成。一般而言，在竞争比较激烈的政府采购活动中，政府部门可以采用定向自由报价的方式；在竞争不太激烈的政府采购活动中，政府部门可以采用定向报价的方式。总之，政府部门是在收集各方报价的基础上进行择优选择并签订政府采购合同的。所签采购合同要严守法律规定，以确保整个过程符合公平、公正的原则，最大限度地满足政府部门的需求。

（三）合同的执行和管理

这个阶段由有关监督部门来完成。通过履行合同，对合同执行的阶段性结果和最终结果进行验收、结算、效益评估。这一阶段的目的是确保供应商按合同规定提供的产品、工程和服务能够满足政府对其质量、性能、数量和及时性的要求。

美国的政府采购法律法规中还规定有申诉及索赔制度，允许未中标的报价方或签约人对采购实体和采购代理机构不合理的行为进行申诉，由中立的第三方听取其申诉并做出裁决。这种申诉制度有助于维护政府采购的公正性，捍卫采购制度的透明性，并在很大程度上克服武断决议，大大减少因政府在采购过程中发生决策性失误而造成的损失。

六、美国政府采购制度对我国的借鉴意义

美国政府采购制度一贯奉行的维护采购信誉、保持采购制度透明性、重视采购能力建设，对我国完善政府采购制度具有重要的借鉴意义。

第一，维护政府采购信誉原则对现阶段实施和完善我国政府采购制度尤为重要。采购信誉是指政府采购人员在进行采购时所必须遵循的行为准则。供应商都希望政府机构公正地评估其签约建议，政府机构则希望供应商就货物、工程和服务的价格、质量与性能展开竞争，而不希望任何政府机构和政府官员对采购过程进行过分的行政干预。我国政府采购制度还处于起步阶段，能否顺利推行，推行的效果如何，其前提就是政府采购人员在进行政府采购时必须遵守一定的行为准则，如不贪污受贿、不徇私舞弊或不做其他不道德的事情，只有这样才能维护供应商和采购单位的利益，公平公正地对待供应商，在维护政府采购信誉的同时使其他政府采购原则得以贯彻，从而取信于公众，使政

府采购制度得以顺利实施。

第二，采购制度的透明性原则能够保证政府采购活动按照各方意愿公开、公正地进行，保持政府采购制度透明性的方法尤其值得我国借鉴。采购制度的透明性实际上就是指采购制度取信于商家及签约人所采取的措施。保持政府采购制度透明性的主要方法有：颁布有关采购程序的法律、规章制度；公布采购需求；明确规定对商家的评估方法；向未能签约的商家公布与政府签约的商家的名称及签约数量；向未能签约的商家公布并解释具体规章制度的执行方法；设立投诉程序，并使独立的第三方及未能签约的商家的律师可以随时查阅政府采购的记录；聘请适当的监督人员定期检查政府采购行为。

第三，美国在对政府采购官员的选拔和培训方面已经形成了比较经典的法律规章制度体系，其中可取的程序和规则对我国的政府采购制度是有借鉴意义的。美国政府采购官员的选拔作为公共雇员管理的一部分，对参选人员有严格的资历要求，如毕业于高等商业学校或修完商业课程从而具备同等教育程度，有成功的采购工作的管理经验。在美国，政府采购的资金来源于纳税人缴纳的税款，政府采购官员代表政府进行采购，由于采购的资金数额巨大，他们担负着重大的责任，所以法律通常对其职责有着严格而明确的规定。我国正在努力建立科学、规范的政府采购制度，同样必须重视政府采购人员的选拔和培训，探索建立政府采购职业资格制度，制定统一的职业规范，严格持证上岗，以及采购人员专业化、职业化，这样才能保证政府采购的透明、有效，使政府采购真正实现经济节省的目标，从而最终达到公共需求的最大满足。

第二节 新加坡政府采购制度及其借鉴意义

1995 年 5 月以前，新加坡主要实行集中采购，即由原中央采购处负责采购，而法定机构则自行采购。1995 年 5 月 1 日，中央政府关闭了中央采购处，财政部只负责少量的产品如纸张、大米及计算机等的采购，其他大量的货物、工程和服务采购由各部委、厅及法定机构分散采购，但这些采购都要遵守财政部制定的中央采购指南。一般各部委、厅及法定机构每年并没有固定的采购计划，只在需要时才购买。1997 年 9 月，新加坡正式签署世界贸易组织的《政府采购协定》，该协议适用于新加坡所有的政府部门和 25 个法定机构的政府采购工作。

为了更好地履行《政府采购协定》的义务，新加坡制定了《政府采购法案》，该法案采用了《政府采购协定》的规定。在制定政府采购政策时，财政部在非《政府采购协定》的采购项目上也尽量采用《政府采购协定》的规定，以减少行政上的负担。

一、政府采购及监督机构

新加坡是一个城市型国家，没有地方政府。政府采购政策由财政部的预算署制定，其权限来自《财务程序法案》授权以及内阁授予的权力，这些权力适用于所有的政府采购机关。政府采购活动由以下政府采购机关执行：

（一）政府部门

这里的政府部门主要是指政府的行政机关。在新加坡，政府采购的管理机关是财政部，它只负责集中采购少数产品，对为政府采购提供货物、工程和服务的供应商进行注册。其他一些相关部门则从专业角度负责某一领域的政府采购工作，如卫生部门主要接受财政部的委托，对有关部委、厅、法定机构所需的医药产品进行集中采购，对为政府采购提供医药产品的供应商进行注册。

（二）法定机构

法定机构类似于我国的事业单位，是依据特别签署的法案成立的，主要职责是执行特定的国家政策，并直接向个别部长负责。法定政府采购机构与政府部门相比拥有更多的自主权，如经济发展局（由贸易与工业部监督）等。法定机构有别于政府企业，后者不需要遵守《政府采购法案》。

（三）审计总长

审计总长主要负责政府采购的审计工作，确保采购政策的有效执行。如果发现违规行为，则向公共账目委员会报告，违规部门和机构需有合理的解释。

二、政府采购目的

政府采购的目的如下：

第一，确保政府采购招标合同的公开、公平。

第二，合同应当授予完全符合或在很大程度上符合标准并且报价最低的供应商。

第三，尽量减少采购人员可以利用的贪污机会。

三、政府采购原则

（1）透明原则。透明原则是指有关政府采购的法律、政策、程序和具体的采购活动要公开。

（2）物有所值原则。物有所值原则是指通过广泛的竞争，使采购实体能够采购到价廉物美的货物、工程和服务。

（3）公平和公开竞争原则。公平和公开竞争原则是指所有参加竞争的供应商均应机会均等，并受到同等的待遇。允许所有有兴趣参加投标的供应商、承包商和服务提供者参加竞争，合同的授予要兼顾政府采购社会目标的实现。

四、政府采购方法

新加坡的政府采购是在世界贸易组织的帮助下于1994年由各党派达成共识，并根据政府采购大体的价值标准，规定了不同的采购方式。具体情况如下：

（一）小额采购

小额采购适用于6 000新元以下的采购项目。如果价格合理，可直接向单一供应商购买；如果不了解价格情况，应该本着物有所值的原则，选择多个供应商进行对比以确定最佳的购买价格。

（二）询价采购

询价采购适用于6 000新元以上（含6 000新元）、70 000新元以下的采购项目。[①] 须有两方分开负责，询价接收专员负责邀请、接收、评估和推荐标准报价，报价审批部门负责批准报价。前者须至少邀请三个供应商报价，做到货比三家，除非获得后者的批准，否则不得减少报价的供应商数。

（三）公开招标

公开招标适用于70 000新元以上（含70 000新元），且不符合选择招标或有限招标条件的采购项目。新加坡所有公开招标的公告都将在其政府采购网站上公布，任何有兴趣的符合规定的供应商都可参加投标。《政府采购协定》的采购项目招标邀请期限不应少于40天；非《政府采购协定》的采购项目常规上不应少于21天，设计建造不应少于40天。在邀请招标文件中，应包含以下内容：说明信、投标者指南、合同条件、要求规格、评估准则、投标表格等，最终确定中标者。

（四）选择招标

选择招标适用于复杂和高技术的采购项目。它包括两个阶段：一是投标前的资格审定阶段。在报刊或网络上刊登一份资格审定通告，邀请自认为合格的供应商参加资格审定；邀请期过后，由政府采购机关根据规定资格要求进行资格审定，同时考虑供应商在当地乃至全球的影响及其能力，淘汰不适合的供应商，减少不必要的评估费用。二是投标及资格审定阶段。非《政府采购协定》的采购项目，只能向被审定合格的供应商进行招标，其程序与公开招标大致相同；对于《政府采购协定》的采购项目，在向被审定的供应商招标时，须刊登招标通告，让那些先前没有参加资格审定的供应商也有可能参加投标。采用公开投标的，应采取开启投标箱、评估投标和裁决投标的程序。

---

① 张惠彬 . 新加坡政府采购经验推介 . 财会月刊，2013（24）.

（五）有限招标

有限招标可以分为三类：一是有限非公开招标，即因先前的公开或选择招标并没有收到适当的投标，或项目属于公共利益而只能向数位供应商进行招标；二是取消竞标，即采购不通过竞标的形式而直接向单一供应商购买，但要避免让供应商知道取消竞标，故这类招标在确定取消竞标的理由后，经有关部门最高领导的批准，在形式上仍要通过招标、评估程序和裁决投标诸阶段；三是发生了采购机构无法预见的非常紧急事故，所需货物或服务通过公开招标或选择性招标程序难以及时获得。

五、政府采购程序

新加坡的政府采购过程涉及的主要流程如下。

（一）确认购买要求

政府采购机构根据所规定的程序，确定所需购买的项目、数量及品质要求。

（二）取得采购批准

政府采购机构根据所规定的程序，办理所需的相关批准手续，获得批准文件。

（三）计算采购价值

计算采购价值的目的是要确定采购是否实行《政府采购协定》，同时也用于决定适当的政府采购程序。在这一过程中，采购价值通常采用《政府采购协定》所规定的计算方法来进行估算。

（四）确定采购项目的性质

要明确所需采购项目的类型是属于货物、服务还是属于建筑工程。确定项目性质的目的是确定采购的实施是否符合《政府采购协定》规定的条件。

（五）确定《政府采购协定》的限制情况

如果政府采购行为符合以下任一条件，采购项目可以不受《政府采购协定》的限制：

第一，政府采购机关没有列在新加坡对《政府采购协定》的承诺范围里面。

第二，采购项目的估计采购值少于新加坡承诺的门槛金额。

第三，《政府采购协定》允许的特殊情况。

第四，在新加坡对《政府采购协定》承诺范围内所允许的特殊情况。

（六）选择采购程序

采购部门根据采购的估计值选择适当的采购程序。采购程序主要根据采购金额的状况而定：

第一，小额采购，适合 6 000 新元以下的采购。

第二，报价，适合 6 000 新元以上（含 6 000 新元）、70 000 新元以下的采购。

第三，招标，适合 70 000 新元以上（含 70 000 新元）的采购。

（七）执行采购过程

政府采购机关要依据采购程序的规定进行具体的采购。

（八）重复订货

为避免不正当的竞争和防止滥用职权，一般不鼓励重复订货。重复订货须满足以下条件：

第一，采购合同中必须有该条文。

第二，重复订货必须在首次采购后的三个月内进行。

第三，重复订货的总价值不得超过原采购合同价值的 10%。

（九）合同的延长

这个过程主要用于解决需购买附加项目时可能延长合同时间的问题。若要延期签订合同，必须向有关部门的常务秘书或法定机构的执行总裁证明这样做确有经济效率才行。

（十）应急订购

只有在出现以下情况时，才可进行应急订购：工地情况有预想不到的变动；实际项目需要进行事先意想不到的增减。所有变动都必须得到有关投标批准当局的批准。

此外，这些变动针对不同的情况还有数额上的限制：对于设备合同，其变动金额不得超过原合同价值的 5%；对于建筑工程合同，其变动金额不得超过原合同价值的 10%；对于土木工程合同，其变动金额不得超过原合同价值的 20%。

六、优惠政策

新加坡对国内供应商并无特别的优惠政策，对中小企业也没有优惠政策。在国际组织协议中，新加坡按有关规定给予组织成员方一定的优惠。

七、申诉与仲裁

为处理有关政府采购的申诉问题，新加坡政府专门设立政府采购仲裁法庭，负责处理《政府采购协定》本身无法调解的投诉。

八、新加坡政府采购制度对我国的借鉴意义

第一，新加坡政府采购法律中对招标评标标准的制定以及对供应商进行注册、登记和分级管理的制度对我国是有很大的借鉴意义的。鉴于评标在新加坡政府采购方式——招标中的重要作用，对主要项目评标标准进行规定很有必要，同时对政府采购主体之一的供应商加强管理也很有必要。一方面，可以保证供应商资格是合乎规定的；另一方

面，通过注册、登记和分级管理，可以提高政府采购的效率。在目前我国不断完善政府采购法律法规体系及其相关管理制度的进程中，可以借鉴新加坡的做法。

第二，新加坡政府采购中的每步操作过程都公之于众，致使其少有腐败行为。尤其是近些年来，其飞速发展的政府采购电子化系统不仅将所有信息公开，而且采购过程也公开进行，政府部门随时可以对任何一个采购环节进行复查。社会公众可以从网上查看采购过程和采购结果，透明度的增强有效地抑制了各种不规范行为。这对于我国坚持政府采购的透明度、维护政府采购的廉洁性有一定的启示。一方面，这种做法可以及时发现政府采购活动中存在的问题，并予以揭露和纠正，进而维护和完善政府采购的法律制度；另一方面，它是政府机构反腐败的一剂良药。

第三节 韩国政府采购制度及其借鉴意义

韩国是较早建立政府采购制度的亚洲国家之一，时至今日，已经建立起相对完善的政府采购制度体系。1949 年，韩国政府建立了外资总局，负责管理外国援助的物资和采购政府所需的外国物资。1955 年，韩国政府将外资总局改革为外资厅，负责科学运用政府外汇基金、外国援助基金、政府贷款等资金，广泛开展政府采购活动。20 世纪 60—70 年代，韩国政府采购制度再次改革，外资厅统一负责对外采购和国内采购，同时进行重点工程所需原料储备采购，以及其他政府采购活动。1979 年，韩国政府开始积极申请加入《政府采购协定》，并于 1994 年正式加入。1997 年，《政府采购协定》在韩国正式生效，韩国政府随后将外资厅更名为调达厅，作为政府公共采购的专门机构，全面履行政府公共采购职能。

一、政府采购及监督机构

同其他发达国家一样，韩国政府在不断完善政府采购法律制度的同时，也设立了专门的政府采购部门。在韩国，调达厅是政府采购的专职机构。

调达厅是财政部下属的一个副部级单位，但其业务独立进行，厅长由总统直接任命。调达厅下设计划管理办公室、审计检查办公室、紧急计划办公室、中央供应办公室、地方供应办公室、管理局、采购局、工程局、存贷及对外管理局等办公室和专业局，高效履行各项职责。同时，为解决合同规格标准统一化的问题，调达厅还下设了规格制定委员会，负责聘请专家对招投标文件和合同文本进行统一设计和监督。此外，调达厅还在东京、纽约等地设立了驻外采购馆。

调达厅有五项主要职责：为政府各级部门在国内外市场上进行采购；签订政府重大基础设施工程合同；对重要原材料（如铝、铜、锌、锡等）进行储备和供应；协调监察院审查政府采购资金使用状况以及公共投资合规性和效益性，并对违规行为给予必要处罚；管理经营网上政府采购系统 KONEPS。

韩国对于国内采购没有设立专门的投诉处理机构，投诉由招标单位进行处理，对于处理结果有异议的供应商可直接向法院提起诉讼。在国际招标中，财政部下设的国际合同纠纷调解委员会负责对争议进行裁决。

二、政府采购类别

（一）集中采购与自行采购

集中采购是指由韩国调达厅进行采购。对于中央部门，30 亿韩元以上的工程或 5 000 万韩元以上的货物，必须由调达厅进行采购。对于地方政府，100 亿韩元以上的工程或 5 000 万韩元以上的货物，也必须由调达厅进行采购。

对于集中采购限额标准以下的项目，可由政府各部门自行采购，也可委托调达厅代为采购。

（二）《政府采购协定》采购与非《政府采购协定》采购

韩国是《政府采购协定》成员之一，对于符合《政府采购协定》采购范围且高于采购限额的采购，须适用《政府采购协定》；对于《政府采购协定》采购范围之外或者限额标准以下的采购，可进行非《政府采购协定》采购。

按照《政府采购协定》规定，中央政府采购实体货物或服务的限额为 13 万特别提款权，地方政府和其他采购实体的限额标准由各缔约方根据本国情况在附件中承诺。

韩国政府承诺的限额标准是：中央政府实体货物或服务采购限额为 13 万特别提款权，工程采购限额为 500 万特别提款权；地方政府实体货物或服务采购限额为 20 万特别提款权，工程采购限额为 1 500 万特别提款权；公共事业单位货物或服务采购限额为 45 万特别提款权，工程采购限额为 1 500 万特别提款权。

三、政府采购原则

（一）诚实信用原则

诚实信用原则是现代市场经济活动中的一项基本道德准则，也是现代法治社会的一项基本法律规则。韩国《政府合同法》中指出，采购合同应由平等的双方通过协商达成，双方应该根据诚实信用原则履行合同规定的各项义务。对于采购人而言，招标评标以及信息公开务必讲求真实，不得虚报隐瞒，也不得阻碍社会相关机构和个人对政府采购行为进行查询和质疑。对于供应商而言，诚信投标，严格履行合同承诺是其重要义务。

（二）公开竞争原则

公开竞争是保证政府从供应商处获得最优采购的主要方式，也是确保全体供应商获得公平待遇的重要手段。在韩国，竞争性程序的主要方式包括竞争性招标和竞争性谈判，任何不采用竞争性程序的采购，必须以书面形式获得高层政府机关批准，以此确保政府采购活动的公平公正。

（三）非歧视原则

非歧视原则的基本内容是：除特定情形外，采购法律法规、行政政策、采购程序、采购标准不能对特定的产品、服务和供应商存在保护、有利、优先，或者歧视、不利的规定。韩国政府为与《政府采购协定》保持一致，也将这一原则应用到了国际采购中，给予外国供应商和本国供应商平等的待遇。

四、政府采购方法

韩国作为《政府采购协定》成员，其政府采购方法符合《政府采购协定》的规定，公开招标、选择性招标、限制性招标是其三种主要方法，电子化采购是其主要形式。

（一）公开招标

公开招标是国际公认的招标方式，对供应商不做任何硬性限制，最大限度地保证了招标的公开性、公正性和竞争性，是《政府采购协定》规定的首选采购方式。但因其程序复杂、费用过高、周期过长，有时被认为不符合“经济理性”。

（二）选择性招标

选择性招标是指采购实体按照既定的供应商名单进行招标，缩短了招标周期，降低了成本费用，但可能由于名单是事先筛选的，造成最终供应商选择不当，甚至可能造成故意规避特定供应商的结果。

（三）限制性招标

限制性招标是指采购实体与特定供应商直接联系采购事项，这种招标方式目的性最强，招标周期最短，可以最大限度地节约成本。但是，由于采购实体自由裁量权过大，非常容易导致招标歧视和竞争不公平，故只允许在特定情况下适用。

（四）电子化采购

电子化采购是韩国政府采购的一大特色，受到了世界各国以至于联合国的广泛好评。韩国的 KONEPS 实现了单一窗口公共采购，供应商一次注册成功，便能获取所有政府公共招标信息，并可参加所有招标活动。KONEPS 系统也是一套流程集中化系统，注册、招标、投标、评标、定标、洽谈（签订合同）、支付、投诉、信息公告等全过程均可通过此系统在线实现，并可由监管部门全程实时监控。不仅如此，KONEPS 还实行一体化服务，与 100 多家公共部门和私营部门进行了数据交换，实现了 160 多类文档在线处理，通过 KONEPS，可以轻松查出供应商的纳税情况、信用等级等信息，评标时，系统也是根据这些信息按照标准自动打分，完全排除了评标过程中的人为干涉因素。韩国的电子化采购，不仅大大提高了采购效率，而且极大程度上避免了政府官员干涉采购的问题，给清除权力腐败、营造公平公正的采购环境，创造了有利的技术条件。

五、政府采购程序

韩国的政府采购程序大体符合国际通用标准，具体程序包括：供应商登记、采购申请、编制招标文件、发布招标公告、签订担保协议、投标与评标、签订合同与支付款项、合同履行与审查、合同终止。

韩国在加入《政府采购协定》之前，本国的政府采购程序就已经相当成熟，能够非常顺畅地与《政府采购协定》衔接，现行的采购程序中，也有针对国际采购的特别规定，本书不做详述。

六、韩国政府采购制度对我国的借鉴意义

第一，国内采购制度设计应考虑与国际采购制度接轨问题。韩国在加入《政府采购协定》前，其国内采购制度框架基本符合《政府采购协定》，相关范围界定与限额标准也有一定程度上的参考。这使得韩国在正式加入《政府采购协定》后，能够很快地调整本国采购制度，以适应国际协议的要求和规定，更快地打开了海外采购市场，为本国的经济高速发展助力。

第二，应大力支持电子化采购建设。我国鼓励各部门、各地区利用数据电文形式和电子信息网络开展政府采购活动，除涉密政府采购项目外，具备电子化实施条件的部门和地区，应当推进政府采购项目全流程电子化交易，实现在线公开采购意向、发布采购公告、提供采购文件、提交投标（响应）文件、交纳投标（履约）保证金（包括金融机构、担保机构出具的保函、保险等）、签订采购合同、提交发票、支付资金，并逐步完善履约验收、信用评价、用户反馈等功能。但我国电子化采购平台缺少统一标准，不同省份的电子化采购落实程度存在较大差异。在“放管服”改革势在必行的今天，让数据多跑路，让群众少跑腿，是电子化改革的重中之重，为此，韩国的单一窗口业务办理系统值得我们学习。同时，各部门应致力于打通数据壁垒，以安全高效的方式实现数据互通，尽力做到采购相关信息一站式查询，避免信息缺失与信息盲点，全面提高采购效率。

本章小结

1. 美国政府采购制度是以《联邦采购条例》为基本法，以大量法律法规为补充的相对完善有效的复杂体系。联邦政府采购政策办公室等机构负责制定采购政策，联邦总务署等机构负责执行，联邦问责署与合同争议委员会负

责处理抗议投诉。

2．美国政府采购制度的指导原则包括：法制原则；公开竞争原则；经济原则；公共原则；组织原则；申诉原则；例外原则。具体的政府采购过程由三个阶段组成：① 确定采购需求；② 签订合同；③ 合同的执行和管理。所运用的采购方法包括：① 采购卡采购法；② 框架协议采购法；③ 报价竞争采购法；④ 密封投标采购法；⑤ 谈判投标采购法；⑥ 相互协商采购法；⑦ 单一渠道采购法；⑧ 电子贸易采购法。

3．美国政府采购制度一贯奉行的维护采购信誉、保持采购制度透明性、重视采购能力建设对我国政府采购制度的进一步完善是有借鉴意义的。

4．1997 年 9 月，新加坡正式签署世界贸易组织的《政府采购协定》，该协议适用于新加坡所有的政府部门和 25 个法定机构的政府采购工作。

5．在新加坡，负责政府采购事务及监督的机构和官员包括：政府机构、法定机构和审计总长。政府采购的目的有：① 确保政府采购招标合同的公开、公平；② 合同应当授予完全符合或在很大程度上符合标准并且报价最低的供应商；③ 尽量减少采购人员可以利用的贪污机会。遵循的原则有透明原则、物有所值原则、公平和公开竞争原则。

6．新加坡的政府采购过程涉及主要流程：① 确认购买要求；② 取得采购批准；③ 计算采购价值；④ 确定采购项目的性质；⑤ 确定《政府采购协定》的限制情况；⑥ 选择采购程序；⑦ 执行采购过程；⑧ 重复订货；⑨ 合同的延长；⑩ 应急订购。在采购过程中所运用的采购方式包括：① 小额采购；② 询价采购；③ 公开招标；④ 选择招标；⑤ 有限招标。

7．在目前我国不断完善政府采购法律法规体系及其相关管理制度的进程中，新加坡政府采购法律中对招标评标标准的制定，对供应商进行注册、登记和分级管理的制度以及坚持政府采购的透明性、维护政府采购的廉洁性的做法对我国是有极大的借鉴意义的。

8．韩国是较早建立政府采购制度的亚洲国家之一，1994 年正式加入《政府采购协定》，1997 年开始全面执行。

9．韩国财政部调达厅是韩国政府采购及监督的专职机构，其职责包括集中采购、合同签订、原料储备、协调审查、电子化采购建设。遵循的原则有：诚实信用原则、公开竞争原则、非歧视原则。

10．韩国政府采购类型包括集中采购与自行采购、《政府采购协定》采购与非《政府采购协定》采购，采购的方法有公开招标、选择性招标和限制性招标，电子化采购覆盖全国各类采购方式。

11．韩国政府采购制度建设有很强的国际接轨性，韩国加入《政府采购协定》之后迅速走上国际轨道，这对我国加入《政府采购协定》有一定的借鉴意义。

思考题

1．美国政府采购制度的指导原则有哪些？采购方法有哪些？采购过程包括哪几个阶段？

2．简述美国政府采购制度方面的优秀经验对我国进一步完善政府采购制度的借鉴意义。

3．新加坡政府采购的目的和基本原则有哪些？采购方法有哪些？政府采购过程包括哪几个流程？

4．简述新加坡政府采购方面的优秀经验对我国进一步完善政府采购制度的借鉴意义。

5．韩国政府采购的指导原则有哪些？采购方法有哪些？采购过程包括哪几个阶段？

6．简述韩国政府采购方面的优秀经验对我国进一步完善政府采购制度的借鉴意义。

课外阅读材料

1．财政部国际司．美国政府采购制度．预算管理与会计，2014（11）．

2．马海涛，陈福超，李学考．政府采购手册．北京：民主与建设出版社，2002：482–498.

3．马志强，刁云薇．公共支出管理．天津：南开大学出版社，2005：269–274.

4．孟春．政府采购：理论与实践．北京：经济科学出版社，2001：210–214.

5．姜爱华．国际政府采购规则新趋势．北京：经济科学出版社，2019：149–176，217–221.

6．刘汉屏，李安泽．政府采购理论与政策研究．北京：中国财政经济出版社，2004：230–234.

7．高培勇．政府采购管理．北京：经济科学出版社，2003：200–216.

8．刘建阳．浅析美国政府采购制度的做法和启示．会计师，2014（4）．

9．张惠彬．新加坡政府采购经验推介．财会月刊，2013（24）．

10. 吕汉阳. 新加坡政府采购电子化的发展及启示. 中国政府采购，2009（10）.

11. 吕汉阳，史丁莎. 美国政府采购法律体系简介. 招标与投标，2016(9).

12.《中国政府采购年鉴》编委会. 中国政府采购年鉴 2005. 北京：中国财政经济出版社，2006：453–472.

即测即评

扫描二维码，进行本章在线测试。

附录 1　中华人民共和国政府采购法

附录 2　中华人民共和国招标投标法

附录 3　中华人民共和国政府采购法实施条例

附录 4　中华人民共和国招标投标法实施条例

参考文献

1. 思拉恩·埃格特森.经济行为与制度.吴经邦，等，译，北京：商务印书馆，2004.

2. 中华人民共和国财政部国库司.政府采购.北京：中国方正出版社，2004.

3. 曹富国，何景成.政府采购管理国际规范与实务.北京：企业管理出版社，1998.

4. 段文斌，陈国富，谭庆刚，等.制度经济学.天津：南开大学出版社，2003.

5. 方芳，赵海洋，方强.政府采购招标投标指南.上海：上海财经大学出版社，2001.

6. 冯秀华，秦晓鹰.政府采购全书.北京：改革出版社，1999.

7. 付亚和，许玉林.绩效考核与绩效管理.北京：电子工业出版社，2003.

8. 傅殷才.制度经济学派.武汉：武汉出版社，1995.

9. 高培勇.政府采购管理.北京：经济科学出版社，2003.

10. 谷辽海.法治下的政府采购.北京：群众出版社，2005.

11. 顾昂然.中华人民共和国合同法讲话.北京：法律出版社，1999.

12. 国家税务总局集中采购中心.政府采购工作文件选编.北京：中国税务出版社，2005.

13. 哈维·S.罗森.财政学.平新乔，校译.4版.北京：中国人民大学出版社，2000.

14. 胡家诗，杨志安.政府采购研究.沈阳：辽宁大学出版社，2002.

15. 扈纪华.《中华人民共和国政府采购法》释义及实用指南.北京：中国民主法制出版社，2002.

16. 贾康，苏明.部门预算编制问题研究.北京：经济科学出版社，2004.

17. 康善村.采购技术.广州：广东经济出版社，2001.

18. 罗纳德·哈里·科斯.论生产的制度结构.盛洪，陈郁，等，译.上海：上海三联书店，1994.

19. R.科斯，A.阿尔钦，D.诺斯，等.财产权利与制度变迁——产权学派与新制度经济学派译文集．刘守英，等，译．上海：上海三联书店，上海人民出版社，1994.

20．姜爱华．国际政府采购规则新趋势．北京：经济科学出版社，2019.

21．姜爱华，卢真．财政支出绩效评价结果应用研究．北京：经济科学出版社，2020.

22．李炳鉴．政府预算管理学．北京：经济科学出版社，2003.

23．李进．政府采购实务．南京：江苏科学技术出版社，2006.

24．李鸣，马建臣，毛景立．公共采办研究．北京：经济科学出版社，2005.

25．刘汉屏，李安泽．政府采购理论与政策研究．北京：中国财政经济出版社，2004.

26．刘尚希．政府采购制度研究文集．北京：经济科学出版社，2000.

27．刘小川，王庆华．经济全球化的政府采购．北京：经济管理出版社，2001.

28．楼继伟．政府采购．北京：经济科学出版社，1998.

29．马国贤．政府绩效管理．上海：复旦大学出版社，2005.

30．马海涛，姜爱华．政府采购法实用问答．北京：民主与建设出版社，2002.

31．马海涛，姜爱华．我国政府采购制度研究．北京：北京大学出版社，2007.

32．马海涛．公共财政学．北京：中国审计出版社，2000.

33．马海涛，等．政府采购手册．北京：民主与建设出版社，2002.

34．马志强，刁云薇．公共支出管理．天津：南开大学出版社，2005.

35．孟春．政府采购：理论与实践．北京：经济科学出版社，2001.

36．萨伊．政治经济学概论：财富的生产、分配和消费．陈福生，陈振骅，译．北京：商务印书馆，1997.

37．斯蒂格利茨．政府为什么干预经济：政府在市场经济中的角色．郑秉文，译．北京：中国物资出版社，1998.

38．苏明．政府采购．北京：中国财政经济出版社，2003.

39．童道友，等．效益财政：政府采购．北京：经济科学出版社，2002.

40．王亚星．政府采购制度创新．北京：中国时代经济出版社，2002.

41．王雍君．部门预算与预算改革．太原：山西教育出版社，2001.

42．项怀诚．中国财政管理．北京：中国财政经济出版社，2001.

43．亚当·斯密．国富论．杨敬年，译．西安：陕西人民出版社，2001.

44．亚洲开发银行．政府支出管理．财政部财政科学研究所，译．北京：人民出版社，2001.

45．杨灿明，李景友．政府采购问题研究．北京：经济科学出版社，2004.

46．姚传志，张福来．跨世纪的阳光工程：中国政府采购．北京：中国商业出版社，

1999.

47. 于安 . 政府采购制度的发展与立法 . 北京：中国法制出版社，2001.

48. 于安，宋雅琴，万如意 . 政府采购方法与实务 . 北京：中国人事出版社，2012.

49. 于国安 . 政府预算管理与改革 . 北京：经济科学出版社，2006.

50. 张得让 . 政府采购支出综合效益分析 . 北京：经济科学出版社，2004.

51. 张坤 . 循环经济理论与实践 . 北京：中国环境科学出版社，2003.

52. 赵勇，陈川生 . 招标采购管理与监督 . 北京：人民邮电出版社，2013.

53. 钟明 . 中国政府采购实务操作全书 . 北京：中国审计出版社，2000.

54. 中央财经大学预算绩效管理研究课题组，北京市财政局 . 预算绩效管理“北京模式”. 北京：中国财政经济出版社，2021.

55. 朱少平，张通 . 中华人民共和国政府采购法释义 . 北京：中国财政经济出版社，2002.

56. 朱志刚 . 财政支出绩效评价研究 . 北京：中国财政经济出版社，2003.

57. A. Atkinson，J. Stiglitz. Lectures in Public Economics. New York：McGraw-Hill，1980.

58. J. Laffont. Fundamentals of Public Economics. Cambridge：MIT Press，1988.

59. G. Myles. Public Economics. New York：Cambridge University Press，1995.

60. Patrick Behan. Purchasing in Government. London：Longman，Group Limited，1994.

61. Nelson Moncayo. “Government Procurement in Ecuador”，Unpacking Transparency in Government Procurement，CUTS Center for International Trade. Economics & Environment，2004（12）.

62. Ron Watermeyer. “Transparency within The South African Public Procurement System”，Unpacking Transparency in Government Procurement，CUTS Center for International Trade. Economics & Environment，2004（12）.

63. Shankaran Nambiar. “Transparency in Government Procurement：A Malaysia Focus”，Unpacking Transparency in Government Procurement，CUTS Center for International Trade. Economics & Environment，2004（12）.

64. Steven Kelman. Procurement and Management. Washington，D. C.：The AEI Press，1990.

65. J. Stiglitz. Economics of The Public Sector. 2nd ed. New York：Norton，1988.

66. Stuart F. Heinrits. Purchasing：Principles and Applications. Upper Saddle River：Prentice Hall，1986.